Michael Seemann
Die Macht der Plattformen

Michael Seemann

Die Macht
der Plattformen

Politik in Zeiten der
Internetgiganten

Ch. Links Verlag

Für meinen Vater († 21. Januar 2021)

Auch als **e book** erhältlich

Die Deutsche Nationalbibliothek verzeichnet diese Publikation
in der Deutschen Nationalbibliografie; detaillierte bibliografische
Daten sind im Internet über www.dnb.de abrufbar.

Der Ch. Links Verlag ist eine Marke
des Aufbau Verlags GmbH & Co. KG

1. Auflage, Mai 2021
© Aufbau Verlag GmbH & Co. KG Berlin
Prinzenstraße 85, 10969 Berlin, Tel.: (030) 44 02 32-0
www.christoph-links-verlag.de
Umschlaggestaltung: Mate Steinforth
Satz: Britta Dieterle, Buch und Gestaltung, Berlin
Druck und Bindung: Druckerei F. Pustet, Regensburg
Gedruckt auf säurefreiem, chlorfrei gebleichtem Papier

ISBN 978-3-96289-075-9

Inhalt

Einleitung

Da ist er wieder: User »RobDragon963_« ist online. Endlich kann ich den Download von Mobys DJ-Set »Teknoville at Cherry Moon« fortsetzen. »RobDragon963_« ist der einzige Napster-User, der das Set verfügbar hat, und ich muss es haben. Es ist das Frühjahr 2000, ich bin noch im Grundstudium, und gerade habe ich ein Erweckungserlebnis.

Zwei Wochen zuvor hat mich ein Kommilitone auf einen Internetdienst namens Napster aufmerksam gemacht. Dort bekäme ich alle Musik, die ich mir nur vorstellen könne. Und alles andere auch – und zwar für umsonst. Napster ist zu dieser Zeit weltweit der Hit an Universitäten, prallen dort doch massenweise junge Menschen auf kostenlose Internetbandbreite. Ich habe die letzten zwei Wochen kaum etwas anderes mehr gemacht als nach Musik gesucht, Musik heruntergeladen und Musik auf CDs und sogar auf DVDs gebrannt. Es ist, als sei eine gute Fee erschienen, die einem jeden Musikwunsch erfüllt.

Aber es ist mehr passiert, als dass ich nur meine Musiksammlung vervollständigt hätte. Zum ersten Mal habe ich verstanden, welche Wucht das Internet haben wird. Ich kann es damals nicht wirklich artikulieren, mir fehlen die Begriffe. Aber mir ist klar, dass hier Mechanismen am Werk sind, die die Welt revolutionieren können – sogar müssen. Diese Mechanismen sind so radikal anders als die Welt, in der ich aufgewachsen bin, dass ich alles darüber wissen muss.

John Perry Barlow, berühmter Internetpionier, beschrieb den Einschlag von Napster so: »Es war wie in dieser berühmten Szene aus *2001: Odyssee im Weltraum*, als der prähistorische Affe einen Knochen in die Luft wirft, der dann zum Raumschiff wird. Napster war ein unfassbarer Sprung nach vorn.«[1] Wie sich zeigen wird, ist Napsters Entwicklung tatsächlich wegweisend für die heutige Plattformökonomie. Napster wird uns deswegen über das gesamte Buch hinweg begleiten und als Linse dienen, mit der wir die Geschichte und die Theorie der Plattformen immer wieder genauer untersuchen und mit Anekdoten veranschaulichen werden.

Plattformen …

Napster war eine frühe Plattform, die den heutigen Internetriesen bereits strukturell sehr ähnlich war. Doch was ist eine Plattform? Google ich den Begriff, erscheint als Erstes der entsprechende Eintrag bei Wiktionary, einer freien Plattform für Begriffsdefinitionen, danach der bei Wikipedia – einer Plattform für freies enzyklopädisches Wissen. Bald danach kommt ein Twitter-Account unter dem Namen. Twitter ist eine Plattform für Kurznachrichten. Natürlich ist auch Google selbst, womit ich suche, eine Plattform. Während ich die Trefferliste durchgehe, trinke ich Kaffee aus dem Nespresso-Automaten, der mit seinem Kapselsystem ein Plattformgeschäftsmodell betreibt. Neben mir liegt das Sandwich, das ich mir per Lieferando habe bringen lassen – eine Essensbestellplattform. So wie die meisten Plattformen existiert sie als App auf dem Smartphone, entweder auf einem Android-Handy oder dem iPhone – beide sind ihrerseits Plattformen. Ebenso der Rechner vor mir, auf dem ich die Suche eingegeben habe und diesen Text schreibe. Das Web, das ebenfalls eine Plattform ist, basiert auf dem Internet, und auch das lässt sich als Plattform begreifen.

Plattformen sind in alle Lebensbereiche gedrungen. Sie produzieren unsere Fernsehserien, bringen uns von A nach B, organisieren unsere Unterkünfte in fremden Städten und Ländern, informieren uns über spannende Orte, Restaurants, Produkte. Wir organisieren unser Liebesleben über sie. Wir tragen sie in der Hosentasche, am

Handgelenk, im Rucksack – und das oft gleichzeitig. Plattformen vereinfachen unser Leben und verkomplizieren es. Sie geben uns Freiheit und schränken sie ein. Sie regulieren unsere Leben und sollen stärker reguliert werden. Sie sammeln unsere Daten, Vorlieben und Erlebnisse. Sie bilden Modelle von uns und versuchen, unser Verhalten vorherzusagen. Plattformen moderieren, was wir sagen, und sie sind immer öfter unser Chef.[2]

Aber noch mal: Was sind Plattformen überhaupt? Häufig werden sie von Unternehmen betrieben, aber Plattformen und Unternehmen sind nicht deckungsgleich. Wie wir zeigen werden, gibt es Plattformen, die von mehreren oder sogar gar keinen Unternehmen betrieben werden, und Unternehmen, die mehrere Plattformen betreiben. Außerdem haben Plattformen nicht einfach Kund*innen, sondern Nutzer*innen. Das ist insoweit ein Unterschied, als dass wir gar nicht so sehr *mit* einer Plattform als *über* eine Plattform interagieren – mit anderen Nutzer*innen nämlich, sei es geschäftlich oder privat. Plattformen sind damit so etwas Ähnliches wie Märkte, indem sie einfach einen Ort des Austausches anbieten. Doch weil Plattformen Beziehungen herstellen, greifen sie auch ordnend in die Interaktionen ein, beispielsweise auf Basis der sogenannten Community-Guidelines oder einfach den AGBs. Plattformen nehmen mehr als andere Unternehmen eine gewisse Regierungsfunktion ein.[3]

Das Faszinierende an Plattformen ist, dass sie sich unseren althergebrachten Kategorien entziehen. Obwohl es oft Unternehmen sind, sind sie zugleich regierungs-, also staatsähnlich, andererseits auch marktähnlich – und eigentlich nichts davon. Eine zentrale These dieses Buches ist, dass es sich bei Plattformen nicht einfach nur um eine neue Technologie oder ein neues Geschäftsmodell handelt, sondern um nicht weniger als ein eigenständiges Strukturparadigma sozialer Organisation, das neben Markt, Staat und Unternehmen eine eigene Kategorie beansprucht.

… und ihre Macht

Alle sind sich einig, dass Plattformen besonders viel – einige würden sagen: zu viel – Macht haben. Doch was meinen wir damit, wenn wir ihnen Macht zusprechen? Welche Art von Macht haben sie? Zunächst haben Plattformen bzw. die sie betreibenden Unternehmen oft enorme *wirtschaftliche Macht*. Wirtschaftliche Macht ergibt sich schlicht daraus, mehr Ressourcen zur Verfügung zu haben als andere Akteure. Apple besitzt 193,8 Milliarden US-Dollar an Bargeldreserven[4] – das entspricht dem Gesamtumsatz der Daimler AG im Jahr 2019[5]. Der wirtschaftliche Erfolg von Plattformunternehmen ist so groß, dass die meisten Bücher über Plattformen Business-Ratgeber sind, die zu erklären versuchen, wie man selbst an diesem Erfolgsmodell partizipieren kann.

Die zweite Form der Macht, die Plattformen zugeschrieben wird, ist die *Marktmacht*. Marktmacht hat ein Unternehmen, wenn es fähig ist, den Wettbewerb in einem Markt empfindlich einzuschränken und im schlimmsten Fall die Preise zu kontrollieren. Tatsächlich gibt es derzeit sowohl in den USA als auch in Europa zahlreiche Kartellrechtsverfahren gegen Plattformunternehmen. Vielerorts steht der Vorwurf im Raum, sie nutzten die eigene Marktmacht zum Nachteil von Wettbewerber*innen und zum Teil auch von Konsument*innen aus. Dass Plattformen eine große Marktmacht haben, liegt auf der Hand.

Eine dritte Macht, die den Plattformen nachgesagt wird, lässt sich mit dem Wort *Datenmacht* beschreiben. Plattformen sind im Besitz einer Menge von Daten. Daten über die Gesellschaft und ihre Prozesse, aber vor allem über uns als Individuen. Mit all den personenbezogenen Daten, so eine These, haben Plattformen die Möglichkeit, Menschen in großem Maßstab zu manipulieren, was am Ende ja auch das Geschäftsmodell zumindest jener Plattformunternehmen ist, die sich über Werbung finanzieren.[6] Doch auch alle anderen Plattformen verfügen über viele Daten, und da sich das Narrativ durchgesetzt hat, dass Daten der wichtigste Rohstoff des 21. Jahrhunderts sind,[7] wirkt diese Machtzuschreibung auch sonst plausibel.

Eine weitere Form der Macht kann man zumindest nicht wenigen Plattformen unterstellen: *politische Macht*. Sie kommt ihnen zu, weil sie in die Leben vieler Menschen hineinregulieren. Man kann von Mark Zuckerberg auch als einem der mächtigsten Politiker der Welt sprechen. Er hat nicht nur Macht über die 2,2 Milliarden Nutzer*innen seiner Dienste, sondern auch gegenüber nationalstaatlichen Politiker*innen, da seine Entscheidungen einen großen Einfluss auf die Geschicke von Nationalstaaten haben.

All diese Formen der Macht werden in diesem Buch Beachtung finden. Doch seine These geht darüber hinaus: Ich behaupte, dass jede von ihnen zu einem Großteil Effekt einer anderen, viel grundlegenderen Macht ist, die Plattformen von anderen Unternehmen oder sozialen Entitäten absetzt. Ich nenne diese spezifische Form der Macht *Plattformmacht*. Plattformmacht ist eine der Funktionsweise von Plattformen inhärente Dynamik, die Plattformen erst in die Lage versetzt, viel Geld zu verdienen, Marktanteile und Daten in einem bislang unbekannten Ausmaß zu akquirieren und gesellschaftlichen und politischen Einfluss zu erlangen. Sie ist außerdem ursächlich für alle ihre unterschiedlichen Geschäftsmodelle.

Kontrolle und Kontrollverlust

Als Shawn Fanning im Juni 1999 seinen noch experimentellen Dienst Napster online stellt, ist ihm nicht bewusst, wie groß das Rad ist, das er da in Bewegung setzt. Durch das Filesharing, auf dem Napster beruht, verliert zunächst die Musikindustrie die Kontrolle über ihr Produkt, weil alle ihre Songs einfach so frei verfügbar im Internet zu haben sind. Zugleich ist Napster aber auch Vorreiter einer neuen Form von Kontrolle. Es ist der Beginn dessen, was später als Web 2.0 und noch später als Social Media bezeichnet werden sollte: eine neue Art und Weise, wie sich viele Menschen zu ihrem eigenen Vorteil koordinieren können. Und das bringt alles durcheinander. Nie zuvor und nie danach hat sich die Dialektik des Plattformparadigmas plakativer gezeigt: die ungekannte Organisationsmacht auf der einen und der dadurch ausgelöste Kontrollverlust auf der anderen Seite. Der Napster-Schock ist die erste Kraftprobe der neuen, vernetzten Welt mit der alten, analogen.

Der Kontrollverlust durch Plattformisierung blieb nicht bei der Musikindustrie stehen. Bald erfasste er die Filmindustrie, die Presseverlage und die Buchbranche. Zwar wurde Napster schnell in Grund und Boden geklagt, aber das Filesharing wurde in immer neuen Formen und Farben ausprobiert. Nach Napster kamen Gnutella, Kazaa, eMule, eDonkey und schließlich BitTorrent, jenes Protokoll, das völlig ohne zentralen Server auskommt[8] und die Downloads stattdessen aus dezentralen Datenströmen seiner Millionen Nutzer organisiert.

Allerdings umfasst der Kontrollverlust durch Plattformen weit mehr als Online-Piraterie. Wenn er sich im legalen Rahmen bewegt, nennt man ihn »Disruption«. So werden derzeit alle möglichen Geschäftsmodelle durch Plattformen bedroht, am prominentesten die Taxibranche durch Uber, Lyft und die vielen anderen Mobilitätsdienstleister. Eine Branche nach der anderen transformiert sich in ein Plattformmodell.

Doch selbst über Geschäftsmodelle geht der Kontrollverlust noch hinaus. Auch die Privatsphäre ist bedroht. Ein Gefühl macht sich breit, die Kontrolle über die eigenen Daten längst verloren zu haben. Gestützt wird dieses Gefühl durch die ständigen Datenskandale. Jede Woche wird eine neue Website oder Datenbank gehackt, und die Daten tauchen auf illegalen Plattformen im Darknet auf. Durch Edward Snowden haben wir außerdem erfahren, dass die NSA die Plattformen anzapft, um an unsere Daten zu kommen, und seit dem NSA-Untersuchungsausschuss im Bundestag wissen wir, dass der deutsche BND fröhlich dabei mithilft.

Von 2010 an trifft der Kontrollverlust vermehrt Regierungen und große Organisationen. Hauptauslöser ist dabei eine Plattform. Doch Wikileaks hat den Trend nur begonnen. Über die Rolle der Plattformen im Arabischen Frühling und bei Occupy Wall Street ist viel geschrieben worden. Ohne Facebook und Twitter hätte es mit Sicherheit auch Proteste gegeben, doch durch die digitale Organisationsmacht konnten in Windeseile enorme Menschenmengen koordiniert werden. Darauf waren die Regime etwa in Tunesien und Ägypten nicht vorbereitet. Noch viel gezielter setzen die Aktivist*innen in Hongkong, Santiago de Chile und Beirut oder die Gelbwesten in Frankreich Plattformen wie Telegram, WhatsApp, Facebook und Google Maps ein, um sich lokal zu organisieren, ihre Aktionen in Echtzeit zu koordinieren oder die Bewegungen der Polizei zu tracken. Neue politische Gruppen wie Extinction Rebellion arbeiten sogar mit eigens aufgesetzten Plattformen zur intelligenten Koordination.[9] Da werden Nachfragen und Angebote für Schlafplätze gematcht und Aufgaben je nach Kompetenz verteilt.

Viele Protestbewegungen fanden auf Plattformen überhaupt erst ihren Anfang: #MeToo, #BlackLivesMatter, #schauhin, #aufschrei haben unsere Gesellschaften erschüttert, indem sie individuelle Geschichten des Leids und der Diskriminierung zu gigantischen Strömen ineinandermünden ließen und so gesellschaftliche Problemlagen sichtbar machten, wie es bisher kaum ein Medium vermochte.

Die Organisation im Netz ist natürlich nicht auf progressive Bewegungen beschränkt – auch der Hass findet sich auf Plattformen zusammen. Pegida hat als Facebook-Gruppe angefangen; in Telegram-Chats finden sich rechtsradikale Mitglieder der Sicherheitsbehörden zusammen, die den Tag X herbeisehnen und Listen mit Politiker*innen anfertigen, die sie dann aus dem Weg schaffen wollen.[10] Und allein der Plattform 8Chan entsprangen drei Terroranschläge mit etlichen Toten.[11]

Zwanzig Jahre nach dem Napster-Schock steht die Musikindustrie wieder gut da, mit Umsätzen, die fast an die Vor-Napster-Zeiten heranreichen. Den Hauptanteil davon erzielt sie mit Streaming über Anbieter wie Spotify und Apple Music. Und wir selbst besitzen keine Musik mehr. Nachdem Napster der Musikindustrie das Eigentum genommen hatte, nahm uns Spotify unseres und ersetzte es durch Zugang. Plattformen bringen nicht nur Ordnungen ins Wanken, sie sind selbst die neue Ordnung. Die Musikindustrie war das erste Opfer des Kontrollverlusts, und es ist die erste Branche, die einen radikalen Strukturwandel durchgemacht hat. Sie steht exemplarisch für die viel größere Verschiebung in allen unseren Lebensbereichen.

Nun sollen Plattformen die Probleme lösen, die sie selbst verursacht haben: Google bringt Ordnung ins Chaos des Webs, Facebook und Twitter sollen über die Rede wachen und einschreiten, wenn falsche Tatsachen oder Hass verbreitet werden, Apple verspricht, unsere Privatsphäre mittels ausgefeilter Verschlüsselungsverfahren zu schützen, selbst gegen Geheimdienste. Bei Amazon Marketplace bestellen deswegen so viele, weil Amazon seine Händler zu bestimmten Kulanzmindeststandards verpflichtet. Plattformen machen das Leben berechenbarer, Transaktionen verlässlicher, Kommunikation stetiger, Information agiler.

Plattformen haben die Macht, Ordnungen zu zerstören, Plattformen haben die Macht, Ordnungen zu erschaffen, und meistens tun sie beides. Diese Macht ist uns unheimlich, auch wenn wir nicht umhinkommen, sie immer wieder anzurufen und auf sie zu bauen. Dieses Dilemma können wir nicht auflösen, aber versuchen, es zu beschreiben.

Auf dem Weg zu einer Theorie der Plattformmacht

Benjamin Bratton hat in seinem Buch *The Stack – On Software and Sovereignty* beklagt, dass es bis heute an einer Plattformtheorie fehle.[12] An Literatur zum Thema Plattformen besteht grundsätzlich kein Mangel; sie stammt vor allem aus den Wirtschaftswissenschaften, aber auch aus den Kommunikations-, Kultur- und Medienwissenschaften.[13] Viele Arbeiten feiern die Plattformen als die neuen Wunderkinder der Geschäftswelt, andere problematisieren sie als Ausgeburt eines eskalierten Kapitalismus.

Was jedoch fehlt, ist eine Plattformtheorie, die über die spezifischen Einzelbetrachtungen der jeweiligen Fächer hinausgeht und sie gleichzeitig integriert – oder zumindest nicht im Widerspruch zu ihnen steht. Es fehlt darüber hinaus eine systematische Auseinandersetzung mit der Macht der Plattformen: wie sie entsteht, wie sie agiert, wie ihre Mechanismen und Strategien funktionieren, wie sie Kontrolle ausübt und wie sie das politische und ökonomische Vorgehen der Plattform determiniert.

Solch eine Theorie muss transdisziplinär sein, beschreibend, nicht wertend, und darf von keinem Interesse geleitet sein außer dem nach Erkenntnis. Sie muss sich mit informatischen Konzepten, wirtschaftswissenschaftlichen Beobachtungen, soziologischen und medienwissenschaftlichen Theorien auseinandersetzen und auch in der Politikwissenschaft nach Deutungsrahmen suchen. Sie muss diese Sichtweisen aufgreifen und übersetzen, Denkansätze anschlussfähig machen und ihre Widersprüche in Metaebenen aufheben. Dazu muss ein eigener Begriffsapparat geschaffen werden, der es vermag, die herausgearbeiteten Phänomene zu benennen. Eine allgemeine Plattformtheorie müsste in der Lage sein, als Grundlage für alle Beobachtungen zu Plattformen nützlich zu sein. Egal, ob jemand wirtschaftliche, politische, kulturelle oder soziologische Fragen an Plattformen hat, sollte es sich lohnen, die Theorie zumindest einmal in die Hand zu nehmen.

Doch eine Theorie reicht nicht. Plattformen widersetzen sich reiner Theoretisierung, weil sie historisch gewachsene Strukturen sind, wie wir noch zeigen werden. Uber, Facebook, iOS oder Windows sind in ihrer Gestalt weder notwendig noch beliebig. Warum verwenden wir bis heute QWERTZ-Tastaturen, den ASCII-Standard, den TCP/IP-Protokollstapel? Warum sind alle bei Facebook oder WhatsApp, warum nutzen wir immer noch E-Mail, wo kommen die 30 Prozent Abgabe her, die Apple und Google in ihren App-/Play-Stores einnehmen? All das vermag keine Theorie allein zu beantworten. Wenn man die heutige Plattformlandschaft verstehen will, muss man sich also genauso sehr mit der Geschichte der Plattformen beschäftigen. In diesem Buch werde ich deswegen ausgiebig Gebrauch von Plattformereignissen der Vergangenheit machen, einerseits zur Veranschaulichung, andererseits aber auch aus dem Bewusstsein heraus, dass das Thema ohne ein Verständnis der Gewachsenheit der Plattformlandschaft unvollständig bliebe.

Die Wechselwirkung von Technologie und Gesellschaft wurde in der Vergangenheit mit unterschiedlichen Herangehensweisen beschrieben. Zwischen Technikdeterminismus – also der Vorstellung, die Welt sei vornehmlich durch die Vorgaben der Technik strukturiert – und der Vorstellung einer rein durch die Willenskraft des Menschen strukturierten Gesellschaft gibt es das Konzept der Affordanz.[14] Als Affordanzen verstehen wir die Möglichkeitsbedingungen von bestimmten Praktiken und Strukturen, die in einer Technologie angelegt sind. Technologie hat immer einen Angebotscharakter und legt bestimmte Handhabung oder bestimmte Einsatzzwecke nahe, die aber nicht zwingend angenommen werden. Eine Pistole legt nahe, sie zum Schießen zu verwenden, doch man kann auch einen Nagel damit in die Wand schlagen. Die Idee der Affordanz ist eine Art abgeschwächter Technikdeterminismus, der davon ausgeht, dass Technologie zwar keine Struktur vorgibt, sie aber unter Umständen ermöglicht und/oder wahrscheinlich macht. Die Reformation ist nicht die Folge der Druckerpresse, aber die Druckerpresse hat die Reformation mit ermöglicht, oder zumindest ihren Erfolg wahrscheinlicher gemacht. Diese Plattformtheorie ist eine Theorie der Affordanzen. Sie erklärt, wie Technologie Anschlussfähigkeiten herstellt, die bestimmte Verhaltensweisen, Strukturen, Konflikte, Politiken, politische Ökonomien und wiederum andere Technologien wahrscheinlich macht.

Nachdem wir geklärt haben, was eine Plattform ist (1 Was ist eine Plattform?) und wie sie funktioniert (2 Koordination und Infrastruktur), entfalten wir die Theorie der Plattformmacht. Plattformmacht besteht aus zwei Bestandteilen: die Netzwerkmacht zum einen (3 Netzwerkmacht) und die Möglichkeiten der Kontrolle zum anderen (4 Kontrollregimes). Mit diesen theoretischen Grundlagen lassen sich allerhand Beobachtungen neu sortieren. Zunächst analysieren wir die Konkurrenz der Plattformen untereinander, die sich als Kampf um die Kontrolle von Netzwerkgraphen entpuppt

(5 Strategien der Graphnahme). Diese Graphkontrolle setzt unwill-
kürlich unterschiedlichste Politiken ins Werk, deren Panorama wir
inspizieren (6 Plattformpolitik). Schließlich muss auch die Ökonomie der Plattform mittels der Theorie der Plattformmacht neu
gedacht werden (7 Die politische Ökonomie der Plattform). Es
bleibt zu zeigen, wie sich die Theorie der Plattformmacht analytisch
anwenden lässt, zu fragen, wie es mit den Plattformen weitergeht,
und ein paar Hinweise zur Frage zu liefern, welche Handlungsemp-
fehlungen sich aus der Analyse der Plattformmacht ableiten lassen.
(Epilog).[15]

Die vorliegende Untersuchung wurde im Wintersemester 2020/21
von der Philosophischen Fakultät der Universität Tübingen als
Dissertation angenommen. Sie wäre nicht möglich gewesen ohne
den Einsatz und die großzügige Unterstützung von bestimmten
Menschen und Institutionen. Ich möchte Professor Dr. Bernhard
Pörksen danken, der sich nicht nur bereiterklärt hat, die Arbeit zu
begutachten, sondern mich überhaupt erst motivierte, sie zu beginnen. Auch Professor Dr. Klaus Sachs-Hombach gebührt mein Dank
für die Offenheit, sich diesem besonderen, interdisziplinären Projekt anzuschließen. Darüber hinaus möchte ich vor allem Professor
Dr. Leonhard Dobusch sowie Christof Blome vom Ch. Links Verlag
danken. Sie haben begleitend zu meinem Schreiben die gesamte
Arbeit gegengelesen, mitgedacht, korrigiert und mir immer wieder entscheidende Hinweise und wichtige Kritik zukommen lassen. Zu einzelnen Kapiteln haben außerdem Dr. Anna-Katharina
Meßmer, Dr. Christoph Engemann und Katharina Nocun wichtiges
Feedback gegeben. Für das wunderbare Buchcover habe ich Mate
Steinforth zu danken, der sich die Zeit genommen hat, das Platt-
formthema grafisch umzusetzen. Ich möchte mich außerdem für
die Gastfreundschaft und die geistigen, materiellen und finanziellen
Ressourcen bedanken, die mir das Hamburger Forschungskolleg
»Zukünfte der Nachhaltigkeit« als dessen Fellow angedeihen ließ.
Für moralischen und ideellen Beistand möchte ich mich besonders

bei Kelda Niemeyer und meinen Eltern – Isolde und Wolf-Dieter Seemann – bedanken.

Über das gesamte Buch verwende ich gendergerechte Sprache, indem ich bei den mehrzahligen menschlichen Akteuren den Genderstern * und bei einzelnen Akteuren die weibliche und männliche Form im Wechsel verwende.

1 Was ist eine Plattform?

Nach der Installation fragt Napster zunächst, in welchem Ordner man Musik im MP3-Format auf der eigenen Festplatte gespeichert hat. Danach indiziert es alle Inhalte des Ordners und lädt den Index auf den Server der Plattform. So entsteht eine große Datenbank aller Musikstücke aller Nutzer*innen. Wenn sich Nutzer*innen nun für ein Musikstück interessieren, können sie über die Suchmaske danach suchen und ihnen werden alle Nutzer*innen angezeigt, die das Stück haben. Ein Klick auf den Eintrag, und schon beginnt die Übertragung der MP3-Datei auf den eigenen Rechner.

Das technische Prinzip hinter Napster nennt sich »Peer-to-Peer« (kurz: P2P). Ein Peer ist jemand, den man als gleichberechtigt wahrnimmt. Peer-to-Peer ist also eine Begegnung auf Augenhöhe, was in diesem Falle bedeutet, dass die Nutzer*innen untereinander als Gleiche ihre Dateien tauschen. Der Austausch auf einer gemeinsamen Ebene (Augenhöhe) greift den Plattformen gewissermaßen vor und so ermöglichte Napster – wie später seine Nachfolger – Interaktion unter Unbekannten. Es war eine Infrastruktur, die Koordinationswunder ermöglichte. Das damals revolutionäre P2P-Prinzip findet sich heute in Plattformen aller Art. Napster war eine Plattform, bevor man den Begriff dafür gebrauchte.

Doch auch heute scheint nicht immer Einigkeit darüber zu bestehen, was damit gemeint ist. »Unser Ziel ist es nicht, eine Plattform zu bauen, sondern auf allen Plattformen zu sein«, sagte Mark Zuckerberg etwa zehn Jahre später, als Facebook noch eines unter vielen sozialen Netzwerken war.[1] Steven Chen hingegen, einer der Gründer von YouTube, meinte etwa zur selben Zeit: »YouTube ist eine Plattform, ein Distributionsvehikel.«² Hinter beiden Zitaten scheinen unterschiedliche Vorstellungen zu stecken, was eine Plattform genau ist. Dabei sind beide Dienste – YouTube wie Facebook – nach ihrer Gründung zunächst einmal Websites. Wenn also Mark Zuckerberg sagt, dass Facebook auf allen Plattformen sein solle, meint er offensichtlich auch das Web, daneben später Android und iOS, wo Facebook heute als App verfügbar ist.

Das sind nur zwei Beispiele für die Verwirrung, die um den Begriff »Plattform« herrscht, und zwar sogar bei denen, die sich damit auskennen sollten. Dennoch ist unser Diskurs heute voll von Plattformkomposita: »Plattformkapitalismus«, »Plattformgesellschaft« oder »Plattformökonomie«. Mit der zunehmenden Verwendung wird der Begriff unschärfer und immer weniger Menschen verstehen, was damit gemeint ist.

Dennoch möchte ich am Plattformbegriff festhalten, denn ich finde, dass er nach wie vor einiges an Erklärungsmacht bereithält; zumindest wenn man genau sagt, was man damit meint. In diesem Kapitel werde ich die Verwendung des Plattformbegriffs in den verschiedenen ihn umschwirrenden Diskursen analysieren, historisieren und kontextualisieren, um schließlich eine eigene, vorläufige und sehr basale Definition zu geben. Daraus lassen sich in einem zweiten Schritt neue Unterscheidungen generieren, mit denen wir arbeitsfähig werden. Die Arbeitsfähigkeit wird dadurch unter Beweis gestellt, dass wir uns historische Plattformkriege³ anschauen, bei deren Analyse sich unsere Begrifflichkeiten als nützlich erweisen.

Plattformdefinitionen

Definitionen haben unterschiedliche Funktionen. Nur weil es für eine Sache widersprechende Definitionen gibt, heißt das nicht, dass die eine falsch und die andere richtig ist. Definitionen müssen nicht richtig, sondern nützlich sein.⁴ Wenn es zum Beispiel darum geht, die wirtschaftliche Funktionsweise von Plattformen zu verstehen, weil man das Konzept für sein Geschäft nutzen möchte, ist vermutlich eine andere Definition nützlich, als wenn man versucht, die gesellschaftlichen Auswirkungen oder die technischen Implikationen von Plattformen zu verstehen.

Die Entwicklung des Plattformbegriffs

Der Begriff »Plattform« kommt ursprünglich aus dem Französischen, ist eine Zusammensetzung aus altfranzösisch *plat* (flach) und *forme* (von lateinisch *forma*) und wurde in der Frühen Neuzeit vor allem in Bezug auf eine bestimmte Architektur verwendet. Der Begriff bezeichnete eine etwas erhöhte Fläche,[5] die sich gut eignete, Katapulte und später Kanonen darauf zu positionieren. Kanonen sollten einerseits erhöht stehen, um eine optimale Reichweite zu erzielen, andererseits musste gewährleistet sein, dass sie zum Laden schnell austauschbar waren. Wenn sie annähernd ebenerdig stehen, geht das, ohne dass sie immer wieder von neuem auf ihr Ziel ausgerichtet werden müssen. Schon aus der Begriffsgeschichte lassen sich mithin die beiden Eigenschaften herleiten, die im Zentrum unserer weiteren Beschäftigung mit dem Plattformbegriff stehen werden: die *Erhebung,* das vertikale Moment, und der *Austausch,* der hier durch die Ebenerdigkeit, das horizontale Moment, bewerkstelligt wird.

Seitdem hat sich der Begriff als *platform* vor allem im englischsprachigen Raum in Richtung Mehrdeutigkeit weiterentwickelt. Eine populäre wie naheliegende Verwendung ist die zur Bezeichnung eines Bahnsteiges. Diese Erhöhung macht ebenfalls einen Austausch möglich: zwischen Zügen und Menschen. Zudem hat sich *platform* als Wort für politische Wahlprogramme durchgesetzt und bezieht sich damit auf die Assoziation einer Bühne, von der Politiker*innen gern Wahlkampfreden schwingen. »Someone runs on a socialist platform« meint also, dass jemand mit einem sozialistischen Programm in den Wahlkampf zieht. Auch hier geht es um Austausch – politischen, argumentativen Austausch, wenn auch explizit nicht auf Augenhöhe. In der wissenschaftlichen Literatur vor den 1980er Jahren schließlich taucht *platform* meist als Begriff für Ölbohrinseln auf, die zu dieser Zeit überall im Atlantik und der Ostsee entstanden.

Die heutige Verwendung des Plattformbegriffs entwickelt sich zunächst in der Computerindustrie. IBM, der damalige Platzhirsch auf dem Markt, verkauft oder vermietet seit den frühen 1960ern seine kühlschrankgroßen Mainframe-Computer ausschließlich an große Unternehmen, Universitäten und Behörden. Die Software wird entweder mitgeliefert und angepasst, oder der Kunde schreibt sie sich selbst. Software und Hardware sind damals integrierte Gesamtpakete.

Trotzdem etabliert IBM bereits Mitte der 1960er mit dem System/360 so etwas wie die erste Computerplattform. Das Unternehmen standardisiert die Schnittstellen des Systems und hält sie auch in künftigen Weiterentwicklungen rückwärtskompatibel, sodass Software für das eine Modell auch auf anderen, sogar zukünftigen Modellen ähnlicher Bauart funktioniert. Zwar gibt es noch keinen kommerziellen Softwaremarkt, doch gerade bei Großkunden, die mehrere Mainframes abnehmen, ist die Kompatibilität ein echtes Verkaufsargument und macht sie darüber hinaus von IBM abhängig.[6]

Einen Paradigmenwechsel bedeutet der Personal Computer. Er wird 1977 mit dem Apple II eingeführt und entwickelt sich zu einem Überraschungserfolg, auf den IBM Anfang der 1980er mit dem IBM PC antwortet. Auf einmal ist es Drittanbietern von Software nicht nur erlaubt, Programme für diese neue Art von Computer zu programmieren und zu verkaufen, es ist sogar explizit erwünscht. Als Auslöser dieses Sinneswandels gilt insbesondere der Erfolg der unabhängigen Software VisiCalc für den Apple II. Es heißt, dass dieser frühe Excel-Vorgänger für einen Großteil des Erfolgs von Apple verantwortlich ist. Mit anderen Worten: Eine Menge Leute kaufen den Apple II nur, weil sie VisiCalc nutzen wollen.

Bei IBM setzt sich die Erkenntnis durch, dass solche Killer-Applikationen den Erfolg eines Computers entscheidend beeinflussen können. Um ihren eigenen PC zum Erfolg zu führen, implementieren sie eine Zwischenebene zwischen Hard- und Software, das sogenannte BIOS (Basic Input/Output System), das externen Softwareentwickler*innen einfach zu nutzende Schnittstellen zur Verfügung stellt. Die Strategie geht auf. Der IBM PC wird zum Erfolg, und in seinem Windschatten entsteht eine neue Branche: die Softwareindustrie.

Obwohl es also bereits in der Frühzeit des PCs eine Art Plattformparadigma mit mehreren Plattformalternativen gibt (neben Apple und IBM treten bald weitere Anbieter in Erscheinung) und sich ein erstes Gespür für dessen Funktionsweise etabliert hat, dauert es noch einige Jahre, bis der Plattformbegriff allgemeine Verwendung findet. Geht man nach Google Scholar, taucht er in diesem Zusammenhang erst Ende der 1980er/Anfang der 1990er Jahre auf.[7] Ein Aufsatz zu digitaler Optik von 1990 liefert folgende Definition: »Eine Plattform ist eine Sammlung von Standards, um Risiken zu minimieren und Flexibilität zu maximieren. Der IBM PC ist ein Beispiel für eine Plattform. Durch das Setzen von Standards für die Hardware-Rückseite und das Softwarebetriebssystem können viele kleine Anbieter mit überschaubarem Risiko Steckkarten und Programme für den Computer herstellen.«[8]

Seit den späten 1990er Jahren spricht man nicht nur bei PCs, sondern auch bei bestimmten Chip-Architekturen und Programmiersprachen von Plattformen. Das Prinzip bleibt dabei immer dasselbe. Obwohl wir es hier mit einer Neufassung des Plattformbegriffs zu tun haben, sind die Elemente seiner ursprünglichen Bedeutung noch auffindbar: PC-Architekturen, Betriebssysteme genauso wie höhere Programmiersprachen stellen einerseits eine Erhebung dar, eine Grundlage, eine Struktur, eine Sammlung, ein System. Das heißt, man muss nicht mehr alles von Grund auf selbst erarbeiten, sondern kann auf eine Menge von Funktionen und Schnittstellen aufsetzen. Und auf der anderen Seite bildet die Plattform eine Ebene des Austauschs (z. B. von Hardware und Software) – zum Vorteil vor allem für kleine Anbieter, die generative Anwendungen und Erweiterungen herstellen. Ausgetauscht werden Programme und Steckkarten wie einst die Kanonen auf dem Hügel.

Die Geschäftswelt und mit ihr die Wirtschaftswissenschaften machen sich den Plattformbegriff etwa Mitte der 1990er Jahre zu eigen, um die spezifischen Dynamiken von Technologieunternehmen zu fassen.[9] Es sind die wilden Jahre der New Economy, die bemüht ist, das Internet und die umgebenden Technologien als neuen Markt gegen den alten abzugrenzen. Noch orientiert sich der ökonomische Plattformbegriff allerdings eng am technischen. Gegen Ende des Jahrzehnts postulieren Timothy F. Bresnahan und Shane Greenstein einen Paradigmenwechsel in der Computerbranche, der den Wettbewerb weg von den Firmen und hin zu den Plattformen verlagert: »Die herkömmliche ökonomische Theorie hebt den Wettbewerb zwischen Unternehmen hervor. Der technologische Wettbewerb in der Computerbranche erhält seine Dynamik jedoch durch den Wettbewerb zwischen Plattformen.«[10] Hier wird eine wichtige Unterscheidung getroffen: Natürlich werden Plattformen meist von Firmen bereitgestellt, aber Plattform und Betreiberfirma sind keinesfalls deckungsgleich. Firmen sind fast immer mehr als ihre Plattformen (sie haben oft auch andere Produkte, sogar teils mehrere Plattformen), und wie wir zeigen werden, werden Plattformen oft von mehr als einer Firma bereitgestellt.

Erst nach dem Zusammenbruch der New Economy entwickeln die Wirtschaftswissenschaften eine eigene Plattformtheorie: 2003 formulieren Jean-Charles Rochet und Jean Tirole von der Universität Toulouse in einem bahnbrechenden Paper die Theorie der »zweiseitigen Märkte«.[11] Die Idee dahinter: Eine Plattform ist ein Geschäftsmodell, das zwei (oder mehr) unterschiedliche Interessengruppen zusammenbringt wie auf einem Markt. Nur wird dieser Markt durch ein Unternehmen kontrolliert, das auch seine Strukturen vorgibt.

Schon die Personal-Computer-Plattformen sind zweiseitig, denn sie bringen zwei komplementäre Interessengruppen zusammen: die Softwareentwickler*innen und die Nutzer*innen. Anders als beim heutigen Plattformgeschäftsmodell profitieren Apple und IBM damals nur indirekt, durch den Absatz der Hardware, vom Erfolg der Softwareentwickler*innen, statt direkt abzukassieren. Der Unterschied wird deutlich, wenn man sich zum Beispiel das iPhone anschaut. Auch dafür programmieren etliche Softwareentwickler*innen Programme – die Apps – und erhöhen damit den Nutzen der Plattform. Aber um sie zu verkaufen, müssen sie die Software bei Apples App Store registrieren und dürfen sie nur darüber anbieten. Apple streicht dafür nicht nur 100 Dollar Pauschalgebühren ein, sondern verlangt auch 30 Prozent des Umsatzes, den die Entwickler*innen auf der Plattform erzielen.

Das Prinzip der mehrseitigen Märkte als Geschäftsmodell findet sich aber nicht nur bei Software: Uber bringt Fahrer*innen und Beförderungswillige zusammen, Airbnb Wohnungsbesitzer*innen mit temporäre Mieter*innen, Facebook Content-Produzent*innen mit -Konsument*innen und Werbetreibenden. Zentral dabei ist, dass zwischen den Nutzergruppen wechselseitige Netzwerkeffekte entstehen. Je mehr Apps auf Apples App Store zur Verfügung stehen, desto attraktiver wird der Store für User*innen, je mehr User*innen umgekehrt einen Store benutzen, desto attraktiver wird es für Programmierer*innen, Apps für den Store zu entwickeln. Diese sich selbst verstärkenden Schleifen sind es, die Plattformen so groß und erfolgreich machen.[12]

Eine populäre Definition dieser neu verstandenen Plattform findet sich zum Beispiel in dem Buch *Platform Revolution*: »Eine Plattform ist ein Geschäft, das auf der Ermöglichung von Wertschöpfung durch Interaktionen zwischen externen Produzenten und Konsumenten basiert. Die Plattform stellt eine offene, partizipative Infrastruktur für diese Interaktionen bereit und legt Ordnungs-Leitlinien für sie fest.«[13] Kürzer fassen es David S. Evans und Richard Schmalensee in ihrem Buch *Matchmaker*. Sie bevorzugen den titelgebenden Begriff zumindest für Plattformen, die wie Facebook, Uber und Tinder Verbindungen vermitteln: »Sie bewerkstelligen direkte Interaktionen zwischen verschiedenen Arten von Kund*innen.«[14]

Ebenfalls unglücklich ist Ben Thompson mit dem Plattformbegriff. Für ihn bleiben Plattformen beschränkt auf Betriebssysteme und Chiparchitekturen. Google, Facebook, Spotify und Amazon hingegen nennt er »Aggregatoren«, die er folgendermaßen von Plattformen abgrenzt: »Plattformen sind mächtig, weil sie das Verhältnis zwischen externen Anbietern und Endnutzer*innen möglich machen; Aggregatoren hingegen stellen sich dazwischen und kontrollieren das Verhältnis.«[15] Aber egal ob Plattform, Matchmaker oder Aggregator, überall finden wir die zwei Eigenschaften Erhebung und Austausch. Auch in der ökonomischen Theorie sind es die technischen Infrastrukturen, die den Austausch möglich machen, auch wenn sie hier als Marktbedingung abstrahiert werden.

Mit der zunehmenden Relevanz der Internetplattformen kommt auch in den Sozialwissenschaften eine Diskussion über ihre Macht in Gang. Zwar spielt der Plattformbegriff zunächst weniger eine Rolle, jedoch wird bereits zu Anfang des Jahrtausends erkannt, wie digitale Infrastrukturen handlungsleitende Vorgaben machen.[16] Ein kritischer Diskurs zu Macht in den digitalen Medien ist bereits im Gange, und so werden verschiedene technische Artefakte kritisch in den Blick genommen, wie das Protokoll.[17] Die Plattform als diskursiver Gegenstand wird schließlich von den »Platform Studies« behandelt. Ian Bogost und Nick Montfort definieren dafür Plattformen entlang des technischen Verständnisses: »Eine Plattform ist in ihrer reinsten Ausprägung eine Abstraktion, ein bestimmter Standard oder eine bestimmte Spezifikation noch vor ihrer eigentlichen Implementierung. [...] Allgemeiner: Plattformen sind geschichtet – von der Hardware über das Betriebssystem bis hin zu anderen Softwareebenen, und sie beziehen sich auf modulare Komponenten wie optische Controller und Karten.«[18] Übertragen auf die Praxis bedeutet das: »Was auch immer Programmierer für gegeben halten, wenn sie eine Software entwickeln, und was umgekehrt der/die Nutzer*in funktionstüchtig vorhalten muss, um diese Software zu benutzen, ist eine Plattform.«[19]

Anne Helmond versucht bereits, eine Brücke zwischen technischer und ökonomischer Definition zu schlagen, indem sie die

»Plattformisierung« als historischen Prozess darstellt, durch den Websites zu Plattformen wurden.[20] Die Programmierbarkeit ist für Helmond das entscheidende Kriterium einer Plattform, weswegen für sie die verschiedenen Onlinedienste wie Facebook, Twitter, Uber etc. nur Plattformen qua ihrer APIs (Application Programming Interface), also ihrer Programmierschnittstellen, sind. Tatsächlich war das Einführen solcher APIs einer der Trends, die Mitte der 2000er als Web 2.0 bezeichnet wurden: Webdienste boten Programmierschnittstellen an, um externen Entwickler*innen die Möglichkeit zu geben, Anwendungen zu schreiben, die mit den Daten der Plattform arbeiten.

Tarleton Gillespie hatte allerdings schon 2010 darauf aufmerksam gemacht, dass die unkritische Übernahme des Begriffs »Plattform« bereits der Macht der Plattformen zuträglich ist.[21] Er sieht in ihm eine strategische Selbstbeschreibung der Tech-Unternehmen als unparteiische, »neutrale« Intermediäre, die so versuchen, sich aus der Verantwortung zu stehlen für alles, was auf ihnen passiert. Die Aneignung des Plattformbegriffs kommt ihren Geschäftsinteressen zugute und verschleiert die Macht, die sie eigentlich über alle Vorgänge auf der Plattform haben.

Seit 2015 hat der Diskurs über Plattformen enorm an Fahrt aufgenommen. Die »Plattformgesellschaft« wird aus kritischer kommunikationswissenschaftlicher Perspektive beleuchtet,[22] netzaktivistisch resümmiert[23] und schließlich als politische Ökonomie in der linken Theorie eingeordnet.[24] Eine geopolitische Einordnung nimmt Benjamin H. Bratton in seiner großen Gegenwartsanalyse *The Stack* vor.[25] Bratton schreckt zwar davor zurück, eine eigene Plattformdefinition zu geben, aber er deutet zumindest einen Plattformbegriff an. Der lässt sich nicht einfach mehr auf die technische oder ökonomische Sichtweise reduzieren, sondern versucht abstrakt zu beschreiben, was beide gemein haben: »Eine allgemeine, technische Arbeitsdefinition von Plattform würde ein standardbasiertes techno-ökonomisches System referenzieren, das seine Schnittstellen einerseits durch Fernkoordination verteilt, aber diese Koordination wiederum gleichzeitig durch integrierte Kontrolle zentralisiert.«[26]

Brattons Definitionsandeutungen nehmen bereits einige Fragen vorweg, die auch im Zentrum dieses Buches stehen: Wie organisieren Plattformen Kontrolle? Welche Rolle spielen Dezentralität und Zentralität dabei? Und wie resultieren Kontrollverluste und Kontrollgewinne aus dem Zusammenspiel der Akteure und Schnittstellen?

Der basale Plattformbegriff

Der gemeinsame Nenner der unterschiedlichen Plattformverständnisse lässt sich nur über die Abstraktion finden. Dabei unterstellen wir, dass die verschiedenen Plattformdefinitionen tatsächlich eine gemeinsame Plattform haben, die es freizulegen gilt. Bereits in *Das Neue Spiel* habe ich versucht, eine allgemeine Plattformdefinition zu finden: »Plattformen sind intern homogene, institutionelle Infrastrukturen zum gegenseitigen Austausch, die sowohl Netzwerkeffekte als auch Emergenzphänomene hervorbringen.«[27] Diese Definition zählt eine Menge der Eigenschaften auf, die sich auch in den vorhergehenden Definitionen finden, doch insbesondere der Nebensatz beschreibt eher die Effekte von Plattformen als ihre Mechanismen. Kürzt man sie entsprechend weg, kommt man etwa bei der bereits recht basalen Definition von Nick Srnicek an:

»Auf der allgemeinsten Ebene sind Plattformen digitale Infrastrukturen, die zwei oder mehr Gruppen ermöglichen, zu interagieren.«[28]

Die Interaktion kann alle Formen und Farben annehmen: Videos, die die eine produziert und ein anderer schaut, eine Software, die jemand schreibt und ein anderer einfach installieren kann, oder eine vermittelte Fahrt, ein Zimmer, ein Song, ein Suchergebnis. Wir finden hier wieder die beiden Eigenschaften Erhebung (digitale Infrastrukturen) und Austausch (Interaktion).

Zudem ist zu fragen, ob wir notwendigerweise Plattformen brauchen, um zu interagieren. Das können wir schließlich immer und überall. Die eigentliche Leistung von Plattformen besteht darin, eine

Infrastruktur bereitzustellen, die vorstrukturiert, wer mit wem interagiert. Es geht also um eine Auswahl. Im Sinne des ökonomischen Verständnisses der Plattform als Matchmaker will ich ja vor allem genau mit dem Teilnehmer verbunden werden, der meine derzeitigen Bedürfnisse am besten befriedigt: Zeige mir nur die Uber-Fahrer*innen, die in der Nähe sind, zeige mir nur Websites, die relevant sind. Auch Plattformen im technischen Sinne vereinfachen die Auswahl, indem sie sie überhaupt erst möglich machen: Die Generativität eines PCs führt im besten Fall dazu, dass für das System eine große Auswahl von Software zur Verfügung steht. Auch hier geht es also um Auswahl. Stellen wir also entsprechend um:

Plattformen vereinfachen Interaktionsselektion.

Doch das tun fast alle Institutionen. Auch Schulen, Behörden, Gefängnisse und Krankenhäuser ermöglichen spezifische Interaktionsselektionen. Doch im Gegensatz zu den Interaktionen auf Plattformen sind diese gerichtet, sind entsprechend strukturiert und in ihrem Ergebnis vorhersehbar. Die Generativität der Plattform verspricht dagegen gerade unerwartete, generische, das heißt nicht-spezifische Interaktionsselektion. Um Plattformen von herkömmlichen Institutionen abzugrenzen, kann man präzisieren:

Plattformen vereinfachen unerwartete Interaktionsselektion.

Aber wie tun sie das? Was ist die dafür notwendige Erhebung? Das Problem der Plattform als Unterstützung der Interaktionsselektion hat zwei Aspekte: Wie wird einerseits Optionsvielfalt hergestellt und andererseits unter den unübersichtlich vielen potentiellen Selektionsoptionen die beste ausgewählt? Dafür lassen sich zwei Strategien beobachten:

1. Plattformen vereinfachen gegenseitige Interaktionsselektion durch allgemeine Standardisierung. Für iOS wird auch deswegen gern programmiert, weil es eine weitgehend stabile API hat, man sich also darauf verlassen kann, dass eine programmierte App auf so gut wie allen iOS-Geräten laufen kann. Das heißt, dass

möglichst viele Nutzer*innen potentiell die App nutzen werden können. Bei Uber bekommen alle Fahrer*innen dieselben Eigenschaftsparameter: Aktueller Standort und Verfügbarkeit sind dabei die wichtigsten. Facebook-Profile sind alle nach demselben Muster gestrickt, so dass jede*r sich darin schnell zurechtfinden kann.

2. Plattformen vereinfachen bestimmte Verbindungsselektionen, indem sie automatische Vorauswahlen treffen. Uber zeigt mir nur Fahrer*innen in meiner Nähe an, YouTube empfiehlt mir Videos, von denen es glaubt, dass sie denen ähneln, die ich vorher mochte, und auch Facebooks Newsfeed zeigt mir nicht alle Statusnachrichten meiner Freund*innen an, sondern die, von denen er meint, dass sie relevant für mich seien. Auf OkCupid oder Tinder werden mir nicht alle Singles zufällig, sondern in einer bestimmten Reihenfolge angezeigt, die Matches wahrscheinlicher machen sollen, und Google sortiert die Suchergebnisse so, dass sie nach Googles Kriterien am relevantesten für mich sind.

Beide Verfahren, Standardisierung und automatische Vorauswahl, dienen dazu, Matches wahrscheinlicher zu machen, das heißt:

Plattformen vereinfachen unerwartete Interaktionsselektion, indem sie mittels Standardisierung auf der einen und algorithmischer Vorauswahl auf der anderen Seite die eigentlichen Selektionen vorbereiten.

Nun sind auch Standardisierungen nichts anderes als Vorauswahlen. Eine Designentscheidung selektiert zwar nicht vor, *mit wem* ich mich verbinde, aber *wie* – auf welche Art und Weise – ich mich verbinden kann. Eine API, eine Schnittstelle, ein Protokoll etc. könnten schließlich auch ganz anders aussehen oder funktionieren.[29] Vorselektiert wird also zunächst, wie eine Verbindung zustande kommt: ob per Internetprotokoll, Telefonstecker, E-Mail-Standard oder Postkarte. Standards sind Vorselektionen potentieller Verbindungen.

Bei der algorithmischen Vorauswahl wiederum werden die Bedingungen der Selektion ebenfalls vorab festgelegt. Nur statt allgemein – wie beim Standard – werden sie personalisiert und/oder auf die spezifische Situation hin vorselektiert, und – noch entscheidender – es wird vorselektiert, mit *was oder wem* ich mich verbinde. Wenn mir der Amazon-Algorithmus aufgrund meiner Kaufentscheidungen weitere Produkte empfiehlt, wenn der Google-Algorithmus meine Suchergebnisse personalisiert, dann sind auch das ebenfalls Vorselektionen potentieller Verbindungen.

Deswegen können wir vereinfachen und technologieneutraler formulieren:

Plattformen sind Vorselektionen potentieller Verbindungen, die unerwartete Anschlussselektionen konkreter Verbindungen wahrscheinlicher machen.

Doch auch hier geraten wir in ein Abgrenzungsproblem. Ist jede Vorselektion potentieller Verbindungen gleich eine Plattform? Kann jede*r einen neuen Standard oder ein ausgedachtes Protokoll veröffentlichen, und schon ist es eine Plattform? Ist mein Pizzateig eine Plattform? Nein, eine Plattform wird es erst, wenn sie genutzt wird, wenn Menschen sich auf ein stabiles Set an Vorselektionen verlassen, um ihre Anschlussselektionen zu tätigen. Mit anderen Worten: Schnittstellen, Standards, Protokolle oder Kommunikationsdienste werden erst zu einer Plattform, wenn sie *erwartet* werden.[30] Daraus ergibt sich die letzte Ergänzung:

Plattformen sind erwartete Vorselektionen potentieller Verbindungen, die unerwartete Anschlussselektionen konkreter Verbindungen wahrscheinlicher machen.

Damit ergibt sich eine basale Definition, die nicht nur das ökonomische, sondern auch das technische und sozialwissenschaftliche Verständnis von Plattformen einfängt. Sie trifft auf alle kommerziellen und nicht kommerziellen Plattformen zu, aber auch auf die Protokolle des Internets, Standards wie die Steckdose oder Programmierschnittstellen von Betriebssystemen, auf Standards wie DIN A4 oder die Greenwich-Zeit, sogar auf Sprachen und Bräuche und auf den eingangs zitierten Ursprung des Plattformbegriffs: die ebenerdig erbaute Anhöhe, auf der Kanonen einfach ausgetauscht werden können. Auch sie ist eine erwartete Vorselektion potentieller Verbindungen (die Ebenerdigkeit verbindet alle Kanonen in ihrer Ausrichtung), die unerwartete Anschlussselektionen konkreter Verbindungen (den tatsächlichen Austausch und die Ausrichtung der Kanonen) wahrscheinlicher bzw. einfacher macht.

Es zeigt sich, dass wir die ursprüngliche Definition lediglich spezifiziert haben: die Erhebung wird zur Vorselektion, der Austausch zur tatsächlichen Anschlussselektion. Wir haben im Grunde zwei Ebenen:

Ebene I umfasst die erwarteten, latenten Verbindungen. Das können die Telefon- oder Netzwerkkabel sein, ebenso die Userbase oder die Installed Base, also registrierte Nutzer*innen in einem sozialen Netzwerk bzw. vorhandene Anschlüsse in einem Telefonnetzwerk, es können aber auch alle Geräte oder Software sein, die über eine definierte Schnittstelle betrieben werden, oder alle Systeme, die ein bestimmtes Protokoll implementiert haben. Diese Ebene ist die eigentliche Aufschüttung, die Erhebung.

Darüber gibt es die *Ebene II*: die unerwarteten, manifesten Verbindungen. Ebene I hat die Aufgabe, die konkrete Interaktion – also Ebene II – wahrscheinlicher zu machen. Das passiert häufig über Standards, aber manchmal auch über algorithmisches Matching. Ebene II ist das, wo der eigentliche Nutzen, der eigene Austausch auf der Plattform passiert.

Ebene I und II verweisen auf unterschiedliche Ansatzpunkte für Kontrolle. Kontrolle lässt sich einerseits dadurch ausüben, dass man Schnittstellen definiert, Anschlüsse zuteilt oder nicht zuteilt, Nutzer*innen gar nicht erst zulässt oder bereits registrierte sperrt oder einfach nur die Bedingungen für den Zugang diktiert, oder es lassen sich Parameter der Selektion verändern (zum Beispiel Interaktionsmöglichkeiten beschränken oder Such-Rankings verändern, Nachrichten im Newsfeed priorisieren etc.). Kontrolle auf der Ebene der latenten Verbindungen nenne ich *Level-I-Kontrolle*. Man kann unter Umständen aber auch in die tatsächliche Interaktion eingreifen. Es lässt sich eventuell eine Selektion aufzwingen (wie im Falle von Werbung) oder eine Selektion verhindern (wie im Falle eines Shadowbans – also eine für den entsprechenden Nutzer nicht transparente Unterdrückung seiner Inhalte), Kontrolle auf der Ebene der konkreten Verbindungen nenne ich *Level-II-Kontrolle*. Das soll zunächst als grobe Einteilung reichen. In Kapitel 4 gehen wir hierzu genauer ins Detail.

Drei Arten von Plattformen und ihre Kriege

Mit der basalen Plattformdefinition haben wir eine Art Plattform für die vorhandenen Plattformdefinitionen. Indem wir den gemeinsamen Nenner der Definitionen herausgeschält haben, steht uns nun eine erhöhte Ebene zur Verfügung, von der aus wir neue, spezifische Verbindungen entwickeln können. Statt einer technischen, einer wirtschaftlichen und einer sozialwissenschaftlichen Definition können wir Plattformarten auch transdisziplinär hinsichtlich ihrer Organisation von Kontrolle differenzieren. Daraus ergeben sich drei Plattformarten: *Schnittstellenplattformen*, *Protokollplattformen* und *Diensteplattformen*. Diese auf den ersten Blick technisch anmutende Aufteilung wird weniger überraschend, wenn man sich an die Nichtneutralität technischer Strukturierung erinnert. Gerade sie ist es, die Plattformen auf jeweils spezifische Weisen zwischen Offenheit und Geschlossenheit sowie zwischen Kontrollverlust und Kontrolle oszillieren lässt.

Schnittstellenplattformen

Die ersten Opfer der Plattformkriege sind Tiere. Unter der Ägide des vermeintlichen Erfinders der Glühbirne,[31] Thomas Edison, werden streunende Hunde, manchmal sogar Pferde, in öffentlichen und weniger öffentlichen »Experimenten« mit Starkstrom getötet. Edison geht es darum, den Menschen vor Augen zu führen, wie gefährlich Hochspannungswechselstrom ist. Er selbst ist zu dieser Zeit der Platzhirsch auf dem sich gerade entwickelnden Markt der Elektrifizierung. Sein eigenes System betreibt er unter 110 Volt Gleichstrom, von der Erzeugung bis zum Abnehmer. Das ist vergleichsweise sicher, hat aber den Nachteil, dass der Strom nur über kurze Strecken übertragen werden kann und selbst dann noch sehr viel Energie verloren geht. Inzwischen hat sich herausgestellt, dass man Strom sehr viel effizienter auch über weite Strecken transportieren kann, wenn man ihn in hohe Wechselstromspannungen umwandelt und erst bei den Abnehmern wieder in niedrigere Wechselstromspannungen zurückwandelt. Ein entsprechendes System wird von Edisons Konkurrenten George Westinghouse betrieben und droht, ihm den Elektrizitätsmarkt streitig zu machen.

Noch hat Edison die Vorherrschaft, und die Tierexperimente sind Teil der Strategie, dafür zu sorgen, dass es auch so bleibt. Doch wichtiger ist die Glühbirne. Rein technisch spricht nichts dagegen, sie auch mit Wechselstrom zu betreiben. Da Edison allerdings der Patentinhaber ist, verbietet er deren Betrieb mit Wechselstrom einfach. Die Glühbirne ist die Killer-Applikation, der damals mit weitem Abstand meistgenutzte Anwendungsfall von Elektrizität, und sie ist exklusiv der 110-Volt-Gleichstromplattform von Edison zugeschrieben. Westinghouse kann sich erst dagegen durchsetzen, nachdem er einen Weg gefunden hat, Edisons Patent mit der selbst entwickelten Westinghouse Stopper Lamp zu umgehen.

Lange vor der Erfindung des PCs haben wir hier also zwei konkurrierende Plattformen. 110 Volt Gleichstrom und transformierbarer Wechselstrom sind jeweils erwartete Vorselektionen, die unerwartete Anschlussselektionen wahrscheinlicher machen. Ihre

Vorselektion hat die Funktion einer Schnittstelle. Nur wer komplementär zu dieser Schnittstelle arbeitet – wer also Geräte entwickelt, die entweder zu Wechsel- oder zu Gleichstrom und zu den jeweiligen Voltzahlen passen –, kann an der Plattform partizipieren und erhält Zugang zu den Stromkund*innen. Wir nennen sie deswegen Schnittstellenplattformen.

Schnittstellen sind die definierten Anbindungen eines Systems mit seinen Subsystemen. Stellen wir uns ein Gesamtsystem vor, das wir durch Querschnitte zerschneiden. Die Schnittstellen sind dann die Anschlusspunkte der Teilsysteme, daher der Name. Im Englischen verwendet man das Wort »Interface«, denn diese Anschlusspunkte haben wie ein Gesicht meist eine bestimmte Kontur. Der USB- oder HDMI-Anschluss, die Steckdose oder die Sendefrequenz. Um zum Interface zu passen, muss ein Berührungspunkt zu der Kontur des Gesichts komplementär sein – es muss ein »Zwischengesicht« sein.

Schnittstellenplattformen haben meist nur Kontrolle darüber, wie gegen ihre Schnittstellen gearbeitet wird, also Level-I-Kontrolle. Edison konnte rechtlich verfügen, dass seine Glühbirnen nur mit Gleichstrom betrieben werden dürfen. Er konnte allerdings nichts dagegen tun, wenn sich Leute seiner Anweisung widersetzten. Ihm fehlte die Level-II-Kontrolle über die tatsächliche Interaktion.

Der Kampf zwischen Edison und Westinghouse ist als der »War of Currents«, also als »Stromkrieg«, in die Geschichte eingegangen. Das Ringen von Schnittstellenplattformen um Level-I-Kontrolle steckt hinter vielen »Kriegen«, etwa den »Formatkriegen« zwischen den Videorekorder-Herstellern und ihren Formaten Beta, VHS und Video 2000[32] oder hinter dem bereits angesprochenen Plattformkrieg zwischen dem Apple II und dem IBM-PC. All dies sind Schnittstellenplattformen, und in diesen Kriegen geht es immer darum, wer Schnittstellen definieren und den Zugang dazu kontrollieren kann.

Im Falle des Krieges zwischen Apple und IBM war der Gewinner übrigens Microsoft. IBM hatte von Apple und dem Erfolg von

VisiCalc gelernt, dass eine gewisse Offenheit der Plattform helfen kann, einen Computer attraktiv zu machen. So wurden sogar externe Entwicklerteams angeworben, Software für den IBM-PC zu schreiben, darunter auch ein kleines Start-up namens Microsoft. Microsoft lieferte zunächst eine BASIC-Variante (eine damals beliebte Programmiersprache) und später sogar das Betriebssystem DOS (Disk Operating System).

Für IBM war das ein großer Schritt. Während das Unternehmen Informationen über die Architektur seiner Mainframe-Computer wie seinen Augapfel hütete, vereinfachte das offene BIOS die Softwareentwicklung für den PC enorm und führte zu einer großen Bandbreite an verfügbarer Software. Auf einmal wollten Unmengen Programmierer*innen Software für IBM schreiben. Die viele Software wiederum machte den PC für Konsument*innen immer attraktiver, was den PC wiederum für Entwickler*innen attraktiver machte, usw. Ein wechselseitiger Kreislauf setzte ein, den man auch als indirekten Netzwerkeffekt bezeichnet: Zwei Gruppen – Programmier*innen und Konsument*innen – ziehen sich gegenseitig an.

Alles hätte gut für IBM laufen können, doch das Erfolgsrezept – die offene Plattform – schlug zurück. Bereits ein Jahr nach der Einführung des IBM-PCs stellte Compaq Portable einen Computer vor, dessen BIOS-Befehlssatz zu 100 Prozent kompatibel mit dem Befehlssatz des IBM-BIOS war. Compaq hatte es geschafft, die IBM-Schnittstellen-Definitionen in einem Clean-Room-Verfahren nachzubauen. Bei diesem Verfahren analysiert eine Gruppe von Ingenieur*innen eine Technologie, hier also das BIOS, untersucht, welche Inputs zu welchen Outputs führen, und erarbeitet aufgrund dieser Erkenntnisse eine Spezifikation: einen Anforderungskatalog für eine zu schreibende Software. Diesen gibt die Gruppe dann an eine zweite Gruppe von Ingenieur*innen, die mit dem technischen System nie in Berührung gekommen sind. Sie sind der Clean Room, und ihre Aufgabe ist es, nur anhand der Spezifikation das System nachzubauen. Auf diese Weise konnte Compaq nachweisen, keine Urheberrechtsverletzungen begangen zu haben.

Dem Beispiel Compaq folgten viele andere Unternehmen.[33] Etliche Hersteller boten auf einmal IBM-kompatible PCs an. Alle Software, die auf dem IBM-PC lief, lief also auch auf diesen Konkurrenz-PCs. IBM hatte eine erfolgreiche Schnittstellenplattform geschaffen, aber dann die Kontrolle verloren – die Level-I-Kontrolle.

Ökonomisch betrachtet sind Schnittstellenplattformen Monopole ihrer eigenen Standards. Sie mögen keine Monopole im strengen unternehmerischen Sinne sein; oft haben sie Wettbewerber, die ihnen mit konkurrierenden Standards zusetzen können. Verliert ein Plattformunternehmen das Monopol auf den eigenen Standard, wie es IBM ergangen ist, wird es vom Ort des Austausches zum selbst austauschbaren Teil eines Systems. Die IBM-PC-Plattform existierte schließlich weiter, jedoch ist sie nicht mehr im Privatbesitz, und IBM findet sich selbst nur noch als ihr austauschbarer Infrastrukturlieferant wieder.

Hier wird eine wichtige Unterscheidung hinsichtlich des Verhältnisses zwischen Unternehmen und Plattform beobachtbar: In den meisten Fällen setzen wir Unternehmen und Plattform gleich, weil Unternehmen oft die Initiatoren und Betreiber von Plattformen sind. Das Beispiel IBM zeigt aber, dass das nicht so bleiben muss. Es ergeben sich zwei Modi des Verhältnisses von Unternehmen zu Plattformen: IBM wandelt sich vom *Plattformbesitzer* zum *Plattformzugangsprovider*. Während Plattformbesitzer eine weitgehende Level-I-Kontrolle ausüben, können Plattformzugangsprovider nur einen nichtexklusiven Zugang zur Plattform anbieten. Eine Plattform, die von einem Unternehmen »besessen« wird, nennen wir »proprietär«, eine Plattform, die von vielen bespielt werden kann, nennen wir dagegen »offen«.

Das ist der Grund, warum der Gewinner dieses Plattformkrieges in Wirklichkeit Microsoft war. IBM und schließlich auch alle seine Konkurrenten verkauften ihre PCs fast immer mit einer bereits eingepreisten Lizenz von Microsoft DOS. Für Microsoft war es wie eine Lizenz zum Gelddrucken, mit dem Unterschied, dass IBM auch noch die Druckkosten übernahm. Ohne jegliche Zusatzkosten pro

Kopie – nicht einmal Vertriebskosten – geht die Software für Geld an die Leute. Dieser weitgehend leistungslose Geldregen legte den Grundstein für Microsofts weiteren Erfolg. Microsoft war es auch, die am Ende die entscheidende Schnittstellenplattform vorlegte, die zusammen mit Intel über die gesamten 1990er Jahre den Digitalmarkt dominieren sollte: »Wintel« (Microsoft Windows als Betriebssystem auf einem Computer mit Intel-Prozessor).

Protokollplattformen

Anfang der 1990er Jahre sucht ein junger Wissenschaftler namens Tim Berners-Lee am Forschungsinstitut CERN in der Schweiz nach einer Möglichkeit, schnell und unkompliziert im Internet zu publizieren. Es soll eine grafische, frei konfigurierbare Oberfläche sein, auf der man Texte und Grafiken einbinden kann. Diese »Website« soll auf Computern gespeichert sein, und andere Computer sollen über das Internet darauf zugreifen können. Außerdem – so seine kühne Idee – sollen Websites aufeinander verweisen können. Dafür sollen Sprungadressen – sogenannte Links – auf einer Website einbindbar sein, die man anklicken kann, um zu der verlinkten Website zu gelangen. So sollen aus Texten »Hypertexte«, also auf der Metaebene verwobene Texte, werden, die dann in Summe ein »weltweites Gewebe« ergäben, ein *World Wide Web*.

Berners-Lee programmiert den dafür nötigen Server und eine erste, rudimentäre Version des Web-Browsers. Um den Austausch zwischen dem Computer des Browsenden und dem, auf dem die Website liegt, zu gewährleisten, entwickelt er außerdem etwas, das man in der Fachsprache als »Protokoll« bezeichnet: das Hyper Text Transfer Protocol (HTTP).

Wenn Schnittstellen ein System mit einem Subsystem verbinden, dann verbindet ein Protokoll zwei voneinander unabhängige Systeme miteinander. Oder um es anhand eines alltagspraktischen Beispiels zu veranschaulichen: Schnittstellen sind, wie wenn man am Frühstückstisch nach der Butter fragt. Im Kreis der eigenen Familie fragt man freundlich, aber direkt, und das Ergebnis ist erwartbar. Doch stellen wir uns einmal vor, wir sitzen am Frühstückstisch in einem völlig fremden Haushalt, zum Beispiel der Familie des*der Partner*in, die wir gerade erst kennengelernt haben. Dann bewegen wir uns in einer Welt voller unbekannter Variablen. Welche Gepflogenheiten herrschen hier, welche Tischmanieren, was wird gefrühstückt, sind hier vielleicht alle Veganer*innen, und schon die Frage nach der Butter würde Irritationen auslösen? Hier reicht die Schnittstelle nicht mehr aus, hier braucht es ein Protokoll. Also einen Vorschriftenkatalog, der von beiden Seiten etabliert sein muss, auf dessen Grundlage weitere Verfahrensweisen ausgehandelt werden können. Am fremden Frühstückstisch wäre das etwa die stillschweigende Aushandlung von Frühstücksritualen, Kaffee- oder Teepräferenzen und die Nichterwartung eingespielter Ernährungseigenheiten.

Das Wort »Protokoll« ist nicht zufällig der Sprache der Diplomatie entlehnt. In ihrer Welt prallen oft sehr unterschiedliche nationale Traditionen aufeinander, deshalb sind detaillierte, vorher festgelegte Rituale enorm hilfreich, etwa bei Staatsempfängen. Protokolle im technischen Sinne leisten genau dies: Sie geben eine allgemeine Interaktionsstruktur vor, die es erlaubt, völlig verschiedene Systeme miteinander kommunizieren zu lassen. Mit dem Protokollbefehl HTTP-GET beispielsweise fragt ein Browser bei einem Webserver eine spezifische Website an. Der Server hat verschiedene Optionen, darauf zu reagieren. Im Erfolgsfall wird er die angefragte Website schicken; wenn er sie nicht finden kann, wird er den Fehler-Code 404 – Website not found – zurückgeben. All das funktioniert auf einem Apple-Gerät genauso wie auf einer Windows-, Android- oder Linux-Maschine.

Das HTTP-Protokoll kann aber seine Arbeit nur verrichten, weil auf den Ebenen darunter noch weitere Protokolle ihre Arbeit tun. Beispielsweise TCP, das Transport Control Protocol, das dafür sorgt, dass Daten überhaupt von Rechner A nach Rechner B fließen und dabei nicht verloren gehen. Oder IP, das Internet Protocol, das sicherstellt, dass die Daten im Wirrwarr des Internets auch ihr Ziel finden. Darunter liegen meist noch sehr hardwarenahe Protokolle, die den Datenfluss über WLAN, DSL-Kabel oder Glasfaser bewerkstelligen.

Das Besondere an Protokollen ist, dass sie strukturell kaum Level-I- und gar keine Level-II-Kontrolle zulassen. Da Protokolle von verschiedenen Parteien benutzt werden, um Systemgrenzen zu überwinden, haben die Parteien wenig Interesse daran, sie einseitig zu kontrollieren. Es sei denn, eine Partei hat eine derart große Marktmacht, dass ihr die Kompatibilität egal, wenn nicht sogar hinderlich ist.

Microsoft, Mitte der 1990er bereits zum marktbeherrschenden Softwarekonzern herangewachsen, übersieht zunächst das Potential, das im Internet und im WWW steckt. Es sind eher kleine Startups, die die ersten populären Browser für das Web entwickeln. Erst als sich 1995 der Netscape Navigator als Quasistandard fürs Surfen im Web durchsetzt, erkennt Microsoft sein Versäumnis. Es kauft kurzerhand den Browser der ersten Stunde – Mosaic – und nennt ihn in »Internet Explorer« um.

Microsoft hat einen entscheidenden Vorteil: die weite Verbreitung von Windows. Fortan ist der Internet Explorer auf dem Betriebssystem vorinstalliert, seine Nutzung kostenlos. Es ist der Beginn dessen, was als »Browser-Krieg« in die Technologiegeschichte eingegangen ist. Dabei geht es in gewisser Weise um die Level-I-Kontrolle der Protokollplattform WWW. Da das Web frei und offen ist, es also keine natürliche Instanz zur Ausübung von Level-I-Kontrolle gibt, kann diese nur über hohe Marktanteile erreicht werden. Browser-Anbieter sind lediglich *Plattformzugangsprovider*. Eine marktbeherrschende Stellung im Browser-Markt kommt dem Status des *Plattformbesitzers* allerdings sehr nahe. So kann man zum Beispiel entscheidend mitbestimmen, wie das Protokoll auszusehen hat, und kann sich den Zugang zum Web sogar bezahlen lassen. Netscape beginnt mit 80 Prozent Browser-Marktanteil und kann deswegen indirekt an der Protokollplattform verdienen, indem es seine Browser-Software verkauft. Microsoft hingegen muss am Web nichts verdienen.

Der ungleiche Kampf geht entsprechend zugunsten von Microsoft aus. Anfang der 2000er hat es einen Browser-Marktanteil von 96 Prozent. Den braucht es auch, um sein eigentliches Ziel zu erreichen: das Web tief in das Windows-Betriebssystem zu integrieren, um Letzteres für die Nutzer*innen noch attraktiver zu machen. Zunächst erfindet das Unternehmen den »Active Desktop«, der die computereigene Desktop-Oberfläche zu einer Art interaktiven Website machen soll. Als das nicht funktioniert, baut man den Internet Explorer um – seine Spezifikation wird mit Schnittstellen erweitert, die über die vorgegebenen Standards der W3C – der unabhängigen Webstandard-Kommission – hinausgehen. Unter anderem sollen so Microsoft-Produkte wie Outlook und der Microsoft-Exchange-Server über Webschnittstellen ansteuerbar werden.

Eine Funktion, die Microsoft in seinen Browser einbaut, um vor allem seine Exchange-Dienste mit dem Web verknüpfen zu können, ist der sogenannte XMLHttpRequest. Mit dieser Funktion kann eine Website eine Web-Anfrage – ähnlich der HTTP-GET-Anfrage – im Hintergrund losschicken und das Ergebnis empfangen und weiterverarbeiten. Im Hintergrund heißt: Die Website muss dafür nicht neu geladen werden. Websites sind damit in der Lage, wie Computerprogramm-Oberflächen bedienbar zu sein und dabei ihre Inhalte zu aktualisieren, ohne dass sie neu geladen werden müssen.

Als findige Web-Entwickler*innen die Funktion entdecken, machen sie sich daran, sie für eigene Zwecke nutzbar zu machen. Die Methode hält als sogenannte Ajax-Schnittstelle Einzug in den Werkzeugkasten der Webentwickler*innen und wird so beliebt, dass auch der Mozilla Firefox – ein aus der Asche von Netscape entstiegenes Open-Source-Projekt – sie implementiert. Der Firefox-Browser, der als Open-Source-Software nun auch unentgeltlich verfügbar ist und gleichzeitig mit dem Vorschussvertrauen eines Community-Projektes an den Start geht, bricht schließlich die Vormachtstellung des Internet Explorers und macht so Microsofts Versuche, die Level-I-Kontrolle des Webs zu übernehmen, endgültig zunichte.[34] Bald darauf steigen Apple mit Safari und Google mit Chrome in das

Browser-Rennen ein, und heute kann man bereits wieder von einer gefährlichen Machtposition von Google sprechen.[35]

Der von Microsoft eingebrachte und inzwischen von allen anderen Browsern implementierte Quasistandard XMLHttpRequest hört jedoch nicht auf, die Welt zu verändern. Zumindest spielte er eine Schlüsselrolle in der sich daraufhin entwickelnden neuen Web-Landschaft.

Diensteplattformen

Wäre Napster ein paar Jahre später gestartet, hätte es dank Ajax-Technologie vielleicht eine Website als Interface gehabt, statt eine zu installierende Client-Software. Wäre es so gekommen, hätte man Napster ab 2005 wahrscheinlich auch unter den Oberbegriff Web 2.0 subsumiert, also einer revolutionären Neuerfindung des WWW zugeschlagen, die das Sharing in den Mittelpunkt der Website stellt. Aber auch wenn es anders war, kann Napster getrost als die Urform all dessen gelten, was man später das »Social Web« nennen sollte.

Napster besteht aus zwei Komponenten: einem Software-Client und einer Server-Infrastruktur mit Datenbank. Um Teil von Napster zu sein, muss man sich die Software installieren und einen Account auf dem Server anlegen. Zentraler Bestandteil des Systems ist die Suche. Napster ist damit das, was wir eine Diensteplattform nennen. Auch wenn die Client-Software heute »App« genannt wird, ist es exakt dieselbe Struktur, die alle wichtigen Diensteplattformen auszeichnet – egal ob Google, Facebook, Twitter, Uber, Airbnb, Tinder oder PlanetRomeo.

Im Gegensatz zu Schnittstellen- und Protokollplattformen machen Diensteplattformen Interaktion nicht in erster Linie über Standards, Schnittstellen und Protokolle möglich. Stattdessen organisieren sie Interaktion vornehmlich durch die Distribution von Dateneingabemöglichkeiten (über Apps und/oder Websites) und die Zentralisierung der Datensammlung und -verarbeitung. Dadurch, dass man sich bei Diensteplattformen meist registrieren muss, um sie zu nutzen, verfügen diese über eine starke Level-I-Kontrolle. Da sie zudem die tatsächlich stattfindenden Interaktionen über zentrale Datenverarbeitung organisieren, verfügen sie zugleich über ein hohes Maß an Level-II-Kontrolle. Zwar läuft bei Napster die Koordination über eine zentrale Datenbank, dennoch geht es um den Austausch der Nutzer*innen auf Augenhöhe.

Doch zwischen Napster und der heutigen App-Economy liegt noch der Umweg über das Web 2.0. Ab den frühen 2000er Jahren poppen überall neuartige Websites auf, die das Napster-Paradigma des Peer-to-Peer-Sharings aufgreifen und mittels Ajax-Technologie in neuartige Web-Interfaces gießen. Statt Musikfiles oder anderen urheberrechtlich geschützten Werken teilt man auf diesen Websites zum Beispiel Links (del.icio.us) oder selbst aufgenommene Fotos (flickr.com), später Videos (YouTube) oder Medien aller Art (Facebook, Twitter). Mitte der 2000er wird klar: Das Web ist für Sharing da.

Neben den vergleichsweise komplexen Interfaces und dem Sharingparadigma zeichnet diese Websites anfangs ein explizites Bekenntnis zur Offenheit aus. So wird zum Beispiel durch die erwähnten APIs, also offene Schnittstellen, sichergestellt, dass externe Programmierer*innen auf die Dienste und ihre Daten automatisiert zugreifen können. Ähnlich wie bei IBM mit seinem PC sollen sich daraus Third-Party-Applikationen ergeben, die die Plattform attraktiv machen. Die APIs helfen vielen dieser Dienste zunächst dabei, schnell zu wachsen. Allerdings wäre es falsch, sie zum Zentrum der Definition von Diensteplattformen zu machen.[36]

Ein populärer Dienst aus der Web-2.0-Zeit ist Twitter. Twitter wurde zunächst als SMS-Applikation geplant. Da mobiles Internet damals noch nicht sehr verbreitet war, sollten Tweets vor allem als SMS versendet und empfangen werden. Daher die Zeichenlimitierung von damals 140 Zeichen (160 der SMS minus Username des Tweetenden).Twitters damaliges Bekenntnis zur Offenheit ist radikal. Tweets können auch ohne Login betrachtet werden, alle Tweets werden von Google indiziert, Twitters API ist so offen und weitreichend wie nur selten, und Accounts können zusätzlich zum internen Following-System auch mit dem offenen Standard RSS abonniert werden. Diese Offenheit hilft Twitter, schnell zu wachsen. Um Twitter herum entsteht ein reichhaltiges Ökosystem mit allerlei Anwendungen, Analysetools und sonstigen Zusatzdiensten. Es gibt ausgefeilte Statistikauswertungen, Persönlichkeitstest, hilfreiche Dienste zum Managen der Follower und Tweets, Dienste, die einem eine SMS schreiben, wenn ein Tweet populär ist, interessante Rankings und lustige Twitter-Account-Vergleiche.

Doch mit der Einführung des iPhone ab 2007 vollzieht sich ein radikaler Plattformwechsel auf der darunterliegenden Ebene. Das Smartphone-Paradigma löst die Zentralität des PCs und des Webs als wesentliche Plattformen der weiteren Entwicklung ab. Bis dahin galt als sicher, dass das Web die wesentliche Plattform der Zukunft sein wird. Viele Webdienste erwischte dieser Wechsel kalt. Flickr, del.ico.us und vielen anderen gelang es nicht, sich als Smartphone-App neu zu erfinden. Auch Facebook hat zunächst große Schwierigkeiten, schafft den Sprung aber am Ende mit einigem Erfolg. Ebenso wie Twitter, Tumblr und viele andere Social-Media-Sites wird es schließlich zu einer App, die nebenbei auch eine Website unterhält. Instagram, das nach dem Plattformwechsel 2010 direkt als App an den Start geht, sieht sich erst 2016 gezwungen, eine rudimentäre Webversion zu bauen.

Twitter bringt noch bis ins Jahr 2010 keine eigene App heraus. Es sieht zunächst so aus, als bräuchte es das auch nicht, denn ohne dass das Unternehmen irgendetwas dafür tun müsste, sprießen sofort etliche Twitter-Apps für Android und iPhone aus dem Boden. Die offene und einfach zu nutzende API erlaubte jeder*m, so eine Third-Party-App mit recht wenig Aufwand zu programmieren. Tatsächlich ist das Programmieren einer Twitter-App eine beliebte Übung für Programmieranfänger*innen. Der entstandene Zoo an Twitter-Apps macht den Dienst von Anfang an zu einem der beliebtesten auf dem Smartphone.

Doch die Offenheit hat auch Nachteile. Ähnlich wie viele frühe Web-2.0-Dienste verdient Twitter zunächst kein Geld. Nachfragen winkt man in der Phase der Wachstumseuphorie noch locker ab, doch gegen Ende der Nullerjahre, nach über drei Jahren des verlustreichen Wachstums, beginnen die Investoren, unruhig zu werden. Facebook erzielt 2009 mit seinem gut laufenden Werbegeschäftsmodell bereits einen Umsatz von über einer halben Milliarde Dollar, Google ist schon lange ein verlässlicher Goldesel, und so beschließen die Investoren, dass es auch für Twitter an der Zeit ist, die Millioneninvestitionen wieder einzuspielen.

2010 stellt Twitter »Promoted Tweets« vor, eine Form der »nativen Werbeanzeige«. Optisch sehen sie aus wie normale Posts von User*innen, allerdings sind sie als »promoted« markiert. Schon bei Facebook wurde Ähnliches erfolgreich umgesetzt. Twitternutzer*innen können ihre Tweets nun gegen Geld in den Timelines anderer Leute anzeigen lassen, auch wenn diese ihnen nicht folgen. So lassen sich definierte Zielgruppen erreichen (Targeting). Damit setzt Twitter auf ein erfolgversprechendes Pferd, insbesondere da Facebook bereits gezeigt hat, dass diese Werbemethode eine der wenigen ist, die auch auf Smartphones funktionieren.

Doch anders als Facebook kann Twitter das Pferd nicht zügeln. Um die native Werbung an die Nutzer*innen zu bringen, braucht Twitter Kontrolle über das User-Interface. Das aber liegt in den Händen der Third-Party-Apps: Tweetbot, TweetDeck, Twitteriffic und vielen mehr. Mit UberMedia gibt es sogar ein Start-up, das beginnt, strategisch Twitter-Apps aufzukaufen, und auf diese Art einen Interface-Marktanteil bei der Twitter-Nutzung von bis zu 20 Prozent erreicht.[37]

Hier zeigt sich, wie entscheidend die Level-II-Kontrolle für das Geschäftsmodell von Diensteplattformen ist. Level-II-Kontrolle ermöglicht es der Plattform nicht nur, Interaktionsmöglichkeiten bereitzustellen oder zu unterbinden, sondern auch Verbindungen einfach aufzuzwingen – wie zum Beispiel die Verbindung zwischen Mensch und Werbeanzeige. Liegt die Level-II-Kontrolle aber in den

Händen von Third-Party-App-Entwickler*innen, können diese die Werbung einfach ausblenden, stattdessen sogar eigene einblenden. Twitter sieht sich auf einmal mit Wettbewerbern auf seiner eigenen Plattform konfrontiert. Wettbewerber, die im Gegensatz zum Dienst selbst bereits Geld verdienen. Twitter hat die Kontrolle verloren und damit die Möglichkeit eines funktionierenden Geschäftsmodells.[38]

Twitter braucht seine eigene App. Dafür kauft das Unternehmen noch 2010 eine der beliebtesten Third-Party-Apps, Tweetie, und benennt sie in Twitter for iPhone um. Doch das reicht nicht. Die mobile Nutzung von Twitter geht auch dann noch zu einem Großteil von Dritt-Partei-Apps aus, und so entscheidet man sich 2012, die API-Zugriffe – vor allem für externe Apps – stark einzuschränken. Wer über seine App mehr als 100 000 User*innen Zugang zu Twitter gibt, muss sich fortan eine Sonderlizenz gewähren lassen. 2015 werden zusätzliche Restriktionen eingeführt sowie die Verteilung der Tweets durch RSS gestoppt. 2018 werden Features wie der automatisierte Strom (Streaming) von Tweets oder die Weiterleitung von Benachrichtigungen für alle externen Clients eingeschränkt. All diese drakonischen Maßnahmen müssen her, um die Level-II-Kontrolle wiederherzustellen und Twitter in die schwarzen Zahlen zu bringen. 2017 ist es dann so weit, dass Twitter zum allerersten Mal Gewinn vermeldet, wenn auch nicht überragend viel. Das Nutzerwachstum ist dagegen schon seit einigen Jahren eher gering – ob das an der API-Verriegelung liegt, ist schwer zu sagen.

Oberflächliche Analysen sehen die Schließung der Twitter- und anderer Social-Media-APIs als das Resultat der Smartphone-Revolution. Das Smartphone sei im Gegensatz zum Web ein wesensmäßig geschlossenes Ökosystem. Während alle aufgerufen sind, für das Web Anwendungen (Websites) zu bauen, können Apps auf den Smartphones schließlich nur mit Erlaubnis der Plattformbetreiber (Google für Android, Apple für das iPhone) angeboten werden.[39] Aber diese Erklärung greift zu kurz. Egal auf welcher Plattform Diensteplattformen aufsetzen, ob Web, Smartphone oder was auch immer kommen mag: Für ein funktionierendes Geschäftsmodell brauchen sie Level-II-Kontrolle. Sie stehen vor dem Trade-off: Offenheit hilft ihnen beim Wachsen, doch Offenheit verhindert auch das Geldverdienen.

Die Schnittstellenplattform, die Protokollplattform und die Diensteplattform unterscheiden sich nicht nur hinsichtlich ihrer Organisation von Kontrolle, sondern damit auch hinsichtlich der Struktur ihrer Geschäftsmodelle. Die Schnittstellenplattform kann meist nur den Zugang zur Plattform selbst verkaufen – etwa durch einen PC oder eine Microsoft-Windows-Lizenz –, da sie ausschließlich über ein gewisses Maß an Level-I-Kontrolle verfügt, jedenfalls so lange sie Plattformbesitzer ist.

Die Protokollplattform hat dagegen meist kein eigenes Geschäftsmodell, denn ohne Level-I- oder Level-II-Kontrolle gibt es keine Möglichkeit, von jemandem Geld zu verlangen. Internet Service Provider (ISPs) verlangen zwar eine Gebühr, damit sie Zugang zum Internet gewähren, doch keiner von ihnen hat wirklich Kontrolle über das Internet, weswegen sie sich in einem Konkurrenzkampf befinden. Das gilt gemeinhin für alle Plattformzugangsprovider, von Browser-Herstellern über die PC-Hersteller bis zu den Herstellern von Android-Telefonen. Sie alle stehen in einem direkten Konkurrenzkampf und haben meist wenig Möglichkeiten, große Margen zu verdienen.

Diensteplattformen haben dagegen grundsätzlich sowohl Level-I- als auch Level-II-Kontrolle, was eine Reihe von Geschäftsmodellen denkbar macht und entsprechend vielfältig eingesetzt wird. Bekannt ist das Werbegeschäftsmodell wie bei Google und Facebook, aber auch Aboservices und Premiumservices funktionieren gut. Oder man berechnet einfach eine Gebühr für Transaktionen, wie Uber, die App-Stores oder Airbnb es machen. Der Kampf um Kontrolle ist ein Wesensmerkmal der Plattformen.

Zuletzt sei angemerkt, dass die drei Plattformarten selten in Reinform auftreten. Besonders größere Plattformunternehmen implementieren mehrere Elemente. Google ist vor allem dadurch groß geworden, dass es eine zentrale Suchfunktion für eine eigentlich dezentrale, offene Protokollplattform – das Web – anbietet. Twitter dagegen ist zwar hauptsächlich eine Diensteplattform, aber der Versuch, die eigene API für andere Softwareentwickler*innen nutzbar zu machen, machte sie zwischenzeitlich auch zur Schnittstellenplattform. Facebook wiederum hat seinen eigenen Messengerdienst zunächst auf dem freien Chatprotokoll XMPP basiert, also einer Protokollplattform, dann aber schnell weiterentwickelt und proprietär gemacht. Gmail hingegen ist erst mal ein auf dem offenen E-Mail-Protokoll (SMTP) basierender Freemailerdienst, also nur Plattformzugangsprovider zur E-Mail-Plattform, aber weil der Dienst gleichzeitig über eine zentrale Dateninfrastruktur betrieben wird, kann er diensteplattformartige Zusatzleistungen anbieten (Spamfilter, Relevanzfilter, Assistenzsysteme, Chat etc.). Bei allen großen Technologieunternehmen hat sich jedoch in den letzten Jahren die Organisationsform Diensteplattform als dominante Plattformvariante durchgesetzt, während die Implementierung von Schnittstellen und Protokollen immer mehr einen Nebenaspekt darstellt.

2 Koordination und Infrastruktur

Vor Napster und dem späteren Vertrieb von Musik über das Internet musste man die Wohnung verlassen und in einen Laden gehen, um an Musik zu kommen. Dort durchwühlte man händisch einzelne silberne Plastikscheiben, die im Schnitt 12 bis 15 Songs enthielten, und wenn man in diese vor dem Kauf hineinhören wollte, musste man das Ladenpersonal fragen. Schließlich brachte man die Fundstücke zur Kasse und bezahlte für jede Plastikscheibe einen verhältnismäßig hohen Preis von heute umgerechnet etwa 20 Euro. Erst dann durfte man sie mitnehmen, um sie zu Hause in ein dafür vorgesehenes Abspielgerät zu stecken. Wenn man die Scheibe jedoch im Auto oder unterwegs hören wollte, brauchte es dafür jeweils separate Abspielgeräte. Meist stellte sich sodann heraus, dass von den Songs auf der Plastikscheibe (auch Album genannt) sechs von minderer Qualität und vier ganz okay waren und der eine Song, wegen dem man die Scheibe eigentlich gekauft hatte, immerhin durch einen weiteren ganz guten Song ergänzt wurde, den man vorher noch nicht kannte.

Versteht man die Musikindustrie als Lösung für das Koordinationsproblem, Musik unter die Leute zu bringen, dann erfüllte sie ihre Funktion im Vergleich zu Napster in etwa so effizient wie rechteckige Räder. Die schlichte Idee, alle Menschen, die Musik bereits besitzen, in die Lage zu versetzen, sie einfach tauschen zu können, ist deswegen ein Dammbruch, weil die Musikindustrie ihre Aufgabe, Musik an Musikinteressierte zu bringen, nicht einfach nur schlecht erfüllte. Sie war der Damm.

Plattformen organisieren Koordination. Ihr Erfolg liegt darin, dass sie das oft viel effizienter tun als andere gesellschaftliche Strukturen, die dafür geschaffen worden sind. In diesem Kapitel wollen wir unter anderem zeigen, dass Koordination nicht selbstverständlich ist, dass sie sogar unwahrscheinlich ist. Wir wollen die Perspektive umdrehen und sichtbar machen, wie mühsam, teuer und voraussetzungsreich gelingende Koordination ist. Sie ist eine knappe Ressource, und diejenigen, die sie herzustellen imstande sind, befinden sich auf einmal in einer besonderen Situation. Eine Situation, die die Macht der Plattformen erklärt.

Doch sobald wir fragen, wie Koordination durch Plattformen zustande kommt, stoßen wir auf ein Paradox. Plattformnutzung – also das Sicheinigen auf eine Plattform, das Einüben ihres Gebrauchs sowie ihre wiederkehrende Nutzung – erfordert wiederum: Koordination. Plattformen sind sowohl Ergebnis als auch Ermöglicher von Koordination. Auch Napster ist nicht vom Himmel gefallen. Es ist erst durch eine ganze Reihe an Koordinationsleistungen im Vorfeld ermöglicht worden. Da wäre die Ausbreitung der Computer, die im Laufe der 1980er durch die PC-Revolution in viele Privathaushalte kamen; der Zugang zum Internet, der in den 1990er Jahren noch alles andere als selbstverständlich war; die Digitalisierung der Musik, die bereits Anfang der 1980er mit der CD eingeleitet worden ist; die Entwicklung des besonders datensparsamen Audiokompressionsalgorithmus MP3, der Musik im Internet überhaupt erst nutzbar machte; und schließlich die Erfindung und Popularisierung der relationalen Datenbank und des Client-Server-Modells der Internetkommunikation, an dem sich Napster orientiert.

Koordination wird durch vorhergehende Koordination erst wahrscheinlich gemacht, und das gilt für alle Arten von Plattformen. Dieses Emporklettern von einer Koordinationsleistung zur nächsten ist das, was digitale Plattformen mit neuen Konzepten institutionalisiert haben. Man kann von einer Genealogie oder gar Evolution von Koordinationsmechaniken sprechen, die durch analoge Plattformen angestoßen und durch digitale Plattformen enorm beschleunigt wurden: von der Herstellung von Erwartung über die Ermöglichung von Generativität hin zur Automatisierung von Medienrevolutionen. Um das Wirken und den Erfolg der Plattformen zu verstehen, muss man diese Evolution nachvollziehen, die wir hier als durchlaufene Stationen darstellen.

Erwartung

Am Sonntag, den 7. Februar 1904, bricht um 11 Uhr morgens in Baltimore das größte Feuer aus, das die USA bis dahin gesehen haben. Die gesamte Innenstadt steht in Flammen, mehr als 1500 Gebäude brennen nieder. Erst nach über 24 Stunden kann das Feuer unter Kontrolle gebracht werden. Ein Grund für den späten Erfolg der Löschanstrengungen: Die zu Hilfe eilenden Feuerwehren der Städte (Philadelphia, New York und Washington, D.C.) können ihre Schläuche nicht an die vorhandenen Hydranten anschließen. Da es keine Standards dafür gibt, hat jede Stadt und Feuerwehr ihre eigenen Hydrantensysteme und Löschschläuche entwickelt, die sich dementsprechend in der Nachbarstadt als nutzlos herausstellen. Erst im Nachgang zu dem Feuer schreibt die National Fire Protection Association nationale Standards für die Feuerwehrausrüstung vor.[1]

Die Nichtstandardisierung hatte die Löscharbeiten behindert. Koordination ist teuer, aber Nichtkoordination ebenfalls. Das ist auch das Problem der Musikindustrie im Angesicht der Napster-Krise. Einig sind sich die Musikverlage darin, dass Napster eine Ausgeburt der Hölle ist. Aber darüber hinaus ist man sich über so gut wie nichts einig. Vor allem fehlt eine gemeinsame Initiative, Musik im Internet legal verfügbar zu machen. Es gibt einzelne Vorstöße, MP3-Shops zu betreiben, doch um Napster etwas entgegenzusetzen, bräuchte es ein Vollprogramm und attraktive Preise. Die Labels müssten dafür eng zusammenarbeiten, gemeinsam planen, eine gemeinsame Plattform aufstellen, sich vertrauen, Kompromisse eingehen – eben Strukturen schaffen. Sie sind es allerdings nur gewohnt, gegeneinander zu arbeiten, nicht miteinander. Für eine gemeinsame Plattform gibt es keine Plattform. Auch die Musikindustrie steckt im Koordinationsparadox fest.

Nicht erst seit damals lautet die bange Frage: Wie kann man Koordination erwarten, wenn die Erwartungen dafür schon koordiniert sein müssen? In der Evolutionsgeschichte der Koordination wurden viele Ansätze dafür entwickelt, die das Problem klassischerweise angehen: Kontingenz, Zwang und Hierarchie.

Station 1: Kontingenz

Einer urbanen Legende nach sind die Abstandsmaße zwischen Schienen in den USA und vielen anderen Teilen der Welt, inklusive Deutschlands, eine über viele Umwege erfolgte Erbschaft des Römisches Reichs. Die damals gängigen Streitwagen, gezogen von zwei Pferden, hätten die Spurbreite ihrerseits vorgegeben. Die Pointe der Erzählung liegt nun darin, dass die Abmessung von zwei römischen Pferdehintern ursächlich für alle unsere heutigen Transportarchitekturen sein soll. Allerdings kannte das Römische Reich keine standardisierte Spurbreite, und Streitwagen waren auf römischen Straßen auch eher selten unterwegs.

Davon abgesehen gibt es eine erstaunliche Kontinuität dessen, was man in Deutschland Normalspur nennt, nämlich eine Spurbreite von 1435 Millimetern.[2] So orientiert sich der Schienenabstand in England um das Jahr 1825 an den Achsenbreiten der damals allgemein verbreiteten Kutschen. Dadurch sind diese – mit etwas Umbau – auch auf Schienen benutzbar. Dieses Maß wird dann in die USA exportiert, koexistiert dort zunächst aber mit anderen Spurbreiten, vor allem im Süden, was dem stärker vereinheitlichten Norden einen entscheidenden strategischen Vorteil im Bürgerkrieg verschafft. Erst nach dem Bürgerkrieg findet eine nationale Vereinheitlichung der Schienenbreiten statt.[3]

Eine solche Wechselwirkung von Standards über die Zeit nennt man Pfadabhängigkeit, und sie verweist darauf, dass eigentlich alle

Standards unserer basalen Definition von Plattformen entsprechen. Standards sind Plattformen in dem Sinn, dass sie erwartete Vorselektionen von Verbindungen sind, die unerwartete Anschlussselektionen von Verbindungen wahrscheinlicher machen – nämlich indem dieselbe Selektion auf der nächsten Ebene schlicht wiederholt wird, wobei jede Anschlussselektion wiederum die nächste Anschlussselektion determiniert usw. Bei Phänomen wie den Spurbreiten lassen sich deshalb direkte Linien in die Vergangenheit ziehen, immer entlang des Pfades. Unweigerlich findet man sich auf der Suche nach dem Ursprung jener Norm wieder, als hätte sie irgendeinen tieferen Sinn. Doch welchen?

Die Antwort auf derartige Fragen ist sowohl banaler als auch interessanter als Pferdehintern: Sie lautet Kontingenz. Niklas Luhmann definiert Kontingenz als die Abwesenheit von Notwendigkeit und Unmöglichkeit, was umgekehrt bedeutet, dass das Kontingente so, aber eben auch ganz anders hätte sein können.[4] Kontingenz scheint der Intuition zu widersprechen, dass irgendwie alles mit allem zusammenhängt, also unserer Erfahrung von Pfadabhängigkeiten und Struktur. Und hier stellt sich das Paradox in seiner Klarheit: Wie kann aus dem Nichts, aus reiner Kontingenz, Struktur entstehen?

Nach Luhmann stehen Kontingenz und Struktur gar nicht im Widerspruch. Im Gegenteil, sie bedingen einander. Seinem Lehrer Talcott Parsons folgend beschreibt er die fiktionale Ursituation des Sozialen folgendermaßen: Zwei denkende und beobachtende Wesen treffen vor aller Erfahrung aufeinander. Sie kennen weder Zeichen oder Kultur noch Benehmen. Daraus ergeben sich drei Probleme: Erstens ist alles möglich; zweitens ist jede*r der beiden Interaktionsteilnehmer*innen nicht nur Akteur*in, sondern auch Beobachter*in stattfindender Interaktion, und drittens müssen beide ihre Folgeaktionen wiederum an den eigenen Aktionen und denen des jeweils anderen ausrichten.[5]

Mit anderen Worten: Die Akteure agieren und beobachten sich beim Agieren und Beobachten gegenseitig und müssen die gemachten Beobachtungen wieder in die Interaktion einfließen lassen und so fort. Aus der anfangs sehr einfachen Situation erwächst ein Füllhorn an Komplexität, und genau deswegen ist diese »doppelte Kontingenz« genannte Situation laut der systemtheoretischen Soziologie der Herd aller sozialen Komplexität.[6]

Doch gleichzeitig entsteht aus dieser überbordenden Komplexität heraus die Lösung für das Problem: Irgendetwas geschieht, und egal, was es ist, wird es den Möglichkeitsraum von nun an strukturieren, das heißt: einengen. Von den unendlichen Möglichkeiten wird nämlich nur eine eintreten. Sagen wir, rein hypothetisch, Person A streckt Person B den Mittelfinger entgegen. Beide beobachten dieses Ereignis, und das verändert die Situation auf beiden Seiten. A beobachtet, dass B beobachtet hat, dass er ihm den Finger gezeigt hat – was wiederum von B beobachtet wird. Aus den Beobachtungen der beiden heraus entsteht das eigentliche Wunder der Koordination: A und B formen Erwartungen.

Stellen wir uns vor, nach einiger Zeit treffen sich A und B wieder. Beide werden jetzt nicht mehr ganz so sehr von der doppelten Kontingenz überfordert sein, denn sie haben nun Erwartungen aneinander. Es ist zum Beispiel nicht unwahrscheinlich, dass B erwarten wird, dass A ihm wieder den Mittelfinger zeigt. A wiederum wird erwarten, dass B genau das von ihm erwartet, was auch seine Entscheidung von nun an informieren wird. Informieren ist hier im wörtlichen Sinne von »in Form bringen« gemeint, und es ist exakt dieses Informieren, was die »Anschlussselektion von Verbindungen wahrscheinlich macht«.

»Erwartung«, schreibt Niklas Luhmann, ist »nichts anderes als die Einschränkung des Möglichkeitsspielraums.«[7] Für ihn sind Strukturen miteinander verwobene Erwartungen. Genauer: Erwartungen an Erwartungen, oder auch »Erwartungserwartungen«. A erwartet von B, dass B von A erwartet und so weiter. Erwartungen sind fragil. Sie können enttäuscht werden. Zu einer Struktur wird Erwartung erst, wenn die Erwartung ihrerseits erwartbar wird.

Kaum sehen sie sich wieder, zeigt B schon A seinen Mittelfinger, als Wiederholung der Geste von A.

Diese fiktive Geschichte lässt sich nun auf viele Arten weitererzählen, und sie könnte so oder auch ganz anders stattgefunden haben. Wichtig ist nur, dass wir verstehen, wie jedes beliebige Ereignis den Möglichkeitsraum der doppelten Kontingenz strukturiert, indem es bei A und B Erwartungen weckt. Mittelfingerzeigen als Begrüßungsritual mag uns merkwürdig erscheinen, es ist aber nicht minder merkwürdig als das Händeschütteln oder die Normalspur. Eine Spurbreite sagt: Wenn du hier fahren willst, muss deine Achse so und so breit sein. Die Zughersteller wiederum erwarten diese Erwartung und bauen ihre Züge entsprechend, woraufhin auch in anderen Ländern die Normalspur verlegt wird, um diese Züge einsetzen zu können. All dies sind wechselseitige Erwartungen, die durch ihre Erwartbarkeit weitere Handlungen wahrscheinlicher machen.

Station 2: Zwang

Das klassische Beispiel für das Problem der Koordination ist das Gefangenendilemma. Stellen wir uns vor, zwei Bankräuberinnen wurden bei der Tat verhaftet und werden nun in zwei voneinander getrennten Zellen verhört. Beiden wird ein Deal angeboten: Wenn sie die jeweils andere belasten, gehen sie nur ein Jahr ins Gefängnis, verweigern sie die Aussage, dann fünf. Umgekehrt gilt: Wer von der jeweils anderen belastet wird, geht zehn Jahre hinter Gitter. Jede der Gefangenen steht jetzt vor der Wahl: Nehme ich den Deal an oder nicht? Wenn ich mich darauf einlasse, meine Kollegin aber dichthält, dann gehe ich nur ein Jahr in den Knast, sie hingegen zehn. Aber wenn sie ebenfalls den Deal annimmt, gehen wir beide für zehn Jahre in den Knast, weil wir uns gegenseitig belastet haben.

Somit wäre es für die Gefangenen das Beste, wenn beide den Deal ablehnten. Jedoch erfordert diese Lösung Koordination. Die Gefangenen müssen voneinander erwarten können, nicht mit den Behörden zu kooperieren. Spieltheoretisch ist das unwahrscheinlich, denn wenn jede Gefangene nach ihrem eigenen Vorteil strebt, wird sie sich auf das Schweigen der anderen nicht verlassen. Eine egoistisch handelnde Akteurin würde also mit hoher Wahrscheinlichkeit ihre Kollegin verpfeifen und auf die verkürzte Haftstrafe hoffen. Weil das beide machen würden, würden sie jeweils für zehn Jahre weggesperrt werden.

Um das Gefangenendilemma zu beschreiben, nimmt man der Anschaulichkeit halber immer zwei Gefangene. Doch stellen wir uns dieselbe Situation mit 100 Gefangenen vor. Jede einzelne kann alle anderen belasten. Die gesamte Kooperationsanstrengung trägt also nur dann Früchte, wenn alle 100 dichthalten und keine auspackt. Die Chancen dafür sind minimal. Koordination ist also nicht nur unwahrscheinlich, sie wird sogar immer unwahrscheinlicher, je mehr Akteur*innen es zu koordinieren gilt. Eine Erfahrung, die jede*r schon mal gemacht hat, die*der je mit mehr als vier Leuten ins Kino gehen oder mit Feuerwehren aus unterschiedlichen Städten einen Großbrand löschen wollte.

Die Antwort, die die italienische Mafia auf dieses Problem gefunden hat, heißt »Omertà«: ein strikter Code und die Selbstverpflichtung, nicht mit Strafverfolgungsbehörden zusammenzuarbeiten. Omertà ist aber keine freiwillige Veranstaltung, sondern wird im Zweifel brutal durchgesetzt, meistens durch Mord und Einschüchterung. Nicht nur kann A erwarten, dass sie stirbt, wenn sie auspackt, sie kann ebenfalls erwarten, dass auch B erwartet, dass sie stirbt, wenn sie auspackt. Zwang ist eine der ältesten und auch heute eine besonders einfache Form, Erwartungserwartungen zu stabilisieren.

Station 3: Hierarchie

Es muss nicht immer gleich so drastisch sein, doch wenn es um das Sicherstellen von Koordination von Erwartung geht, haben Menschen in der Vergangenheit häufig auf Zwang und vor allem Hierarchie gesetzt. Die Einführung von Standards macht da keine Ausnahme. Als 1982 in einem Rutsch der CD-Player und das letzte ABBA-Album auf CD veröffentlicht werden, sieht es so aus, als hätte die Musikindustrie reibungslos einen Standard auf den Weg gebracht, der ganz ohne Plattformkrieg auskommt. Tatsächlich hat die CD damals kaum ein digitales Konkurrenzprodukt, gegen das sie sich durchsetzen muss.

Der Friede täuscht allerdings darüber hinweg, dass die Entwicklung der CD durchaus von einigen Formatscharmützeln begleitet worden ist. Der niederländische Elektronikkonzern Philips begann bereits in den 1970er Jahren die Forschung an den wesentlichen technischen Verfahren, die für die Entwicklung der CD wichtig wurden.[8] Ende des Jahrzehnts kam der japanische Konkurrent Sony dazu, der einiges an Know-how und Patenten beisteuerte. Als die CD schließlich herauskommt, ist sie das gemeinsame Kind dieser beiden marktmächtigen Eltern. Das gilt nicht nur für die Unterhaltungselektronik, sondern auch für die Musikbranche. Sony verfügte mit Sony Music Entertainment Inc. (heute Sony Music) und Philips mit PolyGram (heute Teil von Universal Music Group) nämlich auch über große Musiklabels. Die CD bündelt also Technik- und Inhalteproduktion in einer Hand. Was soll da noch schiefgehen?

Die Entwicklung der CD fällt allerdings mitten in die allgemeinen Digitalisierungsbemühungen im Audiobereich. Zwischen Unternehmen, Wissenschaftler*innen und Nutzer*innen (vor allem aus dem Profibereich) gibt es einen regen Austausch darüber, wie man Tonaufnahmen am besten digitalisiert. Im Zentrum der Debatte steht die Frage der sogenannten Abtastrate (auch Samplingrate). Das ist die Frequenz der Frequenzbestimmung bei der Aufzeichnung. Da Schall sich in Wellen ausbreitet und unterschiedliche Tonhöhen unterschiedliche Wellenlängen haben, muss man sich bei der Entwicklung einer Aufnahmetechnik darüber Gedanken machen, welches Frequenzspektrum man abbilden will.

Das menschliche Gehör kann etwa im Spektrum von 20 Hertz bis 20 Kilohertz Töne wahrnehmen. Da es für die korrekte Messung und Aufnahme einer Wellenlänge immer zwei Abtastpunkte braucht, muss die Abtastrate bei etwa 40 Kilohertz liegen, wenn sie alle menschlich hörbaren Hochtöne erfassen will. In der digitalen

Radiotechnik hat man sich damals jedoch bereits mit 31 Kilohertz abgefunden, während Profinutzer*innen lieber auf Nummer sicher gehen würden und gern bis zu 50 Kilohertz aufzeichnen wollen. Mehr Abtastpunkte erzeugen allerdings auch größere Datenmengen, so dass viele Interessenvertreter*innen, vor allem aus dem Elektronikbereich, auf eine ökonomischere Lösung drängen. Dazu gehört auch Sony, wo man eine Frequenz von 44,1 Kilohertz bevorzugt – ein Standard, der bereits in den eigenen Audiorekordern verbaut ist. Eine Einigung ist besonders aus Kompatibilitätsgründen enorm wichtig: Ein Audiostück, das mit einer bestimmten Abtastrate aufgenommen worden ist, lässt sich nicht so ohne Weiteres in einem Medium abspielen, das eine andere Abtastrate unterstützt. Es braucht also einen Standard.

Das Brisante: Die Philips-Tochter PolyGram gehört zu den Verfechtern höherer Abtastraten, während die Konzernmutter zusammen mit Sony für die 44,1-kHz-Frequenz optiert. Noch ein halbes Jahr vor Einführung der CD streitet der Musikverlag darum, mit der CD doch noch auf 48 kHz zu gehen. Doch Sony und Philips lassen nicht mit sich reden: Die CD wird auf 44,1 Kilohertz festgelegt. Damit ist der Standard definiert, den wir heute fast überall verwenden.[9]

Philips legte die Schwierigkeit der Koordination unterschiedlicher Akteure also durch eine uralte Technik bei: Hierarchie. Man kann gegen Hierarchie eine Menge sagen, aber sie ist oft einfach ziemlich effizient. Das ist auch die wesentliche Erkenntnis des Ökonomen Ronald Harry Coase, der sich 1937 etwas fragte, das die Ökonomie seit ihrer Entstehung irgendwie vergessen hatte, sich zu fragen: Warum gibt es Unternehmen?[10] Klassischerweise glauben Ökonomen daran, dass Märkte die beste Art sind, wie man Menschen, Arbeit, Kapital, Produkte und Dienstleistungen koordiniert. Märkte sind das Koordinationswunder, zu dem sich Ökonomen am liebsten bekennen. Doch warum stellt die Bauingenieurin dann einen Maurer ein, anstatt sich einen Maurer auf dem freien Markt zu organisieren, wann immer sie einen braucht?

Durchdenkt man diese Frage, kommt man schnell darauf, dass das mit dem Markt eben nicht so einfach ist. Um einen Maurer zu finden, muss die Bauingenieurin sich zunächst eine Übersicht verschaffen, das heißt Informationen einholen. Dann muss sie die einzelnen Maurer ansprechen, sie eventuell zum Vorstellungstermin einladen, ihre Qualifikation prüfen. Erst dann können überhaupt die Gehaltsverhandlungen beginnen. Die Ingenieurin muss dabei Risiken und Unsicherheiten eingehen und hat kaum Planungssicherheit, weil der Maurer morgen vielleicht schon wieder auf einer anderen Baustelle arbeitet. Das heißt, der ganze Vorgang muss schlimmstenfalls jeden Tag wiederholt werden. Statt also den Markt zu bemühen und den Prozess immer wieder aufs Neue zu durchlaufen, klingt es also ganz vernünftig, den Maurer anzustellen und ihn dann über Weisung mal die eine, mal die andere Mauer bauen zu lassen.

Coases Erkenntnis ist einfach, aber weitreichend: Die Benutzung von Märkten ist nicht umsonst. Märkte verursachen Kosten, die die Ökonomie bis dahin nicht in den Blick genommen hat, sogenannte *Transaktionskosten*. Diese sorgen dafür, dass Unternehmen – die eigentlich kleine Planwirtschaften sind – Koordination oft effizienter organisieren als Märkte. Deswegen kann man sie auch *Koordinationskosten* nennen. Alle Formen der Koordination verursachen solche Kosten, nicht nur wirtschaftliche Aktivitäten am Markt. Deswegen ist es so schwierig mit der Verabredung zum Kino, dem Meeting mit mehr als fünf Leuten, dem Löschen von Großbränden oder dem Stürzen politischer Systeme.

Mit Luhmann kann man das so formulieren: Kontingenz, Hierarchie und Zwang schaffen Erwartungssicherheit, und zwar für alle Beteiligten. Die Unternehmerin kann mit ihren Mitarbeiter*innen planen, die Mitarbeiter*innen können mit einem monatlichen Gehaltsscheck planen, die Gefangenen überwinden ihr Dilemma aus Angst vor dem Tod. Es entsteht eine Struktur von Erwartungen und von Erwartungen an Erwartungen. Strukturen, auf denen man aufbauen kann und die neue Koordination ermöglichen.

Generativität

Als Napster 1999 an den Start geht, ist die Digitalisierung bereits per CD-Regal in die meisten Haushalte eingezogen. Oft steht auch schon ein Windows-PC auf dem Schreibtisch, der zu dieser Zeit häufig einen CD-Brenner hat, also ein CD-Laufwerk, mit dem man auch Daten auf CDs schreiben kann. Da digitale Datenträger verlustfrei kopierbar sind, werden deshalb auch schon vor Napster fröhlich Musik-CDs kopiert. Im Internet ist Musik jedoch anfangs noch rar. Die Dateien sind einfach viel zu groß für die damaligen Bandbreiten des Internets, ein Download dauert Stunden, der meist zu Minutenpreisen bezahlt wird.

Der Durchbruch für Musik im Internet kommt mit einem neuen Dateiformat. Es ist der deutsche Ingenieur Karlheinz Brandenburg, langjähriger Institutsleiter des Fraunhofer-Instituts für Digitale Medientechnologie, der einen besonders effizienten Kompressionsalgorithmus für Audiodateien entwickelt: das MP3. Als das Format 1993 veröffentlicht wird, verspricht es, Musikstücke um den Faktor 10 zu verkleinern, verglichen mit dem entsprechenden Track auf der CD. Das gelingt dem Algorithmus, indem er nicht hörbare Frequenzen einfach abschneidet und den Rest komprimiert. Auf einmal ist Musik in einem Format verfügbar, das auch für die damaligen noch sehr schmalen Internetbandbreiten geeignet ist.

Rund drei Jahre vor Napster geht das MP3 viral. 1997 startet MP3.com und bietet Künstler*innen, die abseits der Musikverlage ihre Musik unter die Leute bringen wollen, eine Plattform. Mp3.Lycos.com bietet eine eigene MP3-Suchmaschine an, mit der man irgendwo im Web veröffentlichte Musik finden können soll. Mit Winamp, einem Programm der Firma Nullsoft, steht ein populärer MP3-Player bereit, der nicht nur CDs rippen – also CD-Tracks in MP3s umwandeln – kann, sondern der in Sachen Interface auch noch frei gestaltbar ist. Ende der 1990er löst »mp3« »sex« als den beliebtesten Suchbegriff in Suchmaschinen ab.[11] MP3 ist ein neuer Standard, und das Internet mit seinen Millionen früher Bewohner*innen hat ihn dazu gemacht. Als Shawn Fanning und Sean Parker – zwei passionierte Fans von MP3 – sich 1999 darüber unterhalten, dass es immer noch viel zu schwierig ist, an MP3s zu gelangen, ist der Hype gerade auf seinem vorläufigen Höhepunkt.

Generativität kann laut Jonathan Zittrain als die Eigenschaft verstanden werden, Neues hervorzubringen.[12] Zittrain preist sie vor allem beim PC und beim Internet. Ein neues Format wie MP3 konnte eben genau durch die Generativität des Internets und des PCs zum Standard werden. Der PC gibt nicht vor, welche Software auf ihm laufen kann, daher kann jeder, der es will, einen MP3-Player dafür programmieren. Dem Internet ist egal, welche Daten durchgeleitet werden, ob sie im MP3-Format sind oder nicht. Generativität ist in gewisser Hinsicht die Rückkehr der Koordination durch Kontingenz. Es braucht keinen Zwang und keine Hierarchien, um einen Standard durchzusetzen, sondern nur offene Systeme, die Verbindungen nicht von vornherein limitieren.

Zittrain macht fünf Eigenschaften generativer Systeme aus:

1. Generative Systeme sind anpassbar, und zwar einerseits durch Erweiterung, indem auf sie aufgebaut werden kann, und andererseits dadurch, dass sie selbst möglichst modifizierbar sind.

2. Generative System sind zugänglich, wobei der eventuelle Kostenaspekt mitgedacht werden muss (Hardware oder Software, die zu kaufen ist).

3. Gleichzeitig reduzieren generative Systeme die Komplexität von Handlungen so, dass es leicht möglich ist, den Umgang mit ihnen zu erlernen.

4. Zudem muss ein generatives System den möglichst einfachen Austausch seiner Elemente ermöglichen, beispielsweise den von Software, Dateien und Informationen. Die Elemente müssen also kompatibel zueinander sein.

5. Die wichtigste Eigenschaft generativer Systeme ist allerdings, dass sie effektiv sein müssen. Sie müssen Handlungen einfacher machen. Zittrain nennt das »Leverage«, er vergleicht also die Wirkung von generativen Systemen mit der Hebelwirkung.

Der Erfolg von MP3 ist ohne Frage Ergebnis der Generativität des Internets und des PCs. Koordination durch Generativität braucht weder Zwang noch Hierarchie, sondern nur jenen Hebel, von dem Zittrain spricht. Diesen Hebel haben wir längst als die erwarteten Vorselektionen potentieller Verbindungen identifiziert. Sie sind Bedingung der Möglichkeit von Generativität, aber nicht ihre einzige. Wie wir bei den Schienenbreiten gesehen haben, bringt jede Vorselektion die Gefahr mit sich, dass die Anschlussselektionen in ihre Pfadabhängigkeiten verstrickt werden. Um die Anschlussselektionen *unerwartet* zu halten, bedarf es einer permanenten Revolution.

Station 4: Medienrevolution

Am 12. März 1933 wendet sich der frisch amtierende US-Präsident Franklin D. Roosevelt an die Nation. Und zwar über das neue Medium Radio. Roosevelt hat es bereits als Gouverneur von New York genutzt, vor allem deswegen, weil seine politischen Gegner häufig die Hoheit über die Zeitungsverlage besaßen.

Diese Ansprache aber gehört nicht mehr zum Wahlkampf. Das Land liegt seit Beginn der Wirtschaftskrise 1929 am Boden. Die Arbeitslosenquote beträgt mehr als 20 Prozent, niemand hat noch Vertrauen in die Wirtschaft oder zueinander. Am wenigsten wird den Banken getraut. Immer wieder kommt es zu »bank runs«, panikartigen Massenabhebungen, aus der Angst, nicht mehr an das eigene Guthaben zu gelangen. Natürlich sind die Banken nicht darauf vorbereitet, so viel Geld auf einmal herauszugeben, was die Panik wiederum verstärkt.

Roosevelt versteht: Bevor er mit seinem »New Deal« die Chance bekommen kann, die Wirtschaft wieder aus der Krise zu ziehen, muss er erst die Liquidität der Banken wiederherstellen. Das tut er zum einen mit dem Gesetzespaket »Emergency Bank Act«, das die Bankeinlagen staatlich garantiert. Zum anderen hält er jene Radioansprache an die Bürger*innen. In sachlichem Ton erklärt er zunächst, wie das Bankensystem funktionieren sollte, warum die derzeitige Vertrauenskrise das eigentliche Problem ist und wie sein Gesetzespaket das Vertrauen wieder herstellen soll. Das Wichtigste kommt zum Schluss der 13-minütigen Rede: Er ruft die Bevölkerung direkt dazu auf, ihr Geld wieder zur Bank zu bringen.[13]

Und das Wunder geschieht: Innerhalb der ersten zwei Wochen nach der Ansprache ist bereits die Hälfte des abgehobenen Geldes wieder auf den Bankkonten. Die Menschen haben auf ihren Präsidenten gehört und wieder Vertrauen gefasst. Dass einem Politiker einmal eine solche medial vermittelte Koordinationsmacht zur Verfügung stand, ist heute unvorstellbar – und eigentlich sehr unheimlich. Doch schon zu seiner Zeit wird Roosevelt genau wegen dieser vom Radio verliehenen Macht von vielen Amerikanern kritisch beäugt. Insbesondere der Aufstieg der Nazis in Deutschland wird damals eng mit der Macht des Radios verknüpft, von der auch Roosevelt so energisch Gebrauch macht.[14]

Dass das Radio jemals eine solche Macht verleihen konnte, ist mittlerweile ebenfalls unvorstellbar. Heute können Radiosender kaum mehr einen Song aus eigener Kraft in die Charts befördern. Eine Ansprache der Bundeskanzlerin mit dem Aufruf, irgendetwas zu tun, würde höchstens noch ein Schmunzeln auslösen. Dieser Machtverlust ist eine direkte Folge der Medienrevolution. Mit Medien meinen wir an dieser Stelle das, was bei Niklas Luhmann als »Verbreitungsmedien« firmiert: »Verbreitungsmedien bestimmen und erweitern den Empfängerkreis einer Kommunikation.«[15]

Sie tun das auf zweifache Weise: zeitlich und räumlich. Die Schrift beispielsweise löst Kommunikation von ihrer zeitlichen Beschränktheit und ermöglicht sie auch über Kontinente hinweg. Der Buchdruck erweitert den Empfängerkreis durch Senkung der Zugangshürden, und das Internet macht alle Formen von Kommunikation in Echtzeit auf der ganzen Welt möglich. Mit anderen Worten: Neue Verbreitungsmedien senken – noch effektiver als Hierarchien – Koordinationskosten.

»Neue Medien [...] verschärfen damit die Diskrepanz zwischen möglicher und aktuell stattfindender Kommunikation«, schreibt

Luhmann.[16] Dieser »Verweisungsüberschuss« erhöhe den Selektionszwang der Individuen. So bezeichnet der Soziologe Dirk Baecker Medienrevolutionen auch als »Katastrophe« und meint damit den radikalen Übergang der Gesellschaft von einem Zustand in einen neuen.[17] Die Gesellschaft passt ihre Erwartungsstrukturen mit der Zeit an die neuen medialen Gegebenheiten an und bildet aus den neuen Selektionen neue Erwartungserwartungen – Institutionen, Standards, kulturelle Praktiken etc.

Auch das Radio ist also generativ, zumindest in der Anfangsphase. Generativität ist eben nicht bestimmten Plattformen wie dem PC oder dem Internet vorbehalten, so wie Zittrain es verstanden wissen will. Generativität kann auf verschiedene Arten und auf verschiedenen Ebenen geschehen. Entgegen Zittrains Befürchtungen hat sich beispielsweise das iPhone – und das Smartphone generell – als hoch generativ herausgestellt, nur anders und auf andere Arten als PC und Internet.

Ein Ausdruck der Generativität, die die Medienrevolution des Buchdrucks kennzeichnet, ist die allgemeine Sprachangleichung Anfang der Neuzeit. Vor dem 16. Jahrhundert gab es unzählige Dialekte und Idiome in Europa, an einheitliche Schriftsprachen war nicht zu denken. Teilweise wurde bereits im Nachbarort ein Dialekt gesprochen, der sich grundlegend von dem im eigenen Ort unterschied.

Die Druckerpresse ändert das. In Italien setzt sich nach der Einführung des Buchdrucks der toskanische Dialekt als gemeinsame italienische Sprache durch, vermutlich wegen des großen Einflusses von Florenz als wichtigste Handelsmacht der Region. In Frankreich übernimmt Paris die Federführung. Der König betreibt per Erlass und Kontrolle der Druckerpressen eine regelrechte Sprachpolitik.[18] In England gründet William Caxton 1476 die erste Druckerei und druckt zunächst *The Canterbury Tales* von Geoffrey Chaucer. Diese im Londoner Dialekt verfasste Textsammlung wird heute dafür verantwortlich gemacht, dass sich der auch als »King's English« bekannte Dialekt zur Nationalsprache entwickelte.[19]

Ausgerechnet in Deutschland, wo die Druckerpresse 1440 von Johannes Gutenberg erfunden wurde, dauert der Prozess der Sprachangleichung sehr viel länger. Der populären Erzählung nach soll es Martin Luther gewesen sein, der das moderne Deutsch erfunden und durch seine Übersetzung des Neuen Testaments 1522 verbreitet hat. So ganz stimmt das nicht. Regionale Sprachangleichungen finden schon vorher statt, sodass Anfang des 16. Jahrhunderts fünf deutsche Schreibsprachen dominieren, die in den jeweils regional vorherrschenden Kanzleien entstanden sind: Mittelniederdeutsch sowie die Kölner Schreibsprache, die ostmitteldeutsche Schreibsprache, die südöstliche Schreibsprache (auch: »Das Gemeine Deutsch«) und die südwestliche Schreibsprache.

Martin Luther orientiert sich bei seinen Schriften und Übersetzungen am ostmitteldeutschen Dialekt, entwickelt ihn aber hier und da weiter, um möglichst im gesamten deutschen Sprachraum verstanden zu werden. Seine populären Pamphlete und schließlich seine Übersetzung des Neuen Testaments haben sicher dazu beigetragen, diesem Dialekt zum Durchbruch zu verhelfen. Die Gegenreformation der katholischen Kirche antwortet derweil in der südöstlichen Schreibsprache, nähert sich im Laufe des Streits aber immer weiter Luthers Sprache an. Heute gilt der ostmitteldeutsche Dialekt als Grundlage des Neuhochdeutschen, auf dem wiederum das heutige Hochdeutsch fußt.[20]

Allgemein spricht man bei der Angleichung von Standards auch von Harmonisierung. Anders aber als die Radioansprache von Roosevelt und anders als das Machtwort von Sony in der Sample-Debatte scheint die Sprachangleichung – mit Ausnahme der königlichen Sprachpolitik in Frankreich – nicht zentral gesteuert zu sein. Wir haben es hier vielmehr mit dezentralen Dynamiken zu tun, die eher mit der Viralität von MP3 vergleichbar sind.

Sprachen sind Plattformen. Der berühmte Gründungsvater der Linguistik, Ferdinand de Saussure, hat genau diese plattformartige Beschaffenheit der Sprache bereits im 19. Jahrhundert ausgeführt. Er unterscheidet *Langue* (Buchstaben, Wörter, Syntax, Grammatik etc.) von der *Parole* (das konkrete Sprechen und Schreiben). Langue ist in unserer Terminologie unschwer als die *erwarteten Vorselektionen potentieller Verbindungen* zu erkennen, während *Parole* die *unerwarteten konkreten Verbindungen* repräsentiert, die auf Grundlage der Protokollplattform »Sprache« ermöglicht werden. Sprachen vermitteln zwischen einander undurchsichtigen, heterogenen Systemen (meistens zwischen Menschen, zunehmend aber auch zwischen Menschen und Computersystemen), und sie gewähren niemandem exklusive Level-I- oder Level-II-Kontrolle.[21] Das gilt sowohl für die regionalen Sprachen vor der Druckerpresse als auch für die in Entstehung begriffenen Nationalsprachen.

An dieser Stelle lohnt es sich, diese Medienrevolution genauer unter die Lupe zu nehmen und zu beschreiben, wie sich das Neue mit dem Bestehenden ins Verhältnis setzt. Die vorherrschenden lokalen Idiome und Dialekte haben eine ganz andere Aufgabe (das Bewerkstelligen von Kommunikation innerhalb überschaubarer lokaler Gemeinschaften) und völlig andere Umweltbedingungen (meist flüchtige, mündliche Kommunikation mit begrenztem Publikum). Diese Sprachen sind entsprechend hinsichtlich der Schreibweisen von Wörtern kaum fixiert und formal ausgearbeitet, ihre Ausbreitung ist begrenzt und ihre Praxis muss mit einer Menge Ambiguitäten operieren.

Die Medienrevolution der Druckerpresse suspendiert diese Strukturen nicht (sofort), sondern etabliert erstmal eine ganz neue Ebene, die parallel zu diesen lokalen Sprachen existiert. Diese neue Plattform erfüllt zunächst auch andere Aufgaben (Bewerkstelligen von Rechtssicherheit, Dokumentation und Geschichtsschreibung, möglichst weite Verbreitung von Gedanken und Geschichten) und hat ihrerseits andere Umweltbedingungen (eine völlig andere Kostenstruktur: hohe initiale Fixkosten für den Drucksatz und geringe Grenzkosten pro hergestellter Kopie sowie zeitlich und räumlich entgrenzte Verbindungsmöglichkeiten).

Die Druckerpresse etabliert mit den Nationalsprachen also eine neue Plattform, die zunächst nicht mit den existierenden Sprachstrukturen in Konkurrenz tritt. In welcher Sprache die Kanzleien und Gelehrten ihre Schriftstücke austauschen, interessiert in den Dorfgemeinschaften erstmal niemanden. Diese neue Sprachplattform bietet ungehinderte Entfaltungsmöglichkeiten jenseits der vorhandenen Strukturen.[22] Erst viel später werden die sich dadurch etablierenden Nationalsprachen die regionalen Dialekte verdrängen oder harmonisieren.[23]

Die Medienrevolution besteht also darin, eine neue Ebene der Verbindung zu schaffen, auf der sich Unerwartetes abspielen kann, weil dort wenige Strukturen das Neue in Pfadabhängigkeiten verstricken. Einen neuen Raum für unerwartete Kontingenzen – und somit: Generativität. Die Strukturen leben aber weiter fort und werden von den Medienrevolutionen nicht ersetzt, sondern *iteriert*.[24] Iteriert in dem Sinne, dass der Vorgang der Sprachverbreitung sich schlicht wiederholt. Aber anders wiederholt, auf einer neuen Ebene.

Station 5: Vertikale Iteration

Die Medienrevolution unserer Tage heißt bekanntlich Internet, und wie schon der Buchdruck setzt sie populäre Sprachstandards gegen unpopulärere durch, aber diesmal im globalen Maßstab. Das gilt auch dieses Mal für menschliche Sprachen. Vor allem das Englische verbreitet sich immer weiter,[25] und zwar auf Kosten von regionalen Standards, also anderen Nationalsprachen.[26] Zudem zeichnet sich eine weitere Iteration auf der Sprachebene ab: Von Emoticons über Emojis und Sticker bis hin zu Memes haben sich verschiedene Erweiterungen der Alltagssprache entlang der neuen Möglichkeiten der digitalen Kommunikation entwickelt, in denen zum Beispiel die Linguistin Gretchen McMulloch eine grundlegende sprachliche Revolution ausmacht.[27]

Das Internet hat die Koordinationskosten für alle möglichen Arten von Kommunikation durch den Boden purzeln lassen und uns so eine allgemein anhaltende Generativität beschert. Auf einmal ist es nicht mehr aufwendig, selbst komplexeste Informationen mit einer beliebig großen Menge an Menschen in allen Regionen der Welt zu teilen. Das hat die Netzwerkeffekte derart entfesselt, dass sie heute die wichtigste Kraft hinter allen möglichen gesellschaftlichen Veränderungen sind und natürlich längst über Sprachstandards hinausgehen. Das Internet hat die Herstellung von Generativität gewissermaßen perfektioniert.

Doch was ist das Internet? Oberflächlich besehen sind es die Tausenden Apps, Websites und Dienste, mit denen wir täglich interagieren. Tiefer geschaut sind es die Milliarden Server, Router, Rechenzentren, Funkmasten, Satelliten, Kupfer- und Glasfaserkabel – also die materiellen Grundlagen der Speicherung, Verarbeitung und Verbreitung von Daten. Beide Sichtweisen sind nicht falsch. Doch die überraschendste Antwort ist gleichzeitig die am wenigsten falsche: Das Internet ist alles, was dazwischen passiert. Zwischen Anwendungen und Hardware liegen die Protokolle. Das Internet ist also, wie wir oben bereits gesehen haben, vor allem eine Protokollplattform. Genauer: Es sind mehrere Protokollplattformen.

Die Geschichte des Internets lässt man gern beim vom Militär initiierten und von amerikanischen Universitäten Ende der 1960er Jahre entwickelten ARPANET beginnen.[28] Tatsächlich war dies das erste funktionierende Computernetzwerk und nahm viele Funktionsweisen des heutigen Internets vorweg. Doch zur eigentlichen Entwicklung dessen, was wir heute als Internet bezeichnen, kommt es erst Mitte der 1970er, als das ARPANET bereits von vielen konkurrierenden Netzwerkansätzen umgeben ist. Allein das amerikanische Militär betreibt mehrere Netzwerke. Auch an Universitäten und Forschungsinstitutionen in Frankreich und England gehen eigene Netzwerkprojekte an den Start. Es gibt unterschiedliche Netzwerkstandards für Satelliten- und für Landkommunikation via Kabel oder Funk.

All diese Ansätze haben ihre Vor- und Nachteile. Alle werden jeweils für spezifische Übertragungsprobleme entwickelt und auf bestimmte Anwendungen hin optimiert. Eine Übertragung in der Luft braucht zum Teil andere Übertragungseigenschaften als eine zur Übertragung per Kabel oder Satellit, und für Echtzeitüberwachung des Luftraums benötigt ein Netz andere Eigenschaften als für elektronische Feldpost.

Das Hauptproblem jedoch ist, dass all diese Standards nicht kompatibel miteinander sind. Die Netze können untereinander nicht kommunizieren. Als Robert E. Kahn und Vinton Gray Cerf 1973 mit der Entwicklung des Internets beginnen, sind sie getrieben von der Idee, alle Standards interoperabel zu machen, ohne sie zu vereinheitlichen. Es soll ein Netz zwischen den Netzen entstehen, ein Zwischennetz oder eben »Inter-Net«.

Die entscheidenden Impulse dafür kommen aber nicht vom ARPANET, sondern von Frankreichs experimentellem Netzwerk CYCLADES, das von Louis Pouzin entwickelt wurde.[29] Dieses Netzwerk basiert zwar wie das ARPANET und die meisten anderen damaligen Ansätze auf dem Prinzip des Packet-Switching, also der Aufteilung der Daten in einzelne Pakete, die dann über unterschiedliche Wege zu ihrem Ziel gelangen. Aber anders als die anderen Netzwerke regelt CYCLADES die ganze Logistik lediglich über ein sogenanntes »Datagram«, eine kleine Datei, die den Paketen beigefügt ist.

In dieser Datei steht nicht viel mehr als die Absende- sowie die Zieladresse des Pakets. Während die Computer im ARPANET noch alle Wege zu allen anderen Computern im Netzwerk speichern und stetig updaten mussten, wird das Routen in CYCLADES von den Durchgangsrechnern nur anhand der Informationen des Datagrams geregelt. Ein Router, der das Paket bekommt, fragt sich als Erstes »Kenne ich die Zieladresse?«, und wenn die Antwort »Nein« ist, wird es an den nächsten Router weitergesendet, in der Hoffnung, dass dieser die Zieladresse kennt. Es gilt das Best-Effort-Prinzip: Die Pakete sollen so schnell und zuverlässig wie möglich ankommen, ohne dass irgendeine Instanz regelt, wie das geschieht, oder kontrolliert, ob es erfolgreich ist.

Das CYCLADES-Protokoll zeichnet sich also vor allem durch seine Einfachheit und Ignoranz aus: Wenn die Pakete in falscher Reihenfolge ankommen, einmal länger unterwegs sind oder gar einige von ihnen verloren gehen, kümmert das CYCLADES wenig. Die Kontrolle über den Erfolg der Übertragung sollen stattdessen die jeweiligen Anwendungen, also das E-Mail-Programm oder der Browser der Endpunkt-Rechner, selbst übernehmen.

Was sich auf den ersten Blick nur so mitteltoll anhört, begeistert Cerf und Kahn. Denn dieses Konzept erlaubt eine klare Arbeitsteilung: Eine Instanz kümmert sich um die Adressierung und das Routing, eine andere um Übertragungskontrolle. Wenn einem dann die Art der Übertragungskontrolle nicht passt, kann man eine andere wählen. Mit TCP/IP entstehen so zwei Protokolle, die genau dieser Arbeitsteilung entsprechen: Das Internet Protocol (IP) vergibt eindeutige Adressen und sorgt dafür, dass Pakete mit dem richtigen Adressaufkleber (aus dem Datagram wird der sogenannte IP-Header) möglichst schnell zur Zieladresse geroutet werden. Das Transport Control Protocol (TCP) wiederum sorgt für die Aufteilung der Daten in Pakete sowie ihre Wiederzusammensetzung am Zielort; sollten Pakete auf dem Weg verloren gegangen sein, ordert es sie sogar nach.

Dieser einfache, modulare Aufbau erlaubt es einerseits, dass sich andere Protokolle von unten an IP andocken können, und andererseits, dass oberhalb von TCP (oder alternativer Übertragungsprotokolle wie UDP – User Datagram Protocol) alle möglichen Anwendungen geschrieben werden können, die sich um Adressierung, Routing und Übertragungskontrolle nicht mehr kümmern müssen. Sie können sich stattdessen voll auf TCP/IP verlassen. Das Resultat ist ein Netz, das alle möglichen Übertragungsstandards unterstützen kann und dabei für alle möglichen Anwendungsfälle gewappnet ist.

Man spricht bei TCP/IP auch von einem Protokollstapel. Die Protokolle arbeiten jeweils für sich, bauen aber auf der Arbeit der darunterliegenden Schicht auf. Das Ethernet-Protokoll IEEE 802.3 bildet die Grundlage für die Datenübertragung, die wiederum über die IP-Ebene adressierbar ist, hinter der ein TCP-Layer Daten verschickt und annimmt, die in einem Browser per HTTP angenommen und als Website anzeigt werden.

Am 22. November 1977 ist es dann so weit. In einem öffentlichen Experiment wird aus einem fahrenden Lieferwagen per Funk eine Verbindung mit dem »Packet Radio Network« – einem Funknetzwerk – hergestellt, das sich über das ARPANET weiter mit einem Satellitennetzwerk verbindet, um damit einen Computer in Norwegen zu erreichen.[30] 1983 wird das ARPANET vollständig auf TCP/IP umgestellt, doch es dauert noch bis weit in die 1990er Jahre, bis das Internet seinen heutigen Stellenwert als allgemeines Netz der Netze erhält.

Das Internet ist nicht einfach eine Medienrevolution, es ist eine Revolution der Medienrevolutionen. Die Iteration und die damit einhergehende Senkung der Koordinationskosten, die wir im Zuge des Buchdrucks untersucht haben, findet hier gleich mehrfach statt. Jede Schicht im Stapel bedeutet eine eigene Medienrevolution, die neue Generativitäten produziert. So musste das Internet die bestehenden Netzwerke nicht ersetzen. Es wiederholt die Geste des Buchdrucks und der Nationalsprachen und setzt sich auf bestehende Ansätze drauf. Nur statt einmal eine Revolution zu bewirken, institutionalisiert es diese Revolution in seiner Struktur.

Die Stapelstruktur des Internets steht damit paradigmatisch für das Plattformprinzip im Allgemeinen und zeigt, warum die Plattform einer der wichtigsten Evolutionssprünge in der Geschichte der Koordination ist. Sie bleibt so generisch, dass alle möglichen Arten von Medien darauf aufsatteln können: von Apps über E-Mails zu Websites, von Netflix bis Facebook, von Napster bis Uber, von reddit bis zur NDR-Mediathek. Das Internet ist weniger eine Medienrevolution als vielmehr eine Medienrevolutionsfabrik. Es produziert Medienrevolutionen wie die Druckerpresse Bücher.

Für die Stapelstruktur des Internets wie für Plattformen im Allgemeinen gilt, was Anthony Giddens als »Dualität der Struktur« beschrieben hat: Struktur ist gleichzeitig Medium und Ergebnis von sozialer Interaktion.[31] Diese Gleichzeitigkeit findet sich in Form der zwei Ebenen der Plattform wieder. Man kann die beiden Ebenen statt Level I und II auch einfach als ihre Unterseite und ihre Oberseite bezeichnen. Wenn man das tut, fällt auf, dass die Oberseite der einen Plattform sehr oft als Unterseite einer anderen dient. Man könnte mit Zittrain sagen, dass die Oberseite die Unterseite quasi als Hebel für ihre eigene Generativität benutzt.

Umgekehrt hat jede Plattform eine Plattform unter sich, die sie ermöglicht – sie hat eine *Infra-Struktur*. Infrastruktur ist also nichts anderes als gelöste Koordinationsprobleme durch vergangene Medienrevolutionen. So lässt sich das rückwärts durchdeklinieren: Die Unterseite der PC-Plattform ist eine Ansammlung von hardwarenahen Schnittstellen (dem BIOS), die die Installation von Software wahrscheinlicher macht. Windows ist eine solche Software, sie ist also eine konkrete Verbindung auf der Oberseite der PC-Plattform. Windows selbst – ebenfalls eine Schnittstellenplattform – wiederholt die Geste und bietet auf seiner Unterseite Schnittstellen als Hebel für potentielle Installationen von Software an, zum Beispiel eines Programms wie Napster oder eines Browsers. Deren Installation ist wiederum Beispiel für die Oberseite von Windows und die Unterseite möglicher weiterer Verbindungen im Web oder Musikdownloads usw. Hier haben wir den ganzen Rundumschlag: *Bereits gelöste Koordinationsprobleme sedimentieren zu erwartbaren Vorselektionen potentieller Verbindungen, die akute Koordinationsprobleme lösen, indem sie unerwartete Anschlussselektionen konkreter Verbindungen wahrscheinlicher machen.*

Die Plattformgeschichte ist reich an Heldengeschichten: wie Steve Jobs und Steve Wozniak mit dem Apple I oder spätestens dem Apple II den PC erfanden; wie der legendäre Commodore 64 den PC als Spielkameraden in die Kinderzimmer brachte; wie Atari mit dem Atari 2600 den Markt für Videospielekonsolen aus dem Nichts startete und wie Nintendo ihn mit dem NES zu einem weltweiten Massenmarkt ausweitete.

Doch hinter jeder Heldengeschichte versteckt sich immer eine Infrastrukturgeschichte, die nur wenige kennen. Wie etwa die Geschichte von MOS Technology, einer kleinen Firma, die 1973 einen besonders günstigen und doch erstaunlich leistungsfähigen Prozessor entwickelte: den MOS 6502. Dieser Prozessor erlaubte es

Wozniak und Jobs, den Apple I und auch den Apple II zu bauen. Er steckte darüber hinaus sowohl im C64 als auch im Atari 2600 und sogar noch im Nintendos NES. Dieser unscheinbare Prozessor war die Infrastruktur an erwarteten Vorselektionen potentieller Verbindungen, die jahrzehntelang Medienrevolutionen unter verschiedensten Markennamen hervorbrachte.[32]

Bei genauerem Hinsehen offenbart sich: Die Generativität der Plattform setzt eine *vertikale Iteration* ins Werk, wobei jede Iteration einer kleinen Medienrevolution entspricht. Alle Plattformen greifen auf die eine oder andere Weise auf die Möglichkeitsbedingungen zurück, die eine oder mehrere andere Plattformen ihnen bieten, und nutzen sie als Hebel. Mein Like am geposteten Bild meines Freundes Jörg ist ein Beispiel für die Plattformoberseite von Facebook. Facebook ist ein Beispiel für die Plattformoberseite des WWW. Das WWW ist ein Beispiel für die Plattformoberseite von TCP. TCP ist ein Beispiel für die Plattformoberseite von IP. IP ist ein Beispiel für die Plattformoberseite meines DSL-Anschlusses. Der DSL-Anschluss ist ein Beispiel für die Plattformoberseite von vor Jahrzehnten verlegten Kupferkabeln, welche die Plattformoberseite von bereits verlegten Kabelschächten für die Stromversorgung oder der Kanalisation sind.

Weil Plattformen zugleich Ergebnis von und Ursache für Struktur sind, sind sie ineinandersteckbar wie Legosteine. Manchmal ist das genau so geplant, wie beim TCP/IP-Stapel. Manchmal kommt es einer Okkupation gleich, wie bei Windows auf dem PC.[33] Manchmal ist es einfach der Lauf der Dinge, wie bei der Wiederentdeckung des Kupferkabels durch die DSL-Technologie. Manchmal ergeben sich merkwürdige Verwandtschaften, wie die zwischen iOS und Android. Während Android auf Linux basiert, welches ursprünglich von dem Betriebssystem UNIX inspiriert wurde, ist iOS eine Weiterentwicklung des Betriebssystems NeXTStep, welches seinerseits ebenfalls auf dem Unix-Derivat BSD basiert.

Der PC, das Internet, digitale Musik und MP3 sind vergangene Medienrevolutionen und also erwartbar, als Napster das Licht der Welt erblickt. Diese Erwartbarkeit veranlasst Shawn Fanning dazu,

Napster zu schreiben. Napster setzt sich auf diese Strukturen, wie die Schichten des Internets sich aufeinandersetzen, und startet eine neue, eine unerwartete Medienrevolution.

Automatisierung

Wie viele Musikfans zu jener Zeit ist Fanning ständig auf der Suche nach neuen MP3-Tracks. Doch die Suche ist mühsam. Findet man per Suchmaschine einen neuen Track im Web, ist er meist schon wieder verschwunden – der Link zeigt ins Leere.

Fanning weiß, dass es besser geht. Er nutzt intensiv IRC (Internet Relay Chat), eine Software, mit der man in einem ständigen Chatroom mit anderen Leuten kommunizieren kann. In einem IRC-Kanal namens »dweeps« hat Fanning 1996 Sean Parker kennengelernt, mit dem er Napster als Firma gründen wird. Fanning ist noch in einem anderen Kanal unterwegs: dem berüchtigten »W00w00«, wo sich Hacker*innen austauschen.[34] Bei IRC installiert man eine Software, den Client, der sich bei einem gemeinsamen Server anmeldet, und schon können alle miteinander kommunizieren. IRC-Kanäle sind Social Media, bevor es Social Media gibt. Am ehesten lassen sie sich vielleicht mit der Struktur und der Bedeutung vergleichen, die heute die WhatsApp-Gruppen oder Slack-Channel haben. Doch die Technik ist sehr viel rustikaler, insbesondere das Interface.

IRC hat aber ein Feature, das Shawn Fanning die entscheidende Inspiration für Napster liefert: Der Chat-Service zeigt in Echtzeit an, welche anderen User*innen gerade online sind. Das ist auch für Napster relevant. Damit das Tauschen reibungslos funktioniert, müssen Nutzer*innen nicht nur voneinander wissen, welche MP3s sie auf ihren PCs haben, sondern auch, wann sie online sind – in Echtzeit. Dann lässt sich eine direkte Verbindung zwischen ihnen herstellen, und sie können ihre MP3s tauschen. Fanning braucht dafür lediglich eine Infrastruktur, um sie miteinander in Echtzeit zu verschalten. Einen Dienst.

Station 6: Verbindung im Auftrag

Eine der längst vergessenen Episoden aus der Geschichte des Telefons ist, dass die frühen Geräte zunächst als eine Art Chatroom zusammengeschaltet waren. Bevor Städte miteinander über Telefonkabel verbunden wurden, vernetzten sich vor allem Menschen am selben Ort über das Telefon. Da es noch keine Möglichkeit gab, zwischen Einzelverbindungen hin und her zu wechseln, waren eben einfach alle Telefone miteinander verbunden. An diesen sogenannten *Party Lines* nahm man also teil, sobald man den Hörer abnahm. Man war dann mit allen Leuten verbunden, die gerade ebenfalls den Hörer in der Hand hielten. Das führte zu völlig anderen Nutzungsszenarien. Vertrauliche Konversationen waren nicht möglich, dafür aber gesellige Abende, bei denen über verschiedene Haushalte hinweg gemeinsam musiziert wurde.[35]

Erst als am 28. Januar 1878 die New Haven District Telephone Company das allererste *Switchboard* in Betrieb nahm, konnten statt der Party Lines ausgesuchte Einzelverbindungen getätigt werden.[36] Bis in die 1970er Jahre hinein waren es meist Telefonistinnen – in Deutschland auch »die Damen vom Amt« genannt –, die die Selektion der Einzelverbindungen als Dienstleistung händisch vornahmen. Sie waren die ersten »Server«.

»Server« nennt man im Technologiebereich eine Software, die als Dienst im Hintergrund auf einem Computer läuft, der auf externe Anfragen reagiert. Ebenso wie IRC braucht Napster einen solchen Computer mit Serverprogramm, der die Anfragen der Clients bedient. Das ist der Grund, weswegen ich Plattformen wie Napster, Facebook, Uber und Co. als Diensteplattformen bezeichne. Sie vereint, dass sie serverbasiert sind, das heißt, sie organisieren Verbindungen »im Auftrag«.

Auch wenn die Verbindungen in New Haven noch manuell hergestellt wurden, sind hier die Kriterien einer Diensteplattform erfüllt. Wichtig ist allein, dass die Selektion der Verbindungen im Auftrag einem geregelten Prozess folgt: Auf der einen Seite geben die Anrufer*innen durch, wen sie sprechen wollen, auf der anderen Seite schlagen die Telefonistinnen in Katalogen nach, wie die gewünschte Verbindung gesteckt werden muss, um dann die Verbindung händisch herzustellen.

Auch hier geht es um die Senkung von Koordinationskosten. Eine Party Line mag vielleicht in einem kleinen Dorf einen gewissen Charme haben, aber spätestens in New York City würde sie keinen Sinn mehr ergeben, denn die Koordinationskosten würden in Form von Lärm jede Kommunikation per Telefon unterbinden. Server reduzieren äußere Komplexität durch interne Selektionsleistung.

Die Verbindung im Auftrag – und damit die zu bewältigende Komplexität – ist seit Erfindung des Computers an dessen stetig steigenden Leistungskapazitäten gekoppelt. Niklas Luhmann hat die Einführung des Computers als Kommunikationsmedium bereits in den 1990er Jahren als einschneidendes gesellschaftliches Ereignis ausgemacht. Die durch Computer vermittelte Kommunikation ermögliche es, »die Eingabe von Daten in den Computer und das Abrufen von Informationen so weit zu trennen, dass keinerlei Identität mehr besteht. […] Wer etwas eingibt, weiß nicht (und wenn er es wüsste, bräuchte er den Computer nicht), was auf der anderen Seite entnommen wird.«[37]

Genau im Zwischenraum dieser Entkopplung von Eingabe und Abruf wird fortan Koordination als Verbindung im Auftrag organisiert. Um sich zu vergegenwärtigen, was für ein Paradigmenwechsel das ist, muss man sich klarmachen, dass eine Speicherung normalerweiser nichts anderes als eine Erwartungserwartung ist. Wenn ich den Schlüsselbund in die Schale im Flur lege, erwarte ich, dass ich oder jemand anderes in Zukunft erwartet, ihn dort vorzufinden. Das Abrufen – also das Aus-der-Schale-Nehmen – ist dann lediglich eine Selektionsleistung, die dieser Erwartungserwartung entspricht.

Bei der Speicherung im Auftrag geben wir unseren Zimmerschlüssel stattdessen beim Empfang am Hotel ab. Auch das ist eine Erwartungserwartung. Ein guter Rezeptionist wird den Schlüssel sicher verwahren und wiederfinden und mir sogar zuordnen. Ich hingegen muss mich um nichts kümmern. Im besten Fall betrete ich das Hotel, der Mensch an der Rezeption erkennt mich und überreicht mir den Schlüssel.

Doch was passiert im Hintergrund? Der Rezeptionist generiert eine Erwartungserwartung, indem er den Schlüssel an einem Ort verwahrt, den er wiederfindet. Er generiert eine weitere Erwartungserwartung, indem er sich mein Gesicht merkt, und eine weitere für die Tatsache, dass ich im Zimmer 102 wohne. Wir haben also drei Erwartungserwartungen, die miteinander verknüpft sind.

Komme ich zur Tür herein, wandelt er alle drei Erwartungserwartungen in Selektionen um: Der Rezeptionist erkennt mich (Selektion I), ordnet mir meine Zimmernummer zu (Selektion II) und findet den Schlüssel wieder (Selektion III), den er mir dann überreicht. Ähnlich ist es bei den Telefonistinnen, die von dem Steckplatz meines Anrufes (Selektion I) die Information entgegennehmen, mit wem ich sprechen will (Selektion II), nachschauen, welchen Steckplatz sie dazu mit dem ersten verbinden müssen, und die Verbindung schließlich herstellen (Selektion III). Diese Selektionsarbeit wird vor mir versteckt. Die Koordinationskosten werden im Rezeptionisten und in der Telefonistin »versenkt«, indem externe Erwartungserwartungen durch intern verknüpfte Selektionsselektionen (ich nenne sie auch Selektionskaskaden) ersetzt werden.

1893 wird in Chicago die automatisierte Telefonvermittlung, im Deutschen auch »Hebdrehwähler« genannt, vorgestellt und sechs Jahre später patentiert. Sie braucht allerdings bis in die 1970er Jahre, um sich flächendeckend durchzusetzen. Der Hebdrehwähler ist ein feinmechanisches Instrument, das aus einem Zylinder und einem beweglichen Arm darin besteht. Innerhalb des Zylinders ragen zehn Kontaktflächen zur Innenseite hinein. Davon sind zehn Reihen vertikal übereinandergestapelt. Der Arm kann sich durch Drehung und Hoch- und Herunterfahren mit jeweils einer der 100 Kontaktflächen verbinden. Wenn man nun drei solcher Hebdrehwähler hintereinanderschaltet, kann man eine Million ($100 \times 100 \times 100$) Nummern

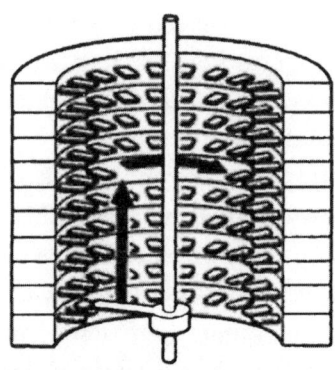

Abb. 1: Funktion Hebdrehwähler

damit adressieren, was einem Adressraum von sechsstelligen Telefonnummern entspricht.

Technisch funktioniert das so, dass die mit der Wählscheibe des Telefons gewählte Ziffer als Anzahl von Impulsen durch die Telefonleitung gesendet wird. Die Impulse der ersten Ziffer lassen den Hebdrehwähler vertikal auf die richtige Reihe springen, die Impulse der zweiten Ziffer lassen ihn sich horizontal zur gewünschten Kontaktfläche drehen. Dann springt der Prozess zum nächsten Zylinder und Hebdrehwähler, dann zum nächsten, so lange bis alle Ziffern verarbeitet sind und über alle drei Schaltarme eine Verbindung zwischen den beiden Anschlüssen hergestellt ist.

Der Hebdrehwähler ist also bereits ein Algorithmus, wenn auch ein mechanischer. Wie die Telefonistinnen bewerkstelligt er eine Selektion im Auftrag, aber hier wird der Auftrag in einen mehrdimensionalen Suchraum übersetzt. Die Selektionen schließen kaskadierend aneinander an. Das heißt, jede Ziffer schränkt als eigenständige Selektion den Suchraum aller folgenden ein. Wie ein Trichter verengt sich der Suchraum mit jeder gewählten Ziffer um den Faktor 10.

Ich habe die Selektionsleistung der Verbindung im Auftrag auch einmal »Query« genannt.[38] Query bezeichnet im Allgemeinen die Abfrage einer Datenbank. Eine Query ist zum Beispiel der Suchterm bei Google. Nachdem ich ihn eingegeben habe, spuckt Google mir eine Liste mit allen Websites aus, von denen es denkt, dass sie für meine Suche relevant sind. Den Suchraum kann man hier eingrenzen, indem man mehrere Suchterme verwendet, und wie bei den Ziffern der Telefonnummer reduziert jeder zusätzliche Term den Suchraum. Nirgends wird die von Luhmann beobachtete Eingabe-Abrufung-Entkopplung deutlicher: Das Speichern (die Indizierung von Milliarden Websites) geschieht ohne Antizipation meines konkreten Abrufs.

Query-Systeme reduzieren also Komplexität durch schrittweise Einengung des Suchraums mittels kaskadierender Selektionen. *Suchraum* und *konkrete Selektion* sind hier nur Wiedergänger unserer zwei Ebenen – Vorselektion potentieller Verbindungen und konkrete Verbindung. Doch im Selektionsvorgang selbst ereignet sich ebenjene *vertikale Iteration*, die wir vorhin allgemein für Plattformen beschrieben haben. Erste Ziffer – aus einer Million Möglichkeiten werden hunderttausend, zweite Ziffer – aus hunderttausend werden zehntausend und so weiter. Nach jeder einzelnen Selektion iteriert die Plattform. Jede Einzelselektion addiert sich zur Vorselektion der jeweils nächsten Anschlussselektion. Mit jeder gewählten Ziffer wird quasi eine neue interne Plattform generiert, auf der eine neue Selektion den Suchraum weiter eingrenzen kann, um die nächste Plattform zu generieren.[39]

Es ist wichtig, noch einmal daran zu erinnern, dass die Benutzer*innen von all diesen Prozessen nichts mitbekommen. Automatisierung ist immer auch Unsichtbarmachung. Die Benutzer*innen haben eine Telefonnummer in ihrem Büchlein stehen oder sie vielleicht sogar auswendig gelernt, und sie erwarten einfach, dass sie durch die Wahl dieser Nummer direkt mit ihren Gesprächspartner*innen verbunden werden. Telefonnummern stabilisieren sich somit als neue Erwartungserwartung (es wird erwartet, dass andere von einem erwarten, unter einer Telefonnummer erreichbar zu sein), während diese vom Telefonsystem in Wirklichkeit als Querys (Selektionsselektionen) verarbeitet werden.

Station 7: Die Emanzipation der Query

In gewisser Weise ist Napster das, was passiert, wenn man PC- und Internetrevolution, Digitalisierung der Musik und Erfindung von MP3 mit einer relationalen Datenbank zu einem hochreaktiven Gemisch verbindet. Nachdem Napsters Nutzerzahlen schon kurz nach der Veröffentlichung der Software im Juni 1999 durch die Decke gegangen sind, reicht ein Datenbankserver schnell nicht mehr aus. Es werden zusätzliche Server aufgestellt und die einströmenden Nutzer*innen auf sie verteilt. Ende 1999 betreibt Napster bereits 15 unterschiedliche Server.

Das Problem: Nutzer*innen können mit anderen Nutzer*innen nur auf dem gleichen Server interagieren. Eine Suchanfrage nach einem bestimmten Song kann so ins Leere gehen, obwohl es durchaus Nutzer*innen gibt, die den Song auf der Festplatte haben. Nämlich dann, wenn diese auf einem anderen Server registriert sind. Es ist, als gäbe es unterschiedliche Napsters, jedes nur mit einem beschränkten Angebot, und es ist Zufall, auf welchem man landet.

Dementsprechend wird intensiv daran gearbeitet, die Server miteinander zu verbinden. Das ist keine triviale Aufgabe, schließlich schreiben und lesen unterschiedliche Computer oft gleichzeitig in und aus den Datensätzen – und müssen trotzdem am Ende auf einer konsistenten gemeinsamen Datenbasis arbeiten, damit der Dienst funktioniert. Als es im Mai 2000 endlich klappt, die Server zu verbinden, knallen die Sektkorken. Auf einen Schlag stehen allen Nutzer*innen 20-mal so viele MP3s zur Verfügung wie vorher. Spätestens jetzt ist Napster der erste Vollkatalog der Musikgeschichte.[40]

Mit der Erfindung der relationalen Datenbank in den 1970er Jahren wird das Prinzip der Selektion im Auftrag im Grunde nur radikalisiert. Damals ist der Suchraum durch die Digitalisierung und Speichermedien wie die Festplatte bereits gigantisch geworden, und die Selektionsoperationen werden komplexer und vielfältiger. Edgar F. Codd, der das Konzept der relationalen Datenbank 1970 in dem Paper »A relational Model of Data for Large Shared Data Banks«[41]

vorlegt, will Datenabfragen erleichtern. »Es sollte sichergestellt werden, dass zukünftige Nutzer großer Datenbanken nicht wissen müssen, wie die Daten intern organisiert sind (sie müssen ihre interne Repräsentation nicht kennen)«[42], schreibt er.

In relationalen Datenbanken werden zu speichernde Daten in Tabellen eingetragen und die Eintragungen wiederum verknüpft. Anders als bei früheren Datenbanksystemen gibt es keine hierarchischen Taxonomien mit Kategorien und Unterkategorien, die man kennen muss, um irgendetwas darin wiederzufinden. Stattdessen lassen sich mithilfe einer speziellen, ans Englische angelehnten Sprache komplexe Abfragen formulieren: SQL (Structured Query Language).

Stellen wir uns vor, wir wollen eine Telefonzentrale in einem Hotel mithilfe einer relationalen Datenbank organisieren. Damit wird die Telefonnummer als Erwartungserwartung suspendiert, denn in den Hotelzimmern, die über die Zimmertelefone erreichbar sind, übernachten wechselnde Gäste. Somit ist nicht mehr erwartbar, wer unter welcher Nummer erreichbar ist. Deshalb soll eine automatisierte Telefonistinnenstimme nachfragen, wen der oder die Anrufer*in sprechen will, und die Software stellt dann anhand des erkannten Namens den Anruf in das richtige Zimmer durch.

In unserer relationalen Datenbank legen wir dazu eine Tabelle mit »Gästen« an. Jede Zeile der Tabelle entspricht einer Gästin, darin ist der Name gespeichert, bestimmte Wünsche, wie zum Beispiel morgendlicher Weckruf, Frühstückspräferenzen und telefonische Erreichbarkeit, dazu eine eindeutige Zuordnungsnummer: eine sogenannte ID. In einer anderen Tabelle sind die »Zimmer« aufgelistet: Jede Zeile mit Zimmernummer, Größe, Ausstattung und Telefondurchwahl sowie ebenfalls eine ID.

Menschen checken ein und aus, sie wechseln die Zimmer. Die Zuordnung von Gast und Zimmer geschieht über eine dritte Tabelle »Buchung«. Hier werden die Relationen gespeichert, die der relationalen Datenbank ihren Namen geben. Jede Zeile entspricht also einer konkreten Buchung, und sie hat eine Spalte für die ID des Gastes und eine weitere für die ID des Zimmers abgetragen. Beide IDs

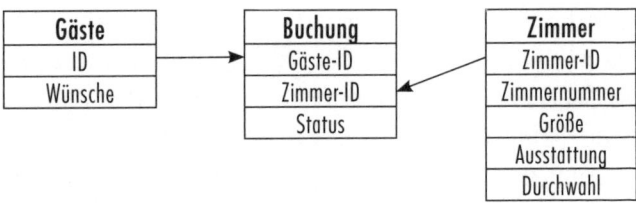

Gäste		Buchung		Zimmer
ID		Gäste-ID		Zimmer-ID
Wünsche		Zimmer-ID		Zimmernummer
		Status		Größe
				Ausstattung
				Durchwahl

Abb. 2: Drei Tabellen

verweisen auf die jeweilige Zeile in den Tabellen »Gäste« und »Zimmer«. Darüber hinaus gibt es eine Spalte für den Status der Buchung: Ist sie noch aktuell oder bereits abgeschlossen?

Und nun ruft jemand an. Das System nimmt den Anruf entgegen und fragt, wen die Person sprechen will. Diese sagt den Namen »Seemann«. Daraufhin formuliert das System drei Abfragen:

1. »Gibt mir die Gäste-ID aus der Tabelle ›Gäste‹, in der der Name ›Seemann‹ ist und die Buchung noch aktuell ist.«
2. »Gib mir die Zimmer-ID aus der Tabelle ›Buchung‹, in der die Gäste-ID der entspricht, die ich in 1. abgefragt habe.«
3. »Gib mir die ›Durchwahl‹ aus der Tabelle ›Zimmer‹ mit der Zimmer-ID, die ich in 2. abgefragt habe.«

Dann kann das System den Anruf durchstellen.[43]

Es lassen sich aber nun auch ganz andere Fragen formulieren. Ich kann fragen, wer in Zimmernummer 105 wohnt. Ich kann mir die Namen aller Veganer*innen unter den Hotelgästen geben lassen oder nur von jenen, die noch nicht ausgecheckt haben. Ich kann mir auch alle Namen geben lassen, die letztes Jahr in meinem aktuellen Zimmer übernachtet haben. Oder ich könnte untersuchen, ob es einen Zusammenhang zwischen Zimmerausstattung und präferierter Weckzeit gibt: Sind reiche Leute Frühaufsteher*innen?

Mit anderen Worten: Dadurch, dass die Selektionsleistung der Speicherung ausgelagert ist, sodass Eingabe und Abruf voneinander getrennt sind, werden die Selektionskaskaden beinahe beliebig erweiterbar und das Query-System zu einem mächtigen Tool der Koordination von Information. Der Paradigmenwechsel der relationalen Datenbank besteht darin, dass zum ersten Mal ein Speichersystem zur Verfügung steht, bei dem von vornherein klar ist, dass diejenigen, die Daten darin speichern, nicht alle Wege vorhersehen können und wollen, über die diese Daten abgefragt werden können. Plötzlich kann ein Datenspeicher unerwartete Verbindungen generieren.

Die Ordnung wird dabei nicht mehr in der Speicherung der Daten angelegt – diese werden stattdessen mit relativ geringer Ordnung einfach hintereinander in die Tabellen geschrieben –, sondern die Ordnung verschiebt sich in die Selektionskaskaden: in die Query. Die Netzwerkverbindungen bei Facebook sind zum Beispiel nur Relationen, die im Moment der Benutzung aus der Datenbank abgerufen werden. Dass ich, wenn ich Facebook öffne, nur die Postings meiner Freund*innen sehe, ist nicht einem tatsächlichen Netzwerk geschuldet, sondern Resultat einer internen Selektionsleistung in meinem Auftrag (zumindest so, wie Facebook ihn interpretiert).

Das Gleiche gilt für jede Napster-Suche, die Twitter-Timeline, den Tinder-Match oder die Uber-Fahrt. Bei Google besteht die Query nicht nur aus der intern verarbeiteten Selektionsselektion der Suchwörter, die ich eingeben habe, sondern sie integriert auch Teilselektionen zu meiner Person (welche Spracheinstellung habe ich, von welchem Ort aus wird die Suche unternommen, welche Themen haben mich in der Vergangenheit interessiert).[44]

Die Abkopplung des Speicherprozesses vom Abfrageprozess, auf die Luhmann hingewiesen hat, wird hier auf radikale Weise eingelöst. Im *Neuen Spiel* spreche ich auch von der »Emanzipation der Query«. Es ist eine andauernde Emanzipation, die sich heute mit Big Data, Machine Learning und künstlicher Intelligenz fortsetzt und die dafür sorgt, dass wir die Kontrolle darüber verlieren, was Daten überhaupt aussagen können.

Auch das, was heute als künstliche Intelligenz firmiert, ist nichts anderes als ein Query-System. In unserem Hotelbeispiel erkennt das System den vom Anrufer genannten Namen und stellt ihn für die Datenbankabfrage zur Verfügung. Wie funktioniert das? Mit künstlicher Intelligenz meinen wir meistens Systeme, die durch maschinelles Lernen – also automatisierte statistische Auswertung großer Datenmengen – interne Strukturen ausbilden, mit denen sie wiederkehrende Muster erkennen können. Wie jede KI-Muster-erkennung funktioniert auch Spracherkennung im Grunde genommen als Selektionen auf das Ergebnis von Selektionen, auf das Ergebnis von Selektionen etc. In der Audioaufzeichnung wird ein Muster erkannt (Hoch- und Tieftöne, Pausen etc.). In diesem Muster wird erneut ein Muster erkannt (Tonlagenveränderungen, Pausen, Sprachfluss), worin wiederum ein Muster erkannt wird (Phoneme, Silben, Worte), worin wieder ein Muster erkannt wird (Grammatik, Sätze). KI-Systeme lassen sich also ebenfalls als Selektionskaskaden verstehen, die wiederum in Selektionskaskaden einsetzbar sind, als Plattformen, die Plattformen generieren. Wir können Querys definieren als

beliebig komplexe Selektionskaskaden, die durch rekursive Anschlussselektionen in mehrdimensionalen Suchräumen unerwartete Verbindungen generieren.

Der Erfolg der Diensteplattformen basiert zu einem Gutteil auf der internen Koordinationsleistung der Query-Systeme, also darauf, Prozesse der Koordination automatisieren zu können. Dabei sind diesen Koordinationsleistungen kaum Grenzen gesetzt und hard-wareseitig entwickeln sie sich entlang der Möglichkeiten zeitgenössischer Computersysteme.[45] Während jede Medienrevolution der Iteration einer neuen Plattform entspricht und das Schichtensystem des Internets und anderer digitaler Plattformen dessen unendliche Re-Iteration andeutet, so ist die Emanzipation der Query die Automatisierung dieses Prozesses.

Diensteplattformen sind somit invertierte, automatisierte Plattformfabriken. Je mächtiger die Query-Technologien werden, desto komplexere Erwartungserwartungen lassen sich als Selektions-selektionen automatisieren. Gleichzeitig wird durch die zunehmende digitale Erfassung der Welt der potentiell adressierbare Suchraum immer mehr ausgeweitet. Daher ist die Strategie der Diensteplattformen, alle potentiellen Verbindungen – alle Nutzer*innen, alle Services, alle Produkte, alle Informationen, alle Schnittstellen etc. – in einem großen gemeinsamen Suchraum zu aggregieren, der dann mit immer mächtiger werdenden Query-Systemen jederzeit restrukturiert werden kann. Der imaginäre Endpunkt der Diensteplattform wäre die Vollerfassung aller potentiellen Verbindungen in einem Suchraum, in dem man mittels endlos verschachtelter Selektionskaskaden hyperkomplexer Querys alle denkbaren Ordnungen koordinieren kann. Die Welt wird zu einer Google.[46]

3 Netzwerkmacht

Das Jahr 1999 war der Höhepunkt der New Economy und des Dot-com-Booms. In genau diese diskursive Ära fällt die Entstehung von Napster. Nachdem Shawn Fanning den Prototyp mit der Hilfe einiger Hacker aus dem IRC-Chat »w00w00« zusammengeschrieben hatte, gründet er mit seinem Onkel John Fanning und seinem Freund Sean Parker ein Unternehmen: Aus »Napster«, dem Pseudonym von Shawn Fanning, wird Napster, Inc. John Fanning, der bereits einige Erfahrungen und Kontakte im Venture-Capital-Business hat, besorgt die erste Anschubfinanzierung. Das Start-up zieht nach San Mateo in Kalifornien um, stellt eine Geschäftsführerin und weitere Mitarbeiter*innen an. Anders, als es viele damals wahrnehmen (und es Napster auch gern hat aussehen lassen), ist der Dienst mehr als nur der Hack eines jungen, idealistischen Nerds: Es ist ein Unternehmen mit Gewinnabsicht.

Auch wenn Napster nie eine offizielle Businessstrategie kommunizierte, findet sich doch ein frühes Dokument mit entsprechenden Überlegungen, von dem man heute glaubt, dass es aus der Feder von Sean Parker stammt. Darin wird angeregt, auf die Drohungen und Verhandlungsversuche der Musikindustrie zunächst nicht weiter einzugehen und sich stattdessen voll auf das Wachstum des Dienstes zu konzentrieren. »Wir nutzen unseren bisherigen Ansatz, um unsere Nutzer-Basis auszubauen, und setzen diese dann – zusammen mit unserer fortschrittlichen Technologie – als Hebel ein, um die Musikverlage zu einem Deal zu zwingen.«[1]

Man hat also eine Software entwickelt, mit deren Hilfe Millionen

von Menschen das Gesetz brechen, und will sie als Verhandlungsmasse einsetzen, um die etablierte Konkurrenz unter Druck zu setzen. Aus heutiger Perspektive mag das halsbrecherisch oder zumindest naiv wirken, denn wir wissen mittlerweile, welche Geschütze
aufgefahren werden, sobald es um Immaterialgüterrechte geht.
Allerdings war die Rechtslage damals keineswegs so klar, wie sie
heute erscheint. Urheberrechte wurden zum Teil erst in den darauffolgenden Jahren – auch als Reaktion auf den Napster-Schock –
hastig festgezurrt. Davon abgesehen ähnelt die Businessstrategie
von Napster dem Vorgehen vieler später erfolgreicher Start-ups, die
heute zu den Big Playern ihrer Branche gehören. Uber hat sich etwa
dort, wo es in den Markt eingestiegen ist, oft bewusst über die lokalen Regulierungen beispielsweise in Sachen Personentransport und
Arbeitnehmer*innenrechte hinweggesetzt.

Eine derartige Strategie spiegelt aber auch einiges an Grundver-
ständnis von Plattformen wider. Parker hat begriffen, dass es hier
um Macht geht. Er weiß, dass Napster diese Macht in Form seiner
Nutzer*innen-Basis besitzt und dass er diese Macht in Geld umwandeln kann. Damit beweist Parker zumindest ein rudimentäres Verständnis von Netzwerkeffekten oder auch Netzwerkmacht.

Netzwerkeffekte können auch als eine bestimmte Form der
Macht verstanden werden. Je mehr Leute sich über einen Standard
koordinieren, desto stärker wirkt diese Netzwerkmacht auf andere.
Es entsteht gewissermaßen ein Sog, den Standard ebenfalls zu adaptieren, was wiederum die Netzwerkmacht stärkt usw. Das Ergebnis ist eine sich immerzu verstärkende positive Feedbackschleife.
Netzwerkeffekte funktionieren in etwa so wie die Gravitation, die
aus der Anziehung zwischen Massen resultiert. Ich nenne sie deswegen auch »soziale Gravitation«.[2] Auch bei der Gravitation kann
sich eine positive Feedbackschleife ergeben, wenn die wachsende
Masse immer mehr neue Masse anzieht. Das nennt man dann allerdings nicht Plattform, sondern schwarzes Loch.

In der Ökonomie bespricht man das Phänomen etwa seit den
1970er Jahren wahlweise unter dem Begriff »Netzwerkeffekte« oder

»Netzwerkexternalitäten«. Als Parker seine Strategie für Napster formuliert, ist er im Vorfeld sicherlich mit diesem Diskurs in Berührung gekommen – Netzwerkeffekte sind den Start-ups der New Economy nicht fremd. »Venture Capitalists«, »Thought Leaders«, »Business Angels« und Gründer*innen sprechen viel darüber. Doch wirklich verstanden werden diese Effekte damals von den wenigsten. Alle sprechen von der Wichtigkeit des Wachstums, aber vielen ist gar nicht klar, dass es eben nicht nur auf schnelles, sondern vor allem auch auf strategisches Wachstum ankommt.

Die Geschichte der Netzwerkeffekte ist also eine Geschichte voller Missverständnisse, die uns direkt in die Trümmer der Dotcom-Blase führt. Um Plattformen zu verstehen, bedarf es nicht nur eines Verständnisses für die Funktion von Netzwerkeffekten, sondern auch einer Sensibilität dafür, wie Netzwerkeffekte zu der jeweiligen Zeit verstanden wurden. Denn dieses Wissen wirkte wiederum unmittelbar auf die Entstehung der Plattformen zurück. In diesem Kapitel werden wir uns die Geschichte der Netzwerkeffekte näher ansehen, wobei der Zusammenbruch der New Economy einen wichtigen Wendepunkt darstellt, der zu einem Neudenken der Netzwerkeffekte führte. Im letzten Schritt werden wir zeigen, wie das Wissen um Netzwerkeffekte uns hilft, die Macht der Plattformen besser zu verstehen, indem wir sie explizit als Machttheorie reformulieren. Die Netzwerkmacht gilt universell für alle von uns ausdifferenzierten Plattformarten gleich, weswegen sich alle in diesem Kapitel beschriebenen Phänomene auf sie übertragen lassen.

Eine kurze Geschichte der Netzwerkeffekte

»Der eigentliche Wert eines Telefonnetzes hängt vollständig von der Verteilung und Anzahl anderer Mitglieder derselben oder anderer Gemeinschaften ab, die mit demselben oder damit verbundenen Systemen verbunden sind, mit Hilfe derer jeder Anschlussinhaber eine sofortige und befriedigende Kommunikation führen kann.«[3]

Diese etwas gestelzte, aber doch sehr präzise Beschreibung von Netzwerkeffekten stammt aus der Feder von Theodore Newton Vail, dem ersten und legendären Vorstandsvorsitzenden von AT&T, das bis heute das mächtigste Unternehmen im US-Telefonmarkt ist. Vail gebraucht diese Worte 1908 in seinem jährlichen Rechenschaftsbericht, und er hat dabei durchaus Hintergedanken. Zu jener Zeit steht ihm eine US-Regierung gegenüber, der AT&T zu groß und mächtig geworden ist. Ähnlich wie bei Microsoft in den 1990er Jahren und bei Facebook heute fordern damals einige, den Konzern zu zerschlagen.

Vail stellte es jedoch als kurzsichtig dar, sein Unternehmen als gesellschaftsschädlichen Monopolisten zu brandmarken. Ja, AT&T kontrollierte nahezu alle Netze und vor allem alle Ferngespräche. Doch es konnte auch niemand sonst so viel Geld investieren, um US-weit Überlandleitungen zu spannen und so Städte und Dörfer überall miteinander zu vernetzen. Dass alle am selben Telefonanbieter hängen, ist deshalb seiner Meinung nach nichts Schlechtes, sondern vielmehr etwas Gutes. Sein Wahlspruch für AT&T »Ein System, eine Richtlinie, universeller Dienst« (»One System, one Policy, Universal Service«)[4] soll vor allem misstrauische Politiker*innen überzeugen, AT&T im Ganzen zu lassen.

Mehr als 60 Jahre später knüpfen die Wirtschaftswissenschaften an Vails Überlegungen an. Als Erste analysieren Roland Artle und Christian Averous 1973 in ihrem Aufsatz »The Telephone System as Public Good: Static and Dynamic Aspects« die nutzenstiftenden Verbindungen im Telefonnetz und kommen zu dem Schluss, »dass Neueinsteiger ins Telefonnetz das Netz verbessern (indem sie Transaktionskosten einsparen)«.[5]

Mehr Beachtung findet allerdings der Aufsatz *A Theory of Interdependent Demand for a Communications Service* von Jeffrey Rohlfs, der die Überlegungen von Artle und Averous ein Jahr später aufgreift und praktische Erwägungen daran durchspielt. Interessanterweise wird hier zunächst darauf hingewiesen, dass Netzwerkeffekte zu dem im vorangegangenen Kapitel dargestellten Koordinationsparadox führen: Verfügt man bereits über eine gewisse Anzahl an Teilnehmer*innen, wird man auch keine Schwierigkeiten haben, weitere zu finden, schließlich ist das System aufgrund der bereits vernetzten Personen nützlich. Doch hat man noch keine oder nur wenige Nutzer*innen, ist es schwer, jemanden vom Nutzen des Netzwerks zu überzeugen. Wer kauft schon ein Telefon, wenn man damit niemanden anrufen kann? Schon damals schlägt Rohlfs vor, dieses »Start-up-Problem« zu lösen, indem man den Nutzer*innen den Dienst zunächst kostenfrei anbietet, um so Netzwerkeffekte aufzubauen. Diese Strategie wird viele Jahre später in beinah jedem Plattform-Businessplan stehen.[6]

Netzwerkexternalitäten

1983 sorgt schließlich das Paper »On Competing Technologies and Historical Small Events« des Biologen und Ökonomen W. Brian Arthur für Furore.[7] Arthur macht sich, ausgehend von seinen Forschungen im Bereich Physik und Biologie, Gedanken über Effekte in komplexen Systemen und nimmt aus diesem Grund auch die Ökonomie in den Blick. In seinem Aufsatz zeigt er, dass bei der Konkurrenz zweier technologischer Standards die Vorstellungen der neoklassischen Wirtschaftswissenschaft von Marktkräften nicht zutreffen. Erstens lässt sich das Ergebnis der Konkurrenz (»Wer gewinnt den Wettbewerb?«) nicht mehr anhand von Kosten, Effizienz oder qualitativen Eigenschaften der jeweiligen Standards vorhersagen. Vielmehr seien eher zufällige »small events«, also rückblickend unscheinbare Ereignisse (wir erkennen hier die Rolle der Kontingenz), entscheidend dafür, ob sich ein Standard durchsetzt oder nicht. Sobald sich zweitens der Trend zu einem Standard abzeichnet, kommt es zu einem »Lock-In« der weiteren Entwicklung, also der Pfadabhängigkeit, die die entsprechende Technologie von nun an in die vorstrukturierte Bahn lenkt.

Das demonstriert Arthur am Beispiel der QWERTY-Tastatur. Im 19. Jahrhundert gab es bei Schreibmaschinen eine reiche Auswahl an unterschiedlichen Tastaturdesigns. Bei der meistverbreiteten Variante waren die Buchstaben schlicht in alphabetischer Reihenfolge angebracht. 1873 allerdings hat ein gewisser Christopher Latham Sholes Probleme mit seiner Schreibmaschine, weil sich bei schnellem Tippen häufig die Tastenarme miteinander verhaken. Er tüftelt so lange an dem Gerät herum, bis er die Tasten so angeordnet hatte, dass sie sich weniger häufig in die Quere kommen konnten. Dieses Design wies die heute immer noch gängige QWERTY-Anordnung[8] auf und wurde schließlich von der New Yorker Firma Remington als Standarddesign für ihre günstige, massenproduzierte Schreibmaschine übernommen. Die weite Verbreitung der Remington-Schreibmaschinen führt wiederum dazu, dass Sekretär*innen auf der QWERTY-Tastatur ausgebildet werden. Inzwischen hat sich das Problem der einander blockierenden Tastenarme zwar längst anderweitig gelöst, doch das Design ist geblieben. Die ineinandergreifenden Abhängigkeiten informieren sich gegenseitig und bilden so die Etappen auf dem Pfad der weiteren Entwicklung bis hin zu den Computertastaturen auf unseren Schreibtischen.

Damit setzt ein weiterer Effekt ein, der ebenfalls nicht mit den Theorien der neoklassischen Wirtschaftswissenschaft vereinbar ist. Diese geht davon aus, dass Marktsysteme auf sinkende Renditen zulaufen. Wenn zwei Unternehmen miteinander um Kund*innen konkurrieren und irgendwann den ganzen Markt vereinnahmt haben, werden sie sich unweigerlich einen Preiskampf liefern. Dieser frisst am Ende ihre Gewinnmargen, und so landen sie bei einem Gleichgewichtspreis, der zwar stabil ist, aber kaum mehr Rendite verspricht. Man bezeichnet das als Gesetz der »decreasing returns«, der abnehmenden Einnahmen.

Doch bei Märkten wie dem für Schreibmaschinen passiert Arthur zufolge das Gegenteil: Mit zunehmender Adaption des Standards steigt die Nachfrage nach dem Standard. Seiner Meinung nach ist das immer dann der Fall, wenn die Produktion von Gütern nicht ressourcengetrieben, sondern wissensgetrieben sei. Hier gelte statt der sinkenden Einnahmen vielmehr das Gesetz der »steigenden Einnahmen« (increasing returns). Gemeint ist damit das »positive Feedback« der Netzwerkeffekte – auch wenn Arthur sie noch nicht so nennt.

Das Metcalfe'sche Gesetz und der Doppelschlag

Es ist dann aber doch ein Techniker, Robert Metcalfe, der die Netzwerkeffekte erstmals auf eine Formel bringt. Metcalfe bekommt 1973 den Auftrag, die immer zahlreicheren Computer im Xerox PARC, einem privaten Forschungs- und Entwicklungszentrum der Firma Xerox, miteinander zu vernetzen. Zusammen mit ein paar Mitarbeiter*innen findet er eine einfache und doch effektive Methode, Daten mittels Koaxialkabel zu übermitteln. Sie entwickeln einige physische Spezifikationen sowie ein Protokoll – und das Ethernet ist geboren. Es ist ein Übertragungsstandard für lokale Computernetze, mit dem man bis heute jeden Haushalts-Internetrouter mit anderen Geräten verbindet.

1979 verlässt Metcalfe Xerox PARC und gründet 3Com, eine Firma für Netzwerkausrüstung, um seine Erfindung zu vermarkten. Es ist jedoch schwieriger als gedacht, Firmen von der Nützlichkeit interner Computervernetzung zu überzeugen. Zunächst versucht 3Com mit wenig Erfolg, Netzwerke mit drei Knoten zu verkaufen, um zum Beispiel Drucker oder externe Datenträger per Ethernet für mehrere Computer ansteuerbar zu machen. Offenbar ist dieses Produkt für viele Firmen nicht attraktiv. Um das Jahr 1980 begreift Metcalfe schließlich, warum viele Unternehmen zögern: Die Netzwerke sind zu klein. Er malt ein Diagramm mit zwei Linien auf ein Blatt Papier, die eine Linie verläuft linear, die andere exponentiell. Die erste Linie beschreibt die steigenden *Kosten* beim Vergrößern des Netzwerks: Mehr Kabel, mehr Router, mehr Netzwerkkarten addieren sich linear auf. Die zweite, exponentielle Kurve beschreibt den steigenden *Nutzen* beim Vergrößern des Netzwerks: Je mehr Knoten das Netzwerk hat, desto mehr Verbindungen sind möglich. Klar. Doch die Anzahl der Verbindungen steigt viel schneller, nämlich proportional zum Quadrat der Knotenanzahl.

Seine unscheinbare Zeichnung liefert die Erklärung für den ausbleibenden Verkaufserfolg von 3Com: Bei kleinen Netzwerken, also am Beginn der X-Achse (die die Anzahl der Knoten repräsentiert), bleiben die Kosten höher als der Nutzen. Aber vom Scheitelpunkt

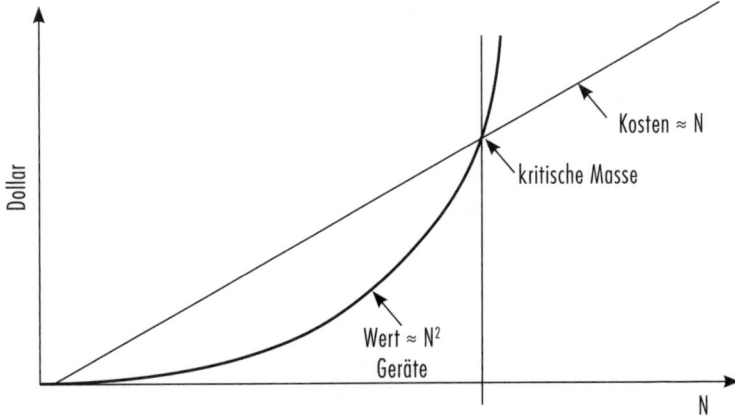

Abb. 3: Metcalfe's Law

der »Hockeyschläger«-Kurve an nimmt der Nutzen exponentiell zu, während die Kosten nur linear weiter steigen.[9] Ähnlich wie Rohlfs denkt Metcalfe also die Netzwerkeffekte nicht vom Phänomen des ungebremsten Wachstums her, sondern vom Start-up-Problem aus.

Das Metcalfe'sche Gesetz, wie man Netzwerkeffekte bis heute vor allem in Technologiekreisen nennt,[10] besagt, dass der Nutzen eines Netzwerks proportional zum Quadrat seiner Knoten steigt. Die Formel dafür lautet wie folgt:

$$\frac{n\,(n-1)}{2}$$

Ein Beispiel: In einem Netzwerk von fünf Computern können zehn Verbindungen hergestellt werden, in einem Netzwerk mit zwölf Geräten sind es jedoch schon 66. Das Wachstum ist quadratisch.

Ausgerechnet in der Hochphase der New Economy erscheint mit *Information Rules* 1999 ein Buch zur Informations- und Technologieökonomie, das die Macht der Netzwerkeffekte weit über Fachkreise hinaus bekannt macht.[11] Hal R. Varian und Carl Shapiro fassen darin die bisherigen Erkenntnisse zu Netzwerkeffekten zusammen und setzen sie zudem in Relation zu den Skaleneffekten. Skaleneffekte sind schon sehr viel länger in der Ökonomie bekannt und bezeich-

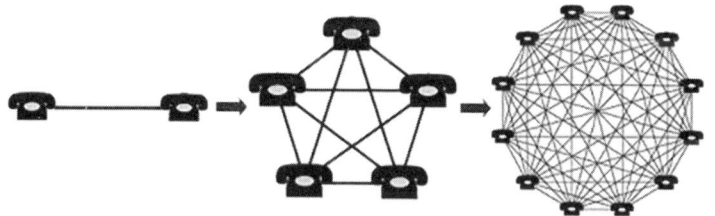

Abb. 4: Mögliche Verbindungen pro Telefon in unterschiedlich großen Netzen

nen die Beobachtung, dass die Produktion von Gütern pro Stück günstiger wird, je mehr man davon herstellt. Das hat damit zu tun, dass man meist nur einmal in eine Maschine investieren muss, der es hinterher egal ist, ob man damit 100 oder 100 000 Stück eines Gutes herstellt, ihre Anschaffungskosten sich aber über die gesamte Produktion verteilen lassen. Wir haben den Effekt bereits als Kostenstruktur der Druckerpresse kennengelernt.

Varian und Shapiro argumentieren, dass im Technologiemarkt oft beides – Netzwerk- und Skaleneffekt – zusammenkommt. Google zum Beispiel, dessen Chefökonom Varian heute ist, muss sehr viel weniger pro Rechenleistung und Datentransfer ausgeben als kleine Start-ups, da der Konzern in seinen gigantischen Rechenzentren Effizienzgewinne abschöpfen kann. Das Zusammenspiel von Netzwerkeffekten und Skaleneffekten nennen die beiden Ökonomen auch »double whammy«, und dieser Doppelschlag sei der entscheidende Grund, weswegen es im Digitalmarkt zu derart extremen Konzentrationserscheinungen kommt.

Netzwerkeffekte revisited

Es sind am Ende Gerichte, die Napster 2001 den Garaus machen. Doch selbst wenn es nicht so weit gekommen wäre, hätte das Unternehmen mit hoher Wahrscheinlichkeit den Dotcom-Crash nicht überlebt. Zwischen 2000 und 2004 wird Tausenden Start-ups der finanzielle Boden unter den Füßen weggezogen; der Crash vernichtet allein bis 2002 circa fünf Billionen US-Dollar Unternehmensvermögen.[12] Das jähe Ende der New Economy ist natürlich nicht ausschließlich mit einem falschen Verständnis von Netzwerkeffekten zu erklären – und doch spielt es eine nicht ganz unerhebliche Rolle.

Arthurs Theorie der Märkte mit »increasing returns« legte nahe, dass Kosten und Margen keine Rolle spielen, solange man den Pfad einer neuen Technologie auf den eigenen Standard »einrasten« kann. Joseph Farrell und Garth Solaner hatten angedeutet, dass es nur darauf ankomme, zuerst da zu sein, den »first mover advantage« auf seiner Seite zu haben, der einem zu der steilen Wachstumskurve verhilft. Durch den »double whammy« von Shapiro und Varian schien zudem klar, dass die New Economy nach dem »The winner takes it all«-Prinzip funktionierte, wonach man den Markt entweder beherrscht oder gleich aufgeben kann. Die vielen IT-Spezialist*innen wiederum erklärten sich den Wahnsinn um sie herum mit dem Metcalfe'schen Gesetz und glaubten schon, auf der richtigen Seite der Geschichte zu stehen.

Diese Denkweise bei Unternehmen, Investor*innen und Techniker*innen erklärt die Venture-Capital-Schlacht, die im Silicon Valley Mitte bis Ende der 1990er Jahre geführt wurde und die auch Napster erfasste. Viele der damaligen Fehlinvestitionen deuteten darauf hin, dass die Netzwerkeffekte bis dahin zwar entdeckt und rudimentär beschrieben, aber in ihrer Komplexität noch lange nicht durchdrungen worden waren.

Missverständnis I: Netzwerkeffekte sind immer direkt

Als Ende der 1970er die ersten Videorekorder auf den Markt kommen, gibt es zunächst zwei konkurrierende Formate: VHS von JVC und Betamax von Sony. Später kommt zumindest in Europa noch Video 2000 von Philips und Grundig hinzu. Sowohl JVC als auch Sony bieten ein Lizenzsystem an, bei dem sie darauf setzen, dass auch andere Unternehmen die Geräte und Kassetten produzieren können. Nach der herkömmlichen Theorie sinkender Renditen müssten sich beide Konkurrenten in einem Preiskampf unterbieten. Doch stattdessen schälen sich zunächst zwei Gleichgewichtspreise heraus (einer für Betamax- und einer für VHS-Produzenten), und der Wettbewerb verschiebt sich auf eine andere Ebene: die der Netzwerkeffekte. Je mehr Leute einen der beiden Rekorder besitzen, desto mehr Kassetten unterschiedlicher Hersteller gibt es dafür zu kaufen und umgekehrt. VHS akkumuliert immer mehr Nutzen, während Sony mit Betamax irgendwann aufgeben muss.

Der Fall gibt einige Rätsel auf. Warum konnte sich das VHS-Format gegen das des viel größeren Rivalen Sony durchsetzen? W. Brian Arthur, der den Fall in seiner 1994 erschienenen Aufsatzsammlung *Increasing Returns and Path Dependence in the Economy*[13] aufgreift, macht dafür jene »small events« verantwortlich, von denen bereits in seinem 1983er-Paper die Rede war, also für sich genommen eher unbedeutende, aber rückblickend entscheidende Ereignisse. Allerdings benennt er sie nicht weiter, sondern spricht von Zufall.

Eine andere populäre Erklärung lautet, dass VHS schlicht die Wahl der Pornoindustrie gewesen sei. Deren weniger öffentlich diskutierte, aber nichtsdestotrotz doch erhebliche Marktmacht habe VHS schließlich den entscheidenden Vorsprung gebracht. Auf diese Weise lässt sich jedoch nur begründen, warum sich der Standard Video 2000 nicht durchgesetzt hat, welcher ohnehin nur in Europa nennenswerte Marktanteile erringen konnte. Denn der Hersteller Philips hatte dafür gesorgt, dass dieses Format nicht an die Pornoindustrie lizenziert werden durfte. Ebenfalls verbreitet ist die Erklärung, dass VHS-Kassetten gegenüber denen der Mitbewerber schlichtweg eine längere Spielzeit aufwiesen: Betamax konnte zunächst nur eine Stunde, VHS allerdings zwei Stunden aufzeichnen. Deswegen ließen sich mit VHS auch Spielfilme aufnehmen, was den intrinsischen Nutzen des Formats deutlich erhöhte. Allerdings stellte Sony den Mangel schnell ab.[14]

Bislang ging man davon aus, dass Netzwerkteilnehmer*innen alle mehr oder weniger gleichartige Motive haben, sich einem Netzwerk anzuschließen. Das passiert durchaus. Direkte Netzwerkeffekte sind zum Beispiel vorhanden, wenn meine Freunde und ich bei Whats-App sind, weil wir gleichermaßen ein Interesse am Chatten haben. Doch oft sind es gerade die Unterschiede in den Motivationen, die Netzwerkeffekte antreiben. So ist es auch beim Videorekordermarkt, wo Videokassettenhersteller*innen und die Konsument*innen komplementäre Interessen verfolgen.

Es ist erst Jean-Charles Rochets und Jean Tiroles Theorie der zweiseitigen Märkte von 2003, die einen guten Erklärungsansatz für das Ergebnis des Formatkriegs bietet. Demnach gibt es auf solchen Märkten eine Lösungsstrategie für das von Rohlfs 1974 postulierte Start-up-Problem, also das Dilemma, dass sich niemand für einen neuen Kommunikationsstandard interessiert, solange niemand anderes damit kommuniziert. Auf den Plattformwettbewerb auf zweiseitigen Märkten angewendet bedeutet das Folgendes: Wenn die Henne die eine und das Ei die andere Seite des Marktes repräsentiert, muss man, um die Netzwerkeffekte zum Laufen zu bringen, nur entweder die Henne oder das Ei zunächst selbst bereitstellen.

Beim Videomarkt haben wir auf der einen Seite die Konsument*innen, die die Videorekorder und die passenden Kassetten kaufen wollen. Auf der anderen Seite haben wir die Produzent*innen der Kassetten und Videorekorder. Die Netzwerkeffekte sind also indirekt, über Bande.

JVCs entscheidender Zug war es, im Auftrag der anderen Hersteller selbst Hennen zu produzieren. Anstatt wie Sony das eigene Format nur an andere Hersteller zu lizenzieren und die Kassetten und Rekorder von ihnen herstellen zu lassen – und sie so die enormen Anschubkosten und das Risiko übernehmen zu lassen –, bietet JVC den viel besseren Deal an, alles im Auftrag seiner Wettbewerber für eine geringe Gebühr zu produzieren. Das ist für viele der attraktivere Einstieg in den Markt als der über das Lizenzmodell von Sony, insbesondere da Sony hohe Auflagen zur Lizenzierung von Betamax diktiert, was für die Hersteller ein großes Risiko bedeutet.

Dieser geschickte Schachzug, der Produzentenseite auf der eigenen Plattform einen Startvorteil zu geben, hat sich seitdem als wichtige Plattformstrategie durchgesetzt. Bevor Uber selbstständige Fahrer*innen per App koordinierte, betrieb das Unternehmen einen Limousinenservice namens »Uber Black«. Erst als die App dadurch eine gewisse Verbreitung erlangt hatte, öffnete man die Plattform für externe Fahrer*innen mit eigenem Auto. Die YouTube-Gründer luden in den Anfangstagen selbst private Videos auf die Plattform hoch und leiteten all ihre Freund*innen und Bekannten an, es ihnen gleichzutun. Als Microsoft seine Spielekonsole XBox veröffentlichte, hatte der Konzern bereits einen vorfinanzierten Blockbuster-Titel, um Käufer*innen anzulocken: das Spiel »Halo«. Die XBox wurde auch deswegen ein Erfolg, weil so viele Leute Halo spielen wollen.

Missverständnis II: Netzwerkeffekte sind immer positiv

Dass es indirekte Netzwerkeffekte gibt und wie sie funktionieren, ist nicht die einzige Erkenntnis, die sich seit den Jahren der New Economy durchgesetzt hat. Eine andere lautet, dass Netzwerkeffekte nicht immer positiv sind, sondern manchmal auch negativ. Das lässt sich gut mithilfe der Definition von Netzwerkeffekten erklären, die Alex Moazed und Nicholas L. Johnson in ihrem Buch *Modern Monopolies* vorlegen: »Ein Netzwerkeffekt ist vorhanden, wenn das Verhalten des einen Nutzers einen direkten Einfluss auf den Nutzen hat, den eine andere Nutzerin aus demselben Service zieht.«[15]

Oder anders: Alle Teilnehmer*innen eines Netzwerks haben auf die anderen Teilnehmer*innen einen Effekt – aber nicht jede*r Teilnehmer*in hat denselben Effekt auf jede*n Teilnehmer*in.

Napster erlebt dies schmerzhaft am eigenen Leib. Teil der Napster-Software ist ein Chat, in dem die User*innen sich miteinander austauschen können. Als die Community wächst, wird der Ton dort rauer. Es werden rassistische und sexistische Usernamen gewählt, es wird getrollt und Streit vom Zaun gebrochen. Leute werden beleidigt, einige verlassen die Plattform wegen Anfeindungen und

Bedrohungen.[16] Kurzum: Napster macht bereits früh all das durch, womit Plattformen heute jeden Tag zu kämpfen haben. Wenn das Verhalten bestimmter Nutzer*innen den Wert, den ein Dienst für andere Nutzer*innen hat, mindert, spricht man von negativen Netzwerkeffekten.

Und dieser Effekt ist nicht zu unterschätzen. Das negative Verhalten eines einzigen Nutzers kann mehr Schaden anrichten, als gutes Verhalten vieler Nutzer*innen bringt. Jeder betrügerische oder übergriffige Uber-Fahrer schadet der Plattform überproportional, jeder Missbrauch des Facebook-Netzwerks senkt dessen Nutzen für alle tangierten Nutzer*innen massiv. Vor allem Twitter hat zu Anfang die Existenz negativer Netzwerkeffekte kaum begriffen. Jahrelang ließ der Dienst Hassrede, Troll-Accounts, propagandistische Bot-Netzwerke und Nazis auf der Plattform gewähren. Das hat sich zwar mittlerweile verbessert, aber in der Vergangenheit hat es Twitter das eigene Wachstum sicher massiv erschwert.[17] Negative Netzwerkeffekte kann man allerdings auch in der Terminologie des vorangegangenen Kapitels einfach als Teil der Koordinationskosten subsumieren. Je größer ein Netzwerk wird, desto stärker wirken Koordinationskosten durch negative Netzwerkeffekte dem Nutzen eines Netzwerks entgegen.

Missverständnis III: Netzwerkeffekte sind immer global

Ein weiteres Missverständnis ist, dass Netzwerkeffekte immer global gelten. Das Metcalfe'sche Gesetz zum Beispiel berechnet den Nutzen eines Netzwerks stur aus allen in ihm möglichen Verbindungen. Doch jede weiß aus eigener Erfahrung, dass nicht alle Verbindungen gleich nützlich sind. Dass meine Freund*innen mich erreichen können, ist mir im Zweifel sehr viel wichtiger als eine mir unbekannte Nutzerin aus einem anderen Land. Mit anderen Worten: Netzwerkeffekte gelten in erster Linie nicht global, sondern lokal.[18]

Global ist hier nicht (nur) geografisch gemeint, sondern steht für die Gleichwertigkeit aller Verbindungen in einem Netzwerk. Lokal dagegen, ebenfalls nicht (nur) geografisch verstanden, meint Regionen innerhalb eines Netzwerks, die für einen bestimmten Knoten besonders relevant sind. Vergleichen wir den Facebook Messenger und seinen chinesischen Konkurrenten WeChat. Blicke ich nur auf die globalen Netzwerkeffekte, wäre es beinahe egal, welchem Netzwerk ich beitrete, schließlich haben beide etwa gleich viele Nutzer*innen.[19] Da ich aber nur wenige Menschen in China und damit auf WeChat kenne, brächte es mir wesentlich weniger Nutzen, dort angemeldet zu sein, als beim Facebook Messenger. Oder auf andere Dienste bezogen: Was bringt mir ein freier Uber-Fahrer in der Nachbarstadt oder die tollste Airbnb-Wohnung an einem Ort, an den ich gar nicht reisen will, oder die perfekte Putzkraft in einem anderen Land oder der Napster-Nutzer, der zwar immer online ist, aber auf Volksmusik steht?

OpenTable, ein Start-up für Online-Tischreservierungen in Restaurants, das schon 1998, also kurz vor dem Höhepunkt der New-Economy-Ära gegründet wird, überlebt den Crash unter anderem deswegen, weil es zu den Ersten gehört, die verstanden haben, dass Netzwerkeffekte in ihrem Feld lokal wirken. Es reicht nicht, einfach zu wachsen, sondern das Wachstum muss strategisch sein. Statt in allen Städten User*innen und Restaurants anzuwerben, konzentriert sich das Gründungsteam zuerst auf wenige Städte und wirbt dort vor allem gut besuchte Restaurants an. Das zieht entsprechend Nutzer*innen in den betreffenden Städten an, für die die Plattform tatsächlich nützlich ist, und erst wenn OpenTable an einem Ort erfolgreich ist, wird die nächste Stadt in den Fokus genommen.[20]

Missverständnis IV: Bei Netzwerkeffekten geht es immer um Menschen

Napster kann dagegen sofort auf globale Netzwerkeffekte hinsichtlich Musikgeschmack und Geografie setzen. Es hätte keinen Sinn gemacht, sich erst auf Indie-Musik zu konzentrieren, um dann Rap und Heavy Metal zu erobern. Erstens gibt es zu diesem Zeitpunkt ohnehin keine Konkurrenz für Musik online, zweitens kann Napster ohne jede Anstrengung einen Vollkatalog aller möglichen Musik anlegen. Wenige, gut mit MP3s ausgestattete User*innen reichen, um einen Großteil der Nachfrage der anderen Napster-User*innen zu befriedigen. Bei Napster nennt man das »content depth«.[21] Mag es ganz am Anfang noch Lücken im Angebot geben, ist es schon ab 10 000 User*innen ziemlich unwahrscheinlich, dass Napster einen Musikwunsch nicht erfüllen kann.

Hier entlarvt sich ein weiteres Missverständnis von Netzwerk-effekten: dass es immer nur um Menschen geht. In den Sozialwissenschaften und bestimmten Richtungen der Philosophie hat sich eine solche Sichtweise bereits überholt. Moderne soziologische Theorien wie die Akteur-Netzwerk-Theorie (ANT) von Bruno Latour oder die darauf aufbauenden Science and Technology Studies (STS) weisen nicht menschlichen Akteuren in Netzwerken eine wichtige Rolle zu. Die Idee der ANT ist, soziale Situationen nicht mehr anhand von Metakonzepten wie Gruppen, Gesellschaft oder Systemen zu beschreiben, sondern anhand der viel konkreteren Beziehungen eines Netzwerks. Bruno Latour hat früh erkannt, dass eben nicht nur handelnde Menschen im klassischen Sinne Akteure eines Netzwerks sein können, sondern ebenso Texte, Messapparate, Graphen, Formeln und andere Artefakte. Sie sind wichtige Einflüsse, ja bringen sogar eigene Agenden in die Akteurskonstellation ein. Je nach Fragestellung lassen sich so Akteur*innen identifizieren, die Diskurse und Erkenntnisse produzieren und sich gegenseitig Handlungsmacht (Agency) übertragen. Latour will seinen Netzwerkbegriff allerdings nicht mit technischen Netzwerkbegriffen verwechselt sehen.[22]

Genau genommen war die Annahme, dass Netzwerkeffekte ausschließlich durch Menschen verursacht und abgeschöpft werden, schon immer abwegig. Menschen kommen nicht nur ins Netz, um mit anderen Menschen in Kontakt zu treten, sondern auch um dort Dienste und Werkzeuge zu nutzen. Am besten lässt sich das anhand von Apples App Store oder Googles Play zeigen. Diese zweiseitigen Märkte bestehen auf der einen Seite aus einer großen Masse von Menschen, die gern Apps benutzen wollen. Die andere Seite machen programmiermächtige Entwickler*innen aus, die die Bedürfnisse der ersten Gruppe erfüllen wollen. Doch sind es wirklich die Entwickler*innen, die den Nutzen der Konsument*innen generieren?

Machen wir ein Gedankenexperiment: Wäre im App Store nur eine einzige Entwicklerin aktiv und hätte sie in Eigenregie alle dort verfügbaren Apps selbst geschrieben – würde das für den Nutzen der Konsument*innen irgendeinen Unterschied machen? Die Antwort muss »Nein« lauten. Es sind nämlich nicht die Entwickler*innen, sondern die von ihnen entwickelten Apps, die das iPhone als Plattform für Konsument*innen aufwerten.[23] Bei Amazon Marketplace ist es die Vielzahl der angebotenen Produkte, nicht die Händler*innen, die den Wert ausmachen, bei der Frage-Antworten-Plattform Quora ist es das Wissen, und es ist egal, aus wie vielen Quellen es kommt, und auch bei Airbnb würde es keinen Unterschied machen, wenn alle Wohnungen derselben Person gehörten.

Wenn wir anerkennen, dass nicht Menschen die notwendigen Akteure auf den Plattformen sein müssen, fällt es uns auch leichter, Streaming-Dienste wie Netflix, Disney+ oder Spotify als Plattformen zu identifizieren. Disney+, das nun unter anderem den Zugang zum Marvel Cinematic Universe und Star Wars exklusiv anbietet, ist im Grunde nichts anderes als ein Facebook für Superheld*innen: Wer mit Captain America, Spiderman und Kylo Ren befreundet und über deren Leben auf dem Laufenden bleiben will, muss ein Abo abschließen.

Netzwerkeffekte sind keine einfache Eigenschaft von Netzwerken, sondern machen sie zu komplexen und verwobenen Gebilden. Die negativen, positiven, direkten und indirekten Netzwerkeffekte ergeben eine zerklüftete Landschaft unterschiedlicher Anziehungskräfte und Plattformen haben es geschafft, sich an dieser Topographie zu orientieren, sie für sich zu nutzen, ja, sie zu beherrschen.

Die Macht in den Netzwerken

Netzwerkeffekte sind mächtig. Die Wirtschaftswissenschaften haben dafür jedoch keinen eigenen Machtbegriff ausgebildet. Das ist schon bei herkömmlicher Wirtschaftsmacht kurzsichtig, doch gerade bei Netzwerkeffekten drängt sich eine politische Deutung auf. Eine solche hat der Jurist David Singh Grewal 2008 mit seinem Buch *Network Power – The Social Dynamics of Globalization* vorgelegt. Darin deutet er Netzwerkeffekte neu als eine Form sozialer Macht. Gegenstand von Grewals Betrachtungen ist allerdings nicht das Internet oder gar das Prinzip der Plattformen, sondern – wie der Titel bereits sagt – die Globalisierung.

Grewal versteht unter Globalisierung weniger den Prozess der Ausweitung von Märkten und Wertschöpfungsketten über den Globus als vielmehr die globale Angleichung von Standards. Mit Standards wiederum meint er nicht nur Produkte wie VHS oder Facebook, sondern alle materiellen oder immateriellen Artefakte zur Koordination. Die Angleichung von Standards, welche in der Tat ein wichtiger Teil der Globalisierung ist, wird von Grewal allerdings zwiespältig beurteilt. Einerseits macht die Angleichung das Leben für viele Menschen einfacher, andererseits sieht er darin eben eine quasiimperiale Macht, die Diversität nivelliert, Menschen in ihren Entscheidungen einschränkt und westliche Hegemonie durchsetzt.[24]

Im Zentrum von Grewals Konzept steht die Beobachtung, dass bereits erfolgreiche – das heißt dominante – Standards in diesem Angleichungsspiel die besten Chancen haben, alle anderen Standards zu verdrängen. Grewal definiert für den Erfolg von Standards drei Schwellenwerte:[25]

1. Ein Standard ist *sichtbar,* wenn er von vielen wahrgenommen wird, und sei es nur als Alternative zu vorhandenen Standards. Von Twitter hat bestimmt jede*r schon mal gehört, doch nur wenige nutzen den Dienst wirklich. Twitter ist damit zwar sichtbar, aber alles andere als dominant.

2. Ein Standard ist dagegen *unumgänglich*, wenn er bereits der dominante Standard ist. Unumgänglich bedeutet nicht, dass man sich ihm nicht verweigern kann, sondern dass die Verweigerung mit Aufwand verbunden ist. Eine Entscheidung gegen diesen Standard muss also bereits bewusst getroffen werden, da man bereit ist, den Preis dafür zu zahlen. Ein Beispiel wäre WhatsApp: Wer sich gegen diesen Dienst entscheidet, den anscheinend alle benutzen, muss etwa in Kauf nehmen, von vielen Kommunikationen und niedrigschwelligen Zugängen zum eigenen sozialen Umfeld abgeschnitten zu sein.

3. Der letzte Schwellenwert eines Standards ist *Universalität*. Universell ist ein Standard erst dann, wenn er als solcher gar nicht mehr wahrgenommen wird. Die QWERTZ-Tastatur, die jeweils gesprochene Landessprache, Schiffscontainergrößen, das DIN-A4-Format, die Steckdose, das Handynetz – all dies sind Standards, die unser Leben regulieren, die aber so allgegenwärtig sind, dass wir meistens vergessen, dass sie auch ganz anders sein könnten – dass es vielleicht sogar einmal Alternativen zu ihnen gab.[26]

Dass von Netzwerkeffekten Macht ausgeht, ist bei nur sichtbaren Plattformen kaum zu erkennen. Natürlich könnten wir TikTok nutzen, aber warum sollten wir? Es reicht zu wissen, dass »die jungen Leute« das machen. Auch bei universellen Standards ist es schwer, den Machtaspekt auszumachen. Klar könnten die Steckdosen auch anders aussehen, doch warum sollte ich überhaupt darüber nachdenken? Nur beim Schwellenwert der Unumgänglichkeit fällt auf, dass etwas an uns zerrt, dass wir nicht wirklich frei sind in unserer Entscheidung für oder gegen den Standard. Klar, wenn man sich keine Gedanken darüber macht, hat man ruckzuck WhatsApp installiert.[27] Doch wenn man sich weigert, spürt man den sozialen Druck. Ein Druck, der zwar kein Zwang im klassischen Sinne ist, aber der die Entscheidung eben doch informiert, in Form bringt, vorbereitet, anleitet.

Allerdings sollten wir insgesamt vorsichtig sein, diese Schwellenwerte zu verabsolutieren. Sie gelten meist gleichzeitig in verschiedenen Gruppen unterschiedlich, denn alles, was wir oben über lokale vs. globale Netzwerkeffekte gesagt haben, gilt auch für die Netzwerkmacht. Als Schülerin in der 8. Klasse kann es sich so anfühlen, als sei Instagram *universell* und TikTok bereits *unumgänglich*, während für viele Erwachsene beides gerade mal *sichtbar* geworden ist.

Der zwanglose Zwang des dominanten Standards

Warum also entscheiden Menschen sich dafür, einen bestimmten Standard zu adaptieren – oder eben nicht? Grewal identifiziert dafür drei unterschiedliche Beweggründe: Zwang, Zufall oder Vernunft (im Sinne der Zweckrationalität). Natürlich gab und gibt es immer wieder Situationen, in denen Menschen gezwungen wurden, Standards zu adaptieren: vom Omertà der Mafia, der christlichen Mission über den Kolonialismus bis hin zu den Umerziehungslagern in Xinjiang, in denen die chinesische Regierung heute muslimische Uiguren zu Han-Chinesen umprogrammieren will.[28] Diese Fälle sind einfach, weil die Macht hier als nackte Gewalt klar und offen zutage tritt. Auch Zufall, oder Kontingenz, spielt – im Sinne von W. Brian Arthurs »small events« – sehr häufig eine Rolle, insbesondere dann, wenn sich ein Standard ohne wirkliche Konkurrenz herausbildet.

Was uns hier aber interessiert, sind die (vorgeblich zweckrationalen) Vernunftgründe, die Menschen dazu bewegen, Standards zu übernehmen. Grewal unterscheidet zwei dieser Gründe: intrinsische und extrinsische Eigenschaften des jeweiligen Standards.[29] Die intrinsischen Eigenschaften wären solche, die im Standard selbst angelegt sind: Französisch klingt besonders schön, die Features von Facebook sind besser als die von Myspace, TCP/IP ist besonders ausfallsicher etc. Die extrinsischen Eigenschaften resultieren dagegen nicht aus den Standards selbst, sondern aus ihrer Verbreitung und damit aus ihrem Vermögen, Interaktion zu koordinieren. Nach Grewal sind Netzwerkeffekte also extrinsische Eigenschaften von Standards.

Grewal argumentiert nun, dass die extrinsischen Eigenschaften eines Standards ab einem bestimmten Verbreitungsgrad die intrinsischen völlig überlagern. Wie bereits Arthur beobachtet hat, gewinnt aus diesem Grund nicht unbedingt der beste Standard (im Sinne seiner intrinsischen Eigenschaften), sondern der am weitesten verbreitete. Die Entscheidung für ihn wird dadurch nicht irrational – es bleibt eine zweckrational nachvollziehbare Vernunftentscheidung –, sie ist aber eben keine vollumfänglich freie Entscheidung mehr.[30]

Hier zeigt sich das Besondere der Netzwerkmacht: Sie ringt uns Entscheidungen ab, die weder frei noch erzwungen sind. Wir können sie wohl begründen, und doch lenken sie uns in Bahnen, die wir selbst kaum gestalten können und aus denen es schwer ist, auszubrechen. Niemand zwingt bildende Künstler*innen, Instagram zu nutzen, sie können sich natürlich dagegen entscheiden – aber nur, wenn sie bereits reich und bekannt sind oder es niemals werden wollen.

Die Beschäftigung mit Netzwerkmacht führt uns also zu schwierigen Fragen von Freiheit und Freiwilligkeit. Die Differenz zwischen beiden erläutert Grewal anhand eines Gedankenexperiments, das auf die Philosophin Serena Olsaretti zurückgeht:[31] Daisy lebt in einer Wüstenstadt. Sie kann diese jederzeit verlassen, doch sobald sie es tut, wird sie in der umliegenden Wüste nicht überleben. Wendy hingegen wohnt in einer umzäunten Stadt. Ihr ist verboten, die Stadt zu verlassen, doch sie hat auch gar nicht den Wunsch dazu. Daisy ist formal frei und trotzdem nicht freiwillig in der Wüstenstadt, Wendy hingegen ist unfrei, doch ihr Aufenthalt in der umzäunten Stadt ist trotzdem freiwillig.

Der »zwanglose Zwang des dominanten Standards« produziert Unfreiwilligkeit bei formaler Freiheit. Er gehört heute zu den Faktoren, die unsere soziale Welt strukturieren, und für viele ist seine Macht genauso essentiell wie die Macht des Staates, der Druck des Marktes oder die Erwartungen aus der Familie. Dennoch gibt es bis auf die abstrakten Konzepte der Ökonomie bislang kaum Begriffe, ihn zu thematisieren.

Aufaddierte Entscheidungen

Aus Sicht des Individuums steht man also unweigerlich vor dem Paradox, dass die Entscheidung zur Adaption eines Standards frei und gleichzeitig unfrei ist. Aber die Chancen stehen nicht schlecht, dass dies die falsche Perspektive ist. Die Entscheidung für oder gegen einen Standard ist nämlich gar nicht lediglich die Entscheidung eines Individuums, sondern per definitionem stets auch die einer Gruppe. Wir haben es hierbei also schon immer mit einer Form kollektiver Willensbildung zu tun.

Kollektive Willensbildung kennen wir seit Anbeginn der Menschheit. Damit ist nicht nur die Demokratie gemeint. Auch autokratische, monarchistische oder diktatorische Entscheidungsfindung ist die Entscheidungsfindung einer Gruppe, vorausgesetzt, die Entscheidung, die ein einzelner Herrscher für die Gruppe trifft, wird von der Gruppe akzeptiert. Völlig unabhängig, wie der Prozess der Entscheidungsfindung genau gestaltet ist, kann man diese expliziten Formen der kollektiven Entscheidung mit Grewal als »souveräne kollektive Entscheidung« zusammenfassen.[32] Die souveräne kollektive Entscheidung funktioniert kurz gesagt so, dass eine zuvor definierte Gruppe sich ein Verfahren zur Entscheidungsfindung zurechtlegt und dann aus diesem heraus alle weiteren Entscheidungen und auch weiterführenden Entscheidungsverfahren generiert.

Die Adaption eines Standards funktioniert ganz anders. Grewal nennt sie »aggregierte kollektive Entscheidung«, weil sie durch ein Aufaddieren (Aggregieren) von Einzelentscheidungen zustande kommt. Das Spannende ist aber nun, dass jede der aufaddierten Einzelentscheidungen sowohl einen strukturellen als auch einen strukturierenden Charakter hat: Sie ist strukturell, weil sie durch die Einzelentscheidungen anderer beeinflusst ist, die sich vor dem betreffenden Individuum dazu entschieden haben, den Standard zu adaptieren; und sie ist strukturierend, weil sie selbst, zusammen mit den ihr vorhergehenden Entscheidungen, die Entscheidung aller späteren Individuen strukturieren wird.[33] Jede Entscheidung, einen Standard zu adaptieren, wird also unter einem gewissen Druck der Netzwerkmacht ausgeübt und übt gleichzeitig Netzwerkmacht gegenüber kommenden Entscheidungen aus.

Bemerkenswert ist auch der Umstand, dass bei der aggregierten kollektiven Entscheidung die Gruppe (die Nutzenden) erst durch die Entscheidungen selbst konstituiert wird, während bei der souveränen kollektiven Entscheidung die Gruppe bereits vor der Entscheidung existiert.[34]

Soziable Ungleichheit

Netzwerkmacht, oder wie Grewal sie auch nennt: »Soziabilität«, ist also eine Macht, die aus der Adaption der vielen resultiert und durch sie wirkt. Man könnte sie fast demokratisch nennen, wenn sie nicht so ungleich verteilt wäre. Wer überlegt, einen Standard früh zu adaptieren, spürt den Druck der Netzwerkmacht noch nicht so sehr auf den Schultern lasten und wird einigermaßen frei entscheiden. Am Anfang war WhatsApp vielleicht noch ein Geheimtipp dafür, wie man umsonst so etwas Ähnliches wie eine SMS verschicken kann – niemand fühlte sich genötigt, den Dienst zu nutzen. Gleichzeitig wird die frühe Entscheidung einiger weniger für einen Standard potentiell richtungsweisend für künftige Entscheidungen vieler Menschen sein. Sie ist also wesentlich stärker strukturierend als selbst strukturell determiniert.[35]

Wer hingegen spät zu der Party kommt, hat bisweilen keine andere Wahl mehr, als den Standard zu adaptieren, den andere bereits benutzen. Wenn alle schon WhatsApp verwenden, man selbst den Dienst aber ablehnt, kommt man vielleicht trotzdem nicht umhin, die App ebenfalls zu installieren, weil man sonst von der Kommunikation ausgeschlossen wäre. Gleichzeitig hat die Entscheidung kaum noch strukturierende Wirkung auf andere – sie geht in der Netzwerkmacht der vielen unter. Man kann also folgern, dass Early Adopters tatsächlich eine gewisse Macht ausüben.[36]

Grewal macht die Ungleichheit auch an den Wechselkosten fest. Als Großbritannien 1965 von seinem imperialen System zum metrischen System wechselte, wurden viele Handelshemmnisse und andere Interaktionsreibungen zum Nutzen aller – sowohl Briten*innen als auch Kontinentaleuropäer*innen – verkleinert. Zudem kann man argumentieren, dass das metrische System, sowohl was seine intrinsischen als auch was seine extrinsischen Eigenschaften anbelangt, dem imperialen System überlegen ist. Dennoch wurden hier die Wechselkosten einseitig den Menschen in Großbritannien aufgebürdet, während die Kontinentaleuropäer*innen den Nutzen der Angleichung ohne jegliche Kosten bekamen.[37]

Ein anderes Problem, das sich aus der Netzwerkmacht ergibt, ist das der Homogenisierung. Wenn sich dominante Standards immer weiter durchsetzen, geht das stets auf Kosten von Vielfalt. Ein Fall ist das Aussterben von Sprachen. Wie wir am Beispiel der Druckerpresse gesehen haben, gehen Medienrevolutionen zu allen Zeiten und in allen Teilen der Welt mit einer Homogenisierung örtlicher Sprachen einher. Kleine, regionale Sprachen und Dialekte sterben aus oder werden an den Rand gedrängt. Doch auch Bräuche, lokale Gepflogenheiten und andere Standards weichen allzu oft nationalen oder globalen Standards. Grewal mutmaßt, dass sich ein großer Teil des Widerstands gegen die Globalisierung gegen diese Homogenisierungswirkung und dem damit empfundenen Verlust von Identität richtet.[38]

Kulturelle Hegemonie und Kontrollgesellschaften

Grewal vergleicht die Netzwerkmacht sodann mit zwei anderen Machtkonzeptionen: zum einen mit Foucaults späten Schriften zur Biomacht und zum anderen mit Antonio Gramscis Konzept der »kulturellen Hegemonie«, das wir hier kurz vorstellen.

Antonio Gramsci, ein italienischer marxistischer Revolutionär und Denker, der seine wichtigsten Schriften vor dem Zweiten Weltkrieg im Gefängnis verfasste, hatte beobachtet, dass das kapitalistische System sich eben nicht ausschließlich durch Zwang und Repression an der Macht hält. Vielmehr könnte die herrschende Klasse ihre

Stellung ohne die offenbar freiwillige Kooperation der meisten Individuen kaum halten. Dieser implizite gesellschaftliche Konsens ist für Gramsci Ausdruck einer kulturellen Hegemonie. Damit meint er eine konsensuale Erzählung, die in diesem Fall den Inhalt hat, man lebe bereits in der besten aller Welten. Produziert werde dieser Konsens über sogenannte »Hegemonie-Apparate«, worunter Gramsci vor allem das Bildungs- und Mediensystem, aber auch Vereinigungen, Institutionen etc. versteht, die bei der Herstellung dieser Erzählung mitwirken.[39] Gramsci zufolge gibt es also neben dem herrschaftlichen Führungsanspruch auch einen intellektuellen/moralischen Führungsanspruch – eben die kulturelle Hegemonie. Ohne Letztere kann ein System sich nicht dauerhaft durchsetzen.

Das Konzept der kulturellen Hegemonie passt in der Tat gut zu Grewals Überlegungen. Man könnte sogar auf die Idee kommen, Grewals Ausführungen zur Netzwerkmacht als Innenansicht des Produktionsprozesses kultureller Hegemonie zu verstehen. Soziabilität funktioniert zwar auch dann, wenn man nicht daran glaubt – sie ist keine Funktion eines »falschen Bewusstseins«, keine Manipulation einer herrschenden Klasse, kein hergestellter Konsens –, dennoch wissen wir, dass auch Weltanschauungen adaptiert werden wie Standards. Auch sie sind Vehikel der Koordination, weswegen sich der von Grewal umrissene Bereich zwischen *Unumgänglichkeit* und *Universalität* eines Standards auch als dessen *Hegemonialität* fassen lässt.

Besser als mit Gramsci und Foucault lässt sich die Macht der Plattformen mit einem Konzept verstehen, das der Philosoph Gilles Deleuze Anfang der 1990er Jahre entwickelt hat: die Kontrollgesellschaften. Dabei geht er von Foucaults frühem Entwurf der Disziplinargesellschaften aus.[40] Diese hatte Foucault als Ergebnis eines Paradigmenwechsels weg von den »souveränen Gesellschaften« beschrieben, der sich etwa Ende des 18. Jahrhunderts vollzog. Für die souveräne Gesellschaft hatte Strafe stets die Funktion von Abschreckung gehabt. Bestrafungsrituale waren öffentlich, demütigend und bewusst brutal. Sie dienten dazu, die Macht des Souveräns zu demonstrieren. Mit den Disziplinargesellschaften ändert sich jedoch die Rolle der Strafe. Die Bestraften sollen nicht mehr als Exempel herhalten, sondern im Gefängnis – unter Ausschluss der Öffentlichkeit – umerzogen werden, um wieder ein Teil der Gesellschaft zu werden.

Doch das Prinzip des Gefängnisses – ebenjenes Prinzips des Überwachens und Strafens zum Zwecke der Disziplinierung – sickert im 19. Jahrhundert in alle wesentlichen Institutionen der Gesellschaft ein: in die Familie, die Schule, die Kaserne, die Klinik, die Fabrik etc. Überall durchläuft das Individuum eine Erziehungsmaßnahme nach der anderen, bis es die Disziplin internalisiert hat. Produziert wird hier das disziplinierte Subjekt: der Schüler, die Soldatin, der Kranke, die Arbeiterin. Zwar wird auch in der Disziplinargesellschaft noch mit direktem Zwang gearbeitet, die Pointe bei Foucault ist jedoch, dass dieser Zwang – vor allem in Form der Überwachung – ab einem bestimmten Punkt vom Individuum internalisiert wird. Am Ende diszipliniert sich das Subjekt selbst.

Deleuze behauptet nun, dass die Disziplinargesellschaften ihrerseits im Begriff sind, von den Kontrollgesellschaften abgelöst zu werden. Er macht diesen neuerlichen Paradigmenwechsel einerseits daran fest, dass die von Foucault genannten Institutionen (die bei ihm auch »Einschließungsmilieus« heißen) in eine Krise geraten seien. Zum anderen sieht Deleuze bereits andere Mechanismen der sozialen Kontrolle heraufziehen. Es sind im Wesentlichen zwei Neuerungen, die das Kontrollparadigma ausmachen: die gestiegene Bedeutung des Marktes im Leben der Menschen sowie die Erfindung des Computers. Ersteres zwingt die Menschen in einen ständigen Wettbewerb, der sie mehr oder weniger freiwillig nach Selbstoptimierung streben lässt. Anders als die Disziplinargesellschaften, die nur abweichendes Verhalten bestrafen, fordert die Kontrollgesellschaft ständig dazu auf, sich stetig zu verbessern: »In den Disziplinargesellschaften hörte man nie auf anzufangen (von der Schule in die Kaserne, von der Kaserne in die Fabrik), während man in den Kontrollgesellschaften nie mit irgendetwas fertig wird: Unternehmen, Weiterbildung, Dienstleistung.«[41]

Die Konsequenzen aus der wachsenden Rolle des Computers verdeutlicht Deleuze anhand der fiktiven Vision einer Stadt, bei der man die Straßen, Stadtteile oder Wohnungen nur mit einer speziellen Zugangskarte betreten kann. Oder eben nicht. Der Zugang könnte nämlich zu bestimmten Zeiten oder für bestimmte Personen individuell und situativ eingeschränkt werden.

Beide Bestandteile der Kontrollgesellschaft sind an Grewals Überlegungen anschlussfähig. Hier ist die Entscheidung des Subjekts, einem Standard zu genügen (auch wenn dieser Standard ein beweglicher und eher eine unerreichbare Zielvorgabe ist), im Einzelnen durchaus nachvollziehbar und dennoch (wie auch bei der Netzwerkmacht) nur begrenzt frei, denn in der Marktkonkurrenz der Akteur*innen droht bei einem Nichtgenügen im Zweifel ebenfalls der Ausschluss von Möglichkeiten.

Deleuzes Beispiel mit der Zugangskarte nimmt sogar einige Plattformdiskurse von heute vorweg. Solche Architekturen sind in Diensteplattformen nicht nur möglich, sondern werden bereits massenhaft eingesetzt. Das nennt sich dann »Geofencing«, also elektronisches, geografisches Umzäunen, und kommt ganz ohne Karte und Schranken aus. Ein Beispiel sind E-Roller, die bereits in vielen Städten per Smartphone-App mietbar sind. Diese können nach der Nutzung jedoch nicht an beliebigen Orten abgestellt werden, sondern verweigern den Abschluss der Transaktion, sofern sie sich außerhalb der gültigen Bereiche befinden. Diese Bereiche sind von den Plattformbetreiber*innen beliebig und situativ definierbar.

Es ist aber vor allem ein Konzept, das Deleuze für die Kontrollgesellschaften formuliert, das ich für ein Weiterdenken von Grewal im Plattformkontext entscheidend finde: die Unterscheidung von Individuum und Dividuum. Die Disziplinargesellschaften kannten zwei Zugriffe auf den Menschen: den auf das Individuum und den auf die »Masse«, wobei sie die Masse als Summe von Individuen konzeptionalisierten. Deleuze macht hier eine entscheidende Veränderung fest, die auf die eine oder andere Weise für alle genannten Machtkonzeptionen gilt: »Die Individuen sind ›dividuell‹ geworden, und die Massen Stichproben, Daten, Märkte oder ›Banken‹.«[42] Aus dem Unteilbaren (lat. individuus) wird etwas per se Teilbares (lat. dividuus).

Kontrollgesellschaften wie die Netzwerkmacht und in gewisser Weise auch die kulturelle Hegemonie dezentrieren das Individuum jeweils auf zweifache Weise.

Erstens ist das Individuum weder Akteur der Machtausübung noch ihr Ziel. Zwar lassen sich ihm im Einzelnen Handlungen zuordnen, die die jeweilige Machtstruktur ins Werk setzen (Selbstverbesserung, Adaption eines Standards, Reproduktion hegemonialer Erzählungen), doch diese Handlungen sind keine aktive und gewollte Machtausübung eines Individuums oder einer Gruppe von Individuen über andere, sondern Nebeneffekte von Alltagshandlungen, die *zwischen* Individuen stattfinden. Weder lassen die Handlungen sich auf das eine oder auf das andere Individuum reduzieren, noch lassen sich die jeweiligen Individuen auf die Handlungen reduzieren. Die Handlung ist eben nicht *individuell*, sondern bewusst *dividuell*. Es ist gerade das *Miteinanderteilen* des Standards, der Erzählung, des Maßstabs etc., das diese so mächtig macht.

Zweitens lassen sich diese Effekte zwar als Machteffekt auf die Handlungen Einzelner plausibel machen (als größerer Druck zur Selbstverbesserung, Adaption des Standards, Reproduktion hegemonialer Erzählungen etc.), doch zielen diese Machteffekte ebenfalls nicht auf Individuen, sondern nur auf einzelne Aspekte von ihnen. Einen Standard zu benutzen oder ihm zu entsprechen, macht einen zwar sicherlich zum Teil einer Gruppe, aber eben keiner *souveränen* Gruppe im Sinne von Grewal, also einer Ansammlung von Individuen, sondern zu einer *aggregierten* Gruppe. Die Gruppenidentität ist dem Standard also nicht vor-, sondern höchstens nachgeschaltet und somit das Gegenteil von individuell: dividuell.

Die Kontrollgesellschaften ignorieren sowohl das Individuum als auch die Masse. Ein radikales Individuum, also ein Mensch mit unteilbaren Eigenschaften, wäre gar nicht interessant für sie. Ob das Individuum den Standard adaptiert, die Erzählung reproduziert oder die Werbung klickt, ist dem Standard, der Erzählung und der Werbung völlig egal. Das Individuum kann so sehr abweichen und Grenzen überschreiten, wie es will, die Kontrollgesellschaften werden nicht versuchen, es zu disziplinieren, sie werden nicht versuchen, es anzupassen, sie werden sich nicht einmal dafür interessieren. Den Kontrollgesellschaften ist das Individuum schlicht egal.

Wenn sie auf den Menschen zugreifen, dann ausschließlich auf das Dividuum, und zwar über »Daten, Märkte, Banken«, wie Deleuze schreibt. Ich als Dividuum, das sind meine Essensvorlieben, die Apps auf meinem Smartphone, mein Geschlecht, mein Alter, meine Likes auf Facebook, mein Bewegungspfad durch die Stadt, mein Gang, die Physiognomie meines Gesichts. Nichts davon ist individuell, sondern ich teile jedes dieser Details mit anderen. Es verbindet mich mit ihnen, gemeindet mich ein in eine Gruppe, eine Target Group, eine »Installed Base«, ein Milieu, eine Kategorie, eine Konfektionsgröße, eine Sprachgemeinschaft, ein Geschlecht, eine Nutzer*innengruppe, eine Klasse oder irgendeine andere Statistik. Nur deshalb werden meine Eigenschaften zum Gegenstand der Kontrollapparate.

Die Kontrollgesellschaft bzw. die Netzwerkmacht ist in jeder Hinsicht eine postindividuelle Form der Regierung. Sie generiert Gruppen durch dezentrale Aggregation von Standardadaptionen und adressiert nicht mehr Menschen, sondern ihre mit anderen geteilten Eigenschaften. Deleuzes Verabschiedung des Individuums ist deshalb ein wichtiger Erkenntnisschritt, um die Macht der Plattformen zu verstehen.

Alles, was Napster 1999 braucht, sind musikteilende Dividuen. Napster interessiert sich nicht für die Individuen, im Gegenteil. Es tut alles dafür, die bürgerlichen Identitäten ihrer Nutzer*innen gar nicht zu erfahren, da dieses Wissen sie nur gerichtlich angreifbar macht. Es geht Napster nicht darum, dass du dabei bist. Der Einzelne ist ihnen egal. Es geht um Zahlen, es geht um Songs, es geht um aggregierte Musik von aggregierten Leuten, die nichts miteinander gemein haben, außer dass sie Napster nutzen. Darin liegt die eigentliche Macht. Oder wie Napster-Gründer Sean Parker in seinem Strategiepapier schreibt: »Die Tatsache, dass wir auf bis zu vier oder fünf Millionen simultanen Benutzer mit Millionen Songs wachsen (über die inhärente Viralität des Napster-Konzepts), kann von Sony oder EMI kaum ignoriert werden.«[43]

4 Kontrollregimes

Es ist vielleicht die Ironie der Geschichte, dass das, was Napster schließlich das Genick bricht, die Vorhandenheit und nicht die Abwesenheit von Kontrolle ist.

Am 26. Juli 2000 fällt das Urteil des neunten Berufungsgerichts der USA in der Sache A&M Records und anderen Klägern gegen Napster. Napsters Verteidigung hat sich in dem Prozess auf eine Gerichtsentscheidung aus dem Jahr 1984 gestützt. Damals führte Universal City Studios ein Verfahren gegen Sony, das gerade seine Betamax-Videorekorder auf den Markt gebracht hatte.[1] Universal warf Sony vor, mit den Geräten seine Verwertungsrechte zu verletzen. Das ständige Aufzeichnen und Abspielen von Filmen auf Videokassette durch die Nutzer*innen sei gleichbedeutend mit millionenfachen Urheberrechtsverletzungen. Das Gericht entschied zugunsten von Sony. Eine neue Medientechnologie, so heißt es in der Urteilsbegründung, dürfe nicht dadurch verunmöglicht werden, dass sie die Geschäftsinteressen von Einzelnen beeinträchtigt.[2]

Die Richterin im Napster-Fall, Marilyn Hall Patel, lässt den Verweis auf diese Entscheidung allerdings nicht gelten. Sony habe nach dem Verkauf eines Videorekorders an die Kund*innen keine Kontrolle mehr über dessen Einsatz. »Napster hingegen hat die Fähigkeit, illegale Inhalte in ihren Suchindizes zu finden.«[3] Weil die auf Napster gelisteten Dateinamen Ähnlichkeit mit den Songs haben müssen, nach denen die Nutzer*innen suchen, damit das System funktioniert, sei es für Napster ein Leichtes, Urheberrechtsverletzungen zu entdecken und zu unterbinden. Da Napster außerdem in seinen Geschäftsbedingungen erklärt, dass es Nutzer*innen sperren kann, sei auch klar, dass Napster fähig sei, Urheberrechte auf seinem System durchzusetzen.

Was Richterin Patel in ihrem Urteil formuliert, ist der Unterschied zwischen einer Schnittstellenplattform (wie dem Videorekorder) und einer Diensteplattform (wie Napster). Während Schnittstellenplattformen zwar ein gewisses Maß an Kontrolle in die Geräte einbauen, aber nicht wissen können, was mit ihrer Plattform geschieht, sobald sie in Benutzung ist, haben Diensteplattformen eine laufende Kontrolle darüber, was auf ihnen geschieht. Letztere können in die eigenen Datenbestände eingreifen, sich jederzeit einen Überblick darüber verschaffen, welche Verbindungen auf ihnen stattfinden, sie können zudem in die Suche und sogar in die Verbindungen selbst eingreifen. Diensteplattformen können Teilnehmer*innen auch im Nachhinein noch den Zugang zur Plattform entziehen. All das kann ein Schnittstellenplattformbesitzer wie ein Videorekorderhersteller nicht.

In diesem Kapitel wollen wir uns genauer mit der Kontrolle auseinandersetzen, die verschiedenen Plattformen zur Verfügung steht. Doch was ist Kontrolle? Der Begriff kommt wie »Plattform« ursprünglich aus dem Französischen und ist ebenfalls aus zwei Wörtern zusammengesetzt: »contre« und »rôle«, also in etwa »Gegen-Rolle«. Stellen wir uns ein Schiff am Hafen vor und jemanden, der die Ladung überprüft. Dafür hat er eine Liste, ein Register, auf dem der Sollzustand der Ladung verzeichnet ist. Kontrolle ist immer ein Abgleich eines Istzustandes mit einem Sollzustand. Je nach Definition gehört zur Kontrolle aber auch die Fähigkeit, eine Handlung auszulösen, wenn Ist- und Sollzustand auseinanderklaffen. Entweder, um die Abweichung zu korrigieren, oder um wenigstens disziplinierend einzugreifen. Kontrolle umfasst für uns also nicht nur Beobachtung und Vergleich, sondern auch die Möglichkeit des Eingriffs.

Wenn Macht auf Kontrolle trifft, ergibt das ein *Regime*. Der Begriff bezeichnet in seiner ursprünglichen Bedeutung eine Sammlung von Regeln oder ein Regelungs- und Ordnungssystem. Was Richterin Patel aufzeigt, ist, dass Napster durchaus ein Regime auf seiner Plattform etabliert hat – dieses aber die Abwehr von Urheberrechtsverletzungen nicht umfasst. Das heißt: Allein das Vorhandensein von Kontrollmöglichkeiten setzt ein Regime ins Werk, egal ob und wie es konkret genutzt wird. So verwenden wir hier das Wort: *Regime sind implizite und explizite Regularien, die mitbestimmen, was auf einer Plattform möglich ist oder wahrscheinlich gemacht wird.*

In Kapitel 1 haben wir zwischen Level-I- und Level-II-Kontrolle unterschieden. Damit wollten wir zeigen, dass es zwei Ansatzpunkte für Kontrolle auf Plattformen gibt: einerseits bei der Vorselektion potentieller Verbindungen und andererseits bei den konkreten Verbindungen. Damit ist aber noch nicht beschrieben, wie diese Kontrolle genau ausgeübt wird. Und hier kommen die Regimes ins Spiel. Plattformen haben bis zu sechs mögliche Kontrollmechanismen und damit Regimes, jeweils drei auf jeder der Ebenen: für die Level-I-Kontrolle das Infrastrukturregime, das Zugangsregime und das das Query-Regime, für die Level-II-Kontrolle das Interface-Regime, das Verbindungsregime und das Graphregime.

Da Schnittstellen-, Protokoll- und Diensteplattformen unterschiedliche Modi der Kontrolle bereithalten, stehen ihnen auch unterschiedliche Regimes zur Verfügung, um ihre durch die Netzwerkmacht verliehene Macht auszuüben. Eine Analyse der Regimes hilft, die Machtmechanismen konkreter Plattformsituationen besser zu verstehen.

Die stärksten Kontrollmöglichkeiten sind ohne dahinterstehende Macht schlicht egal. Deswegen ist es wichtig, daran zu erinnern, dass der Einfluss der hier gezeigten Regimes immer nur eine Funktion der hinter ihnen stehenden Netzwerkmacht sein kann. Eine Plattform, die niemand nutzt, mag die strengsten Regimes implementieren, doch ohne Netzwerkmacht greifen ihre Mechanismen ins Leere.

Level-I-Kontrollregimes

Alle Vorselektionen potentieller Verbindungen sind bereits Ausdruck von Regeln und Regelmäßigkeiten, also Erwartungen, seien es internalisierte Normen, seien es Pfadabhängigkeiten früherer Entscheidungen, Datenbankdesigns oder willentlich ins Werk gesetzte Regularien, wie Community Guidelines oder AGBs. Keine Interaktion auf einer Plattform bleibt von diesen Vorselektionen unangetastet, die sich über folgende drei Regimes erstrecken.

Das Infrastrukturregime

2014 gibt Facebook bekannt, über 50 neue Geschlechterkategorien im Registrierungsprozess einzuführen.[4] Das Medienecho ist riesig. Egal, ob die jeweiligen Kommentator*innen den Schritt begrüßen oder problematisieren, wird er doch allgemein als ein einschneidendes Ereignis gelesen. Und zwar zu Recht.

Denn digitale Infrastrukturen prägen Gesellschaften. Das gilt nicht nur für die Geschlechterfrage. Das größte soziale Netzwerk strukturiert mit seinen Kategorien und Klassifikationen unseren kulturellen Kosmos ganz entscheidend mit. Egal, ob »es ist kompliziert« als Beziehungsstatus oder das »Like« als Geste der Zustimmung, Facebooks Designentscheidungen haben einen Einfluss darauf, wie wir denken, handeln und kommunizieren – auf Facebook, aber auch außerhalb. Doch das ist nur die Spitze des Eisbergs.

Das Internet ist voll mit Standards und Klassifikationen, die unser Leben regieren. Ein Beispiel ist das Domain Name System (DNS). Es sorgt dafür, dass wir in die Browser-Adressleiste Domains wie spiegel.de oder facebook.com eingeben können statt die Zahlen einer IP-Adresse. Schon zu ARPANET-Zeiten wollten sich die Menschen keine numerischen Adressen merken, sondern lieber Namen. Eine Frau namens Elisabeth Feinler entwickelte und pflegte zu diesem Zweck ein öffentliches Verzeichnis, indem sie in einer Datei auf ihrem Computer den numerischen Adressen Namen zuordnete und die Datei über das ARPANET abrufbar machte.[5] Ihre Institution nannte sie bald NIC (Network Information Center) und siedelte sie bei ihrem Arbeitgeber, dem Stanford Research Institut (SRI) in Kalifornien, an. Feinler richtete darüber hinaus den ersten Whois-Dienst ein, eine öffentliche Datenbank, in der man Informationen über die Betreiber von ARPANET-Knoten abfragen kann. Bis heute ist Whois ein wichtiger Dienst, der Auskunft über Domainbetreiber*innen liefert. Feinler war es schließlich auch, die die Idee für die sogenannten Top-Level-Domains einbrachte wie .de, .edu, .com etc. Damit waren bereits alle Grundsteine für das DNS gelegt.

Als in den 1980er Jahren das ARPANET auf das Internet umgeschaltet wurde, stellte sich Feinlers System allerdings als zu unflexibel und zu hierarchisch heraus, um beim rasanten Wachstum des Netzes mitzuhalten. 1983 veröffentlichte die Internet Engineering Task Force (ein Gremium, das regelmäßig über neue Netzwerkstandards befindet) Richtlinien zur Entwicklung des DNS. 1984 wurde es zum ersten Mal implementiert: auf einem Unix-System an der Universität Berkeley.

Das System sollte aus verteilten Name-Servern bestehen, die von der Top-Level-Domain abwärts Domains IP-Adressen zuordnen. Jede Domain hat einen Namensraum, der dann wiederum in Namensräume unterteilt werden kann. Der Betreiber der .de-Domain (in dem Fall DENIC) registriert zum Beispiel alle Domains, die auf .de enden, wie spiegel.de oder mspr0.de. Die Domain-Inhaber haben ihrerseits die Möglichkeit, Subdomains einzurichten, wie content.spiegel.de etc.

Obwohl das System von Anfang an international angelegt war, konnten Domains jahrzehntelang nur ohne sprachspezifische Sonderzeichen angemeldet werden. Das hat einen einfachen Grund: DNS basiert auf einem limitierten Zeichensatz, der Umlaute und andere Sprachelemente nicht enthält. Seit 2009 kann das System zwar auch Umlautdomains verarbeiten, doch weil man sich nicht überall auf die korrekte Implementierung des jeweiligen Zeichensatzes verlassen kann, bleibt es bis heute eher eine theoretische

Option, die nur wenig genutzt wird. Die Priorisierung des englischen Sprachraums und seines eingeschränkten Zeichensatzes ist in der Infrastruktur von DNS – und vielen anderen Systemen – quasi eingebacken.

Infrastrukturen sind ineinander verschränkte Erwartungserwartungen. Es sind die akkumulierten Standards, Vorselektionen, Pfadentscheidungen, Klassifikationssysteme, die Plattformen strukturieren und damit vorgeben, wie wir mit ihnen interagieren. Susan Leigh Star hat zusammen mit Geoffrey C. Bowker in *Sorting Things out – Classification and Its Consequences* einen Infrastrukturbegriff konzipiert, der genau diese Art von Regime gut auf den Punkt bringt.[6] Infrastruktur weist unter anderem folgende Eigenschaften auf:

1. Infrastruktur ist *eingebettet* in andere soziale, technische und wirtschaftliche Strukturen.

2. Infrastruktur ist *transparent* in dem Sinne, dass sie zwar zur Verfügung steht, wenn auf sie zurückgegriffen wird (sonst müsste man sie ständig neu erfinden), aber in ihrer unterstützenden Wirkung unterhalb der Wahrnehmungsschwelle bleibt.

3. Die Benutzung von Infrastruktur wird *gelernt*, aber es wird verlernt, dass sie gelernt wurde. Sie erscheint ihren Benutzer*innen dadurch »natürlich« in der Handhabung.

4. Infrastruktur steht in einem wechselseitigen Beeinflussungsverhältnis mit den *Konventionen* ihrer Benutzer*innen. Die Konventionen verändern die Infrastruktur, und die Infrastruktur beeinflusst Konventionen.

5. Infrastruktur *basiert* auf anderer Infrastruktur und »erbt« deren Limitierungen und Eigenschaften.

6. Infrastruktur wird nur *sichtbar, wenn sie zusammenbricht*.

7. Infrastruktur ist *träge* und lässt sich nur langsam, lokal und inkrementell ändern, niemals global und ad hoc.

Wie wir in Kapitel 2 gezeigt haben, sind Plattformen einander Infrastruktur, wobei Infrastruktur in unserem Sinne die Gesamtheit der Plattformen ist, auf der eine andere Plattform oder eine konkrete

Verbindung aufsetzt. Alle Plattformen *basieren* auf Infrastruktur, und alle Plattformen *sind* wiederum Infrastruktur – weswegen alle Plattformen ein Infrastrukturregime implementieren. Infrastruktur kontrolliert auf subtile, aber sehr grundlegende Weise unsere Handlungen und übernimmt die Vorselektionen der Infrastruktur, auf der sie selbst basiert, und reicht sie nach oben durch.

Dass in Domainnamen lange keine Umlaute oder sonstige nicht englische Buchstaben verwendet werden konnten, liegt zum Beispiel am ASCII-Standard. ASCII (American Standard Code for Information Interchange) gibt einen Satz von 128 Zeichen als Standard vor, der universal für beinah alle Computer der Welt interpretierbar ist. Dazu gehören das lateinische Alphabet in großen und kleinen Buchstaben, die Zahlen von 0 bis 9 und einige Satz-, Sonder- und Steuerzeichen. ASCII wurde in den 1960er Jahren von der American Standards Association entwickelt. Danach breitete es sich zunächst als Standardzeichensatz für Unix-Systeme aus und wurde in Computern aller Art auf sehr tiefer Ebene implementiert. Nach Grewal kann man sagen, dass ASCII zumindest im Computerbereich den Schwellenwert der Universalität erreicht hat. Fast alle Internet-Standard-Spezifikationen setzen ASCII voraus – so auch DNS. ASCII ist also Teil der Infrastruktur von DNS.

Doch in seinem Design ist ASCII alles andere als universell. Es ist speziell für die englische Sprache optimiert und kann fremdsprachige Sonderzeichen wie unser »ö« oder »ß« oder gar ganz andere Zeichensysteme wie Mandarin, Kyrillisch oder Sanskrit-Dialekte lediglich über komplizierte Umwege abbilden.

Wenn ein Infrastrukturregime nur mit genügend Netzwerkmacht ausgestattet ist, wird es hegemonial im Gramsci'schen Sinn. So wird aus einer unbedachten Designentscheidung aus den 1960er Jahren ein Kulturdeterminismus, der sich bis heute in der Technologie fortpflanzt und sich der ganzen Welt aufzwingt. Manche gehen so weit, von einem ASCII-Imperialismus zu sprechen.[7] Dabei muss das Infrastrukturregime seine Lenkungswirkung gar nicht intendieren. Die Designentscheidungen in Infrastrukturen sind oft einfach Resultat nicht hinterfragter Anschauungen und Wertvorstellungen. Sie sind sedimentierte gesellschaftliche Diskurse und eingelassene Vorurteile, doch nichtsdestotrotz oder gerade deswegen sind sie hochpolitisch.

Als nach und nach die Beschränktheit von ASCII überwunden wurde und Anfang der 1990er mit dem neuen Standard Unicode größere Zeichensätze in vielen Betriebssystemen implementiert wurden, blieben auch hier die eingebackenen Pfadentscheidungen unbedacht. Als Anfang der 2010er Jahre aus Japan der Trend zu kleinen zeichenbasierten Emotionsbildchen – sogenannten Emojis – in westliche Betriebssysteme schwappte, wiederholte sich die Geschichte. Wie Kate M. Miltner in ihrer Studie zur Einführung von Emojis durch Unicode 7 nachweist, waren die begleitenden Diskurse ignorant gegenüber der Wichtigkeit von ethnischer Repräsentation, weswegen das originale Emoji-Set – bis auf zwei Ausnahmen – nur weiße Emojis enthielt.[8]

Alle Plattformarten implementieren Klassifikationen und Standards auf die ein oder andere Art. Auch Protokolle brauchen definierte Zustände und valide geformte Anfragen. In diese Festlegungen fließen viele Vorannahmen ein. Wie lange muss ein Netzwerkteilnehmer auf eine Antwort warten, bis es ein Time-out gibt? Wie lang ist eine »normale« Nachricht, welches Schriftsystem soll verwendet werden? Wie wird auf Unvorhergesehenes reagiert? Für all diese Festlegungen lassen sich völlig unpolitische und politisch problematische Fälle denken. Und doch werden auf jeden Fall die Aktionsmöglichkeiten von Nutzer*innen in Bahnen geleitet und in bestimmten Fällen konkret eingeschränkt.

Die Einführung der 50plus Geschlechter durch Facebook 2014 ist genau deswegen so stark diskutiert worden, weil hier eine Infrastrukturentscheidung eben nicht implizit war, sondern explizit gemacht wurde. Da die Macht des Infrastrukturregimes ständig droht, in Vergessenheit zu geraten, ist es umso wichtiger, immer wieder an sie zu erinnern.

Das Zugangsregime

Im Gegensatz zum Infrastrukturregime liegt die Kontrolle des Zugangsregimes auf der Hand: Es besteht im Grunde in der Fähigkeit zu bestimmen, wer Zugang zur Plattform bekommt und wer nicht. Unterschiedliche Plattformen sind verschieden gut nach außen abgrenzbar. Speziell für kommerzielle Plattformen ist die Fähigkeit zur Abgrenzung überlebenswichtig.

Dass Napster die Möglichkeit hat, Nutzer*innen auszusperren, gehört zu den Punkten, die das Gericht dem Unternehmen vorhält. Napster ist mit dieser Fähigkeit nicht allein – beinahe alle Diensteplattformen können den Zugang zu sich sehr genau kontrollieren. Da sich die Nutzer*innen meist registrieren müssen, ist es nicht schwer, sie auch wieder zu deregistrieren oder ihren Zugriff auf die Plattform einzuschränken. Auf Twitter, YouTube oder Facebook lässt sich täglich beobachten, wie Accounts vorübergehend oder dauerhaft wegen Verstößen gegen die Community-Richtlinien oder Urheberrechten gesperrt werden.

Jesse C. Ribot und Nancy Lee Peluso haben in ihrem Paper »A Theory of Access« den theoretischen Rahmen für Zugangsanalysen gesteckt.[9] Sie definieren Zugang als »die *Fähigkeit*, von einer Sache zu profitieren« und grenzen ihn damit gegen das Eigentum ab, das gemeinhin als »das *Recht*, von einer Sache zu profitieren«, definiert wird. Zugangsmechanismen können rechtebasiert oder nicht rechtebasiert sein. Eigentum wäre demnach als rechtebasierter Zugangsmechanismus eine Unterkategorie, bei der eine Person in den rechtlichen Status erhoben wird, den Zugang über die Sache zu regeln, wobei gegebenenfalls die Durchsetzung seiner Rechte durch die Gesellschaft oder den Staat geschieht. Lizenzen, Patente, Urheberrechte gehören ebenfalls zu den rechtebasierten Zugangsmechanismen.

Zugang kann aber auch durch strukturelle Mechanismen geregelt werden. Als Beispiele dafür nennen Peluso und Ribot Technologie, Kapital, Markt, Arbeit, Wissen, Identitäten und soziale Beziehungen. Dabei ist bei Zugangmechanismen zwischen zwei Rollen zu unterscheiden: Es gibt immer Menschen oder Institutionen, die den Zugang kontrollieren, und solche, die versuchen, Zugang zu erlangen oder aufrechtzuerhalten. Aus der komplementären Beziehung beider Rollen folgt eine Abhängigkeit der Person, die Zugang erlangen oder aufrechterhalten will, zu derjenigen, die die den Zugang kontrolliert. Ein Beispiel wären Mieter*innen, die den Zugang zu ihrem Wohnraum nur aufrechterhalten können, wenn sie den Vermieter*innen – die die rechtebasierten Zugangskontrolleur*innen sind – ein monatliches Entgelt überweisen. Zugangskontrolleur*innen können außerdem Literaturagent*innen sein, die Autor*innen durch ihr Netzwerk und ihre Reputation Zugang zu Verlagen verschaffen (und entsprechend vergütet werden), oder ein Mensch mit hohem sozialem Status, der jemand anderem Zugang zur High Society verschafft.

Zugangskontrolleur*in kann aber eben auch einfach eine Institution sein, die eine technische Infrastruktur kontrolliert. Diensteplattformen sind solche technischen Infrastrukturen, und ihre Betreiber*innen können den Zugang zu ihnen auf »nicht rechtebasierte« Weise organisieren. Obwohl die Firmen hinter Facebook, Uber, WeChat, WhatsApp, Airbnb etc. durchaus Eigentum an ihren Infrastrukturen haben, kommt der rechtebasierte Ansatz bei der Zugangskontrolle eher selten zum Einsatz. Da ihnen technische Möglichkeiten zur Verfügung stehen, Nutzer*innen den Zugang jederzeit effektiv zu sperren oder einzuschränken, brauchen sie ihn gar nicht. Darüber hinaus etablieren Diensteplattformen sogar eigene Regelsysteme, die Ausschlussentscheidungen legitimieren sollen: AGBs, Terms and Conditions, Community-Guidelines und Ähnliches.

Hier findet sich einer der wesentlichen Unterschiede zwischen der Diensteplattform und der Schnittstellenplattform. Zwar etablieren auch Schnittstellenplattformen Zugangsregime, doch ihr Mechanismus ist in den allermeisten Fällen rechtebasiert. Microsoft, das seine Softwarelizenzen meist über den Verkauf von PC-Hardware mitverkaufen ließ, merkte schnell, dass Raubkopien seiner Software unter den PC-Anwender*innen getauscht werden. Es hatte aber außer den Rückgriff auf rechtliche Instrumente kaum Möglichkeiten, das zu unterbinden. Ähnlich wie die Videorekorderhersteller verlieren alle Schnittstellenplattformen die direkte Zugriffskontrolle über ihre Plattform, sobald sie in die Hände der Kund*innen geht. Um das rechtebasierte Zugangsregime dennoch zu optimieren, entwickelt Microsoft in den 1990er Jahren die sogenannten OEM-Lizenzen. OEM steht für Original Equipment Manufacturer, und diese Lizenz koppelt die ausgelieferte Software an die mitverkaufte Hardware. Im Gegensatz zu im Laden gekauften Volllizenzen sind die OEM-Lizenzen eingeschränkt und dürfen nicht beliebig verwendet werden. Trotzdem hat Microsoft natürlich weiterhin mit Produktpiraterie zu tun.

Ein noch besseres Beispiel ist der ARM-Prozessor. Der jahrzehntelange Erfolg des MOS 6502[10] inspirierte die Firma Acorn Computers 1983, einen Computerchip zu entwickeln, der ähnlich wie das langlebige Original durch einen vergleichsweise geringen Befehlssatz besonders ressourcenschonend seinen Dienst tun könnte. Der »Acorn RISC Machine« (ARM, wobei RISC wiederum für »Reduced Instruction Set Computing« steht) wurde unter anderem von Apple mitfinanziert. 1990 gründete Arcon die ARM, Ltd. aus, ein Unternehmen, das keine Chips mehr produzieren, sondern nur die Designs der kommenden Chiparchitekturen entwerfen und sie an Kund*innen lizenzieren sollte. Die Kund*innen würden dann auf Grundlage des Designs eigene Chips fertigen.

ARM ist das ultimative rechtebasierte Schnittstellenplattform-Geschäftsmodell. Es ist ausschließlich noch das geistige Eigentum, das verkauft wird. Aber da die Kunde*innen ausschließlich andere Unternehmen oder große Institutionen sein können (es ist sehr, sehr teuer, einen eigenen Prozessor herzustellen), brauchen sie sich um Produktpiraterie wenig Sorgen zu machen. Und trotzdem bilden die verkauften Ideen am Ende echte, erwartbare Vorselektionen potentieller Verbindungen, auf denen Hunderte Hersteller und Tausende Entwickler*innen aufbauen können.

Die ersten ARM-Prozessoren waren langsam, aber dafür auch sehr stromsparend. Apple nutzte ARM für seinen frühen Handheld-Computer Newton, der aber nach der Rückkehr von Steve Jobs 1996 in das Unternehmen eingestellt wurde. Erst ab den 2000ern – mit der stetigen Erweiterung der Möglichkeiten von Mobiltelefonen – begann das ARM-Geschäft wirklich groß zu werden. Bereits 2005 benutzten 98 Prozent der Mobiltelefone ARM-Prozessoren.[11] Die Prozessoren wurden indes immer schneller, besser und effizienter. Heute beherrscht ARM nicht nur den kompletten Mobiltelefon-Markt, sondern verändert auch über neuartige ARM-Prozessoren, die Apple seit 2020 in seine Macintoshs verbaut, den gesamten Computermarkt und greift damit die Vorherrschaft von Intel an.

Apple selbst misstraut dem rechtebasierten Zugangsregime. Dessen nur indirekte Kontrolle ist 2008 auch einer der Gründe für Apple, extern entwickelte Software für das iPhone-Betriebssystem nicht wie sonst üblich frei über Schnittstellen installierbar zu machen, sondern sie stattdessen über eine Diensteplattform anzubieten. Für diesen App Store müssen sich externe Entwickler*innen registrieren, ihre Apps werden zunächst von Apple getestet und erst dann freigegeben. Das technische Zugangsregime bietet ein exklusives Tor zum Softwaremarkt für iPhones, iPads und Apple Watches und ruft einen Trend ins Leben, den Google dann mit dem Play Store für Android-Geräte und Microsoft mit Microsoft Apps nachahmen.

Es geht dabei nicht nur darum, Piraterie zu unterbinden, sondern auch darum, das Softwareangebot nach Qualität und Eigeninteressen der Plattforminhaber zu kontrollieren. Jonathan Zittrain sieht vor allem Sicherheitsbedenken – aufgrund von Phänomenen wie Internetviren, Computerwürmern, Schadsoftware, Hacking und anderen Angriffen auf generative Infrastrukturen – als Hauptgründe dafür, warum der Trend weg von generativen Systemen wie Schnittstellen- und Protokollplattformen und hin zu mehr Geschlossenheit geht, wie sie zum Beispiel Diensteplattformen bieten.[12]

Neben den Schnittstellenplattformen, die ihr Zugangsregime mittelbar über Rechte ausüben, und Diensteplattformen, die über eine direkte Zugangskontrolle verfügen, gibt es noch die Protokollplattform. In Kapitel 1 haben wir bereits festgestellt, dass diese kaum über Level-I-Kontrolle verfügt. Im Grunde bleibt ihr dazu nur das Infrastrukturregime. Stattdessen sind es oft die Plattformzugangsprovider, die den Zugang zu Protokollplattformen regeln. Die Zugangsregimes des Internets teilen sich die Internet- und Mobilfunkprovider, wie die Deutsche Telekom, O$_2$ oder Vodafone. Auch wenn sie dabei in einem Konkurrenzverhältnis zueinander stehen, ist ihre Stellung strategisch günstig genug, eigenen oder verpartnerten Diensten und Plattformen einen Vorteil zu verschaffen, indem sie beispielsweise bestimmte Daten schneller oder langsamer durchleiten oder bestimmte Daten beim Kunden abrechnen und andere nicht. So verkauft die Deutsche Telekom Telefonverträge, die unlimitierten Spotify-Zugriff erlauben, während der Datenverbrauch aller anderen Dienste normal abgerechnet wird.[13]

Das Query-Regime

Als das Newsportal *The Intercept* 2015 mit einem großen Leak über die Drohnenangriffe der USA von sich reden macht, beobachten einige Twitter-User*innen, dass Tweets zu dem Artikel nicht in ihrer Timeline auftauchen, obwohl sie den entsprechenden Twitter-Accounts folgen. Das Gerücht macht die Runde, dass Twitter die Tweets im Auftrag der Regierung »shadow banne«.[14] Ein Shadowban ist eine Moderationstechnik, bei der die Plattform bestimmte Nutzer*innen oder einzelne Inhalte für einige Nutzer*innen unsichtbar macht, für andere aber nicht. Die Inhalte sind dann aus Sicht desjenigen, der sie gepostet hat, noch da, doch sie tauchen nicht mehr in den Timelines anderer Personen oder in der Suche auf.

Der Shadowban ist nur die plakativste Form der Ausübung von Kontrolle durch das Query-Regime. Es gibt ungleich subtilere. Oft reicht es, Inhalte weiter hinten in den Suchergebnissen zu vergraben oder bestimmte Arten von Inhalten zu priorisieren, um die Aufmerksamkeit von Menschen zu lenken. Warum etwas oben steht, ist sowieso in den wenigsten Fällen von außen ersichtlich und basiert auf internen Logiken des jeweiligen Query-Systems.

Das Query-Regime kann auch verstanden werden als die algorithmische Vorselektion von möglichen Verbindungen und ist deswegen standardmäßig nur bei Diensteplattformen anzutreffen. Andere Plattformarten können zwar ebenfalls Query-Regimes haben, diese kommen dann aber selten aus der Hand des Plattformbesitzers selbst, sondern werden von externen Akteuren zur Verfügung gestellt. Ein prominentes Beispiel wäre Google, das das Query-Regime fürs Web ist.

Nach außen wird das Query-Regime oft als Dienstleistung für die Nutzer*innen verkauft, und zum Großteil stimmt das ja auch: Googles Suche, Amazons Empfehlungen, Ubers Matching mit möglichen Fahrer*innen und Facebooks Newsfeed sind in erster Linie dafür da, das Leben der Nutzer*innen einfacher zu machen und ihnen sogar eine ganze Menge Macht in die Hand zu geben. Oft können sie recht feingranular die Such- und Filterkriterien einstellen und über die erweiterte Suche sehr komplexe Abfragen an große Suchräume formulieren. Man könnte sagen, dass Diensteplattformen die Macht ihres Query-Regimes zu einem Gutteil an die Nutzer*innen weiterverteilen. Aber das, was sie an Macht zurückbehalten, eröffnet ihnen wiederum enorme Einflussmöglichkeiten. Die internen Selektionskaskaden des Query-Regimes eignen sich perfekt, um Nutzer*innen verdeckt in ihren Handlungen zu steuern. Und selbst wenn keine sinistre Absicht hinter einer algorithmischen Sortierung steckt, bleibt – ähnlich wie beim Infrastrukturregime – immer noch die implizite Politik unhinterfragter Designentscheidung Teil jedes Query-Regimes.

Der bewusste Einsatz des Query-Regimes gegen die Interessen der Nutzer*innen lässt sich nur in den seltensten Fällen nachweisen. Dass Twitter die Tweets zu den Drone-Papers »shadowgebannt« habe, konnte ebenso wenig belegt werden wie viele andere

Shadowban-Vorwürfe. Doch dieses Misstrauen begleitet die gesamte Geschichte der Diensteplattform.

Almon Brown Strowger, der Erfinder des Hebdrehwählers zur automatisierten Telefonvermittlung, war im Hauptberuf Bestattungsunternehmer. Auf die Idee zu der neuen Technologie soll er der Legende nach gekommen sein, weil eine der Telefonistinnen der lokalen Telefonvermittlung die Frau eines konkurrierenden Bestattungsunternehmers war. Er verdächtigte sie, Anfragen an ihn immer an ihren eigenen Ehemann weiterzuleiten.[15] Tatsächlich weiß niemand, was innerhalb von Querys passiert und wessen Präferenzen dort als Selektion mitberücksichtigt werden.

Während das Hebdrehwählverfahren wahrscheinlich das erste algorithmische Query-Regime einer Diensteplattform ist, ist die erste wirklich auf Computertechnologie basierende Diensteplattform ein elektronisches Flugbuchungssystem. 1953 fliegt ein IBM-Handelsvertreter namens R. Blair Smith mit American Airlines von Los Angeles nach New York und sitzt zufällig neben dem Chef der Fluggesellschaft, Cyrus Rowlett Smith. Die Namensvettern kommen ins Gespräch, und der IBM-Mann erzählt von dem ambitionierten Flugraum-Überwachungssystem SAGE, an dessen Fertigstellung IBM im Auftrag des Pentagon beteiligt war. SAGE besteht aus vielen Radarstationen, die über das ganze Land verteilt, aber über ein zentrales Computersystem vernetzt sind. Gemeinsam hecken die beiden Smiths ein Nachfolgesystem aus: SABRE (Semi-Automatic Business Research Environment). Die Idee ist einfach: American-Airlines-Mitarbeiter*innen sollen vom Flughafenschalter aus über Terminals direkt und in Echtzeit Sitzplatzreservierungen in Flügen abfragen und buchen können.

Das System wird 1960 fertiggestellt, nimmt aber wegen technischer Schierigkeiten erst 1964 den Betrieb auf. Zunächst besteht es aus zwei IBM-7090-Mainframe-Computern, die 26 000 Anfragen pro Tag abarbeiten können; die Terminals haben dagegen keine eigene Rechenkapazität, sondern sind nur über Telefonkabel mit dem Mainframe verbundene Interfaces in über 50 Städten. IBM nutzt bereits lange vor dem Internet das AT&T-Telefonnetz, um Daten von A nach B zu transportieren. Bis Ende 1965 kann SABRE 7500 Reservierungen pro Stunde abarbeiten.[16]

Kern der zentralen Datenhaltung sind die sogenannten Passenger Name Records (PNR), auf Deutsch »Fluggastdatensätze«. Diese umfassen unter anderem die Namen der Fluggäste und die Nummer des Fluges, den sie nehmen wollen. Die Flugnummer ist wiederum eine eigene Datei, die bei jedem Abrufen und Eintragen der PNRs umgeschrieben werden muss. Dabei werden die Daten auf einer neuen Speichertechnologie geschrieben und gelesen, die eine bis dahin ungekannte Verarbeitungsgeschwindigkeit erlaubte: die Festplatte. Diese kann sogenanntes Random-Access Memory (RAM). Ein Schreib-Lese-Kopf springt beim Datenspeichern und -lesen hin und her, statt wie bei den vorher üblichen Magnetbändern alles hintereinanderweg lesen und schreiben zu müssen. Das erlaubt sogenannte Echtzeitsysteme, also Systeme, bei denen man zwischen Dateneingabe und Ausgabe der Ergebnisse keinen Kaffee kochen kann.

1972 springen andere Airlines und 1976 auch unabhängige Reisebüros auf das System auf. Von nun an können auch die Flüge der Konkurrenz über SABRE gebucht werden, und externe Reisebüros bekommen eigene Terminals. Nach einigen wirtschaftswissenschaftlichen Plattformdefinitionen entwickelt sich SABRE also erst ab diesem Zeitpunkt zu einer richtigen Plattform, denn nun organisiert es den Austausch von einander sonst unabhängigen Interessengruppen.

Doch 1982 kommt ans Licht, dass American Airlines das System so manipuliert hat, dass die Flüge der Konkurrenz immer hinter den eigenen auftauchen. Dieser ins System eingebaute Bias beschert American Airlines einen nicht unerheblichen Wettbewerbsvorteil, so befindet eine Untersuchungskommission des US-Kongresses. Robert Lloyd Crandall, der damalige CEO des Unternehmens, sagt hingegen vor dem Ausschuss aus, dass er diese Vorgehensweise für legitim halte. Schließlich habe American das System ja auch bezahlt.[17]

Mithilfe unseres bisher ausgebreiteten Begriffsbestecks lässt sich der Fall genauer analysieren: Die PNRs sind zum Beispiel Teil des impliziten Infrastrukturregimes, dem sich auch die konkurrierenden Airlines und die Reisebüros unterordnen müssen, wenn sie am System angeschlossen sein wollen. Egal, wie ihre bisherige Buchungs- und Verwaltungspraxis ablief, nun müssen sie mit dem SABRE-System arbeiten, tragen einseitig die Wechselkosten. Wichtiger ist aber, dass sie sich ebenfalls dem Zugangsregime von American unterordnen müssen, denn American nimmt Gebühren für die Nutzung des Systems. Die Firmen haben praktisch keine Wahl, denn an dem System nicht zu partizipieren, kostet sie noch mehr Geld. American hingegen spart nicht nur viel Geld für die Abwicklung und Organisation der eigenen Buchungen – was der ursprüngliche Plan bei der Entwicklung des Systems war –, das Zugangsregime generiert außerdem einen zusätzlichen Geldstrom von der Konkurrenz. Und dann kommt heraus, dass das Query-Regime von SABRE ebenfalls für American Airlines arbeitet, indem es die eigenen Flüge priorisiert und damit die Wahrscheinlichkeit erhöht, dass diese gebucht werden – statt die der Konkurrenz. SABRE ist mit anderen Worten ein voller Erfolg und setzt American unter Einsatz aller drei Kontrollregimes von der Konkurrenz ab.

Das Misstrauen gegenüber Query-Regimes ist also berechtigt. Bis heute werden immer wieder politische Forderungen etwa an Google und Facebook laut, ihre Algorithmen offenzulegen.[18] Das ist allerdings schwierig. Zum einen, weil die Algorithmen oft den entscheidenden Marktvorteil eines Unternehmens ausmachen, zum anderen, weil mit dem Code an sich ohnehin nicht viel anzufangen ist. Die eigentliche Intelligenz steckt mittlerweile in den verarbeiteten Daten.

In Kapitel 2 haben wir bereits neuartige Verfahren der Datenverarbeitung, die gern mit den Labels »künstliche Intelligenz« oder »Machine Learning« bezeichnet werden, besprochen. Diese können durch automatisierte statistische Verfahren Korrelationen in großen Datenmengen erkennen und versuchen, anhand der Wiederkehr solcher Korrelationen bestimmte Zusammenhänge zu lernen. Dazu werden künstliche neuronale Netze angelegt, in denen die

Häufigkeiten von Korrelationen durch die Verbindungsstärke der Neuronen untereinander repräsentiert sind. Eine erfolgreiche auf Korrelation basierende Vorhersage stärkt die Verbindung, eine nicht erfolgreiche schwächt sie. Auf diese Weise ist das System nach vielen Durchläufen mit vielen Daten in der Lage, zum Beispiel Hunde von Katzen zu unterscheiden oder aufgezeichnete Sprache in Text umzuwandeln. Die Systeme werden trainiert statt programmiert.[19]

Das heißt aber auch, dass das Query-Regime sich immer mehr in die Trainingsdaten und deren Auswahl verlagert. Gebiaste Daten haben dann einen ganz ähnlichen Effekt wie es gebiaste Programmierer*innen von Algorithmen haben, nur dass diese Bias oft noch schwerer zu erkennen und von außen nachweisbar sind. Dass zum Beispiel eine Spracherkennung Frauenstimmen schlechter versteht, weil es an einem Datensatz mit Audiodateien mit über 80 Prozent Männerredeanteil trainiert wurde, findet man oft zu spät raus.

Eine andere Stellschraube bei Machine-Learning-basierten Query-Regimes ist die Optimierungsfunktion. Der Facebook-Algorithmus, der uns die Aktivitäten unserer Freund*innen anzeigt, implementiert zum Beispiel eine Optimierungsfunktion, von der viele glauben, dass sie darauf zielt, möglichst viel Interaktion zwischen den Nutzer*innen zu generieren. Er lernt also, welche Art von Facebook-Posts viele Likes, Kommentare und Weiterverbreitungen erfahren, und macht dementsprechend ähnliche Posts sichtbarer. Daraus ergibt sich wiederum die Befürchtung, dass solche auf Engagement optimierten Algorithmen zu mehr gesellschaftlichen Konflikten führen – schließlich sind Konflikte grundsätzlich sehr interaktionsträchtig.

Das Query-Regime hat als algorithmische Vorselektion enormen Einfluss darauf, was Menschen sehen, welche Optionen ihnen präsentiert werden und damit, welche Verbindungen sie eingehen und welche nicht. Wenn Google seinen Ranking-Algorithmus verändert, können Millionen von Online-Shopbetreiber*innen nachts nicht schlafen. Anbieter*innen auf Amazon Marketplace beschweren sich, dass das Unternehmen sein Query-Regime ausnutzt, um seine eigenen Produkte zu bevorzugen.[20] Uber-Fahrer*innen versuchen, ihr Verhalten so anzupassen, dass die algorithmische Vorselektion ihnen möglichst lukrative Fahrten vermittelt.

Es gibt Diskussionen über implizite und explizite Bias in den Selektionskaskaden bestimmter Systeme. Jede Selektion diskriminiert per se gegen alle anderen Selektionsoptionen, doch welche Diskriminierung ist gesellschaftlich unerwünscht, welche sogar erwünscht? All das sind Fragen, die das Query-Regime aufwirft. Man kann das Query-Regime deswegen als eine dynamisierte Variante des Infrastrukturregimes verstehen. Seine Designentscheidungen sind allerdings weniger offensichtlich, langfristig wahrscheinlich mächtiger und spielen sich auf sehr viel abstrakteren Ebenen ab.

Derzeit läuft eine Debatte um »erklärbare KI«, also die Forderung, KI-Systeme so zu bauen, dass ihre Entscheidungen für Menschen nachvollziehbar sind.[21] Es gibt bereits einiges an Forschung dazu, und in vielen Fällen lassen sich Systeme tatsächlich entsprechend gestalten. Doch Plattformen haben oft ein ebenso geringes Interesse, ihr Query-Regime offenzulegen wie ihre Algorithmen zugänglich zu machen. Viele Systeme sind mit Absicht opak ausgelegt, oder zumindest wird ihre Undurchsichtigkeit nicht als Mangel angesehen, sondern als Feature.[22] Zu Transparenz kommt es daher nur durch Druck von außen.

Level-II-Kontrollregimes

Level-II-Regimes, also die Kontrolle auf der Ebene der konkreten Verbindungen, sind gewissermaßen ein Abbild der Level-I-Regimes und arbeiten mit denselben Mechanismen. Da ihre Zwecksetzungen, ihr jeweiliger Druckpunkt und ihre Ziele sich aber oft sehr von den Level-I-Regimes unterscheiden, verdienen sie eigene Namen und eigene Beschreibungen. Trotzdem kann vor allem der theoretische Hintergrund, den wir bei den Level-I-Regimes aufgefächert haben, 1:1 auf die Level-II-Regimes übertragen werden.

Das Interface-Regime

Während das Infrastrukturregime in der Fachsprache der Programmierer*innen oft als »Backend« bezeichnet wird, entspricht das Interface-Regime[23] dem »Frontend«. Das »vordere Ende« ist der Teil der Software, der Nutzer*innen direkt gegenübersteht und mit dem sie interagieren. Fast alles, was wir hier über die Theorie der Infrastruktur gesagt haben, ist auf das Interface ebenfalls anwendbar, doch verschieben sich die Perspektive und die Herangehensweise an einigen Stellen. Während die meisten Designentscheidungen des Systems typischerweise im Backend getroffen wurden (die Klassifikationssysteme, Datenstrukturen, Protokollspezifikationen etc.), wird im Interface-Regime bestimmt, was davon den Nutzer*innen wie präsentiert wird, wie Interaktion bewerkstelligt wird und wie Interaktionselemente wie Buttons oder Formulare angeordnet und Prozesse gestaltet werden etc.

In einem einflussreichen Paper haben Richard Thaler, Cass Sunstein und John Balz das Interface-Regime auf den Begriff der »Choice Architecture« (Entscheidungsarchitektur) gebracht.[24] Dahinter steckt die verhaltenspsychologische Erkenntnis, dass Menschen in den wenigsten Fällen rational, sondern meist intuitiv aus dem Bauch heraus entscheiden.[25] Das bedeutet auch, dass ihre Entscheidungen womöglich mehr durch die Umstände der Entscheidung beeinflusst werden als durch das Reflektieren der eigenen Präferenzen. Supermärkte sind deswegen so aufgebaut, dass Produkte, mit denen sich eine große Marge erzielen lässt, besonders sichtbar platziert werden – etwa auf Augenhöhe im Regal –, um so die Wahrscheinlichkeit zu erhöhen, dass sie gekauft werden. Mit anderen Worten: Entscheidungssituationen werden heute entworfen wie Gebäude oder andere Infrastrukturen.

Der Begriff »Entscheidungsarchitektur« geht aber noch weiter und zeigt, dass es kein Design gibt, das *keinen* Einfluss auf die Entscheidungen der Menschen hat. Jedes Supermarktregal und jedes Bedienoberfläche ist eine Entscheidungsarchitektur, ob die Designer sich dessen bewusst sind oder nicht. Seit die experimentelle

Psychologie und die Verhaltensökonomie diese Zusammenhänge genauer erforschen, stellen sich Erkenntnisse darüber ein, wie wirksam beispielsweise Standardeinstellungen sind, also die Vorauswahl bestimmter Optionen. Meistens belassen die Nutzer*innen diese nämlich so, wie sie sind, statt darüber nachzudenken, ob sie überhaupt dem eigenen Interesse dienen. Andere Methoden der Entscheidungsarchitekt*innen sind Anreizsysteme, das Ausnutzen oder Umschiffen von leicht zu machenden Fehlern, die Art, wie Feedback gestaltet wird, und vieles mehr. Die Autoren nennen diese Formen der unterschwelligen Benutzerführung auch »Nudging«, also Anstupsen.

In ihrem Paper beschreiben Thaler, Sunstein und Balz, wie diese Mechanismen vor allem im Sinne der Verbraucher*innen anzuwenden wären: indem man durch die prominentere Platzierung von Obst in der Kantine eine gesündere Ernährung fördert oder – das klassische Beispiel – die Einwilligung zur Organentnahme nach dem Tod zur Standardeinstellung wird, um die Spendenbereitschaft zu erhöhen, wie es der Bundestag beschlossen hat.[26] Wenig Raum widmen die Autoren allerdings der Tatsache, dass sich diese Mechanismen natürlich auch im Sinne der Entscheidungsarchitekt*innen selbst – und damit im Zweifel gegen die Interessen der Verbraucher*innen – verwenden lassen. Doch genau das passiert täglich.

Gerade Plattformen trifft dieser Vorwurf häufig. Der ehemalige Google-Mitarbeiter Tristan Harris wurde dadurch bekannt, dass er Plattformen dafür kritisierte, wie sie ihre Interfaces designen. Diese seien extrem auf Maximierung der Nutzer*innen-Interaktion optimiert und hätten das erklärte Ziel, süchtig zu machen.[27] Harris und seine Mitstreiter*innen des Center for Humane Technology rufen zu einer Design-Ethik auf, die grundlegende ethische Richtlinien für das Design von Interfaces verankern soll.

In seinem Bericht *Dark Patterns – Mechanismen (be)trügerischen Internetdesigns* hat Christoph Bogenstahl zusammengefasst, wie Nutzer*innen mittels einfacher Designmuster auf Websites dazu gebracht werden, gegen ihre eigenen Interessen zu handeln.[28] Mit solchen betrügerischen Designs lassen sich Preisvergleiche erschweren, Menschen dazu verleiten, sensible Daten zu hinterlassen und mit unbeabsichtigten Klicks Transaktionen auszulösen etc. Oft geht es dabei um windige Geschäftemacher im Internet, die ihre Shops teils mit betrügerischer Energie manipulativ gestalten. Doch es gibt auch größere Beispiele aus der Plattformwelt. Googles Praxis, Werbung in seinen Suchergebnissen anzuzeigen, hat sich über die Jahre zum Beispiel dahingehend verändert, die Kennzeichnung als Werbung immer undeutlicher zu machen.[29] Zu Anfang waren die Anzeigen noch farblich und räumlich deutlich von den Suchergebnissen abgehoben. Heute kann man Google-Ads nur noch anhand eines kleinen Zusatzes »Anzeige« am Anfang des Eintrags als solche identifizieren.

Wie bei allen Level-II-Regimes gilt, dass das Interface-Regime nur bei Diensteplattformen in der Hand des Plattformbesitzers selbst liegt. Insbesondere bei Protokoll- und Schnittstellenplattformen liegt es meist in den Clients bzw. in den jeweils installierten Programmen. E-Mail-Programme oder Browser haben Interfaces, die Zugriff auf Protokollplattformen bieten, und verfügen damit auch über einen Teil des Interface-Regimes dieser Plattformen. Da diese Programme austauschbar sind, ist die Macht, die ihnen in dieser Rolle zukommt, dennoch vergleichsweise gering.

Das Verbindungsregime

Das Verbindungsregime ist quasi die Gegenseite des Zugangsregimes. Regelt das Zugangsregime den Zugang der Nutzer*innen zur Plattform, so regelt das Verbindungsregime den Zugang der Benutzer*innen untereinander. Im April 2018 räumte Mark Zuckerberg beispielsweise in einem Interview ein, dass bestimmte Chats im Facebook Messenger zur Kontrolle gelesen werden und teils in sie eingegriffen wird. Konkret ging es um Fake News und Hetze, die in Myanmar (Burma) verbreitet wurde und eine Rolle bei der Verfolgung der muslimischen Minderheit der Rohingya gespielt hat.[30]

Dieser direkte Eingriff in eine gerade stattfindende Verbindung ist ein sehr drastisches Beispiel für den Einsatz des Verbindungsregimes. Es ist offensichtlich, dass eine solche Einflussnahme des Plattformbetreibers von den Nutzer*innen nur sehr ungern geduldet wird, auch wenn man die Stoßrichtung im konkreten Fall vielleicht nachvollziehen kann.

Nicht nur deswegen schrecken Plattformen im Regelfall vor solchen Eingriffen zurück, obwohl beinahe alle Diensteplattformen die Möglichkeit dazu besitzen. Ein Gegenbeispiel ist der Terrorakt von Christchurch in Neuseeland, bei dem 2019 51 Menschen in einer Moschee getötet wurden. Der Attentäter streamte seine Tat live auf Facebook, weswegen der Plattform vorgeworfen wurde, das zugelassen zu haben. Doch ein Eingriff wäre in so einem Fall nicht nur enorm invasiv, sondern auch sehr zeitkritisch. Da man die Verwendung des Livestreams nicht vorher abklären kann, muss die Entscheidung, den Stream abzubrechen, quasi in Echtzeit erfolgen. Das aber kann man nur gewährleisten, wenn jedem Stream einzelne Facebook-Moderator*innen zugeteilt werden, die ihn in Echtzeit im Blick behalten, was wahnsinnig aufwendig ist. Ein Eingriff über das Verbindungsregime ist für die Plattformen nicht nur unpopulär, sondern auch sehr teuer.

Schon aus diesem Grund wäre es falsch, das Verbindungsregime auf solche Eingriffe zu reduzieren. Darüber hinaus werden dieselben Mechanismen – ähnlich wie beim Query-Regime – in der Praxis zu einem Gutteil den Nutzer*innen selbst an die Hand gegeben. So können diese oft bestimmen, was genau Freunde und Fremde von ihnen zu sehen bekommen (Privacy-Einstellungen) oder wer sie unter welchen Bedingungen anschreiben darf (zum Beispiel durch Blocken). Zusammen mit dem Query-Regime kann das Verbindungsregime daher ein mächtiges Werkzeug für die Nutzer*innen sein, ihre Verbindungen selbstbestimmt zu gestalten. Ich habe dafür einmal den Begriff der »Filtersouveränität« vorgeschlagen.[31]

Die Kontrolle des Verbindungsregimes ist allerdings auch entscheidend für die Geschäftsmodelle fast aller Diensteplattformen.

Apple war mit iTunes vermutlich das erste Unternehmen, das diesen Zusammenhang erkannt hat. Die Abwicklung des Musikkaufs im iTunes-Store basiert auf Apples Kontrolle der Verbindungen. Der Zahlungsvorgang unterbricht im Grunde die Verbindung der Nutzer*innen zum gewünschten MP3 und erlaubt ihre Fortführung erst, nachdem die Transaktion abgeschlossen ist.

Da das Verbindungsregime aber nicht nur fähig ist, in Verbindungen einzugreifen oder sie zu unterbrechen, sondern auch die Möglichkeit bietet, Verbindungen zu erzwingen, spielt es ebenso eine zentrale Rolle für das Werbegeschäftsmodell, das viele Diensteplattformen betreiben. Um Werbung einzublenden, aber auch um Hausmitteilungen in die Posteingänge zu platzieren oder Veränderungen der AGBs abnicken zu lassen, muss eine Plattform in der Lage sein, seinen Nutzer*innen Verbindungen aufzuzwingen, die sie unter Umständen gar nicht wollen. In Kapitel 1 haben wir bei Twitter gesehen, wie es die Kontrolle über das Verbindungsregime teilweise verloren hatte und hart dafür kämpfen musste, um es für sein Werbegeschäftsmodell zurückzuerlangen.

Das Graphregime

Genau wie das Verbindungsregime eine Inversion des Zugangsregimes ist, ist das Graphregime eine Inversion des Query-Regimes. Wenn das Query-Regime die algorithmische Vorselektion von Verbindungen ist, dann ist das Graphregime die algorithmische Selektion *auf die konkreten Verbindungen*. Graphen sind aggregierte Verbindungen – also das, was man für gewöhnlich auch Netzwerke nennt. Doch Graphen sind nicht die Netzwerke selbst, sondern ihre Repräsentation. Verkürzt könnte man sagen: Ein Graph verhält sich zum Netzwerk wie die Karte zum Territorium. Netzwerke lassen sich als Graphen kartographieren, analysieren und mit Selektionskaskaden befragen.

Daten über die Verbindungen, die auf Plattformen stattfinden, werden häufig auch Metadaten genannt, also Daten über Daten. Sie geben Auskunft darüber, mit wem ich gechattet, für welches Produkt ich mich interessiert, welche Suche ich bei Google getätigt, welche Fahrt bei Uber ich gebucht habe, etc. Das Graphregime wäre also zunächst das Query-Regime auf diesen Metadaten.

Während das Query-Regime auf Level I zu einem Großteil für die Nutzer*innen arbeitet und ihnen News, Fahrten oder Tinder-Dates vorselektiert, adressieren die Selektionskaskaden des Graphregimes die Nutzer*innen und ihre Verbindungen oft im Auftrag von Werbekund*innen. Das Graphregime dient zum Beispiel Diensteplattformen dazu, Werbung an die Nutzer*innen auszusteuern (auch Behavioral Targeting genannt), Produkte individuell anzupassen (Personalisierung) oder personalisierte Produktvorschläge zu machen. Targeting – also das möglichst detaillierte Eingrenzen der Gruppe von Nutzer*innen, die ein Werbekunde mit seiner Botschaft erreichen will – ist nichts weiter als die Konstruktion einer Selektionskaskade auf die Verbindungen der Nutzer*innen. »Gib mir alle männlichen Nutzer unter 25 aus der Region Hamburg, Radius 10 Kilometer, die mindestens zwei von den folgenden zehn Computerspiel-Fanseiten auf Facebook geliked haben« könnte eine solche Selektionskaskade etwa lauten, woraufhin genau dieser Gruppe die Werbung über das Verbindungsregime aufgezwungen würde.

Rückblickend ist es erstaunlich, wie spät die Sozialwissenschaft angefangen hat, sich für Netzwerke und ihre Vermessung zu interessieren. Es ist der Psychologe Jacob Moreno, der 1932 im Auftrag einer Mädchenschule in Hudson / New York das erste »soziale Netzwerk« aufzeichnet.[32] Aus der Schule sind innerhalb kurzer Zeit 13 Mädchen ausgebüxt, und die Schulleitung will herausfinden, wieso. Statt die Mädchen nach ihren Motiven zu fragen, fragt Moreno sie jeweils nach ihren Freundschaften zu den anderen Mädchen und zeichnet ein Diagramm ihres Beziehungsnetzwerks. Dieser von ihm »Soziogramm« genannte Netzwerkgraph gibt Hinweise darauf, wer wen zum Ausbrechen angestiftet hat.

In den Sozialwissenschaften werden Morenos Methoden interessiert von Harold Levitt wahrgenommen. 1950 ist er Doktorand beim

Group Networks Laboratory am Massachusetts Institute of Technology (MIT) und führt Experimente durch, die den Netzwerkcharakter von Kooperationen untersuchen sollen. So setzt er Studierende als Probanden an Tische, die durch Sichtschutze unterteilt sind, und lässt sie gemeinsam Aufgaben lösen. Die Teilnehmer*innen können sich also nicht sehen, und ihre Kommunikation ist auf den Austausch kleiner Zettel beschränkt, die sie sich durch Schlitze im Sichtschutz zustecken können. Auf diese Weise lässt sich für die Forscher genau nachvollziehen, wer mit wem kommuniziert und welche Strukturen sich daraus ergeben. Die Ergebnisse halten sie in Diagrammen fest. Es ist im Grunde das erste Graphregime. Eine Erkenntnis aus dem Experiment lautet, dass sich die »Zentralität« der sich ergebenden Kooperationsstruktur auf den Erfolg wie auf das Empfinden der Kooperation der Teilnehmer*innen auswirkt. Zentralität meint hier vor allem den Grad an Hierarchie: Wie viele Verbindungen gingen nur über einen oder sehr wenige Netzwerkknoten? Hierarchische Strukturen haben sich als schneller und erfolgreicher im Lösen der Aufgaben herausgestellt.

In der zweiten Hälfte des 20. Jahrhunderts beginnt die Netzwerkforschung zu blühen. Stanley Milgram zeigt 1967 in seinem »Small World Experiment«, dass das Beziehungsnetzwerk der Menschen so eng geknüpft ist, dass es nur wenige Sprünge von einem Knoten zu einem beliebigen anderen braucht. Zu diesem Zweck hat Milgram Hunderte von Briefen an zufällig ausgewählte Personen verschickt. In den Briefen befand sich eine Erklärung des Experiments sowie die Zieladresse einer weiteren Person. Die Versuchspersonen sollten den Brief an den Adressaten weitersenden, sofern sie ihn kannten. In dem wahrscheinlicheren Fall, dass sie ihn nicht kannten, sollten sie den Brief an eine Person schicken, von der sie am ehesten glaubten, dass sie den Adressaten kannte. Zudem waren die Versuchspersonen angehalten, sich in eine Liste einzutragen, die dem Brief ebenfalls beigefügt war.

Die Liste wurde dabei zu einer Art Routingtabelle, die darüber Aufschluss gab, über wie viele Sprünge der Brief schließlich zum

Empfänger gelangte.[33] Natürlich erreichten die allermeisten Briefe den Adressaten nie. Aber die wenigen, die es taten, erreichten ihn durchschnittlich in fünfeinhalb Sprüngen. Seitdem spricht man vom »Small-World-Phänomen« oder auch von den »Six Degrees of Separation«, also der Annahme, dass alle Menschen auf der Welt über nur sechs Sprünge miteinander bekannt sind.[34]

In den 1970er Jahren interviewt der Soziologe Mark Granovetter einige Dutzend Personen und befragt sie unter anderem danach, wie sie an ihren Job gekommen sind. Damals wie heute spielen persönliche Beziehungen in vielen Lebensbereichen eine große Rolle, insbesondere bei der Jobsuche. Doch Granovetters Ergebnisse verblüffen und machen sein Paper *The Strength of Weak Ties* zu einem der einflussreichsten in der Geschichte der Netzwerkforschung.[35] Er kann nämlich zeigen, dass es in den allermeisten Fällen eben nicht das direkte soziale Umfeld ist – Familie und enge Freunde –, das bei der Vermittlung des eigenen Jobs die entscheidende Rolle spielt, sondern es sind die sogenannten »weak ties«, also die schwachen Verbindungen: Bekannte, Freunde von Freunden, alte Studienkollegen und deren Cousinen. Sie sind viel relevanter, wenn es darum geht, einen Job zu finden.

Granovetter erklärt seinen überraschenden Befund unter anderem damit, dass sich das nahe soziale Umfeld zu stark überlappt und sich deswegen der dort ergebende Informationsfluss schnell erschöpft. Es braucht immer wieder die »weak ties«, um an neue Informationen zu kommen. In sozialen Netzwerken sind Informationen also dezentral verstreut. An sie zu kommen, ist aufwendig, und die Chance, auf sie zu stoßen, ist im erweiterten Netzwerk größer als im nahen.

Einer der Gründe für den Erfolg der Dienstplattform ist, dass sie das dezentrale Wissen, das in den Netzwerken steckt, zentralisiert und ihren Nutzer*innen einfacher zur Verfügung stellt. Sie versammelt es in ihrem Suchraum und macht es ihrem Query-Regime verfügbar. Wir haben das bei Napster gesehen, wo das Wissen über die Musik auf Millionen von Rechnern akkumuliert und zentralisiert wurde. Jobbezogene soziale Netzwerke wie LinkedIn und Xing berufen sich sogar explizit auf Granovetters Erkenntnisse.[36]

Bei den Diensteplattformen geht es aber nicht einfach (nur) um Netzwerke zwischen Menschen, sondern auch um Netzwerke von Menschen und Produkten, Netzwerke von Fahrer*innen und Strecken, von Interessen und Präferenzen. Es geht darum, welche Nutzerin welche Musikdateien auf dem Rechner hat und wer sich dafür interessiert. All diese Dinge lassen sich in Graphen abbilden, und sie bilden sich ab, sobald auf einer Plattform konkrete Verbindungen hergestellt werden, durch Kauf, Miete, Chat, Abruf oder Suche.

Das Graphregime wäre also das Wissen und die Kontrolle der befragbaren Repräsentation aller aktuellen Verbindungszusammenhänge einer Plattform. In der Hauptsache verfügen nur Diensteplattformen über diese Art von Graphregime, auch wenn es grundsätzlich möglich und teilweise auch Praxis ist, die Verbindungsdaten anderer Plattformarten zu tracken und zu verwenden, wie wir noch zeigen werden.[37]

5 Strategien der Graphnahme

»Viele der erwähnten Strategien (auf CDs verweisen, Empfehlungsalgorithmen etc.) werden uns in eine viel bessere Verhandlungsposition gegenüber der RIAA [dem amerikanischen Musikindustriever-
band] bringen, wenn sie sehen, dass wir nicht nur illegal kopierte
Musik bereitstellen, sondern auch die Nachfrage anheizen.«[1] Dieser
Auszug aus einer E-Mail von Sean Parker bringt die Verteidigung
Napsters vor Gericht zum Einsturz. Parker, neben Shawn Fanning
einer der beiden Gründer des Unternehmens und dessen strategischer Kopf, gibt hier freimütig zu, dass Napster in erster Linie zum
Bereitstellen illegal kopierter Musik genutzt wird. Damit beweist das
Dokument: Die Leitungsebene weiß von den Urheberrechtsverstö-
ßen und duldet sie.

Es beweist aber auch etwas anderes: Sean Parker war sich über
Napsters Graphregime der Musiknutzung – also das Wissen darüber,
wer sich für welche Musik interessiert, über sie verfügt und mit wem
er/sie sie teilt – im Klaren, und er wusste auch, dass dies eines der
Pfunde wäre, mit denen sein Unternehmen in den Verhandlungen
mit der Musikindustrie wuchern kann. Denn mit dem Graphregime
hat Napster etwas, über das die Musikindustrie nur rudimentär verfügt. Es hat das Wissen und die Kontrolle über die Verbindungen
zwischen Musik und Menschen.

Man kann Parker auch als den Machiavelli der neuen Zeit und
der damals jungen, aber raumgreifenden Plattformordnung verstehen. Wie kaum jemand sonst hat er früh die Mechanismen der neuen
Macht verstanden und ist in der Lage, sie anzuwenden. Und genau

wie dem echten Niccolò Machiavelli nützt ihm dieses Wissen selbst am wenigsten, sondern bringt ihm im Gegenteil nur Schwierigkeiten. Seine E-Mails werden von der Anklage wieder und wieder genüsslich vorgelesen, und so kann es sich Napster bald nicht mehr leisten, mit Sean Parker assoziiert zu werden. Im August 2000 muss er das Unternehmen verlassen. Doch es wird nicht seine letzte Station in diesem neuen Spiel gewesen sein, und sein Verständnis von Plattformmacht wird für viele Schlüsselunternehmen eine wichtige Rolle spielen.

In diesem Kapitel soll es darum gehen, wie die Macht der Plattformen in der Praxis operationalisiert wird. Hier laufen alle Stränge zusammen. Hier setzen die Netzwerkmacht und ihre Hegemonie (Kapitel 3) die Kontrollregimes (Kapitel 4) in Plattformkriegen (Kapitel 1) ein, um feindliche, vertikale Iterationen (Kapitel 2) zu erzwingen. Wir erleben die Mechanismen der Plattformmacht in Aktion. Zu diesem Zweck schauen wir uns die strategischen Optionen an, die Plattformen zur Verfügung stehen, und analysieren sie anhand von historischen Beispielen. Alles kulminiert dabei im Begriff der *Graphnahme* als dem ursprünglichen Akt der Begründung von Plattformmacht.

Plattformmacht

Parker hat intuitiv verstanden, dass Napster über Plattformmacht verfügt, und er hat sogleich Konzepte ausgearbeitet, um sie strategisch einzusetzen. Plattformmacht ist grob gesagt Netzwerkmacht plus Kontrollregimes. Sowohl Netzwerkmacht als auch Kontrollregimes sind jedoch Faktoren, von denen wir wissen, dass ihr Auftreten in der Wirklichkeit komplex ausgestaltet sein kann. Netzwerkmacht steigt exponentiell statt linear, ist selbstverstärkend, kann sichtbar, unumgänglich und universell sein, sie kann positiv oder negativ, lokal oder global, direkt oder indirekt wirken, und ihre Gravitation verbindet Dinge wie Menschen zu einer zerklüfteten Landschaft. Die Kontrollregimes wiederum, sechs an der Zahl, stellen auf

Level I und II sehr unterschiedliche Hebel der Kontrolle bereit, mit unterschiedlichen Herangehensweisen und in der Realität mit sehr unterschiedlichen Erfolgen.

Plattformmacht ist somit ein zweidimensionales Koordinatensystem aus zwei komplexen Variablen. Diese beiden Größen stehen zudem in einem Spannungsverhältnis zueinander und werden zu komplementären Werkzeugen im Ringen der Plattformen um die Macht. Dabei wird die Netzwerkmacht ab einem bestimmten Punkt hegemonial, und die Kontrolle strebt zur Souveränität.

Infrastrukturhegemonie

Als das Internet sich Anfang der 1980er Jahre von Universität zu Universität auszubreiten beginnt, bestimmt immer noch die Erzählung vom Netz der Netze den Diskurs. TCP/IP, so heißt es, sei nicht gekommen, um vorhandene Vernetzungsprojekte zu ersetzen, sondern um sie miteinander zu verbinden und so ihren Nutzen noch zu steigern (siehe Kapitel 2). Als Netz zwischen Netzen soll das Internet lediglich die Übersetzungsleistungen vollbringen, um heterogene Standards interoperabel zu machen, die Netze aber ansonsten unangetastet lassen.

Doch es geschieht anders. Damit die Netze per IP-Adresse über das Internet ansprechbar sind, müssen alle Betreiber*innen das Internet Protocol (IP) implementieren. Dadurch werden die meisten vorherrschenden Protokolle zunehmend obsolet. Es ergibt einfach immer weniger Sinn, parallele Netze zu betreiben, wenn am Ende sowieso IP gesprochen werden muss. Je mehr Computer an das Internet angeschlossen werden, desto größer wird der Druck, alle Netze auf das Internet umzuschalten. Spätestens als am 1. Januar 1983 das gesamte ARPANET auf TCP/IP umgestellt wird, hat sich das Internet als netzwerkmächtigster Standard etabliert und die meisten seiner Konkurrenten verdrängt.[2]

Im Grunde finden wir eine ähnliche Situation vor wie nach der Etablierung der Nationalsprachen durch die Druckerpresse in der

Frühen Neuzeit. Hatten sich die Nationalsprachen zunächst als separate Ebene etabliert (siehe Kapitel 2), die in Sachen Umweltbedingungen und Nutzungsszenarien kaum Berührungspunkte mit den regionalen Dialekten hatten und folglich neben ihnen existierten, änderte sich das spätestens mit der Alphabetisierung. Da die Einführung der allgemeinen Schulpflicht in immer mehr Regionen die Kulturtechnik des Lesens und Schreibens in breiteren Bevölkerungsschichten etabliert, verlieren die regionalen Dialekte immer mehr an Bedeutung. Wozu zwei unterschiedliche Sprachen parallel lernen und anwenden, wenn man auch alles mit einer Sprache erledigen kann?

Ab dem Punkt, an dem eine Plattform anfängt, eine andere zu verdrängen – bei Grewal ist das etwa ab dem Stadium der Unumgänglichkeit der Fall –, können wir ihr Infrastrukturhegemonie zusprechen. Hegemonie haben wir bereits in Kapitel 3 als Konzept bei Gramsci kennengelernt und auf die Netzwerkmacht angewendet. Netzwerkmacht ist immer (zumindest latent) hegemonial, weil sie sich als dezentrale Aggregation von Einzelentscheidungen manifestiert, die auf Dauer vor allem den populärsten Standard reproduzieren. Ähnlich wie bei Gramsci die Reproduktion der vorherrschenden kulturellen Hegemonie nicht zentral und von oben herab gelenkt wird, haben sich auch das Internet und die Nationalsprachen als Standard gegen geringer genutzte Standards von ganz allein durchgesetzt.

Es ist dabei kein Zufall, dass wir bei Plattformarten, die über wenige Kontrollregimes verfügen, also vor allem bei Protokoll- und Schnittstellenplattformen, oft eine Hegemonie des Infrastrukturregimes erleben. Gerade ihre Dezentralität und der Mangel an Kontrollmöglichkeit lassen den zwanglosen Zwang des populäreren Standards seine Wirkung entfalten. Natürlich können auch Diensteplattformen hegemonial werden, doch selbst Facebook erreicht nicht die Hegemonialität des Internets oder des WWW.

Die Macht einer hegemonialen Infrastruktur liegt zunächst darin, einen Standard vorgegeben zu haben, den sich andere gezwungen sehen zu adaptieren. Diese spezifische Form der Plattformmacht könnte man auch die »Macht der Pfadentscheidung« nennen. Wir belassen es aber bei »Infrastrukturhegemonie«.

Plattformsouveränität

Das Ende von Napster war nicht das Ende des Filesharings, sondern sein Anfang. Nunmehr übernahm Gnutella die Zentralstellung und erweiterte das zu tauschende Sortiment um allerlei andere Formate wie Filme und Software. Mit Kazaa trat ein weiteres Netzwerk in Napsters Fußstapfen. Bis heute am erfolgreichsten ist BitTorrent. Alle diese Netzwerke, aber vor allem BitTorrent, zeichnen sich dadurch aus, dass sie immer weniger Kontrolle über die Verbindungen ausüben können. BitTorrent ist als Protokollplattform ein ausgefeiltes System, mit dem man sehr effektiv Datentransfers über ein dezentrales Netz von vielen Computern organisieren kann. Dabei hat keiner der beteiligten Computer die Verantwortung, und es gibt keinen Dienst, der alles kontrolliert und den man aus dem Verkehr ziehen könnte.

Gerade um die Frage der Kontrolle ging es beim Rechtsstreit um Napster. Das Unternehmen versuchte den Anschein zu erwecken, es habe keine Kontrolle. Richterin Patel konnte jedoch schlüssig darlegen, dass Napster durchaus einige Kontrollregimes zur Verfügung stehen, um in die Verbindungen einzugreifen, und Parkers Notiz bestätigt, dass Napster intern mit dieser Kontrolle sogar plante. An diesem Widerspruch musste das juristische Fundament des Unternehmens zerbrechen. Kontrolle über die Verbindungen und den Graphen zu haben, ist also Macht, aber diese Macht ist auch eine Bürde.

In seinem Buch *The Stack – On Software and Sovereignty* geht Benjamin Bratton der Frage nach, was Souveränität in Zeiten der Digitalisierung bedeutet. Dabei versucht er, die globale digitale Infrastruktur geopolitisch zu deuten. Sein Souveränitätskonzept leiht er sich bei dem deutschen Staatstheoretiker Carl Schmitt, der Anfang der 1950er Jahre in seinem Buch *Der Nomos der Erde* das Völkerrecht konzeptionalisiert hat. Schmitt – ein rechtskonservativer Jurist mit Nazivergangenheit – führt alles Recht – also die Jurisdiktion nach innen genauso wie das Völkerrecht nach außen – auf das Ereignis der Landnahme zurück. Erst mit der Eroberung und Besetzung eines Territoriums, so Schmitt, könne überhaupt eine Ordnung errichtet werden. Erst dann könne es Eigentum, Recht und Gesetze geben. »Mit der Landnahme entsteht das erste Maß, das alle Maße in sich behält.«[3] Die Landnahme sei deswegen ein »rechtsbegründender Ur-Akt«, der eine Art »Obereigentum« schaffe, aus dem sich alle anderen Eigentumstitel ableiten.

Der »Nomos der Erde« ist daher Schmitt zufolge die »Einheit von Ortung und Ordnung«.[4] Diese Ordnung sei allerdings in der Neuzeit durch die aufstrebenden Seefahrernationen und ihre »Seenahmen« empfindlich aufgebrochen worden: Hoheitsgebiete bestanden auf einmal nicht mehr nur in beherrschten Territorien, sondern sie wurden darüber hinaus durch abstrakte Linien auf Karten markiert. Diese Ordnung wiederum wurde in den zwei Weltkriegen durch das Flugzeug erschüttert und weiter abstrahiert zu Hemisphären, die keine reine Herrschaft mehr markieren, aber dafür Einflussbereiche. Die Bewegung weg vom materiellen Boden hin zur Abstraktion geht weiter bis in unsere Welt der multilateralen Abkommen, internationalen Verträge und Institutionen, die die Bedingungen ihrer eigenen Möglichkeit (nach Schmitt) längst vergessen hätten.

Wenn Benjamin Bratton also nach dem »Nomos der Cloud« fragt,[5] dann geht es ihm darum, welches Äquivalent der Land-, See- und Luftnahme es im Digitalen gibt und wie das die geopolitische Raumordnung der Welt tangiert. Die Cloud als Konzept in der IT verweist dabei einerseits auf das Speichern und Prozessieren von Daten auf Computern, die *irgendwo im Internet* stehen, wobei sich andererseits genau dieser Mangel an Adressierbarkeit in der Wolkigkeit dieses Begriffes ausdrückt. Nichts hebt die Einheit von Ortung und Ordnung eindeutiger auf als die prinzipielle Unadressierbarkeit der Daten in der Cloud, die über das grenzüberschreitende Internet immer und überall abrufbar und verarbeitbar bleiben. Im digitalen

Raum werden Grenzen, Territorien und Hegemonien algorithmisch überschreit- und anpassbar.

Wenn sich der Nomos der Erde spätestens seit dem Kolonialismus über das Markieren von Linien auf der Landkarte definierte, so folgert Bratton, dann ist die Besonderheit des Nomos der Cloud die Reversibilität der Linienziehung. »Souverän ist, wer über den Ausnahmezustand entscheidet«, wie Schmitt in seinem Buch *Politische Theologie* schreibt, ist dabei ein weiterer Leitsatz, aus dem Bratton seinen digitalen Souveränitätsbegriff entwickelt. Ebenso wie die Ordnung aus einem außerrechtlichen Akt heraus entsteht (der Landnahme), kann Souveränität sich nur im außerrechtlichen Rahmen beweisen: dem Ausnahmezustand. Die Ausnahme zu bestimmen und sich dabei über das Gesetz hinwegzusetzen, findet Bratton im Digitalen in der Fähigkeit verwirklicht, die digitalen Linien und ihre Bedeutung jederzeit verschieben zu können.

Diese dynamische Rekonfiguration der Linien und der Bestimmung dessen, was sie ein- oder ausschließen, macht für Bratton das aus, was er »Plattformsouveränität« nennt. »Wir werden sehen, dass Plattformsouveränität in Territorien operiert, die aus überschneidenden Linien bestehen, einige physisch, andere virtuell, und die Entscheidung über die Ausnahme ist für diese Territorien nicht weniger entscheidend.«[6]

Napster hat die Macht, Linien zu ziehen, Linien zu unterbinden, Grenzwerte zu bestimmen, Kategorien festzulegen, Heuristiken zu programmieren, Unterkategorien festzulegen, die Suche zu filtern, das Interface anzupassen, Regeln aufzustellen, sich nicht an die Regeln zu halten, und immer wieder neu festzulegen: Was ist innen und was ist außen? Wer darf was und wie viel und wie lange?

Plattformsouveränität ist die Fähigkeit einer Plattform, ihre Vorselektion potentieller Verbindungen jederzeit zu verändern und auf diese Weise Erwartungen zu verletzen. Das reicht von der Einführung, Anpassung oder Abschaltung von Schnittstellen über den Ein- und Ausschluss von Nutzer*innen oder der Beschränkung ihrer Interaktionsmöglichkeiten. Auf jeder Ebene der Kontrollregimes kann es spezifische Ausprägungen der Plattformsouveränität geben: Die PC-Plattform in den Händen von IBM war souverän, bis ihr Infrastrukturregime in die Hände der Konkurrenz fiel. Apple demonstriert regelmäßig seine Souveränität über seine Plattformen, indem es einfach aufhört, etablierte Standards wie das DVD-Laufwerk, Adobe Flash oder den Klinkenstecker für Kopfhörer zu implementieren. Facebook und Twitter fallen dadurch auf, dass sie die Regeln ihres Zugangsregimes für Einschluss und Ausschluss andauernd ändern. Facebook und Google bringen mit ihrer Souveränität über das Query-Regime ständig Websitebetreiber*innen an den Rand der Verzweiflung, denn jede Änderung des Algorithmus kann sie Millionen Nutzer*innen kosten. Napster ist, wie fast alle Diensteplattformen, plattformsouverän auf all seinen Regimes.

Die Graphnahme

Schauen wir nochmal auf die strategischen Überlegungen des Sean Parker. Ein Empfehlungsalgorithmus, wie er ihn vorgeschlagen hat, basiert auf den aggregierten Musikgeschmäckern der Napster-Nutzer*innen. An einer anderen Stelle schreibt er, dass die Plattform »bis zu vier oder fünf Millionen simultane Benutzer*innen mit Millionen Songs« gehabt habe. Da kann man eine Menge über Musikgeschmäcker und Trends erfahren. Es sind die Verbindungen zwischen Menschen und MP3s, zwischen Menschen und Menschen sowie Menschen und ihren Wünschen nach MP3s, um die es hier geht. Parker erkennt, dass in diesen Verbindungen ein Schatz liegt, und der Empfehlungsalgorithmus ist sein Plan, ihn zu heben und der Musikindustrie vor die Nase zu halten: Napster war im Besitz des Musikgraphen.

»Es gibt keine Geographie ohne Topologie und [...] keinen Nomos ohne Topos: keine stabile geopolitische Ordnung ohne eine darunterliegende Architektur räumlicher Unterteilung«,[7] schreibt Bratton an einer Stelle. Dieser Topos, diese unterliegende Architektur, ist im Falle der Plattformen der Graph selbst.

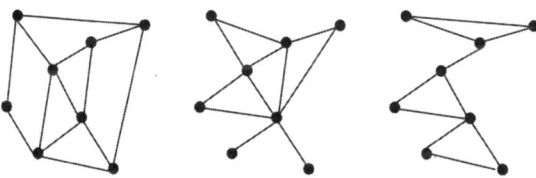

Abb. 5: Netzwerktopologien: v. l. n. r. zufälliges, skalenfreies und Small-World-Netzwerk

Graphen sind topologisch beschreibbar. Topologie ist die Beschreibung der Anordnung der Dinge zueinander. Naiverweise könnte man sich die Topologie eines Netzwerks als Knoten mit gleichmäßig verbundenen Linien vorstellen. Doch in der Wirklichkeit haben Netzwerke immer eine sehr dezidierte Struktur. Eine der häufigsten Netzwerktopologien ist das *skalenfreie Netzwerk*. Die »Knoten-zu-Kanten-(Verbindungen-)Ratio« entspricht dabei der Power-Law-Verteilung. Grob gesagt haben 20 Prozent der Knoten 80 Prozent der Verbindungen und umgekehrt. Das Internet, das WWW und viele andere freie Interaktionszusammenhänge entsprechen dieser Variante. Eine andere häufig vorkommende Topologie ist das *Caveman* oder auch *Small-World*-Netzwerk. Dabei gibt es viele engmaschig vernetzte Cluster, die selbst nur sporadisch vernetzt sind. Dieses Netzwerk findet sich beispielsweise bei sozialen Graphen, also den Beziehungsnetzwerken zwischen den Menschen. In menschlichen Netzwerken gibt es Verdichtungen sowie weiträumige Flächen, in denen wenig Vernetzung geschieht. Es gibt teils völlig unverbundene oder nur sehr wenig verbundene Bereiche, es gibt Nähen und Fernen. All das hat strategische Auswirkungen. Graph ist nicht gleich Graph.

So wie die Landnahme die Ordnung eines Staates auf einem Territorium begründet, begründet die Einnahme eines Graphen die Ordnung einer Plattform. Der Medienwissenschaftler Christoph Engemann hat die Macht, einen Graphen zu kontrollieren, deswegen auf den Akt der »Graphnahme« zurückgeführt.[8] Engemann hält die Graphnahme für eine übersehene, aber nichtsdestoweniger entscheidende machtpolitische Komponente zeitgenössischer Geopolitik.

Seit Edward Snowden wissen wir, dass vor den Plattformen bereits die Geheimdienste, insbesondere die NSA, an einem Weltgraphen gearbeitet haben – also an der Idee, alle stattfindenden Verbindungen der Welt zu kartographieren. Auch das US-Militär arbeitete bereits seit dem letzten Irakkrieg mit sozialen Graphen, um Verbindungspersonen zu Terrorzellen zu identifizieren, Kommandostrukturen feindlicher Kämpfer zu analysieren und in diese Verbindungen durch diverse taktische Manöver einzugreifen – eine Praxis, die auch »graph shaping« genannt wird.

Graphen sind ebenjene unterliegende Architektur, die eine Plattform nicht selbst herstellen kann. Eine Plattform kann die Voraussetzungen schaffen, um die Verbindungen zu ermöglichen – als erwartete Selektion potentieller Verbindungen. Aber der Graph einer Plattform ist nur zu etwas nütze, wenn er in den konkreten Verbindungen mit einer Realität außerhalb der Plattform korreliert: echte Musikleidenschaften, bedeutende Freundschaften, bedeutende Bedürfnisse, bedeutende Interessen, bedeutende Orte, Wege oder Leidenschaften.

Und hier ergibt sich eine weitere Parallele zwischen Graph und Raum. Durch die ungleiche Verteilung der Verbindungen, etwa bei skalenfreien oder Small-World-Netzwerken, kommen vor allem die lokalen Netzwerkeffekte zum Tragen. Ein Cluster oder ein Hub sind immer auch Amplituden lokaler Netzwerkmacht. Stellt man sich die Netzwerkmacht als Höhen vor, bzw. deren Abwesenheit als Tiefen, dann wird aus der Topologie eine Topographie. Der Graph bildet dann durch das Zusammenspiel von lokalen und negativen Netzwerkeffekten widerständige, zerklüftete Landschaften ab, mit Bergen, Tälern, Schluchten, schwer überwindbaren Flüssen und Küsten. Wie die Strategien der Landnahme müssen sich auch Strategien der Graphnahme an solchen Gegebenheiten orientieren. Im Musikgraph können Hip-Hop-Fans und ihre Musik zum Beispiel so einen Cluster/ Hügel bilden, der neben anderen Hügeln wie Metal oder Klassik existiert und nur wenig Überschneidungen aufweist. Einen solchen Hügel zu erobern ist schwer, ihn zu halten einfach. Er ist zudem eine gute Ausgangsbasis, um von dort weitere Eroberungen vorzunehmen. Unverbundene Teile des Netzwerks bilden dagegen so was wie eine natürliche Grenze, die die Wahrscheinlichkeit eines Angriffs minimiert und ein Territorium leichter abgrenzbar macht.[9] Alle Hügel und Täler zusammen bilden dann den jeweiligen globalen Graphen eines Interaktionszusammenhangs.

Statt einer Brücke, einer Stadt oder eines Territoriums hat Napster eben den Musikgraphen eingenommen. Die Verbindungen von Menschen und Musik – ihre Geschmäcker, ihre reale Platten- und CD-Sammlung, ihre Hingabe und Enthusiasmus für Hip-Hop, Klassik, Rock 'n' Roll und Alice Cooper – all das existierte bereits vor und unabhängig von Napster. Aber seit es Napster gibt, findet ein Gutteil dieser Verbindungen auf und durch Napster statt. Zuvor wurde dieser Musikgraph in Teilen von den Musikverlagen und ihren Distributionsnetzwerken beherrscht, allerdings dezentral und fragmentiert, unvollständig und ohne die Möglichkeit, in die Verbindungen einzugreifen.

Napster hat um das Jahr 2000 herum diesen Graphen eingenommen, indem es einen Großteil der Verbindungen in seiner Datenbank versammelt hat, sie über komplexe Selektionskaskaden abfragbar – und gleichzeitig unterbrechbar, kontrollierbar – gemacht hat. Er bildet die erwartete Vorselektion potentieller Verbindungen, die die Attraktivität von Napster ausmachen. Doch seitdem haben sich die Verbindungen vervielfältigt, gerade auch durch Napster und die viel leichtere Möglichkeit, neue Verbindungen zu knüpfen. Die Graphnahme markiert also immer nur den Beginn der Plattformsouveränität als initialer Akt. Danach wird der Graph zum Garten, wo die Verbindungen wachsen und gedeihen.

Horizontale Strategien

Sean Parker, der Napsters Niedergang aus der Ferne beobachten musste, wohnt ab 2003 in einem WG-Zimmer im Studentenheim bei Stanford. Es war nicht seine beste Zeit, doch immer noch war er auf der Suche nach dem nächsten zu erobernden Graphen. Eines Morgens im Jahr 2004 beobachtet er, wie sich die Freundin seines Mitbewohners auf einer Website einloggt. Ein Service für Studierende, der gerade von Harvard nach Stanford geschwappt und in kurzer Zeit unglaublich populär geworden ist. Parker ist sofort fasziniert von diesem »thefacebook«, wie Facebook damals noch hieß.

Er schreibt dem jungen Programmierer, Mark Zuckerberg, eine begeisterte E-Mail. Ein Treffen in New York und thefacebooks Umzug ins Silicon Valley später hilft Sean Parker dabei, aus dem Service eine Firma zu machen, und er wird deren erster und einziger Präsident. Wichtiger noch: Er ist nun Zuckerbergs wichtigster Berater und der strategische Kopf der Unternehmung.

Mark Zuckerberg ist, wie Sean Parker, ein machtbewusster und strategisch denkender Mensch. Seine großen Vorbilder sind der römische Kaiser Augustus und der makedonische König Alexander der Große. Als Jugendlicher ist er besessen gewesen von dem Computerspiel Civilization, wo es um den simulierten Aufbau eigener und die Eroberung anderer Zivilisationen geht.[10] Gleichzeitig interessiert sich Zuckerberg schon früh – lange vor Facebook – für mathematische Graphentheorie. Er ist es auch, der den Begriff »sozialer Graph« für das Verknüpfungsgefüge einführen wird, das sich auf Facebook abbildet.[11] Parker und Zuckerberg verstehen sich auf Anhieb.

In der Anfangszeit von Facebook ruft Zuckerberg seinen Angestellten zum Abschluss der wöchentlichen Mitarbeiterversammlung »Domination!« zu, als eine Art halbironische firmeneigene Losung. Es ist Sean Parker, der Zuckerberg davon abrät.[12] Parker hat keine guten Erfahrungen damit gemacht, Machtstreben offen zu artikulieren. Von Parker – und später auch von Peter Thiel – sollte Mark Zuckerberg einiges über die Strategien der Graphnahme lernen, auch wenn keiner von ihnen diesen Begriff benutzt. Das entsprechende Wissen lässt sich allerdings aus den Handlungen Zuckerbergs, den Erfahrungen von Sean Parker und den Schriften Peter Thiels extrahieren.

Mit den beiden Komponenten der Plattformmacht – Infrastrukturhegemonie und Plattformsouveränität – ergeben sich auch zwei grundlegende strategische Herangehensweisen bei der Graphnahme. Die vertikalen Strategien versuchen Souveränität über einen Graphen zu erlangen, indem sie die Plattform über ihn positionieren oder versuchen, ihn von oben zu integrieren. Die horizontalen Strategien, die wir zunächst besprechen, versuchen dagegen, eine vorhandene Souveränität hegemonial auszuweiten, oft gegen den Graphen einer anderen Plattform.

Graphmonopole

Sean Parker ist es, der Mark Zuckerberg 2004 mit einer Runde einflussreicher Investoren zusammenbringt, darunter Peter Thiel. Thiel gilt heute als das düstere Genie im Silicon Valley, man sagt ihm nach, Anhänger oder zumindest Sympathisant der neoreaktionären Bewegung zu sein, einer randständigen, aber intellektuell einflussreichen Gruppe von Publizisten, die auch zum ideologischen Umfeld der Alt-Right gezählt wird. Außerdem unterstützte er frühzeitig und öffentlich Donald Trumps Präsidentschaftskampagnen von 2016 und 2020. Damals war er jedoch vor allem bekannt dafür, dass er PayPal mitgegründet und erfolgreich an eBay verkauft hat. 2004 überreden Sean Parker und Mark Zuckerberg ihn, mit 500 000 Dollar für 10,2 Prozent der Anteile am Unternehmen einzusteigen. Es ist vor allem diese Investition, die Facebook erlaubt, enorm zu wachsen, und es wird diese Investition gewesen sein, die Peter Thiel reicher und einflussreicher macht, als er es sich selbst hätte träumen lassen.

In seinem 2014 erschienenen Buch *Zero to One* spricht Thiel aus, was im Markt der Plattformen offensichtlich scheint: Monopole sind kein Unfall des digitalen Kapitalismus, sondern strategisches Ziel. Er stellt die These auf, dass Wettbewerb und Kapitalismus sich eigentlich widersprechen. Wer Kapital und Macht akkumulieren will, den stört Wettbewerb nur. Auch für Innovation sei der Wettbewerb wenig hilfreich. Wer sich in ruinösen Preiskämpfen aufreibe, habe für Forschung und Entwicklung gar keine Ressourcen übrig. Thiel glaubt, dass technischer Fortschritt eher von sich einander ablösenden Monopolen geschaffen wird, nicht im unternehmerischen Wettbewerb. Seine titelgebende Formel »zero to one« bezieht sich auf Unternehmen, die durch Innovation aus dem Stand (»from zero«) zum marktbeherrschenden Anbieter einer Technologie (»to one«) werden. Der darauf folgende Schritt – »one to n (many)« – sei hingegen der Schritt des Marktes, des Wettbewerbs und der Globalisierung. Ihn hält Thiel für weniger bedeutend.

Zu Thiels streitbaren Thesen kann man stehen, wie man will, man kommt jedoch nicht umhin, den Hang zum Monopol gerade in Plattformmärkten immer wieder zu beobachten. Das geht mit At&T los, setzt sich mit IBM und später Microsoft fort und zeigt sich heute bei Amazon, Apple, Google und Facebook. Zwar gibt es mit dem »double whammy« aus Netzwerk- und Skaleneffekten gute wirtschaftstheoretische Erklärungen für die Konzentrationserscheinungen, doch Thiel ergänzt sie um eine strategische Komponente.

Demnach muss es das Ziel einer Plattform sein, das Monopol über einen Graphen zu erlangen.[13] Und zwar aus folgendem Grund: Netzwerkeffekte können einem Unternehmen helfen, das Monopol über einen Graphen abzusichern. Sie machen diese Stellung aber auch fragil, denn jeder Marktanteilsverlust an einen Wettbewerber kann sich exponentiell bis zum Ruin des vormaligen Monopolisten beschleunigen. Netzwerkeffekte haben einen Rückwärtsgang. Das ist es, was Mark Zuckerberg nachts nicht schlafen lässt.

Als Zuckerberg erst 2012 Instagram, dann 2014 WhatsApp kaufte und dafür jeweils zu diesem Zeitpunkt unerhörte Summen auf den Tisch legte, wurde viel über seine Beweggründe spekuliert. Will er an die Nutzer*innen-Daten ran? Locken die Aussichten auf Monetarisierung? Mark Zuckerberg interessiert sich wenig für Geld und Daten. Er ist interessiert an Einfluss und Macht – und schlicht am Weiterbestand seines Unternehmens. Die Gründe für den Kauf sind daher nicht in erster Linie wirtschaftlicher, sondern strategischer

Natur. Bei beiden Start-ups handelte es sich um exponentiell wachsende Diensteplattformen, die anfingen, parallel zu Facebook den sozialen Graphen zu okkupieren. Mark Zuckerberg fürchtete, dass sie ihr Terrain zunehmend ausweiten würden – eine horizontale Bedrohung. Sein Kauf sicherte seine Herrschaft über das Graphmonopol der sozialen Verbindungen ab.

Bei Facebook ist es augenscheinlich, aber alle großen Plattformanbieter sind mehr oder weniger im Monopolbesitz eines oder mehrerer Graphen. So beschreibt es ein Paper der Unternehmensberatung Gartner.[14] Google besitzt demnach den »Interest Graph«, also das Netzwerk und das darin implizit enthaltene Wissen, wer sich für was interessiert. Amazon besitzt den »Consumption Graph«, also das Verhältnis von Menschen und Produkten. Apple und Google teilen sich außerdem den Mobilfunkgraph, also wer an welchen Orten unterwegs ist.

Wenn Peter Thiel von den Vorteilen des Monopols spricht, sollte man deshalb nicht so sehr die wirtschaftswissenschaftliche Lehrbuchdefinition von Monopol vor Augen haben, sondern ein *Graphmonopol*, eine exklusive Kontrolle über eine bestimmte Beziehungsart.[15] Thiel schließt mit der Behauptung, dass es sich bei Unternehmen genau umgekehrt verhalte, als es nach dem berühmten Anfang von Tolstois *Anna Karenina* bei Familien der Fall ist: »Alle glücklichen Unternehmen sind auf ihre besondere Art glücklich: Jedes verdient seine Alleinstellung, weil es ein einmaliges Problem löst. Vielmehr sind es die gescheiterten Unternehmen, die einander ähneln: Sie sind der Konkurrenz zum Opfer gefallen.«[16] Mit anderen Worten: Letztere haben ihr Graphmonopol verloren.

Lokale Graphnahmen

Aus dem Stand ein Monopol in einem großen Markt zu erkämpfen, ist Thiel zufolge allerdings aussichtslos. Lieber solle man kleine Teilmärkte erobern und von dort aus wachsen. »Der perfekte Zielmarkt für ein Start-up ist eine kleine, konzentrierte Gruppe mit sehr spezifischen Interessenten, die nur von wenigen oder keinen Wettbewerbern bedient werden.«[17]

Der Anschaulichkeit halber können wir uns den zu okkupierenden Graphen wieder als Landschaft vorstellen. Der Gesamtgraph besteht aus lose vernetzten Clustern mit starken lokalen Netzwerkeffekten. Das sind die Hügel in der Landschaft. Wenn man begrenzte Ressourcen hat, ist es naheliegend, sich auf einen solchen kleineren Cluster zu konzentrieren: auf Studierende einer bestimmten Universität oder auf Restaurantreservierungen einer bestimmten Stadt wie bei OpenTable. Thiel schreibt: »Die allmähliche Erschließung von verschiedenen Märkten wird unterschätzt, und das schrittweise Wachstum erfordert Disziplin. Bei erfolgreichen Unternehmen gehören jedoch die Eroberung von Nischen und die Ausweitung auf immer neue Märkte fest zur Strategie.«[18]

Jeff Bezos hat 1994 nur deswegen angefangen, Bücher zu verkaufen, weil sie bestimmte Eigenschaften aufweisen. Sie haben eine enorme Produktvariation – allein in den USA werden circa eine Million unterschiedliche Bücher pro Jahr veröffentlicht –, während ihre physische Form relativ standardisiert ist.[19] Der Online-Bücher-Graph besteht also einerseits aus den Millionen von Büchern, die sich aufgrund ihrer standardisierten Größe gut verschicken lassen, und der damals noch vergleichsweise überschaubaren Gruppe an Menschen, die schon online sind und gern auch Bücher lesen. Von dieser ersten strategischen Graphnahme aus kann Bezos Amazon dann ab 1998 Schritt für Schritt ausweiten und benachbarte Graphen erobern: den Online-CD-Graphen, den für Unterhaltungselektronik und dann immer weitere, bis ein umfassendes Sortiment entstand, das für alle interessant ist.

Auch Facebook breitet sich zunächst von Campus zu Campus aus. Am Anfang werden für jeden Campus sogar eigene, unverbundene Facebook-Instanzen aufgesetzt: erst ein thefacebook für Harvard, dann eines für die Columbia University, danach eines für Stanford, eines für Yale und so weiter. Das war nicht nur technischen Skalierungsproblemen geschuldet wie bei Napster, sondern dahinter steckte auch Kalkül. Es ging darum, ein Gefühl von Privatsphäre und gleichzeitig ein Gefühl von Gemeinschaft zu schaffen, einen Safe Space, in dem man sich möglichst offen austauschen kann, ohne dass Außenstehende mithören.

Die Strategie war immer, den ganzen Campus einzunehmen, bevor man weiterzog. Dabei überließ man nichts dem Zufall. Im Vorfeld jeder Campus-Graphnahme wurden Kampagnen geführt, Flyer verteilt, es wurden einflussreiche Studierende und Studentenverbindungen kontaktiert und für das Projekt eingenommen. Erst nachdem man die Studentenschaften an den meisten Eliteunis integriert hatte, öffnete man das System für alle Studierenden in den USA, wo die Netzwerkeffekte nun von allein arbeiteten. Nach der Graphnahme der US-Studierenden zielte man auf die Highschools, dann eroberte man die internationale Student*innenschaft.

Lokale Graphnahmen können dazu führen, dass man am Ende genug Netzwerkeffekt-Traktion hat, um den übergeordneten Graphen einnehmen zu können. Als Facebook sich 2010 schließlich für alle Interessierten öffnete, hatte es bereits einen Großteil der internationalen Studentenschaft integriert, war zumindest in den USA auch in den Highschools präsent – und im Grunde wollten schon lange alle dabei sein.

Substitutionsangriff

Als Napster im Juni 2001 nach vielen Prozessen, Verhandlungen und Berufungen abschließend dazu verurteilt wird, den eigenen Dienst abzuschalten, passiert etwas Überraschendes: Obwohl die Server heruntergefahren werden, hört das Tauschen auf Napster nicht auf. Es ist, als führe der Dienst ein Geisterleben. Die Erklärung ist einfach: Findige Programmierer*innen hatten bereits im Jahr 2000 das Napster-eigene Protokoll reengineered und ihre eigene Serversoftware geschrieben: OpenNap.[20] Damit ist es möglich, privat inoffizielle Napster-Server zu betreiben. Napster verliert in dem Moment die Kontrolle über seine eigene Plattform.

Im Grunde genommen ist das nur eine Fußnote der Napster-Geschichte, schließlich hatte die eigentliche Niederlage bereits vor Gericht stattgefunden. Doch der Vorgang erinnert daran, wie IBM die Kontrolle über die PC-Plattform verlor. Auch damals wurde die technologische Infrastruktur reengineered.

Sowohl IBMs Verlust des PC-Infrastrukturregimes als auch Napsters Verlust fast all seiner Regimes liegt etwas zugrunde, was ich *Substitutionsangriff* nenne. Beim Substitutionsangriff geht es darum, eine Plattform ersetzbar (substituierbar) zu machen und dem Betreiber so die Souveränität über den eingebetteten Graphen streitig zu machen. Ein solches Vorgehen lässt sich insbesondere bei Schnittstellenplattformen beobachten. So besteht der Erfolg der Open-Source-Szene zu einem nicht geringen Teil im Reengineering populärer, aber bis dato proprietärer Standards. Ein gutes Beispiel dafür ist die Entwicklung von Samba, eines Serverprogramms, das Microsoft-Netzwerkdienste wie Drucker- oder Filesharing auch auf Linux verfügbar macht. Inzwischen wird Samba auch gern über zusätzliche Linux-Server in ansonsten reinen Windows-Umgebungen verwendet, weil es reibungsloser funktioniert und besser gewartet werden kann als Microsofts Originalimplementation.

Der Substitutionsangriff greift die Souveränität der gegnerischen Plattform an, ohne aber notwendigerweise eine eigene Souveränität über die Plattform herzustellen. Deswegen ist die Strategie vor allem in der Open-Source-Szene beliebt, denn hier steht die Souveränität über die eigenen Plattformen nicht im Fokus. Im Gegenteil, Open Source und Free Software treten oftmals an, um die Souveränität der großen Plattformanbieter durch das Angebot von alternativen Verbindungsmöglichkeiten zu schwächen. Die Abschaffung der Souveränität, ohne die Errichtung einer neuen Souveränität kommt dann einer Befreiung gleich.

Die Angst vor einem Substitutionsangriff ist groß. Auch bei Apple. Jüngst erhob das Unternehmen eine DMCA-Beschwerde – also eine Beschwerde wegen digitalen Copyrightverstößen – gegen ein Unternehmen namens Corellium, das zu Testzwecken eine Art Simulation von iPhones auf seiner Website erlaubt. Damit lassen sich iPhone-Apps schnell auf Sicherheitslücken überprüfen, ohne dass man jedes Mal aufwendig eine händische iPhone-Installation vornehmen muss.[21] Der Service nimmt Apple nichts weg, und die Macher*innen haben sicher auch keinen Substitutionsangriff geplant, aber Apple geht vermutlich auch deswegen so rigoros gegen das Unternehmen vor, weil es alle Ansätze in diese Richtung im Keim ersticken will. Das Monopol auf das Infrastrukturregime von iOS-Geräten muss um jeden Preis verteidigt werden.

Apples Position ist aussichtsreich. Wer Substitutionsangriffe lanciert, macht sich juristisch angreifbar, weil damit häufig Patent- und Urheberrechtsverletzungen einhergehen. Die wenigen erfolgreichen Substitutionsangriffe – zum Beispiel das Klonen der PC-Plattform – haben sich deswegen mit viel Aufwand rechtlich abgesichert.

Eine etwas weniger heikle und leicht anders gelagerte Form des Substitutionsangriffs versucht, die Plattform nicht in ihren technischen Standards, sondern in ihren Funktionen ersetzbar zu machen. Facebook hat das gleich mit mehreren Wettbewerbern getan. Es hat zum Beispiel sehr bewusst und sehr früh die chronologische Timeline der Statusnachrichten von Twitter übernommen und auf seinen Newsfeed übertragen.[22] Als Facebook 2013 und später 2016 daran gescheitert war, den Dienst Snapchat zu kaufen, kopierte es schlicht dessen Schlüsselfeatures – Stories und Filter – und integrierte sie in seinen Dienst Instagram.[23]

Twitter und Snapchat haben diese Feature-Substitutionsangriffe enorm geschadet. Bei Twitter verlangsamte sich das Wachstum, dennoch konnte das Unternehmen seine Nische behaupten. Bei Snapchat kam es schlimmer. Einen Monat nach dem Launch der kopierten Features haben Instagram-Stories bereits 100 Millionen aktive Nutzer*innen, und nur wenig später hat Instagram die original Snapchat-Stories in Sachen Nutzung überholt. Die Zahl von aktiven Snapchats Nutzer*innen dümpelt derzeit bei circa 200 Millionen, während Instagram bei circa einer Milliarde steht.[24] Man kann durchaus behaupten, dass Facebook sich den Snapchat-Graphen über einen Substitutionsangriff mehr oder weniger komplett einverleibt hat. Deswegen muss man allerdings kein Mitleid mit Snapchat haben. Derzeit versuchen sie dasselbe mit TikTok.[25]

Verdrängungsangriff

Facebook war nicht das erste soziale Netzwerk. Bei seiner Gründung 2004 sah es sich mit gleich mehreren Wettbewerbern konfrontiert, Platzhirsch war das 2002 gegründete Friendster. Reid Hoffman, der ebenfalls bei dem Meeting mit Parker, Thiel und Zuckerberg anwesend war, hatte bereits in Friendster investiert und war zudem der Mitgründer des Business-Kontakte-Netzwerks LinkedIn. Auch das 2003 gegründete Myspace war lange weitaus verbreiteter als Facebook, vor allem bei jüngeren Menschen.

Nach dem damals vorherrschenden Verständnis von Netzwerkeffekten hätte der First Mover Advantage einen Erfolg Facebooks ausgeschlossen, schließlich ist ein Netzwerk immer nützlicher, je mehr potentielle Verbindungen erwartbar sind. Doch Sean Parker erkannte sofort, dass es ein genialer Zug war, ein eigenes soziales Netzwerk für Studierende zu starten.

Den Grund dafür kann man sich aus dem Prinzip der Graphnahme ableiten. Eine Landnahme funktioniert nur deswegen als rechts- und ordnungsbegründender Akt, weil sie etwas von ihr unabhängiges einnimmt. Auf Plattformen übertragen: etwas, das die Eroberer selbst nicht imstande sind herzustellen. Genau so muss ein einzunehmender Graph immer auf ein vom Dienst unabhängiges Netzwerk referenzieren. Eine Plattform kann nicht einfach einen Graphen aus dem Nichts erzeugen, auch wenn es von außen oft so aussieht. Die Vervielfältigung der Verbindungen geschieht – wie bei Napster – immer erst im Nachhinein. Viele Bedürfnisse, die Amazon befriedigt, würden aber auch ohne Amazon existieren – nur deshalb ist Amazon erfolgreich. Die meisten Websites, die Google indiziert hat, und die Nutzer*innen, die sie finden wollen, wären auch ohne Google da.

Einen Graph zu besitzen und zu monopolisieren, ist nur dann wertvoll, wenn die Verbindungen eine Bedeutung haben, wenn es Menschen gibt, denen sie etwas wert sind. In der Wirtschaftswissenschaft wird das auf die Begriffe »Nachfrage« und »Angebot« reduziert. Doch diese Bezeichnungen treffen nur auf eine Teilmenge relevanter Graphenbeziehungen zu. So lassen sich die Verbindungen auf sozialen Netzwerken wie Facebook, Myspace, LinkedIn und Friendster nicht auf Marktmetaphern reduzieren, dennoch repräsentieren sie echte Bedürfnisse, die bereits vor den Diensten da waren. Nur manche mehr, manche weniger.

Myspace ist vor allem daran gescheitert, dass es seinen Fokus verlor. Zunächst war es der Ort, wo Bands und Labels viele Tausend Freunde haben konnten und vor allem junge Bands jenseits der großen Labels ein Publikum fanden. Sehr bald erkannten die Macher das riesige Potential eines allgemeinen Social Network, verstanden es jedoch nicht. Auf einmal sollten alle auf Myspace sein. Doch warum eigentlich? Wenn man keine Kontakte zu Musikern suchte, waren »normale« Leute noch viel zu verstreut unterwegs, als dass es Sinn ergab, sie dort zu suchen. Die persönlichen Verbindungen, die sich bildeten, waren dementsprechend bedeutungslos und zufällig. Im Gegensatz zu Facebooks Verbindungen bildeten die meisten von ihnen keine Communitys oder Freundschaften ab.

Bei Friendster kam hinzu, dass es ein enormes Problem mit Fake Accounts gab. Es bildeten sich riesige Mengen an falschen Identitäten, Spaßidentitäten und Sockenpuppen (also Accounts, die nur dafür da sind, Aktivität zu simulieren), sodass die Aktivitäten auf dem Netzwerk immer bedeutungsloser und am Ende sogar gar toxisch wurden. Die Beliebigkeit führte immer wieder zu negativen Begegnungen, Trollerei und Belästigung. Friendster verstand nicht, dass Netzwerkeffekte auch negativ sein können.

Mit anderen Worten: Der soziale Graph eröffnete die Gelegenheit für einen Verdrängungsangriff. Dabei spekuliert die Angreiferplattform darauf, dass der Graph der angegriffenen Plattform nicht wirklich robust ist, dass er keine bedeutenden Verbindungen abbildet.

Bedeutend meint hier nicht, dass die Verbindungen auf realphysischen Kontakten basieren müssen – es meint, dass sie den Akteuren der Verbindungen etwas wert sein müssen. Ein Graph voller Verbindungen, die mir nichts wert sind oder die mir sogar eher auf die Nerven gehen, ist kein echter Graph, er ist sozusagen ein Bluff. Der Verdrängungsangriff versucht, den Bluff zu erkennen und den fragilen durch einen robusten Graphen zu ersetzen. Ein Verdrängungsangriff kann durch das Ansiedeln besonderer oder gar exklusiver Verbindungen geschehen. Im Videospielemarkt versuchen zum Beispiel Konsolenhersteller immer wieder, Spieleentwicklerfirmen dazu zu bringen, Spiele exklusiv nur für ihre Plattform zu entwickeln.

Facebook schaffte den Verdrängungsangriff, indem es sich zunächst auf eine Nische im sozialen Graph konzentrierte. Nie im Leben ist das eigene soziale Netzwerk so dicht und dynamisch wie an der Universität. Sean Parker erkannte, dass Facebook durch die Konzentration auf Colleges eine reale Chance hatte, die Platzhirsche zu schlagen. Dustin Moskovitz, einer der Mitgründer von Facebook, studierte in dieser Zeit selbst noch am College und verfasste sogar eine wissenschaftliche Arbeit für seinen Statistikkurs über Facebooks Wachstumsstrategie: »That's why thefacebook grew so well in college.«[26] Er fand heraus, dass es im Schnitt nur zwei Sprünge von einem studentischen Kontakt zu einem beliebigen anderen braucht. Mit seiner umstrittenen Klarnamenpolitik erzwang Facebook zudem eine Kopplung der Netzwerkidentitäten an realweltliche Identitäten. Und durch sein vorsichtiges Wachstum von College zu College sorgte es dafür, dass alle hinzukommenden Subgraphen für die vorhandenen Nutzer*innen tatsächlich Bedeutung hatten. Ein Verdrängungsangriff braucht also strategische Planung, Ausdauer und im Zweifel auch viele Ressourcen.

Ein sehr ambitionierter, vielleicht sogar größenwahnsinniger Verdrängungsangriff ist der, an dem Uber sich versucht. Uber hat es auf nichts weniger abgesehen als den globalen Mobilitätsgraphen. In dem obligatorischen Dokument, in dem Unternehmen für den Börsengang in den USA über ihren wirtschaftlichen Zustand, ihre

Absichten und Strategien informieren müssen (Form S-1), gibt das Unternehmen alle privaten Autofahrten sowie alle Fahrten in öffentlichen Verkehrsmitteln als seinen »Total Addressable Market« (TAM) an. Es habe davon zwar gerade mal 1 Prozent erobert, aber das sei ja erst der Anfang.[27] An den Tisch bringt Uber dafür vergleichsweise wenig. Die Technologie ist nicht der Rede wert und das Geschäftsmodell nur durch ruinöse Subvention und Ausbeutung am Leben zu halten.[28] Das Unternehmen führt, großzügig finanziert durch das saudische Königshaus und den japanischen SoftBank Vision Fund, eine monetäre Materialschlacht gegen Hunderte regionale Mobilitätsgraphen gleichzeitig, die es auf Dauer nicht gewinnen kann.

Ein interessantes Beispiel für einen abgewehrten Verdrängungsangriff ist der Kampf von Alibaba gegen eBay in China, der sich Anfang der 2000er Jahre ereignet hat. Das 1999 gegründete Alibaba hatte sich gerade mit mehreren Plattformen in China etabliert, als eBay als globaler Konzern in den chinesischen Markt einsteigen will. Alibaba – damals noch wesentlich kleiner und unbedeutender als eBay – nimmt den Kampf auf. Jack Ma, der charismatische Gründer des Unternehmens, wird mit den Worten zitiert: »EBay ist der Hai im Ozean. Wir sind das Krokodil im Yangtse. Wenn wir im Ozean kämpfen, verlieren wir. Aber wenn wir im Fluss kämpfen, werden wir gewinnen.«[29] Tatsächlich gewinnt Alibaba die Auseinandersetzung vor allem durch Konzentration auf die optimale Bedienung seines Heimatmarktes. Das Wissen um Probleme und Gepflogenheiten vor Ort macht die Verbindungen robuster und wertvoller für die beteiligten Akteure. Inzwischen ist Alibaba allein vom Umsatzvolumen her über achtmal so groß wie eBay und schwimmt selbst als Hai im großen globalen Ozean.

Transferangriff

Peter Thiel gilt als Teil der »PayPal-Mafia«, einer Gruppe von Investoren, die durch den Verkauf von PayPal an ihr Vermögen und eine Menge Einfluss kamen. 1,5 Milliarden Dollar hat eBay 2002 für PayPal gezahlt. Die Gründer Thiel, Reid Hoffman, Elon Musk und ein paar andere stehen immer noch im engen Kontakt und tauschen sich aus. Zur Ironie der Geschichte gehört, dass eBay PayPal kaufte, obwohl der Bezahldienst erst durch eine Graphnahme auf seine Kosten überhaupt so groß geworden war.

Bei seiner Gründung steht dem Bezahldienstleister PayPal vor dem Start-up-Problem: Es braucht entweder eine ganze Menge Kund*innen, die bereit sind, Geld aus ihrem PayPal-Konto an Händler*innen weiterzutragen, und/oder eine ganze Menge Händler*innen, die PayPal-Überweisungen akzeptieren.[30] 1999 kennt noch niemand PayPal, während eBay die große Online-Handelsplattform ist, die jeder schon mal genutzt hat. Wäre es da nicht das einfachste, den Graphen von eBay einfach in den eigenen Graphen zu überführen – ihn anzuzapfen?

PayPal programmiert dafür einen Bot, also ein automatisiertes Skript, der Tausende von Händler*innen auf eBay kontaktiert und sich als potentieller Bieter präsentiert. Der Begleittext lautet immer gleich: Er kaufe Dinge für wohltätige Zwecke und wolle fragen, ob die Anbieter*innen auch PayPal als Bezahloption anbieten. Es sei die einzige Möglichkeit für ihn mitzubieten. Viele der angeschriebenen Händler*innen richten sich daraufhin einen PayPal-Account ein. Innerhalb der eBay-Welt wird der Bezahldienst zu einer festen Größe. PayPal hat also den eBay-Graphen angezapft und konnte ihn sich zu einem Gutteil einverleiben – nicht zuletzt deswegen wird das Unternehmen schließlich ein attraktiver Übernahmekandidat für eBay.

Denselben Trick wendete 2010 auch Airbnb an. Zu der Zeit werden Untervermietungen in den USA – auch kurzfristige – noch vor allem über Craigslist vermittelt. Das ist eine Website für Kleinanzeigen aller Art, komplett umsonst und in den USA unglaublich populär. Doch die Leute hinter Airbnb haben eine Idee. Sie integrieren einen Button auf ihrer Seite, mit dem die Wohnungsanbieter*innen ihr Airbnb-Angebot automatisch auch auf Craigslist veröffentlichen können – natürlich mit Link auf den Eintrag auf der Airbnb-Website. Zugleich schreiben sie die Anbieter*innen attraktiver Untervermietungen auf Craigslist an und legen ihnen nahe, das Angebot doch parallel auch auf Airbnb zu posten, schließlich sei es auf Wohnungen spezialisiert. Wachstum ist alles, vor allem in der frühen Phase einer Plattform, und am einfachsten wächst man entlang der Verbindungen anderer Plattformgraphen – indem man sie einfach anzapft.

Der Transferangriff ist ein Angriff, der oft zwischen Diensteplattformen stattfindet. Dabei wird der Graph einer nicht unbedingt direkt konkurrierenden, aber hinreichend ähnlichen Plattform durch unterschiedliche Methoden angezapft. Ziel ist der Transfer potentieller Verbindungen von der einen zur anderen Plattform. Diese Taktik wird gern von jungen, aufstrebenden Start-ups verwendet, um die nötigen Netzwerkeffekte in Gang zu bringen. Sie kann aber auch noch in späteren Phasen nützlich sein.

Als Facebook bereits an fast allen Universitäten genutzt wird und sich auch für Highschools geöffnet hat, erreicht das Unternehmen im Frühjahr 2008 ein Wachstumsplateau, also eine Phase mit relativ geringem Wachstum. Man sucht nach Mitteln und Wegen, das Wachstum wieder anzufachen. Interne Untersuchungen ergeben, dass vor allem ein Feature besonders gut darin ist, neue Nutzer*innen in das Netzwerk zu spülen: Facebook gibt Nutzer*innen von Microsoft Hotmail, Yahoo-Mail und Googles Gmail die Möglichkeit, ihren dortigen Kontakten einen Einladungslink zu schicken.

Das Feature wird nunmehr weiterentwickelt zum »Friendfinder«, ein integriertes Tool, das Nutzer*innen nicht nur ermutigt, alle möglichen Formate von digitalen Adressbüchern hochzuladen, sondern das jeweilige Adressbuch auch mit den bereits registrierten Profilen abgleicht. Gibt es darunter welche, die die Adressen aus dem Buch nutzen? Die Ergebnisse bekommt man dann unter der Rubrik »Leute, die du kennen könntest« präsentiert. All das hilft nicht nur, mehr Leute auf die Plattform zu ziehen, sondern auch Verbindungen auf dem Netzwerk zu stärken.

Nebenbei entsteht eine Datenbank mit Nichtprofilen, also Adressbucheinträgen zu Personen, die noch gar nicht registriert sind, ein

Schattengraph aus Schattenprofilen. Facebook hat seitdem zwei soziale Graphen: einen offiziellen, der die Verbindungen zwischen den Facebook-Profilen abbildet, und einen inoffiziellen, der die Verbindungen durch die Adressbuchkontakte umfasst, aber nicht öffentlich sichtbar ist. Die Konsequenz: Facebook weiß auch dann, wer wen kennt, wenn die Verbindung sich nicht auf Facebook abspielt. Friendfinder ist die Institutionalisierung des Transferangriffs.

Facebook gründet schließlich ein Growth Team, also eine Art Abteilung, die nur für Wachstumsfragen zuständig ist. Dem Growth Team wird sodann alles untergeordnet – es hat bei fast allen Fragen das letzte Wort. Das Motto ist: Alles, was gut fürs Wachstum ist, wird gemacht. Auch dann, wenn es ethisch oder datenschutzrechtlich fragwürdig ist. Der Schattengraph ist das wichtigste Werkzeug der Abteilung. Sie gehen so weit, bei Google Suchwort-Anzeigen auf die Namen der Schattenprofile zu kaufen. Wenn jemand seinen Namen googelte – so was kommt ja vor –, stieß er oder sie auf eine Google-Anzeige, in der man dazu ermuntert wurde, das eigene Schattenprofil bei Facebook in ein richtiges Profil umzuwandeln.[31]

Das Growth Team ist stetig dabei, alle möglichen Quellen für alle möglichen Verbindungen anzuzapfen. Und das nicht nur heimlich, sondern auch ganz offiziell und vertraglich verbrieft. So werden mit circa 150 unterschiedlichen Unternehmen Abkommen abgeschlossen, Verbindungsdaten aller Art auszutauschen, darunter Amazon, Apple, Microsoft und Sony. Gegen diese Verträge wird in den USA aktuell ermittelt.[32]

Vertikale Strategien

»Chinesischer Hamster, dem Ray Kurzweil einen experimentellen Matheprozessor ins Gehirn nassverdrahtet hat. Ich habe auch einen Empathie-Chip.«[33] Das stand lange als Selbstbeschreibung auf dem Facebook-Profil von Sean Parker. Parker ist nicht nur der Machiavelli der Graphnahme, er ist auch ein Paradiesvogel, eine Diva. Oft ist er für Kolleg*innen und Geschäftspartner*innen über Wochen nicht zu erreichen, treibt sich in der Gegend rum, feiert ausschweifende Partys. Letzteres wird ihm bei Facebook zum Verhängnis. Als die Polizei eine Razzia bei einer Kokainparty macht, wird er festgenommen. Mark Zuckerberg legt ihm den Rücktritt als Präsident von Facebook nahe, Parker akzeptiert.

Um einen Job muss er sich aber keine Sorgen machen. Peter Thiel holt ihn in seine Investmentfirma Founders Fund, wo er gleich Partner wird. Thiel hält große Stücke auf Parker. Er weiß, dass Parker kein Manager ist, aber ein untrügliches Gespür für die nächste große Gelegenheit zu einer initialen, das heißt vertikalen Graphnahme besitzt.

Während horizontale Strategien der Graphnahme darauf basieren, die Hegemonie der eigenen Plattform auszuweiten, sind vertikale Strategien der Graphnahme darauf aus, Souveränität über Graphen überhaupt erst herzustellen. Das bedeutet aber auch, dass man idealerweise einen Graphen entdeckt, über den noch keine oder allenfalls eine geringe Souveränität ausgeübt wird. Ein unbeherrschter Graph wäre somit das Äquivalent eines unbesiedelten Kontinents – oder zumindest eines Kontinents, der sich der Übermacht der eigenen Regimes nicht erwehren kann.

Napster hatte einen solchen Graphen aufgespürt und eingenommen, indem es einfach als Erster alle Online-Musikenthusiasten und ihre Musikbibliotheken über seinen Dienst zusammenführte. Facebooks ursprüngliche vertikale Graphnahme war es, die Verbindungen innerhalb der eng vernetzten Studentenschaften digital operationalisierbar zu machen. Googles initiale Graphnahme bestand darin, die Verlinkungsstruktur des Webs mit dem mathematisch überlegenen Suchalgorithmus seines Query-Regimes zu durchmessen. Während horizontale Strategien der Graphnahme bereits das Gerangel über diese Graphen sind, basieren die initialen Graphnahmen auf dem, was wir in Kapitel 2 unter dem Stichwort »Medienrevolution« analysiert haben. Es sind vertikale Iterationen – erweiternde Wiederholungen vorgefundener Strukturen.

Iterationsangriff

Sean Parker hat nicht nur mit Napster und Facebook das Gespür für eine solche initiale Graphnahme bewiesen, sondern auch ein drittes Mal: Kurz nachdem er bei Napster ausgeschieden war und drei Jahre bevor Facebook existierte, gründete er 2001 zusammen mit Todd Masoni das Start-up Plaxo. Es warb damit, Microsoft-Outlook-Adressbücher – damals die vorherrschende Form digitaler Adresshaltung auf Windows-PCs – immer automatisch up to date zu halten. Die Idee dahinter ist einfach: Wenn ich eine neue Telefonnummer oder eine neue E-Mail-Adresse habe, warum sollen dann alle meine Freunde ihre Adressbücher manuell anpassen? Wäre es nicht eleganter, ich ändere meine Daten einmal und diese Änderungen werden automatisch auch in den Adressbüchern meiner Freunde ausgeführt?

Plaxo war so etwas wie ein Proto-Social-Network, eine vergleichsweise rudimentäre Datenbankebene zur Koordination von Kontakten in der realen Welt. Das alles passierte ein Jahr bevor Social Networks mit Friendster überhaupt ein Phänomen wurden.

Parker wusste damals schon, dass der Dienst immer attraktiver würde, je mehr Leute sich dafür anmelden. Denn wenn meine Adressbuchänderungen sowieso nur zwei meiner Freunde erreichen, bringt mir der Dienst wenig. Einer der Kniffe, schnell neue Nutzer*innen zu bekommen, war, bereits registrierten Nutzer*innen die Möglichkeit zu geben, Einladungen zu dem Dienst per E-Mail an alle Freunde aus dem Adressbuch zu verschicken. Das brachte dem Start-up den Ruf ein, »spammy« zu sein, also eine Werbeschleuder. Es half aber auch enorm beim Wachstum. In seiner Hochphase verzeichnete der Dienst 10 000 bis 12 000 Neuanmeldungen pro Tag.

Mit Outlook hatte Microsoft, ohne es selbst zu merken, einen latenten »Social Graph« geschaffen. Er war dezentral über die verschiedenen Nutzer*innen und ihre Outlook-Versionen verteilt und konnte seine Netzwerkeffekte deswegen nicht wirklich ausspielen. Parker und Masoni mussten nicht mehr tun, als eine darüberliegende Diensteplattform zu platzieren, die die latenten Verbindungen einsammelt und über die Plattform zu aktiven, aber auch kontrollierbaren Verbindungen machen. Ein Iterationsangriff ist in gewisser Weise das Idealbild der Graphnahme.

WhatsApps initiale Graphnahme verlief sehr ähnlich wie die von Plaxo, nur okkupierte es statt Microsoft-Outlook-Adressbüchern den latenten Graphen der Smartphone-Adressbücher. Als der Messenger 2009 gegründet wird, sind Smartphones noch neu. Die Leute nutzten zwar bereits Alternativen zur SMS, doch WhatsApp präsentierte sich von seinem ganzen Look & Feel her als explizite und kostenfreie SMS-Alternative. Zudem bietet der Dienst die Funktion, seine Freunde zu finden, indem er die Nutzer*innen dazu bringt, ihr Telefonadressbuch auf den Server hochzuladen. WhatsApp vergleicht dann die Nummern der Leute im jeweiligen Adressbuch mit denen der bereits registrierten Nutzer*innen und zeigt der Person diese Leute dann gleich als erreichbare Kontakte in der App an.

Diese Funktion macht es zunächst einmal für die Nutzer*innen bequem, die Kommunikationsmöglichkeiten des Dienstes für sich mühelos auszuloten. Gleichzeitig akkumuliert WhatsApp das auf den Adressbüchern dezentral verteilte Wissen in seiner Datenbank. Ähnlich wie Facebook verfügt es bald über einen nahezu kompletten Schattengraphen. Facebook hatte ihn sich durch einen Transferangriff aufgebaut, und tatsächlich haben Iterationsangriffe Ähnlichkeiten damit. Die wichtige Differenz ist jedoch, dass Transferangriffe auf souveränen Plattformen stattfinden, während Iterationsangriffe immer eine initiale Graphnahme sind und eine neue Ebene der Koordination schaffen, die es ohne sie nicht gäbe.[34]

Iterationsangriffe gibt es aber nicht nur von Diensteplattformen auf wehrlose latente Graphen. Auch Protokollplattformen können iterieren. Wie wir oben bereits gezeigt haben, lässt sich die Einführung des Internets als initiale Graphnahme verstehen. Die vielen konkurrierenden Netzwerkstandards waren seinerzeit unverbunden und bildeten damit einen latenten Gesamtgraphen, der mit dem Internetprotokoll auf eine gemeinsame Basis iteriert wurde. Analog können sogar die Nationalsprachen als Iterationsangriff auf die regionalen

Dialekte verstanden werden. Solche Graphnahmen unter Protokoll-plattformen erschaffen neue Hegemonien, aber ohne Souveränitäten.

Ein Beispiel für einen Iterationsangriff bei Schnittstellenplatt-formen wäre die Episode, als Microsoft als lachender Dritter aus dem PC-Streit hervorging. Die IBM-kompatible PC-Plattform wurde nach dem Substitutionsangriff auf IBM auch von seinen Wettbewer-bern mitbetrieben und lag nun entsprechend fragmentiert da – ohne jede Infrastruktur- oder Zugangssouveränität. Damit war sie reif für eine Iteration. Indem Microsoft Windows als das neue Standard-Betriebssystem dieser Plattform einführte, gelang es dem Unter-nehmen, den Graph der existierenden PC-Architekturen auf einer höheren Ebene wieder zusammenzuführen. In Zukunft war IBM-kompatibel zu sein ein universeller Standard – er verschwand in der Unsichtbarkeit der Infrastruktur. An Microsoft aber kam niemand mehr vorbei – alle versuchten ihre Software und ihre Hardware von nun an Windows-kompatibel zu machen.

Iterationsangriffe zielen oft auf Plattformen, die nicht verstanden haben, dass sie eine sind – oder sein könnten. Deswegen ist es nicht leicht, eine passende Gelegenheit dafür zu finden. Zwar sind die meisten erfolgreichen Plattformen auf die initiale Graphnahme eines Iterationsangriffs zurückzuführen, doch mit jeder weiteren Graph-nahme demonstrieren sie eher die Macht ihrer bereits vorhandenen Infrastrukturhegemonie.

Killer-App-Hegemonie

Bei Peter Thiels Investmentfirma Founders Fund soll Sean Parker nach neuen Gelegenheiten für initiale Graphnahmen suchen. 2009 findet er etwas anderes, aber doch Ähnliches. In Schweden gibt es ein junges Start-up, das seinem alten Traum eines universellen Musik-katalogs auf eine neue Art nahekommt: Spotify. Für eine geringe monatliche Gebühr und alternativ sogar nur gegen Werbeunter-brechungen streamt Spotify Musik auf jeden Computer und zuneh-mend auch auf Smartphones.

Der Gründer Daniel Ek war als Schüler großer Fan von Napster, das er auch »meine erste große Liebe« nennt. Mit Parker teilt er die Überzeugung: Kostenfreiheit und Vollkatalog sind die wichtigsten Zutaten, um das Napster-Erlebnis wieder aufleben zu lassen. Nur wenn es allen ermöglicht wird, ungestört herumzustöbern und zu entdecken und – wohl noch wichtiger – seine Musikerlebnisse mit den eigenen Freund*innen zu teilen, kann man Musik frei genießen.

Aber warum soll auf einmal möglich sein, was Napster verboten wurde? Der Trick liegt im Streaming. Napster hatte, wie wir in Kapitel 4 analysiert haben, nur eine sehr eingeschränkte Kontrolle über das Verbindungsregime. Die Plattform organisierte lediglich das gegenseitige Finden; der Austausch der MP3-Dateien fand zwischen den jeweiligen Computern statt. Diese Beschneidung des Verbindungsregimes war so gewollt, um Napster möglichst wenig Verantwortung für die konkreten Verbindungen zukommen zu lassen. Das half vor Gericht jedoch nicht, zudem verhinderte dieses Design jede Form von Geschäftsmodell.

Der Streaming-Ansatz geht nun genau in die gegenteilige Richtung. Das Gestreamte wird im Gegensatz zum Download bei der Gegenseite nicht gespeichert, kann von dort also auch nicht unautorisiert weitergegeben werden. Ein Stream kann jederzeit verweigert, eingeschränkt, unterbrochen oder gedrosselt werden. Ein Stream ist der Idealfall der Verbindungskontrolle. Ein Stream kann somit auch an Bedingungen geknüpft werden, wie dem Bezahlen einer monatlichen Gebühr oder dem Ertragen von Werbung. Mit anderen Worten, Spotify hat ein Geschäftsmodell, das ihm erlaubt, Musikverlagen und Künstler*innen für ihre Lizenzen Geld anzubieten, wenn auch nur wenige Cents pro Stream.

Spotify ist damals nicht der erste Streaming-Service für Musik, doch Daniel Ek macht bei der Promotion seiner Plattform noch auf eine Besonderheit aufmerksam, die sein Unternehmen gegen die Konkurrenz zum Erfolg führen soll: Es gibt zwei neue – so nennt er es – »Superplattformen«. Das Smartphone macht auf der einen Seite mobilen, gestreamten Musikgenuss möglich; mit Facebook steht auf der anderen Seite eine riesige Plattform zum Teilen von Informationen und somit von Musik zur Verfügung. Das, in Kombination mit einem frei zugänglichen Vollkatalog, könne den Musikgraphen im Sturm erobern, glaubt Ek.

Wie damals an Mark Zuckerberg schreibt Sean Parker dem Gründer eine glühende E-Mail. 2010 steigt er mit 15 Millionen US-Dollar über den Founders Fund in das Unternehmen ein, wird sein Fürsprecher, Berater und Aufsichtsratsmitglied. Einer seiner ersten Schritte ist, das Unternehmen seinem alten Weggefährten Mark Zuckerberg vorzustellen und für den Amerika-Start eine Kooperation vorzuschlagen.

Facebook steckt zu dem Zeitpunkt gerade in der Phase seines größten Wachstums. Zuckerberg hatte die Plattform für alle Nutzer*innen geöffnet und eine neue Strategie ausgegeben: Facebook soll eine Plattform sein. Aber nicht einfach die Plattform für soziale Interaktion, die sie schon war. Aus Facebook sollte zusätzlich eine Schnittstellenplattform werden, so wie Windows. Zu diesem Zweck veröffentlichte das Unternehmen eine ambitionierte API. Entwickler*innen aus aller Welt sollten Programme für Facebook schreiben und dabei auf dessen sozialen Graphen zugreifen dürfen, um ihre Programme »social« und »viral« zu machen. 2010 nennt Zuckerberg das Projekt »Open Graph«, suggerierend, dass nun alle eingeladen seien, an Facebooks wertvollstem Schatz – dem sozialen Graphen – zu partizipieren. Zum Ausgleich verlangt Facebook von den Entwickler*innen nur Zugriff auf alle dabei generierten Daten.

Das Konzept wurde ein voller Erfolg und verhalf Facebook zu weiterem rasanten Wachstum. Es waren vor allem Spiele wie Farmville – wo man in Interaktion mit seinen Freund*innen eine kleine Farm bewirtschaftete –, die den Erfolg des Open Graph befeuerten. Doch auch Spotify wurde auf Facebook zur Killer-Applikation.

In Kapitel 1 sind wir Killer-Applikationen bereits begegnet. Edison hatte mit dem Monopol auf die Glühbirne den Trumpf in der Hand, um sein unterlegenes Gleichstromsystem noch lange Zeit gegen das technisch überlegene Wechselstromsystem zu verteidigen. Der Erfolg des Apple II beruhte vor allem auf VisiCalc, dem ersten Tabellenkalkulationsprogramm, das alle nutzen wollten. IBM wollte mit der Öffnung seiner PC-Plattform einen ähnlichen Erfolg ermöglichen, und genau das versucht Mark Zuckerberg hier ebenfalls.

Die Strategie, die eigene Plattform zu öffnen, um Killer-Applikationen von Dritten zu ermöglichen, kann man auch als ein Sich-freiwillig-iterieren-lassen deuten. Spotify macht einen Iterationsangriff auf Facebook, den Facebook nicht nur begrüßt, sondern dazu ermutigt. Da die Plattform den Zugriff auf die API mit einem vergleichsweise mächtigen Verbindungsregime kontrolliert, gerät ihre Souveränität dabei nicht wirklich in Gefahr. Dennoch kann eine Killer-App allein durch ihre Hegemonie eine gewisse Machtstellung erreichen.

Facebook selbst ist ebenfalls eine Killer-App, nämlich sowohl auf Android- wie auch auf iPhone-Smartphones. Würde Facebook den Rückzug seiner Apps aus einer der beiden Betriebssysteme ankündigen, käme das einem Erdbeben im Smartphone-Markt gleich. Facebook ist zwar umgekehrt auch abhängig von Apple und Google, doch es ist so mächtig, dass es den beiden Betriebssystemherstellern andere Bedingungen stellen kann, als es normale App-Entwickler*innen könnten. Facebook hat neben seiner Plattformmacht als App auch die Killer-App-Hegemonie im Smartphone-Markt.

Killer-App-Hegemonie ist weniger eine konkrete Strategie der Graphnahme als ein zu bedenkender Faktor bei allen Plattformstrategien. Killer-Apps können einerseits mit ihrer eigenen Hegemonie die Hegemonie einer Plattform ausweiten. Andererseits können sie unter Umständen viel Macht über diese Plattform erlangen. So viel Macht, dass sie die Plattform unter Umständen sogar bedrohen können.

Eine Killer-App, die sich vor allem bei Jugendlichen enormer Beliebtheit erfreut, ist das Spiel Fortnite. 2020 ging die Herstellerfirma Epic Games einen weiten Weg, ihre Killer-App-Hegemonie auszutesten. Zunächst verweigerte sie Google die 30 Prozent, die es in seinem Play Store von den Umsätzen verlangt, und nahm sein Spiel aus dem Angebot. Stattdessen bot sie es ausschließlich über eigene Server zum Download an und setzte darauf, dass die eigene Popularität schon dafür sorgen würde, dass die Jugendlichen den Extraaufwand auf sich nähmen, um das Spiel installieren zu können. Das funktionierte auch – bedingt. Im Frühjahr 2020 gaben sie – vorerst – die Blockade auf.[35] Im nächsten Schritt versuchten sie es bei Apple, beklagten lautstark die Apple Tax, die ebenfalls bei 30 Prozent lag, und leiteten sogar rechtliche Schritte ein. Diesmal stießen ihre Beschwerden auf offene Ohren, da Apple bereits im Fokus der Politik stand, die diese Geschäftspraxis als wettbewerbsschädlich ansah. Zudem schloss sich Epic Games mit anderen zusammen, unter anderem Spotify, um gegen die zu hohen Gebühren zu protestieren. Am Ende beugte sich Apple dem Druck und senkte die Gebühren zumindest für kleinere Entwickler*innen auf 15 Prozent.[36]

Auch einzelne Nutzer*innen können Killer-App-Hegemonie erreichen. Als Kylie Jenner, Halbschwester von Kim Kardashian und die erfolgreichste Influencerin der Welt, Anfang 2018 so ganz nebenbei in einem Tweet fragt, ob sie die Einzige sei, die Snapchat nicht mehr öffnet, stürzt der Kurs der Snapchat-Aktie um 8 Prozent – was damals einem Börsenwert von 1,7 Milliarden US-Dollar entspricht. Kylie Jenner hat Killer-App-Status. Es heißt, bei Instagram – ihrem neuen Influencerinnen-Zuhause – beschäftige Facebook ein eigenes Supportteam nur für sie.[37]

Spotify hatte am Anfang seiner globalen Ausbreitung ganz auf Facebook gesetzt. Beim Start 2011 konnte man sich für den Dienst ausschließlich über ein Facebook-Konto registrieren. Immer noch thront Spotify zu einem Gutteil auf dem Facebook-Graphen, hat sich aber mehr und mehr emanzipiert. Mittlerweile ist ein Großteil der Nutzer*innen mit eigenem Login auf dem Service registriert. Sean Parker half, die Firma aufzubauen und blieb bis 2017 in ihrem Aufsichtsrat. So lange hatte er noch nie einen Job.

Integrationsangriff

Mark Zuckerberg ist ein pragmatischer Entwickler. Die ersten Versionen von Facebook baute er mit Standardwerkzeugen, wie sie damals in der Webentwicklung üblich waren: Apache als Webserver, PHP als Programmiersprache und MySQL als Datenbanksoftware. Diese Werkzeuge haben gemeinsam, dass sie alle Open Source, also frei verfügbar und gut dokumentiert sind sowie über eine gewisse Popularität verfügen. PHP ist zudem eine Skriptsprache, was zur Folge hat, dass Änderungen im Code sofort auf das aktive System eingespielt werden können. Das erlaubt einen bestimmten Programmierstil: schnell und schmutzig, aber auch effektiv. Der bekannte Journalist und Autor Steven Levy mutmaßt, dass es auch diese Werkzeuge und die Art, mit ihnen zu arbeiten, gewesen sind, die zu dem Facebook-internen Motto »Move fast and break things« führten.[38]

Diese pragmatische Herangehensweise beinhaltet auch, zunächst auf bestehende Systeme zurückzugreifen, statt eigene zu entwickeln. Zum Beispiel setzte Facebook früh auf das Open Source Messaging-Protokoll XMPP, auch Jabber genannt. Es ist ein offenes Protokoll, um Instant-Messaging-Dienste bereitzustellen. Damals nutzte man Messenger noch vor allem auf dem Computer, und Jabber ermöglichte es – wie bei E-Mail – einen eigenen Server dafür zu betreiben, und ließ allen Teilnehmer*innen die Wahl, welchen Client sie benutzen wollten. Jabber ist also eine klassische Protokollplattform.

Facebooks Jabber-Integration vernetzte nun die Facebook-Nutzer*innen nicht nur untereinander, sondern auch mit allen anderen Jabber-Nutzer*innen auf anderen Servern, was sowohl der Facebook- wie auch die Jabber-Community zum Vorteil gereichte. Schnell entwickelte sich Facebook zum größten Jabber-Server im ganzen Netzwerk, und der Austausch zwischen Facebook und dem Jabber-Universum war rege.

Im Frühjahr 2015 war damit allerdings Schluss. Facebook änderte das Protokoll auf seiner Seite so weit ab, dass es nicht mehr kompatibel zu anderen Jabber-Servern war. Dafür mag es auch technische Gründe gegeben haben, doch vor allem war spätestens jetzt klar, dass Facebook die Jabber-Integration nichts mehr nutzte. Hatte diese Kompatibilität der Seite am Anfang zu Wachstum verholfen, brauchte ab etwa 2012 Jabber Facebook mehr als umgekehrt.

Es ist aber sogar eine noch sinisterere Interpretation möglich. Mit der Beendigung des Austausches mit den Jabber-Servern stellt Facebook alle externen Jabber-Nutzer*innen vor die Wahl: Entweder kommen auch sie ins Reich des blauen »f«, oder sie werden von ihren Freunden abgeschnitten. Man kann diesen Move also auch als eine Graphnahme auf den Jabber-Graph verstehen. Und zwar als Integrationsangriff.

Beim Integrationsangriff geht es darum, den Graphen einer Plattform in die eigene souveräne Plattform zu integrieren, das heißt, ihn unter das eigene Kontrollregime zu bringen. Der Angriff gleicht dem Iterationsangriff, doch während der angegriffene Graph beim Iterationsangriff nur latent ist, ist er beim Integrationsangriff bereits ausgeprägt, und während beim Iterationsangriff die höhere Ebene beim Angriff erst erschaffen wird, ist sie beim Integrationsangriff bereits hegemonial. Das stellt den Angriff unter einige Erfolgsbedingungen: Erstens darf die angegriffene Plattform nicht ihrerseits über ein hohes Maß an Souveränität verfügen, und zweitens muss die Angreiferplattform bereits einen Fuß in der Tür haben und die eigene Hegemonie als Hebel benutzen können, um sie aufzustemmen.

Trotz der hohen Anforderungen sind Integrationsangriffe recht verbreitet, wir haben bereits einige kennengelernt. Ein Beispiel ist Microsofts Versuch, das Web in seine Betriebssystem-Infrastruktur zu integrieren. Microsofts hoher Marktanteil im Browsermarkt diente als Hebel dafür, die eigenen Kontrollregime dem Web überzustülpen. Nach dem erfolgreichen Substitutionsangriff durch den Open-Source-Browser Mozilla Firefox stellte sich jedoch heraus, dass Microsofts Browser ersetzbarer war, als man gedacht hatte. Ein weiteres Charakteristikum scheint hier auf: Integrationsangriffe gehen häufig schief.

Sogar Diensteplattformen können zumindest Ziel eines Integrationsangriffs werden. Wir haben das bereits bei dem gescheiterten

Versuch von UberMedia gesehen, mittels Erlangung eines großen Marktanteils an Twitter-Clients die Souveränität von Twitters Interface-, Verbindungs- und Graphregime auszuhöhlen. Dass das aber nur schiefgehen konnte, wäre abzusehen gewesen, wenn UberMedia die Kontrollregime von Twitter vorher genau analysiert hätte. Nur weil eine Diensteplattform ihre Souveränität nicht immer voll ausübt, heißt das nicht, dass sie im Zweifel nicht auch zubeißen kann.

Ein weiterer historischer Integrationsangriff war die versuchte Vereinnahmung des Internets durch AOL. Anfang der 1990er war das Internet noch vor allem ein Verbund von Universitäten und Forschungseinrichtungen, kommerzialisiert wurde es zunächst von kleinen, unabhängigen Internetprovidern. Erst später wurde AOL (America Online) darauf aufmerksam. AOL war damals noch ein sogenannter Online-Dienst. Solche Dienste boten schon vor dem Internet digitale Services über die Telefonleitung an. Dafür wählte man sich per Telefon direkt bei einem Computer ein, auf dem man dann zum Beispiel Nachrichten mit anderen Kund*innen des Dienstes austauschen konnte.

Als das Internet auf einmal immer bedeutender und interessanter wurde, führte AOL es schließlich als eine Art zusätzlichen Service – neben internem Chat, Forum und Pinnwand – ein. Natürlich entwickelt sich das Internet schnell zur Hauptattraktion, während die AOL-eigene Community zunehmend verwaist. Die interne Servicelandschaft von AOL kann nicht mit der spannenden Vielfalt des bunten und wilden Internets mithalten. Andererseits entwickelt sich AOL aber auch schnell zu Amerikas größtem Internetprovider.

Im Zuge des Dotcom-Booms interessieren sich immer mehr klassische Medienkonzerne für das Internet und wähnen dort ihre Zukunft. Das ist auch die Motivation von Time Warner, seinerzeit einer der größten Spielfilmverleiher der USA, sich mit AOL zusammenzutun. Die Fusion im Jahr 2000 war mit 165 Milliarden Dollar Umfang eine der größten der Mediengeschichte. Die Kalkulation dahinter: Wenn AOL den Internetzugang kontrolliert, kann es auch über seinen Online-Service exklusiven und natürlich bezahlten Zugang zu den Medieninhalten von Time Warner verkaufen. Die Idee ist also, zwei Graphen zusammenzuführen: auf der einen Seite der Contentgraph von Time Warner – inklusive all der Fan-Beziehungen, Marken und Rechte; auf der anderen Seite die Menschen hinter den Internetzugängen von AOL.

Doch die Rechnung geht nicht auf. Das neu gegründete Unternehmen AOL Time Warner schafft es trotz seiner Marktmacht nicht, den eigenen Kund*innen die Time-Warner-Inhalte schmackhaft zu machen. Am Ende sind diese trotz allem nur ein weiteres Angebot unter Millionen im Internet. Der Denkfehler war zu glauben, dass man als Marktführer im Bereich Internetzugang genügend Zugangskontrolle habe, um sie als Hebel zum Verkauf von weiteren Produkten nutzen zu können. Dem Internet ist es aber egal, über welchen Provider man seine Inhalte anbietet. Es behandelt zunächst alle Daten gleich.[39]

Auch wenn AOL Time Warners Versuch, das Internet zu kontrollieren, scheiterte, gibt es seitdem immer wieder ganz ähnliche Anläufe. Die Deutsche Telekom beispielsweise bietet mit »StreamOn« einen Internettarif an, bei dem sie die Daten ihres eigenen Videostreaming-Portals sowie einiger Partnerdienste unabhängig vom gebuchten Datenvolumen des Internetanschlusses abrechnet. Damit ist sie tatsächlich in der Lage, ein besseres Angebot vorzulegen, als alle regulären Dienste im Internet. Aber nur indem sie die durchgeleiteten Daten ungleich behandelt. Vorgänge wie diese werden heute unter dem Begriff »Netzneutralität« diskutiert und skandalisiert. Eine Verletzung der Netzneutralität ist in gewisser Weise immer ein ansatzweiser Integrationsangriff eines Zugangsproviders auf das Internet. Dahinter steckt zwar nicht das Ziel, den gesamten Internetgraphen zu kontrollieren, wohl aber, genug Zugangskontrolle zu erlangen, um sich einen Teilgraphen einzuverleiben – wie zum Beispiel den Videostream-Nutzungsgraphen. 2018 hat ein Gericht die Praxis der Telekom teilweise für illegal erklärt.[40]

Geradezu institutionalisiert hat den Integrationsangriff Google. Schon Googles etwas zu feste Umarmung des Webs kann als ansatzweiser Integrationsangriff verstanden werden. Als abgeschwächte Diensteplattform, die durch lockeres, aber im Ansatz doch vorhandenes Kontrollregime über dem Web thront, besetzt Google zudem eine strategisch herausragende Position für weitere Integrationsangriffe auf alle möglichen webbasierten Plattformen.

Eines der vielen Beispiele dafür ist Yelp, eine Plattform zur Bewertung von Restaurants, Bars und anderen öffentlichen Orten. Google fing an, bei Suchanfragen nach bestimmten Orten Yelp-Informationen über diese Orte direkt in den eigenen Suchergebnissen anzuzeigen. Mit anderen Worten: Googles neuralgische Stellung als das Query-Regime des Webs erlaubte es, Websites aller Art als Content-Infrastruktur zu verwenden. Statt auf den Link zu Yelp zu klicken, bekommen Nutzer*innen alle Informationen bereits im Google-Interface. Google hat den Yelp-Graphen kurzerhand integriert. Integrationsangriffe von Suchmaschinen sind gefürchtet, und Plattformen treffen Vorkehrungen dagegen. So fing Amazon irgendwann an, Google auszusperren, und Alibaba tut dasselbe mit der chinesischen Suche Baidu.[41]

Auf der anderen Seite lässt Google Integrationsangriffe auf sich selbst sogar freiwillig zu. Startpage und MetaGer sind Suchmaschinen, die im Grunde nichts weiter tun, als das Query-Regime von Google mit einer anderen Level-II-Kontrolle auszustatten. Der Suchschlitz von Startpage und MetaGer stößt zwar im Hintergrund eine Google-Suche an, lässt aber die Google-Personalisierung weg, blockt alles an User-Tracking und sperrt damit sogar Googles Graphregime aus. Dementsprechend verkaufen sich diese Dienste als datenschutzfreundliche Google-Alternativen. Google bleibt zwar im vollen Besitz seines Verbindungsregimes, und es wäre ein leichtes, solche Dienste einfach auszusperren, doch offenbar bereiten sie Google keine Sorgen. Es ist davon auszugehen, dass sich das schnell ändern würde, sobald sie relevante Marktanteile erlangten.

Vertikaler Imperialismus

Anfang 2019 kommt heraus, dass Facebook eine sogenannte Research-App für iOS-Geräte betreibt. Das ist eine App, die nie im App Store angeboten wird, sondern die man nur direkt und mit einem Entwickler-Account auf iPhones installieren kann. Facebook hat einige hundert Menschen dafür bezahlt, sie zu installieren und im Hintergrund laufen zu lassen. Bei der App handelt es sich um ein sogenanntes VPN, ein Virtual Private Network. Ein VPN routet alle Internetkommunikation auf einem verschlüsselten Kanal über einen Server im Internet. Normalerweise nutzt man solche Dienste, um die eigene Kommunikation abhörsicher zu machen. In diesem Fall wurde die Technologie für das Gegenteil eingesetzt. Den VPN-Server betrieb nämlich Facebook, das auf diese Weise die gesamte Internetkommunikation des Gerätes mitlesen konnte. So behielt Facebook im Blick, welche Apps sonst noch genutzt werden, welche Trends sich abzeichnen, wie Apps zum Beispiel in Kombination mit Facebooks Apps genutzt werden, etc. Es geht kurzerhand um Marktforschung, und es war – wie so vieles – eine Idee des Growth Teams.

Als das Nachrichtenportal *TechCrunch* über das Vorgehen berichtet und der Skandal losbricht, handelt Apple sofort:[42] Facebook wird das Entwicklerzertifikat entzogen. Über mehrere Tage kann Facebook nicht an seinen iOS-Applikationen weiterarbeiten. Der Schaden wirkt überschaubar, doch der Schock sitzt tief. Die Episode zeigt die Abhängigkeit auf, in der Facebook sich befindet. Trotz seiner Stellung als Killer-App auf dem iPhone ist es dem Goodwill und den Kontrollregimes von Apple und Google ausgeliefert. Und Apple hat bereits gezeigt, dass es bereit ist, sie einzusetzen.[43] Was ist, wenn Apple sich einmal entschließt, Facebook von seiner Plattform zu verbannen?

Wie keine andere Diensteplattform hat Facebook es geschafft, sich horizontal auszudehnen, andere Plattformen zu verdrängen und immer mehr Graphen in den eigenen zu integrieren. Doch vertikal – von unten und von oben – bleibt es angreifbar. Für Plattformen gibt es immer vor- und nachgelagerte Plattformen, die drohen, den Graph zu iterieren oder ihm die Grundlage zu entziehen. Es ist also sinnvoll, sich nicht nur horizontal, sondern sich auch vertikal abzusichern.

Vertikale Integration ist ein seit vielen Jahren und in vielen Branchen bekanntes Phänomen. Dabei geht es immer darum, dass eine Firma, statt sich auf ihr Produkt zu konzentrieren, auch vor- und nachgelagerte Produkte in ihre Firmenstruktur integriert. Ein Beispiel wäre, wenn ein Automobilhersteller anfängt, auch Autobatterien oder Reifen zu produzieren. Oder wenn er auch als Bank auftritt und Kredite zum Kauf seiner Autos vergibt, oder wenn er auch Autohäuser besitzt und so den Verkauf selbst übernimmt. Es gibt viele gute wirtschaftliche Gründe, weshalb vertikale Integration angestrebt wird, von der Reduzierung der Transaktionskosten[44] und der Akkumulation von Patentrechten[45] über größere Gewinnmargen bis hin zur Erhöhung der eigenen Verhandlungsmacht.[46]

Vieles davon gilt natürlich auch für Plattformunternehmen, doch hier kommt noch eine strategische Komponente hinzu. Wer vor- und nachgelagerte Graphen besitzt, reduziert Abhängigkeiten und Angriffsflächen. Eine Plattform, die nicht nur einen Graphen, sondern eben auch vertikal integrierte Graphen kontrolliert, nennen wir deswegen »vertikales Imperium«.

Das beste Beispiel für ein vertikales Imperium ist Google (seit 2015 eigentlich Alphabet Inc.). Googles wichtigste vertikale Graphnahmen waren die Entwicklung des Browsers Chrome und der Kauf bzw. die Weiterentwicklung von Android. Beide sichern Googles wichtigsten Graphen ab: die Websuche. Android sorgt dafür, dass Google-Dienste auf dem größten Teil der Smartphones verfügbar sind und prominent präsentiert werden. Chrome, der heute meistgenutzte Browser, sorgt dafür, dass die Google-Suche dort standardmäßig die präferierte Suche ist. Wenn man weiß, dass Google noch 2019 zwölf Milliarden Dollar an Apple gezahlt hat, um auch auf dem iPhone-Browser Safari die voreingestellte Suche sein zu dürfen, und jährlich auch einige hundert Millionen an Mozilla überweist, um im Firefox-Browser die vorausgewählte Suche zu sein, dann weiß man, wie viel der Besitz solcher Plattformen Google wert ist.

Auch nach weiter unten sichert Google sein Geschäftsmodell ab. Zum einen hat der Konzern Milliarden Dollar in Infrastruktur investiert und auf der ganzen Welt eigene Kabel verlegt und Rechenzentren gebaut. Im Grunde hat er ein privates Internet neben das öffentliche Internet gestellt und sich so von dem Goodwill der großen Internetprovider weitgehend unabhängig gemacht. Mittlerweile verlegt Google auch eigene Ozeankabel – und ist damit nicht allein. Auch Amazon, Microsoft und Facebook bauen ihre eigene Dateninfrastruktur immer weiter aus.

Doch Google geht noch einen Schritt weiter und hat ein eigenes Internetprotokoll namens QUIC entwickelt.[47] Das ist ein Übertragungskontrollprotokoll wie TCP, aber wesentlich effizienter, und noch dazu ist jede Verbindung verschlüsselt. Das hat unter anderem den Vorteil, dass mit QUIC hergestellte Verbindungen nicht von Providern gelesen und von anderem Traffic unterschieden werden können. In manchen Fällen kommt der gesamte Stapel der vertikalen Graphen zum Tragen: Wenn man von Chrome oder Android heraus auf Google-Dienste zugreift, ist die Wahrscheinlichkeit groß, dass man schon nicht mehr auf TCP unterwegs ist, sondern per QUIC.

Doch es geht nicht nur um die vorgelagerten Plattformen. Google fürchtet sich auch vor Iterations- und Integrationsangriffen. Als Siri, Apples Sprachassistent für iPhones und iPads, 2014 vorgestellt wurde, gab es Grund zur Spekulation, dass dies ein Integrationsangriff auf Google sein könnte. Schließlich kann Siri googeln und die Ergebnisse weiterreichen – natürlich ohne die Werbung dabei mit vorzulesen. Auch Amazons Alexa könnte Google in dieser Hinsicht gefährlich werden. Das ist sicher einer der Gründe, warum Google mit Google Home ebenfalls in den Markt der stationären Sprachassistenten eingestiegen ist.

Ein anderes vertikales Imperium, das hier nicht unerwähnt bleiben kann, ist das chinesische Tencent. WeChat ist sein Produkt und der populärste Messenger in China. Aber allein WeChat als Messenger zu bezeichnen ist höchst missverständlich. Einerseits hat es viel mehr Interaktionsmöglichkeiten als normale Messenger und grenzt damit eher an die Funktionalität von Social Networks. Andererseits wurde es auch genau zu dem, was Facebook immer sein wollte, aber niemals schaffte: eine Plattform in dem Sinne, dass auf ihr ein ganzer Zoo populärer Anwendungen läuft.

2011 noch unter dem chinesischen Namen *Weixin* gegründet, überschritt es schon zwei Jahre später die 100-Millionen-Nutzer*innen-Marke. Mit der Umbenennung in WeChat im selben Jahr kamen weitere Sprachversionen hinzu sowie eine Neuerung, die WeChat absetzen sollte: QR-Codes. Alle kennen QR-Codes, aber der Einsatz, den WeChat in China etablierte, machte sie zu einem kulturellen und wirtschaftlichen Phänomen. Von Medien, Prominenten über die großen Unternehmen bis zu kleinen Shops priesen alle möglichen Marken ihre QR-Codes an, mit denen man ihre WeChat-Kanäle abonnieren konnte. Das brachte nicht nur einen enormen Schub in die Nutzung, sondern integrierte WeChat in die Business- und Medienwelt in einem Maße, die die Bedeutung von Facebooks Fanpages weit übertrifft.

Noch 2013 wurde WeChat auch zur Gamingplattform. Aus der WeChat-App wurde es möglich Spiele zu installieren, die dann in WeChat gespielt werden konnten. Gleichzeitig wurde auch ein Bezahl-Feature eingeführt. Per WeChat konnte man das erste Mal mit seinem Smartphone bezahlen, lange bevor Apple und Google ihre Bezahlfunktionen einführten. Um die Bezahlmöglichkeit noch populärer zu machen, stellte Tencent Automaten in ganz China auf, bei denen man direkt mit WeChat Pay bezahlen konnte. Doch auch immer mehr lokale Händler*innen – bis hin zu Streetfoodverkäufer*innen mit mobilem Stand – begannen diese Bezahlmöglichkeiten anzubieten.

Seit 2014 kann man über WeChat auch Taxis bestellen und bezahlen – es hat somit auch die Funktionalität von Uber integriert. Ebenfalls im Jahr 2014 ermöglichte WeChat, dass man direkt auf der Plattform Online-Shops eröffnen konnte, also die Funktionalität von eBay oder Amazon Marketplace. Außerdem bietet WeChat eine Suchmaschine, eine Art digitalen Ausweis und einige weitere Features. Ein ganzes Imperium, gewachsen aus einer App.[48]

Facebooks vertikale Bemühungen waren dagegen bislang von zweifelhaftem Erfolg gekrönt. Zwar hat Mark Zuckerberg früh erkannt, dass das Smartphone das Mobilparadigma für alle Social Networks einführt, und er stellte Facebook mit einigem Erfolg vom Web zur App um. Was er jedoch nicht schaffte, ist, Facebook selbst als Player im Smartphone-Markt zu etablieren. In der Tat wurde viele Jahre unter Hochdruck an einem eigenen Facebook-Phone gearbeitet. Die Resultate waren aber nie gut genug, um damit wirklich auf den Markt zu gehen. Am Ende veröffentlichte Facebook 2013 eine für die eigene Seite angepasste Android-Version. Selbst die war ein Misserfolg und sollte Facebooks letzte Anstrengung in diese Richtung gewesen sein.

Ein anderer Schachzug kann ebenfalls als vertikale Graphnahme verstanden werden. 2014 kauft Facebook das Virtual-Reality-(VR-) Start-up Oculus. Oculus feierte gerade einen Durchbruch in der Technologie: Es konnte VR-Headsets bauen, bei deren Verwendung den meisten Menschen nicht mehr sofort schlecht wurde. Der Erwerb von Oculus ist eine Wette auf die Zukunft. Der Markt ist noch klein und fast nur auf Spiele beschränkt. Mark Zuckerberg glaubt allerdings daran, dass es die »nächste Plattform« wird, wie er es nennt. Die Idee dahinter ist, dass wir unser Sozialleben irgendwann in virtuelle Welten verlagern, die wir dann möglichst realitätsnah und immersiv – also unmittelbar in das Erlebnis eingetaucht – erleben wollen. Bevor die nächste Plattformiteration kommt, will er diesmal vorbereitet sein.

All das kann man derzeit nur schwer als vor- oder nachgelagerte Graphen verstehen. Deswegen lässt sich Facebook, anders als Amazon, Alibaba, Apple, Google, Tencent und Microsoft, kaum zu den vertikalen Imperien zählen. 2019 kündigt Mark Zuckerberg eine Initiative an, die ihn vielleicht doch noch zum vertikalen Imperator machen könnte: Novi.[49] In einem offenen Brief kündigt er an, zunächst Facebook Messenger, WhatsApp und Instagram Private

Messages zu einem einheitlichen Messengerdienst zu vereinen. Dieser soll wie WhatsApp kryptographisch Ende zu Ende abgesichert sein. Insgesamt sollen Datenschutz und Privatsphäre im neuen Facebook deutlich höher priorisiert werden. Dafür kündigt Zuckerberg auch einen potentiell radikalen Wechsel des Geschäftsmodells an. Es soll eine eigene Kryptowährung geben, also ein digitales Bezahlsystem mit eigener Währung, nämlich Novi. Novi soll ähnlich wie Bitcoin auf einer Blockchain basieren, also einer öffentlichen, kryptographisch abgesicherten Datenbank. Diese soll jedoch nicht, wie bei normalen Kryptowährungen üblich, völlig dezentral herausgegeben werden, sondern von Facebook und einer Reihe seiner Geschäftspartner.

Das sind ambitionierte Ankündigungen, und es ist fraglich, ob Zuckerberg sie umsetzen kann. Für den Fall, dass der Plan und damit die Rechnung aufginge, wäre es nicht nur der Aufstieg Facebooks zu einem vertikalen Imperium, sondern auch eine der spektakulärsten Graphnahmen der Internetgeschichte. Man kann aber damit rechnen, dass alle davon betroffenen Institutionen – von Banken, Kreditkartenunternehmen, Finanzdienstleistern bis hin zu Währungsbanken und Nationalstaaten – diesen Vorstoß nicht so einfach hinnehmen werden. Widerstand hat sich bereits formiert.[50]

6 Plattformpolitik

»DIE BRIEFWAHL WIRD ZU MASSIVEM WAHLBETRUG UND MISS-BRAUCH FÜHREN. AUSSERDEM WIRD ES ZUM ENDE DER GROSSEN REPUBLIKANISCHEN PARTEI FÜHREN. WIR KÖNNEN EINE SOLCHE TRAGÖDIE IN UNSEREM LAND NIEMALS ZULASSEN. EIN GROSSER SIEG HEUTE ÜBER DIE BRIEFWAHL VOR GERICHT IN TEXAS. GRA-TULATION!!!«[1]

Diese Nachricht, die der damalige US-Präsident Donald Trump am 29. Mai 2020, im Jahr der Präsidentschaftswahl, sowohl auf Twitter als auch auf Facebook verbreitet und die der Anfang der großen Legende des angeblichen Wahlbetruges war, sorgt schon damals für einige Kontroversen in der Öffentlichkeit, aber auch intern bei Facebook. Die Mitarbeiter*innen fordern, den Post zu entfernen, weil er offensichtlich eine Falschbehauptung zum Wahlvorgang enthält, was gegen die Community-Guidelines verstößt und normalerweise mit sofortigem Löschen geahndet wird. Das Management bleibt jedoch untätig. Der Druck auf Facebook wächst, der Skandal eskaliert. Am Ende lenkt das Unternehmen widerwillig ein, verschärft seine Moderationspraxis, aber der Post bleibt stehen.

Diese scheinbar so schlichte Episode wird umso komplexer, je weiter man sie entfaltet. Sie berührt alle Themen, die wir in diesem Kapitel behandeln wollen: die Politik der Plattformen nach innen, ihre Politik nach außen und wie sie als Akteure ihre und die Sicherheit von Staaten beeinflussen.

Wie jede Landnahme errichtet auch jede Graphnahme eine Ordnung. Diese Ordnung ist nicht optional, sie ist eine notwendige Folge der gewonnenen Souveränität. Das hat schon Richterin Patel Napster klargemacht, und bis heute bekommen es die CEOs von Plattformen immer wieder zu spüren. Auf einmal sind sie verantwortlich für alles, was unter ihrer Plattformherrschaft geschieht. Sie sind eine Art Regierungschef, auch wenn die meisten von ihnen das niemals sein wollten.[2]

Tarleton Gillespie hat das in seinem Buch *Custodians of the Internet* auf die wunderbare Formel gebracht: »having taken custody of the web, they [the platforms] now find themselves as its custodians«.[3] Der Satz, der auf den Titel seines Buches verweist, lässt sich nicht so leicht ins Deutsche übersetzen. »To take custody« bedeutet sowohl »etwas in Gewahrsam nehmen« als auch »in Besitz nehmen«, wobei die Verwahrung auch immer eine Verantwortungsübernahme anzeigt. »Custody« ist nebenbei auch das Sorgerecht, »Custodian« bezeichnet von der Treuhänderin bis zum Hausmeister alles, was einerseits eine Autorität, aber andererseits auch Fürsorgepflicht mit sich bringt.[4]

Mark Zuckerberg hält sich selbst nicht dafür geeignet, Politiker zu sein. Unter anderem deshalb holt er bereits 2007 Sheryl Sandberg als Geschäftsführerin zu Facebook. Sandberg hat, bevor sie das internationale Anzeigengeschäft bei Google leitete, als Stabschefin von Bill Clintons Finanzminister Larry Summers gearbeitet. Sie kennt sich also nicht nur mit dem Online-, sondern auch im politischen Tagesgeschäft aus und hat zudem Verbindungen nach Washington, D.C. Eine ideale Mischung, wie Zuckerberg findet. »In vielen Belangen gleicht Facebook eher einer Regierung als einem traditionellen Unternehmen«, sagt er ihr direkt nach der Einstellung. »Wir haben eine große Gemeinschaft und mehr noch als andere Technologieunternehmen setzen wir wirklich Normen.«[5] Sandberg soll nicht nur ein Businessmodell finden und aufbauen, sondern sich auch um das lästige Regieren kümmern. Zuckerberg selbst will sich lieber über das Produkt, die Technologie und die Strategie Gedanken machen.[6]

Plattformen sind – wie Staaten – politische Entitäten, doch sie funktionieren deutlich anders als Staaten. Während der Staat sein Territorium über den Zugriff auf den Körper regiert, regiert die

Plattform ihren Graphen über den Zugriff auf die Verbindungen. Die Komplexität dieser Verbindungsregierung verdeutlicht der Trump-Post, der alle drei Dimensionen der Plattformpolitik berührt, die wir hier besprechen wollen:

1. Trump hat klar gegen die Community-Guidelines verstoßen. Das ist das Dokument, das die Beziehungen zwischen den Nutzer*innen regelt und aufgrund dessen die Plattform ihre Eingriffe in diese legitimiert. Das betrifft also die *innenpolitische* Dimension der Plattform.

2. Donald Trump ist nicht irgendwer, er ist damals der Präsident der Vereinigten Staaten. Einen Post von ihm zu löschen verändert unweigerlich die Beziehung der Plattform zum Staat. Facebook zögert hier aus denselben Gründen, weswegen jeder Staat zögert, bevor er einen ausländischen Würdenträger sanktioniert. Ein solcher Vorgang kann nicht nur nach internen Normen beurteilt werden, weil er einen *außenpolitischen* Eklat hervorrufen kann.

3. Die strengen Regelungen zu Falschinformationen über den Wahlvorgang, gegen die Donald Trump hier verstößt, basieren in erster Linie auf den Erfahrungen aus den US-Präsidentschaftswahlen 2016, als unter anderem russische Agenten Facebook dazu benutzten, die Wahl zu beeinflussen. Seitdem versuchen Plattformen – insbesondere Facebook –, sich gegen solche Angriffe besser abzusichern. Hier werden also auch *sicherheitspolitische* Aspekte tangiert.

Seitdem das Netz mit den Plattformen adressierbare politische Entitäten hat, verändert sich der Sinn von Netzpolitik und erweitert sich um die drei oben genannten Dimensionen. Das Netz hat jetzt eigene Innenpolitiken, die ich hier als *Netzinnenpolitik* behandeln will. Das Netz pflegt Beziehungen nach außen, vor allem zu Staaten, die ich unter dem Stichwort *Netzaußenpolitik* versammle. Zuletzt haben Plattformen zunehmend einen sicherheitspolitischen Aspekt und treten immer öfter auch als geopolitisch relevante Akteure auf, was ich unter *Netzsicherheitspolitik* fassen möchte.

Doch bevor wir in die drei Dimensionen der Plattformpolitik eintauchen, werden wir klären, welche Machtmechanismen den Plattformen für ihre Politik überhaupt zur Verfügung stehen, die allesamt auf das Managen und die Instrumentalisierung wechselseitiger Abhängigkeiten hinauslaufen.

Interdependenz

Bei David Singh Grewal haben wir bereits gelernt, wie Macht in Netzwerken entsteht. Grewal nimmt dabei die Makroperspektive ein: Er beobachtet, wie akkumulierende Entscheidungen zur Netzwerkmacht eines Standards anwachsen. Wir wechseln hier in die Mikroperspektive und verschieben den Fokus vom Netzwerk auf die Verbindung. Dabei stellt sich heraus, dass sich kontrollgesellschaftliches Regieren auf Politiken der Interdependenz zurückführen lässt.

Fast alle Verbindungen sind wechselseitige Verbindungen, das heißt, sie stellen sich als interdependente Beziehung heraus. Ich kann kein Freund von jemandem sein, die keine Freundin von mir sein will. Ich kann nicht Arbeitnehmer sein, ohne dass jemand anderes meine Arbeitgeberin ist, und nicht Käuferin, wenn sich kein Verkäufer findet – und natürlich gilt das alles umgekehrt genauso. Wechselseitige Abhängigkeit bzw. Interdependenz ist eine Eigenschaft beinahe aller Beziehungen, was aber nicht automatisch bedeutet, dass dadurch ein Gleichgewicht hergestellt wird, schon gar nicht, wenn es um Macht geht. Um die Politik der Plattform zu verstehen, hilft es, zunächst die Machtverhältnisse innerhalb interdependenter Verbindungen zu analysieren.

Richard M. Emerson hat bereits in den 1960er Jahren den Versuch unternommen, die Macht in wechselseitigen Beziehungen zu formalisieren. Seine schlichte These lautet: »Macht residiert implizit in der gegenseitigen Abhängigkeit.«[7]

Abhängigkeit definiert Emerson wie folgt: D(a|b) (D für «dependence«) sei die Abhängigkeit eines Akteurs A von einem Akteur B.

Sie ist (1.) proportional zu As Motivation, jene Ziele zu erreichen, die B zugänglich macht, und (2.) umgekehrt proportional zur Erreichbarkeit dieser Ziele jenseits der A-B-Beziehung. Macht definiert Emerson folgendermaßen: P(a|b) (P für »power«) sei die Macht eines Akteurs A über einen Akteur B. Sie bemisst sich an dem Widerstand von B, den A fähig sei zu überwinden.[8]

Zunächst gilt: P(a|b) = D(b|a) Die Macht von A über B entspricht der Abhängigkeit Bs von A. Da Beziehung jedoch wechselseitig abhängig ist, gilt:

P(a|b) = D(b|a) und P(b|a) = D(a|b).

Alle interdependenten Beziehungen lassen sich so darstellen. P(a|b) = D(b|a) und P(b|a) = D(a|b) bedeutet nicht, dass die Beziehung ausgeglichen ist. Eine ausgeglichene Beziehung entspräche: P(a|b) = D(b|a) == P(a|b) = D(b|a). (Die Macht und die Abhängigkeit von A über B entspricht der von B über A.) Es lassen sich aber auch leicht ungleiche Beziehungen darstellen. Eventuell hat B einen guten Job und A lebt in Bs Haushalt und hält ihn am Laufen. Klar braucht B auch A, doch nicht so stark wie A B braucht. Eine solche Beziehung sähe dann so aus: P(b|a) = D(a|b) > P(a|b) = D(b|a). Emerson sieht Macht also nicht als Einbahnstraße, erkennt aber die Existenz von Ungleichgewichten an und kann sie aus den wechselseitigen Abhängigkeiten direkt ableiten.

Die vier Balanceakte

Bei interdependenter Macht funktioniert die Machtdynamik über die Steuerung der Balance gegenseitiger Abhängigkeiten. Will man die eigene Macht erhöhen, muss man die Abhängigkeiten der anderen von einem selbst steigern und/oder die eigene Abhängigkeit von anderen reduzieren. Daraus ergibt sich so etwas wie eine »Politik der Balanceakte«.

Stellen wir uns eine ausgeglichene Beziehung vor: P(a|b) = D(b|a) == P(a|b) = D(b|a). A und B sind hier zwei Kinder aus der Nachbarschaft. Die beiden Kinder spielen gern zusammen, denn allein spielen langweilt. Sie sind also von der wechselseitigen Kooperation abhängig. Würde A sich weigern, mit B zu spielen, könnte B sein Ziel (gemeinsames Spielen) nicht erreichen. Aber A könnte es ebenso wenig.

Nun zieht eine neue Familie in die Nachbarschaft, und A lernt C kennen, das gleichaltrige Kind der Familie. Die beiden freunden sich an. Das verändert auch die Beziehung zwischen A und B, da A jetzt eine alternative Spielpartnerin hat. Nun gilt $P(a|b) = D(b|a) > P(b|a) = D(a|b)$. A hat nun mehr Macht über B, da er weniger abhängig von B ist als B umgekehrt von A.

B müsste nun einen Balanceakt vollziehen, um dieses Machtungleichgewicht wieder auszutarieren. Dafür hat sie vier Optionen.

- **Balanceakt 1**: Sie kann ihre eigene Motivation, mit A zu spielen, zügeln. (»A ist eh doof.«)
- **Balanceakt 2**: Sie kann sich eine alternative Ressource erschließen, also zum Beispiel eine andere Spielkameradin finden. (Eine Spielkameradin D zum Beispiel.)
- **Balanceakt 3**: Sie kann sich selbst als Spielkameradin für A wieder attraktiver machen (indem sie zum Beispiel in ein neues Legoset investiert), damit A wieder lieber zu B zum Spielen kommt.
- **Balanceakt 4**: Sie kann As Zugang zu alternativen Ressourcen (in diesem Fall also zu C) versperren. Sie kann zum Beispiel Cs Familie überreden, wieder wegzuziehen (schwierig), oder sich mit C verbünden (leichter).

Auf diesen vier Balanceakten beruht die Politik der Interdependenz, die man in allen menschlichen und nichtmenschlichen Lebenslagen wiederfinden kann und die auch für Plattformen eine entscheidende Rolle spielen. Denn Plattformmacht basiert beinahe vollständig auf der Macht interdependenter Beziehungen.

Erstens sind Plattformen die neuen Orte, an denen Beziehungen stattfinden. Alle Plattformen organisieren Beziehungen, die auf wechselseitigen und oft auf komplementären Abhängigkeiten basieren: Uber-Fahrer*innen und Fahrgäst*innen, App-Entwicker*innen und Nutzer*innen, Verkäufer*innen und Käufer*innen, Videoproduzent*innen und Konsument*innen etc. Das versetzt Plattformen in eine Art Metabeziehung zu allen diesen Beziehungen. Die Plattformmacht entspräche somit den akkumulierten Einzelabhängigkeiten der von ihnen mediatisierten Beziehungen.

Zweitens macht das umgekehrt die Plattformen von den von ihnen akkumulierten Beziehungen abhängig. Sie müssen viel dafür tun, diese Beziehungen zu halten und möglichst zu mehren. Daraus resultiert die Pflicht zur Netzinnenpolitik. Sie müssen immer wieder Balanceakte von oben vollziehen, müssen Verkäufer*innen zu Kulanzregelungen zwingen, übergriffige Uber-Fahrer*innen sanktionieren, die Qualität von Apps kontrollieren, Spam bekämpfen, Hatespeech und Fake News verfolgen. Sie sind Gärtner in einem komplexen Ökosystem, das ständig im Gleichgewicht zu halten ist.

Drittens sind auch im Verhältnis zwischen Plattform und Staat ständig Balanceakte zu vollziehen. Sowohl in der Netzaußen- als auch in der Netzsicherheitspolitik werden wir sehen, wie die Abhängigkeiten der Staaten von den Plattformen mit der akkumulierten Netzwerkmacht stetig zunehmen. Die Politik der Staaten scheint das aber nicht wirklich zu begreifen. Das liegt wahrscheinlich daran, dass Staaten immer noch nicht in der Macht interdependenter Beziehungen denken, sondern nach wie vor in der Macht kollektiver, souveräner Entscheidungen und des Gewaltmonopols.

Fallbeispiel: Presseleistungsschutzrecht

Seit Google das Web indiziert und durchsuchbar gemacht hat, bestand eine für beide Seiten profitable Beziehung zwischen Websitebetreiber*innen und Google. Google macht die Websites auffindbar und versorgt sie mit Besucher*innen. Auf der anderen Seite bereichert jede Website Googles Angebot, denn erst durch sie wird die Suche interessant. Apples App Store wiederum ist von den App-Entwickler*innen abhängig, die wiederum von den Kund*innen abhängig sind, während beide vom App Store abhängig sind. Uber ist von den Fahrer*innen abhängig, und beide hoffen auf Fahrgäste. Der Kern der Plattformmacht besteht in diesen symbiotischen Verhältnissen und ihrer Kontrolle.

Emerson hat leider nicht über Plattformen geschrieben. Um seine Theorie für unsere Zwecke zu erweitern, rufen wir uns Pelusos und Ribots Artikel über Zugang aus Kapitel 4 ins Gedächtnis. Die beiden unterscheiden zwischen Zugangskontrolleuren und Zugangsabhängigen.[9] Macht bleibt in interdependenten Beziehungen zunächst latent. Emerson schreibt, dass sie sich nur dann manifestiert, wenn eine der Parteien ein Bedürfnis äußert, dass die andere Partei nicht zu erfüllen bereit ist. Nur im Überwinden des Widerstandes der nicht willigen Partei wird die Macht als solche transparent.

Stellen wir vor, auf der Plattform C interagieren die Akteure A, B, D, E, F, G, H und I. Solange sie reibungslos miteinander kommunizieren, bleibt die Macht der Plattform unsichtbar. Doch dann kommen A, B und D auf den Gedanken, von C Geld zu verlangen, schließlich hängt Cs Erfolg auch von ihrer Präsenz auf der Plattform ab. Zu diesem Zweck schmieden A, B und D eine Koalition (Balanceakt 4) und verlangen nun Geld von C für ihr Verbleiben auf der Plattform. Wird C dem stattgeben?

Das ist genau so passiert. Mit dem zunehmenden Erfolg von Google im Werbemarkt und gleichzeitig sinkenden Werbeerlösen bei Presseverlagen wurde das Verhältnis seitens der Verlage nicht mehr als für beide Seiten profitabel wahrgenommen. Insbesondere bei den deutschen Presseverlagen etablierte sich die Auffassung, dass Google durch die Aggregation und Darstellung ihrer Inhalte bei der Suche einseitig – oder zumindest überproportional – von der Beziehung profitierte. Plötzlich empfanden sie Googles Vorgehen als »Diebstahl geistigen Eigentums«.

Da für derlei Ansprüche aber keine Gesetzesgrundlage existierte, lobbyierte eine Koalition aus Presseverlagen – angeführt vom Axel Springer Verlag und dem Bundesverband Deutscher Zeitungsverleger – jahrelang bei der deutschen und europäischen Politik für ein sogenanntes »Leistungsschutzrecht für Presseverleger«. Es sollte selbst kleinste Ausschnitte aus Artikeln auf ihren Websites – die sogenannten Snippets – unter eine Art urheberrechtlichen Schutz stellen und damit Google zwingen, Lizenzen zu kaufen, um die Links zu den entsprechenden Artikeln darstellen zu dürfen. Google wies bei seiner eigenen Öffentlichkeitsarbeit immer wieder darauf hin, dass es für Websitebetreiber*innen doch ein Leichtes sei, sich aus dem Suchindex des Dienstes auszutragen. Man müsse nur eine kleine Datei namens robots.txt auf dem eigenen Server entsprechend anpassen. Doch es nützte nichts. Am 1. August 2013 trat das Leistungsschutzrecht für Presseverleger*innen in Deutschland in Kraft.

Das Resultat war, dass Googles Macht gegenüber den Websites der Presseverlage auf die Probe gestellt wurde. Google bot den Verlagen an, sich für die weitere Darstellung in den Suchergebnissen zu registrieren. Für null Euro. Nachrichtenseiten, die sich nicht registrierten, wurden ohne Snippets, nur mit Link und Überschrift, gelistet. Auf einmal stellten die Presseverlage fest, dass niemand von ihnen auf Googles Besucherstrom verzichten konnte, und meldeten sich an.[10]

Ähnliche Vorstöße gab es in anderen europäischen Ländern, und immer wieder zeigte sich dieselbe Machtdynamik. Konsequent waren die spanischen Zeitungen. Sie wurden nach einem Rechtsstreit schlechterdings von Google ausgelistet.[11] Die Presseverlage hatten das Machtverhältnis, in dem sie sich befanden, schlicht nicht verstanden. Sie dachten, sie seien lediglich in einer rechtlich prekären Lage, die man mit einem entsprechenden Gesetz ändern könne. Das Presseleistungsschutzrecht änderte zwar den rechtlichen Rahmen, aber nichts am Abhängigkeitsverhältnis der Verlage zu Google.

Gerade weil im Fall des Presseleistungsschutzrechts die Macht auf beiden Seiten so unverblümt ausgespielt wird, eignet es sich gut zur Analyse. Wir können hier zwei Politiken identifizieren, die über Emersons Balanceakte hinausgehen und für Plattformen gewissermaßen spezifisch sind: die »Politik des Flaschenhalses« und die »Politik der Pfadentscheidung«. Während Emersons Balanceakte immer nur auf das Management der Machtasymmetrien selbst zielt, betreiben diese beiden Politiken den Einsatz der Macht zur Erreichung von externen Zielen.

Die Politik der Pfadentscheidung

Als »Pfadentscheidung« bezeichnet man für gewöhnlich die Festlegung auf einen bestimmten Entwicklungspfad, wie sie uns bereits des Öfteren begegnet ist: bei der QWERTY-Tastatur, der Normalspurbreite von Schienen, Nationalsprachen, dem ASCII-Zeichensatz oder dem TCP/IP-Standard für das Internet. Jedes Mal wurde durch eine frühe Grundsatzentscheidung für oder gegen einen Standard der Entscheidungsraum aller Folgeentscheidungen vorstrukturiert, sodass man davon sprechen kann, dass alle weiteren Entscheidungen von der initialen Entscheidung *pfadabhängig* waren.

Die initialen Entscheidungen können zu dem Zeitpunkt, wo sie getroffen werden, unerheblich wirken, vielleicht sogar den Charakter des Vorläufigen haben, und diejenigen, die sie treffen, haben meist gar nicht die Absicht, Politik zu machen. Beim Presseleistungsschutzrecht waren es einige Pfadentscheidungen aus der Frühzeit des Webs, die entscheidenden Einfluss auf den Ausgang der Machtprobe hatten.

Der erste Webcrawler war der »World Wide Web Wanderer«, der 1993 vom Matthew Gray am MIT entwickelt wurde. Ein Webcrawler ist im Grunde ein Programm, das automatisiert von einer Website aus Links zu weiteren Websites folgt und unterwegs alle relevanten Inhalte speichert. Der World Wide Web Wanderer war dazu gedacht, das Wachstum des damals noch jungen WWW zu messen. Das Web wurde früh als öffentlicher Ort verstanden, in dem alles, was publiziert wurde, für alle zugänglich sein sollte – und genau so verstanden sich auch Webcrawler.

Einer gesetzlichen Regulierung dieser Freiheit kam der Niederländer Martijn Koster zuvor, indem er 1994 mit dem Robots.txt-Standard einen Selbstregulierungsmechanismus für Webcrawler erschuf. In einer Datei namens Robots.txt, die im Stammverzeichnis des Webservers liegt, können Websitebetreiber*innen feingranular festlegen, welche Teile der Website gespeichert werden dürfen und wie oft oder wie lange dies der Fall sein darf. Natürlich kann man Webcrawler auch ganz aussperren. Vielleicht möchten nicht alle, dass die eigene Website indiziert wird, oder sie wollen in gewissem Rahmen mitbestimmen, wie die Website in fremden Indizes dargestellt wird.

Die Robots.txt-Datei ist ein bisschen wie ein Waschzettel in Kleidungsstücken, nur statt Anweisungen zu geben, wie und bei wie viel Grad die Kleidung zu waschen ist, sagt die Datei, welche Website wie indiziert werden darf. Sie hat sich schnell zum De-facto-Standard entwickelt, und alle Webcrawler, auch die von Suchmaschinen wie Altavista, Bing und Google, halten sich daran, sodass sich der Standard sogar als gerichtsfest erwiesen hat.[12]

Als die Presseverlage nach einer Regulierung von Suchmaschinen riefen, konnte Google auf diese etablierte Praxis verweisen, die die Funktion eines Presseleistungsschutzrechts schon erfüllt. Die Verlage mussten somit gegen längst getroffene Pfadentscheidungen agitieren, in deren Pfadabhängigkeiten sie sich bewegten.

Zu Pfadentscheidungen kommt es zwangsläufig bei jeder Plattformwerdung, und oft passiert das nicht einmal bewusst. Plattformen setzen und definieren Standards oder werden selbst zum Standard. Jede Designentscheidung, jeder Prozess, jeder Algorithmus, jedes Interface strukturiert die Pfade vor, in denen Menschen denken, sprechen und handeln können. Verantwortlich sind hier in erster Linie das Infrastruktur- und das Interface-Regime, aber auch das Query-Regime spielt oft eine Rolle. Wie wir noch sehen werden, können über Umwege auch mittels aller anderen Regimes implizite Pfadentscheidungen getroffen werden.

Die Politik der Pfadentscheidung wirkt über den zwanglosen Zwang des vorherrschenden Standards, was auch bedeutet, dass die Pfadentscheidung nicht in Stein gemeißelt ist. Natürlich kann man sich dem Zwang widersetzen, aber wie beim Fliegen muss man viel zusätzliche Energie aufwenden, um seiner Gravitation zu entkommen.

Letztlich resultiert die Politik der Pfadentscheidung aus der Plattformhegemonie. Nur ein hegemonialer Standard produziert starke Pfadabhängigkeiten und ist fähig, eigene Ideen, Konzepte und Wertvorstellungen über die Plattform in die Welt zu tragen, aber auch die Entwicklung der Plattform selbst vorzustrukturieren.

Die Politik des Flaschenhalses

Die Politik des Flaschenhalses ist die naheliegendste Politik, die einer Plattform zur Verfügung steht. Ein Akteur mit Kontrolle über Verbindungen kann seine Macht dahingehend einsetzen, dass er implizit oder explizit damit droht, eine Verbindung zu kappen oder einzuschränken. Google tut das mit der Drohung, die Nachrichtenseiten aus dem Suchindex auszulisten und sie so von den Besucherströmen der Suchmaschine abzuschneiden. Google muss mit diesem Machtmittel nicht einmal drohen, sind es doch die Verlage, die sich über die Indizierung beschweren.

Im Fall des Presseleistungsschutzrechts gibt es drei Parteien: die Websitebetreiber*innen, die Google-Nutzer*innen und Google selbst. Die Verlage A, B, D sind nur eine Untergruppe der Websitebetreiber*innen, diese wiederum bilden zusammen mit den Google-Nutzer*innen, die Gesamtmenge der Akteure, die von Google profitieren. A, B und D tun sich also in einem Balanceakt 4 als Koalition zusammen, um als Kollektivakteur Wege für Google abzuschneiden, ihre Inhalte gegeneinander auszuspielen. Sie kontrollieren also einen Teil der Ressourcen, auf die Google angewiesen ist, um die Suchbedürfnisse seiner Nutzer*innen zu befriedigen.

Die Verlage sind im Vergleich zu Google in einer denkbar schwachen Position, denn sie kontrollieren trotz der Koalition nur einen winzigen Teil der Inhalte eines Teils der deutschsprachigen Presselandschaft. Milliarden andere Websites sind weiterhin für Google frei indizierbar, und Millionen Deutsche nutzen Google. Dieser gigantische Rest sorgt dafür, dass der Hebel, den die Nachrichtenseiten haben, infinitesimal verkürzt wird.

Umgekehrt kontrolliert Google eine Ressource, die für die Verleger essentiell ist: suchende Nutzer*innen. Die Google-Nutzer*innen machen schon mal 30 Prozent des Traffics einer Nachrichtenseite aus.[13] Dementsprechend hat die Suchmaschine einen enormen Hebel. Und seine Kraft wird auch nicht durch alternative Suchmaschinen gemindert, denn die sind nicht in der Lage, so unglaublich viele Nutzer*innen vorbeizuschicken. Und wenn, dann ständen die Verlage bei ihnen vor demselben Problem.

Jede der beiden Seiten versuchte also, den Zugang zu der von ihr kontrollierten Ressource für den jeweils anderen zu verengen und so zu entscheiden, wer von wem abhängiger ist. Das Leistungsschutzrecht war eine von den Verlagen initiierte Machtprobe, die sie verloren haben. Offenbar unterlagen sie dem Irrtum, über eine Killer-App-Hegemonie auf der Google-Plattform zu verfügen. Weil sie davon ausgingen, dass die Google-Nutzer*innen die Suchmaschine zu einem Gutteil nur nutzen, um ihre Artikel zu finden, überschätzten sie die Abhängigkeit Googles von ihren Inhalten.

Nicht immer ist die Politik des Flaschenhalses so deutlich konfrontativ und als Machtkampf erkennbar. Meistens kommt es nicht zu expliziten Drohungen, Zugänge zu beschneiden, sondern die Plattform gibt einfach die Nutzungsbedingungen vor, und wer sie nicht erfüllen will, kommt erst gar nicht in den Genuss der Aufnahme. Exemplarisch ist dies bei den App-Stores zu beobachten: App-Entwickler*innen für den Apple App Store und den Google Play Store entrichten 30 Prozent[14] ihrer Einnahmen an die Plattformbesitzer. Tatsächlich sind die 30 Prozent ein willkürlich festgesetzter Wert und insofern mehr Ausdruck von Apples und Googles Macht denn legitime Kostendeckung.[15] Seit geraumer Zeit scheint zudem durch, dass Apple die App-Entwickler*innen bedrängt, immer mehr Umsatz mit In-App-Verkäufen zu machen. Entwickler*innen haben sogar Angst, offen über den Druck zu sprechen, den das Unternehmen auf sie ausübt.[16]

Die Politik des Flaschenhalses basiert auf dem Zugangsregime und in einigen Fällen auch auf dem Query- und Verbindungsregime.

Sie ist deswegen fast ausschließlich Diensteplattformen vorbehalten, was ein Grund dafür ist, dass wir in diesem Kapitel kaum über andere Plattformarten reden werden. Die Politik des Flaschenhalses ist Ausdruck und Resultat der Plattformsouveränität einer Plattform.

Netzinnenpolitik

Jonathan's Coffee House war mehr als nur ein Café. 1680 in London gegründet, entwickelte es sich schnell zum Treffpunkt des aufstrebenden Bürgertums. Insbesondere verkehrten hier Händler, um ihren Geschäften nachzugehen. Die Geschäfte liefen so gut, dass ab 1698 Preise für alle möglichen Handelswaren und Aktien auf einer großen Tafel notiert wurden. Bald schon wurde mit spekulativeren Gütern gehandelt, wie Aktienoptionen und zukünftigen Verträgen (Futures). Es entwickelte sich eine der ersten Börsen der Welt.

Doch es gab ein Problem. Im Gegensatz zu normalen Kaufverträgen ließen sich die spekulativen Geschäfte nicht rechtlich absichern. Gerichte weigerten sich schlicht, Rechtsstreitigkeiten über Optionen und Futures zu verhandeln, weil sie sie als reines Glücksspiel betrachteten. 1734 ging das britische Parlament sogar so weit, solcherlei Geschäfte mit dem »Sir John Barnard's Act« explizit in die Illegalität zu verbannen. Allerdings wurden Verstöße dagegen nicht geahndet.

Die Geschäfte im Jonathan's Coffee House konnten also weitergehen, hatten allerdings einen merkwürdigen außerrechtlichen Status erhalten. Folgerichtig versammelten sich immer mehr Gauner und Betrüger, die diese Rechtsunsicherheit für sich auszunutzen wussten. Das schadete natürlich auch allen anderen Geschäften, denn es breitete sich ein allgemeines Misstrauen aus, was die Geschäftsbeziehungen immer stärker lähmte.

Da der Staat nicht für Ordnung sorgen würde, musste die Lösung für das Problem von den Händlern selbst kommen. Diese formulierten und verabschiedeten allgemeine Geschäftsgrundsätze, an die sich jeder von ihnen zu halten hatte. Vor Händlern, die dagegen verstießen, wurde namentlich auf großen Tafeln gewarnt. Als 1801 die London Stock Exchange eröffnete, orientierte sie sich an dem Prinzip. Der Unterschied war, dass sich Geschäftsleute gegen einen substantiellen Betrag registrieren mussten. Wenn sich jemand als unlauterer Geschäftsmann herausstellte, wurde ihm die Lizenz entzogen.[17]

Wir haben es hier offenbar mit einer frühen Vorform der Diensteplattform zu tun. Für ausgeprägte Level-II-Kontrollregimes reichte die Technologie noch nicht aus, aber durch die Registrierungspflicht war bereits ein Zugangsregime verfügbar, das über die Politik des Flaschenhalses für die Durchsetzung und Regulierung der internen Ordnung sorgte.

Seitdem hat sich auffallend wenig geändert. Netzinnenpolitik entsteht in gewisser Weise bis heute im Regulierungsvakuum des Staates. Der Staat hat – aus gutem Grund – meist keine eigenen Normen für die Feinheiten des Verhaltens im Netz. Er greift lediglich ein, wenn gegen Gesetze verstoßen wird: Betrug, Bedrohung, Volksverhetzung. Würde sich die Regulierung der Netzinteraktionen darauf beschränken, wären die meisten Plattformen schnell unbenutzbar.[18] Es braucht also ein eigenes Regime mit speziellen Normen und anderen Durchsetzungsstrategien als Gefängnisstrafen und Geldzahlungen. In den allermeisten Fällen stehen dafür das Zugangsregime und die Politik des Flaschenhalses im Mittelpunkt.

Bei Emerson haben wir bereits die Koalition kennengelernt. Sie ist nur eine Unterkategorie dessen, was er Gruppe nennt. Eine Gruppe tritt nach außen immer als Kollektivakteur auf, besteht aber aus mehreren Akteuren, die sich zum Erreichen eines Ziels X zusammengeschlossen haben.

In der Netzinnenpolitik hat man es trotz Plattformstruktur mit Gruppen im Emerson'schen Sinne zu tun. Abgesehen vom Durchsetzungsmechanismus braucht es auch spezifische interne Strukturen. Emerson macht zwei Arten dieser Strukturen aus: Rollenzuschreibungen und Gruppennormen. Während Rollenzuschreibungen für manche, aber nicht für alle Gruppenmitglieder gelten, sind die Gruppenregeln für alle bindend. Aus diesen beiden Strukturmerkmalen wird Autorität und Legitimität generiert, die zusammen mit den Durchsetzungsmechanismen die Netzinnenpolitik komplementieren. Wir werden aber auch sehen, dass einer der wesentlichen Unterschiede zwischen Plattformen und herkömmlichen Gruppen ist, dass sie eine Vielzahl unterschiedlicher Rollenzuschreibungen ausbilden können und dass all diese Rollen einen spezifischen Einfluss auf die Innenpolitik einer Plattform haben können.

Gruppenregeln und ihre Ausnahmen

Als 1999 die Trollerei auf Napster überhandnimmt und es erste Anstrengungen zur Moderation gibt – unter anderem werden Accounts mit rassistischen und sexistischen Benutzernamen gesperrt –, schreibt Shawn Fanning in den Firmenchat: »Ich dachte, die meisten von uns sind gegen die Zensur, die die RIAA [die Interessengemeinschaft der amerikanischen Musikindustrie] uns auferlegen will. Gibt es irgendeinen Grund, problematische Nutzernamen zu bannen? […] Lasst uns Zensur bekämpfen, nicht selbst damit anfangen.«[19]

Die Abneigung gegen Moderation und Eingriffe in die Kommunikation der Nutzer*innen ist stilbildend für beinahe alle sozialen Medien, insbesondere die des Silicon Valley. Heute gibt es zwar keine Plattform mehr, die keine Community-Guidelines, Codes of Conduct oder ähnliche hausordnungsartige Benimmkataloge vorzuweisen hätte, doch deren Einführung und Durchsetzung dauerte jedes Mal lang und war schmerzhaft. Angefangen hat es nicht bei Napster, sondern bereits in den 1980er Jahren.

»Dir gehören deine eigenen Worte« war die einzige allgemeine Regel, die Stewart Brand für eine der ersten virtuellen Gemeinschaften ausgab: The WELL. Das Akronym steht für »Whole Earth 'Lectronic Link« und verweist damit auf die Wurzeln der Gemeinschaft im Whole Earth Catalogue, jener sagenumwobenen Publikation,

mit der Brand ab Ende der 1960er Jahre die Hippiebewegung maßgeblich beeinflusst hatte.[20] The WELL war ein Onlineservice, den
man durch das direkte Anwählen eines Servers mit einem Modem
über eine Telefonnummer erreichte. Es war eine Art Forum, beste-
hend aus vielen Unterforen, in denen über alle möglichen Themen
diskutiert wurde. Der beste Vergleich mit heutigen Websites ist mit
Sicherheit Reddit.

Als The WELL 1985 online geht, ist das System noch nicht an
das Internet angeschlossen, und eigentlich wissen noch nicht einmal
die anfangs involvierten Hacker*innen und Hippies, wie Gemeinschaft im Digitalen funktionieren kann. Was daraus entsteht, ist
deswegen nicht zufällig stark beeinflusst von den Ideologien der
Ex-Kommunard*innen, die mit ihren alternativen Gesellschaftsent-
würfen zehn Jahre zuvor gescheitert waren.[21] Die Verabsolutierung
freier Rede war eine der wichtigsten Säulen, auf denen die Ideologie von The WELL beruhte, und so ist dessen Geschichte auch eine
Geschichte emotionaler Höhen und Tiefen, von Trolling, Stalking,
emotionalem Missbrauch, dem Hacking von persönlichen Informationen und Doxing – also dem Veröffentlichen privater Informationen, um dem Opfer zu schaden.[22] In The WELL wurde das soziale
Internet mit all seinen Abgründen erprobt, bevor es auf die Menschheit losgelassen wurde.

Die Entscheidung, auf The WELL keine nennenswerten Commu-
nity-Guidelines zu etablieren, kann rückblickend als eine wesentliche
Pfadentscheidung bei der Entstehung des sozialen Internets gelten.
The WELL war weder die erste noch die größte Online-Community
seinerzeit, aber mit großem Abstand die einflussreichste. Aus The
WELL entstand die Zeitschrift WIRED, genauso wie die Electronic
Frontier Foundation (EFF), bis heute die wichtigste und bekannteste
NGO für Freiheitsrechte im Internet. The WELL machte Persönlichkeiten wie John Perry Barlow, Kevin Kelly oder Howard Rheingold
und ihre Ideen und Texte bekannt. Von hier aus verbreitete sich die
frohe Botschaft des »Cyberspace« und dass für diesen neuen Raum
keine Regeln die besten Regeln seien.[23] Diese Sichtweise wurde vor

allem für die Weltanschauung des Silicon Valley zu einer Grundfeste, und bis heute ist sie einer der Gründe für die tendenzielle Abneigung der Plattformbetreiber*innen, in die kommunikativen Handlungen ihrer Nutzer*innen einzugreifen. Die Idee der Plattform als einer neutralen Infrastruktur ist seit The WELL tief verankert im Denken der Netzkultur.[24]

Dabei wurden die Schwächen der »Ideologie der Strukturlosigkeit« bereits in den Gegenkulturen der frühen 1970er erörtert. Die Feministin Jo Freeman hatte in ihren politischen Gruppen beobachtet, wie der Verweis auf Struktur- und Regellosigkeit immer wieder als Rechtfertigung für problematisches Verhalten innerhalb der Gruppen diente. In ihrem Essay *Die Tyrannei der Strukturlosigkeit* bringt sie das Problem auf den Punkt: »Dieser scheinbare Mangel an Struktur verschleierte zu oft eine informelle, nicht anerkannte und verantwortlich zu machende Führungsstruktur, die umso unangreifbarer war, weil sie ihre eigene Existenz immer verleugnen konnte.«[25]

Was Jo Freeman beschreibt, lässt sich auch als Konflikt zwischen der Politik der Pfadentscheidung und der Politik des Flaschenhalses deuten: Die Abneigung, in die Strukturen einzugreifen (Politik des Flaschenhalses), führt zu einer Totalherrschaft der Politik der Pfadentscheidung und der sich daraus implizit ergebenden Struktur. Nicht selten setzt sich dann eben das Recht des Stärkeren oder Lauteren durch und sorgt für eine toxische Umgangskultur. Dieses Phänomen lässt sich seit The WELL auch in vielen anderen digitalen Gemeinschaften nachvollziehen: Eine einmal etablierte Umgangskultur pflanzt sich fort, und ein Umsteuern wird mit der Zeit immer schwieriger.[26]

Twitter ist ein Beispiel für eine Plattform, die sich so lange gegen eine funktionierende Moderation gewehrt hat, bis das Debattenklima derart abgerutscht war, dass scharenweise die Nutzer*innen davonliefen und Werbekund*innen ihre Aufträge zurückzogen. Es dauerte bis 2015, bis die Notbremse gezogen wurde. Twitters damaliger CEO Dick Costolo schrieb in einem internen Memo: »Wir versagen beim Umgang mit Missbrauch und Trollen auf der Plattform, und das seit Jahren.«[27]

Moderation ist im Idealfall immer beides: Als Politik des Flaschenhalses tritt sie als Disziplinarmacht innerhalb der Plattform auf. Doch insofern sich die Moderationspraxis darauf auswirkt, wie sich das Debattenklima auf der Plattform weiterentwickelt, bedeutet sie auch eine Pfadentscheidung. Tarleton Gillespie sieht in der Moderation deswegen sogar das Hauptprodukt von Social-Media-Plattformen.[28] Wie wir schon erfahren haben, wird eine Plattform eben nicht nur durch die Anzahl der Verbindungen attraktiv, sondern auch durch deren Qualität. Die Qualität der Verbindungen wird aber wiederum maßgeblich von der Umgangskultur auf der Plattform bestimmt.

Eine der ersten und wichtigsten Moderationsmaßnahmen bei fast allen Social-Media-Plattformen und der Branche an sich war die Bekämpfung von dokumentiertem Kindesmissbrauch (oft verharmlosend als »Kinderpornographie« bezeichnet). Vor allem der 2009 von Microsoft entwickelte Inhaltefilter PhotoDNA wurde als industrieweiter Standard 2010 von Facebook, 2011 von Twitter und 2016 von Google in alle möglichen Produkte implementiert, inklusive E-Mail- und Chat-Programmen. PhotoDNA gleicht Bilder mittels ausgefeilter Algorithmen mit einer Datenbank des National Center for Missing and Exploited Children (NCMEC) ab, einer NGO, die zu diesem Zweck Dokumente von Kindesmissbrauch sammelt.

Auch beim »Krieg gegen den Terror« gibt es solch eine Kooperation. Das Global Internet Forum to Counter Terrorism (GIFCT) hat eine vergleichbare Datenbank zunächst für islamistische, später auch für andere extremistische Propaganda zur Verfügung gestellt. Facebook hat seinen Algorithmus zum Matching als Open Source zugänglich gemacht. Seit 2016 ist das System in fast allen amerikanischen Social-Media-Plattformen integriert. GIFCT soll auch 2019 dabei geholfen haben, den Livestream des Attentäters von Halle daran zu hindern, viral zu gehen.[29]

Derartige Beispiele für eine plattformübergreifende Zusammenarbeit sind einer der Gründe, warum man nicht nur von Netzinnenpolitiken im Plural, sondern tatsächlich von einer Netzinnenpolitik sprechen kann. Schon früh haben sich Plattformen in Sachen Moderationsrichtlinien, -praxen und -techniken aneinander orientiert.[30] Doch ein koordiniertes Vorgehen wie im Falle von GIFCT stellt nicht nur eine neue Qualität dar, sondern auch eine neue Gefahr für die Freiheitsrechte der Nutzer*innen. Evelyn Douek spricht in ihrem Paper *The Rise of Content Cartels* von »content cartel creep«, also dem schleichenden Entstehen eines mächtigen Inhaltekartells.[31]

Insbesondere bei so schwammigen Diskursen und Begriffen wie »Terrorismus« ist große Vorsicht angesagt. In einem Schreiben an GIFCT von Ende Juli 2020 beklagen sich 15 Menschenrechtsorganisationen, darunter Human Rights Watch, Privacy International und die Electronic Frontier Foundation, über die Intransparenz der Organisation und fordern eine stärkere Beteiligung der Zivilgesellschaft bei der Bestimmung der Regeln und Rahmenbedingungen.[32] Doch diese Festlegungen werden trotz ihrer immensen gesellschaftlichen Bedeutung nach wie vor jenseits der großen Öffentlichkeit getroffen.

Die meisten Moderationsentscheidungen werden jedoch immer noch bei den jeweiligen Plattformbetreiber*innen getroffen. In der öffentlichen Debatte überwogen lange Zeit die Rufe nach einer stärkeren Moderation durch die Plattformen. Einen Wendepunkt bedeutete ein offener Brief von Espen Egil Hansen, Chefredakteur des norwegischen *Aftenposten*, den er 2016 an Mark Zuckerberg richtete. Darin beschuldigte er Facebook der Zensur. Mehrfach hatte Hansen versucht, ein weltberühmtes Foto hochzuladen, und jedes Mal wurde der Eintrag von dem Unternehmen gesperrt. Das Foto war während des Vietnamkrieges aufgenommen worden und zeigte ein Kind, das völlig unbekleidet und teilweise verletzt vor den Napalmangriffen amerikanischer Flugzeuge flieht. Die als »Napalm Girl« bekannt gewordene Fotografie verstieß gegen gleich mehrere von Facebooks Gemeinschaftsregeln. Sie zeigt Nacktheit, dann auch noch die Nacktheit eines Kindes, zudem Gewalt und persönliches Leid. Deswegen konnte sie, obwohl sie seinerzeit sogar den Pulitzerpreis gewonnen hat, nicht auf Facebook erscheinen.

Während die Welt sich über diesen Umstand echauffierte, waren die Meinungen innerhalb von Facebook gespalten. Die Entscheidung über die Community-Richtlinie eskalierte bis zur obersten Ebene von Mark Zuckerberg und Sheryl Sandberg, was nur selten geschieht. Am Ende wurde entschieden, das Foto zuzulassen. Monika Bickert, Facebooks Head of Global Policy Management – was in etwa der Position einer Innenministerin entspricht –, drückt es so aus: »Wir haben gelernt, dass man manchmal eine Ausnahme vom Wortlaut der Regel machen muss, um dem Geist der Regel zu entsprechen.«[33] Seit der Napalm-Girl-Episode gibt es das Prüfkriterium »Neuigkeitswert«, das die allgemeinen Gemeinschaftsregeln im Zweifel brechen kann.[34]

Ein weiterer Wendepunkt – diesmal in die andere Richtung – war die überraschende Wahl Donald Trumps zum US-Präsidenten. Ab 2017 wurde klar, dass Twitter, YouTube und vor allem Facebook eine gewisse Mitverantwortung für den unerwarteten Wahlausgang hatten. Die russische Einflussnahme über Twitter und Facebook,[35] die Radikalisierung junger Männer auf YouTube[36] sowie die angebliche Beeinflussung durch das Psychomarketing von Cambridge Analytica standen beispielhaft für das Versagen der Plattformen.[37] Doch das Problem geht weit über die USA hinaus. Neben Donald Trump sind auch der philippinische Diktator Rodrigo Duterte[38] sowie der brasilianische Staatschef Jair Bolsonaro[39] direkte Profiteure der fahrlässigen Moderationspolitik der Plattformen. Es wäre zwar verkürzt, ihren politischen Erfolg rein darauf zu reduzieren, doch bei allen drei Politikern spielten vor allem Desinformationskampagnen auf Facebook-Produkten eine zentrale Rolle im Wahlkampf.

Offenbar sind Social-Media-Plattformen für Rechtspopulisten besonders effektive Werkzeuge. Aufwiegelnde Botschaften erzeugen die meiste Interaktion, was wiederum zu einer Bevorzugung entsprechender Posts bei den Algorithmen führt und somit zu einer Weiterverbreitung.[40] Studien haben zudem ergeben, dass sich Lügen, Desinformation und Fake News in sozialen Medien schneller und weiter verbreiten als normale Nachrichten.[41]

In Myanmar (das frühere Burma) war die Situation besonders schlimm.[42] Das Land hatte sich nach einer jahrzehntelangen Militärdikatur überhaupt erst 2012 für die Welt geöffnet und freie Medien – und natürlich auch das Internet – für die allgemeine Nutzung zugänglich gemacht. Wie in vielen Teilen der Welt wurde Facebook schnell zum Kommunikationswerkzeug der Wahl. Gleichzeitig hatte das Unternehmen praktisch in keinerlei lokalsprachliche Moderation investiert, weswegen es erst spät mitbekam, dass sich auf der Plattform radikal-rassistische buddhistische Mönche organisierten, um – in Einklang mit der Regierung und dem Militär – Stimmung gegen die muslimische Minderheit der Rohingya zu machen. Dass es zu ethnischen Säuberungen kam, die vor allem vom Militär ausgingen, wird auch der durch Facebook aufgeheizten Stimmung zugerechnet. Eine unabhängige, jedoch von Facebook beauftragte Studie der Global Network Initiative kam zu dem Schluss, dass Facebook in der Tat vor allem durch Untätigkeit eine Mitverantwortung an den Menschenrechtsverletzungen in Myanmar trägt.[43]

Ein Ereignis war aber noch entscheidender für das erneute Umdenken: Nachdem auf einer Demonstration von Alt-Right in Charlottesville 2017 eine Gegendemonstrantin getötet worden war, gingen fast alle Plattformen härter gegen rechtsradikale Gruppen, Chats und Websites vor. Nazi-Websites wie The Daily Stormer verloren sogar ihre Domain-Dienstleister und Hostingprovider.[44] Seither haben Facebook und Twitter ihr Engagement gegen Hatespeech und Fake News immer weiter intensiviert.

Nur Donald Trump selbst genoss auf beiden Plattformen sehr lange eine Sonderstellung. Begründet wurde sie immer wieder mit dem Neuigkeitswert seiner Äußerungen als US-Präsident. Es lassen sich sogar Hinweise darauf finden, dass Facebooks Entscheidung zur Neuigkeitswert-Ausnahme auch mit Blick auf die anstehende Trump-Präsidentschaft gefällt wurde.[45] Man kann die Begründungen der Plattformen durchaus mit Skepsis aufnehmen, aber fest steht, dass die Plattformen in eine schwierige politische Lage geraten, wenn sie Äußerungen des Staatsoberhauptes der USA moderieren.

Twitter änderte im Juni 2020 seine Regeln, sodass Trumps Tweets nun im Zweifel mit Faktenchecks versehen werden, doch Mark Zuckerberg intonierte lange das Mantra, mit Facebook nicht »Schiedsrichter der Wahrheit« sein zu wollen.[46]

Es ist nicht leicht, hier eine befriedigende Lösung zu finden. In den USA monieren Republikaner schon länger den »liberalen Bias« der Tech-Konzerne und fühlen sich verfolgt. Twitters Versuch, Inhalte von Rechtsradikalen automatisiert zu erkennen, musste vorzeitig abgebrochen werden, weil der Algorithmus bei zu vielen republikanischen Politiker*innen anschlug.[47] Facebook wurde bewusste Manipulation vorgeworfen, weil es die »Trending Topics« regelmäßig manuell von rechtsradikalen Hashtags bereinigen musste.[48]

Auf der anderen Seite machen die Demokratische Partei und große Teile der Öffentlichkeit Druck, endlich härter gegen rechte Hetze vorzugehen. Insbesondere Facebook versucht sich nach wie vor als neutrale Plattform zu inszenieren und bemüht sich aktiv um die Anerkennung der republikanischen Seite, was das Misstrauen der Demokraten noch weiter steigert, bis hin zu Mutmaßungen, das Unternehmen habe einen »geheimen Deal« mit Trump, was Mark Zuckerberg natürlich dementiert.[49]

Nachdem im Januar 2021, einen Monat nach seiner Abwahl, auf Trumps Aufruf hin Hunderte seiner wütenden Anhänger*innen das Capitol in Washington, D.C. stürmten, wurden Trumps Konten sowohl bei Twitter als auch bei Facebook dauerhaft gesperrt. Auch das hinterlässt einen faden Beigeschmack. Staaten können sich eigentlich nicht gefallen lassen, die Kommunikation ihrer Organe durch private Firmen limitieren zu lassen. Wahrscheinlich wird erst durch eine entsprechende Regulierung eine Lösung gefunden werden können.[50]

Moderation als Rolle und Autorität

Ellen Pao wurde 2013 als neue Geschäftsführerin von Reddit eingesetzt, einer Diskussionsplattform, die mit ihrem weitverzweigten Forumsystem eine zentrale Rolle in der westlichen Internetkultur spielt. Über die Jahre hatte sich Reddit stellenweise – auch durch mangelndes Community-Management – zu einer toxischen Umgebung gewandelt. Manche Foren – sogenannte Subreddits – trugen Namen wie »Beatingwomen«, »FatPeopleHate«, »WatchPeopleDie« oder »CreepShots« – Letzteres zeigte vor allem Bilder von unter den Rock fotografierten Frauen. Eine der ersten Maßnahmen von Ellen Paos Geschäftsführung war die Verbannung dieser und vieler anderer problematischer Subreddits und die Einführung strengerer Gemeinschaftsregeln. Daraufhin kochte in vielen Subreddits der Hass und die Hetze gegen sie hoch. Als sie 2015 die Mitarbeiterin Victoria Taylor, zuständig für Talentscouting, entließ, war der Unmut in der Community so groß, dass Pao sich schließlich gezwungen sah zu kündigen.[51]

Die Episode zeigt neben dem allgemein vorherrschenden Frauenhass in vielen Online-Communitys einerseits, wie schwer die Pfadabhängigkeiten eingeschleifter Kulturen zu durchbrechen sind, insbesondere dann, wenn man es erst spät versucht. Andererseits wird deutlich, dass ein Eingreifen in die Kommunikation einer Community ein gewisses Maß politischen Kapitals erfordert. Pao ist ein Extrembeispiel, aber die Notwendigkeit von Autorität und Legitimation für den Moderationsprozess ist überall beobachtbar.

Nach Emerson haben zwar alle Mitglieder einer Gruppe eine gewisse Autorität, wenn sie im Namen der Gruppe sprechen, aber sobald die Gruppenregeln gegen eines der Mitglieder durchgesetzt werden müssen, bedarf es einer speziell legitimierten Form der Autorität. Autorität, schreibt Emerson, ist nicht mehr balancierte, sondern gerichtete Macht. Als solche sei sie nur dann legitimiert, wenn sie über dafür vorgesehene Kanäle und unter Verweis auf die gemeinsam gesetzten Regeln angewendet wird.

Um Gruppenregeln durchzusetzen, braucht es nach Emerson deswegen zusätzlich auch spezifische Rollenzuschreibungen, das heißt, Regeln, die nicht für alle Gruppenmitglieder gleichermaßen gelten, sondern nur für manche. In frühen Chaträumen und Mailinglisten waren das häufig die sogenannten Administrator*innen. Sogar The

WELL und Napster beschäftigten Leute, die sich um die Lösung von Konflikten kümmerten. Heute spricht man von Moderator*innen oder Community-Manager*innen.

In der Realität der großen Plattformen haben wir es bei Moderator*innen allerdings oft mit riesigen Apparaten sogenannter Clickworker*innen zu tun, die auf der ganzen Welt verstreut und oft schlecht bezahlt die Weiten der Social-Media-Plattformen nach regelwidrigen Inhalten durchforsten.[52] Allein für Facebook arbeiten 35 000 Moderator*innen, viele unter prekären Bedingungen auf den Philippinen.[53]

Der Prozess der Inhaltemoderation auf Plattformen ist meist dreigeteilt:

1. Nutzer*innen machen über speziell zur Verfügung gestellte Interfaces auf einen anstößigen Inhalt aufmerksam, oder er wird über algorithmische Verfahren zur Überprüfung markiert.
2. Der Inhalt wird den Moderator*innen angezeigt, und sie haben meist nur wenige Sekunden Zeit, um zu entscheiden, ob der Inhalt tatsächlich gegen die Regeln verstößt oder nicht.
3. Für betroffene Nutzer*innen gibt es mittlerweile oft eine Einspruchsmöglichkeit. Dann geht die Frage entweder zurück zu Schritt zwei, oder sie wird von dort in eine höhere Entscheidungsebene eskaliert.[54]

Die Arbeit der Moderator*innen ist emotional zehrend. Nicht selten werden sie von Inhalten, die sie zu sehen bekommen, traumatisiert. Zwar gibt es eine psychologische Betreuung, doch wird oft davon berichtet, dass diese nicht ausreicht. Im Mai 2020 musste Facebook in einem Vergleich 52 Millionen Dollar Entschädigung an ehemalige Moderator*innen zahlen, weil sie von der Arbeit bleibende psychische Schäden davongetragen hatten.[55]

Wie bei Jonathan's Coffee House handelt es sich bei der Moderation um die Umsetzung einer Politik des Flaschenhalses, bei der der Sanktionsmechanismus auf der Ebene des Zugangsregimes erfolgt. Bei andauernden und oder krassen Regelverstößen wird das Konto gelöscht oder der Zugang zur Plattform temporär eingeschränkt. Bei kleineren Verstößen wird bisweilen lediglich auf der Ebene des Query- oder Verbindungsregimes sanktioniert, werden also nur einzelne Posts gelöscht oder ausgeblendet.

Alle anderen Regimes können ebenfalls zur Moderation beitragen. Nutzer*innen können durch das Design von Funktionen und Interfaces (Infrastruktur- und Interfaceregime) geleitet werden, um gewünschtes Verhalten wahrscheinlicher zu machen. Googles Suchalgorithmus ist zum Beispiel so eingerichtet, dass er Anreize für ein bestimmtes Verhalten von Websitebetreiber*innen setzt.[56]

Anders als bei Emerson entspringt die Legitimation der Regeldurchsetzung auf Plattformen nicht unbedingt der Tatsache, dass die Gruppenregeln von der Gruppe gemacht wurden. Vielmehr werden die Regeln vom Plattformbetreiber vorgegeben und von den Nutzer*innen lediglich akzeptiert – Plattformen gleichen somit eher Monarchien und Diktaturen als Demokratien.[57] Grewals Unterscheidung von souveräner und aggregierter kollektiver Entscheidung kommt hier dennoch zum Tragen (siehe Kapitel 3). Zwar hat die Gruppe keine souveräne kollektive Entscheidung über Regeln und Rollenzuschreibung getroffen, doch über die aufaddierten Einzelentscheidungen, die Allgemeinen Geschäftsbedingungen und Community-Guidelines zu akzeptieren, lässt sich ebenfalls eine gewisse Legitimität ableiten. So sieht beispielsweise Tarleton Gillespie die Legitimation der Regeldurchsetzung direkt an die Community-Guidelines geknüpft, die somit einen mit Verfassungen vergleichbaren Status hätten.[58]

Facebook, selbst immer auf den Anschein der Neutralität bedacht, ist sich seines Legitimationsdefizits durchaus bewusst und sucht Wege, es auszugleichen. Einer davon ist die Installation einer unabhängigen politischen Körperschaft, die den Moderationsprozess überwachen und Einsprüche gegen Moderationsentscheidungen abarbeiten soll. Das Oversight Board, das 2020 seine Arbeit aufgenommen hat, transportiert dabei im Grunde die alte Idee der »Checks and Balances« in die Plattformwelt und wird intern auch als Facebooks »Verfassungsgerichtshof« bezeichnet. Es soll tatsächlich bindende Entscheidungen produzieren, gegen die selbst die Geschäftsführung nicht angehen darf.[59]

Google hat es vorgemacht. Nachdem der Europäische Gerichtshof das Unternehmen 2014 dazu verpflichtet hatte, unter bestimmten Umständen Hinweise im Web auf Personen aus seinen Suchergebnissen auszublenden – das sogenannte »Recht auf Vergessenwerden« –, rief es ein »Advisory Council« ins Leben. Das Gremium war mit allerlei zivilgesellschaftlicher und wissenschaftlicher Prominenz besetzt, unter anderem mit dem Wikipedia-Gründer Jimmy Wales und der ehemaligen deutschen Justizministerin Sabine Leutheusser-Schnarrenberger, und sollte über die Anwendung der Vorschrift wachen. Allerdings war diese Tätigkeit nur temporär gedacht, das Council beendete 2015 seine Arbeit. Ein Abschlussbericht gab Empfehlungen dazu, wie Google die Abwägungen in Zukunft treffen sollte.[60]

Facebook geht ganz ähnlich vor, wobei die Auswahl der 40 Mitglieder des Oversight Board deutlich mehr Kontroversen verursachte. Um sich des Eindrucks zu erwehren, das Unternehmen sei zu linksliberal und damit gegen Konservative voreingenommen, wurden allerlei kontroverse Institutionen und Personen aus dem rechten politischen Lager rekrutiert.

Die Macht der organisierten Nutzer*innen

Als Bruce R. Katz 1994 The WELL komplett übernahm, war ihm nicht ganz klar, was er da gekauft hatte. Der Erwerb einer Community lässt sich mit keiner anderen Investition vergleichen. Fast allen Bemühungen von Katz, The WELL in eine neue Richtung zu lenken, begegneten die Nutzer*innen mit erbittertem Widerstand. Die Idee, neue Abonnent*innen zu werben oder eine grafische Benutzeroberfläche einzuführen, wurden geradezu fanatisch bekämpft, und als er auch noch den amtierenden Community-Manager entließ, blies ihm ein regelrechter Feuersturm ins Gesicht. Auf The WELL gründeten sich Gruppen, die gegen Katz' Pläne mobilmachten. Nach einigen verlorenen Schlachten zog Katz sich zurück und engagierte eine neue Community-Managerin, Maria Wilhelm, die von der Community besser angenommen wurde als er. Am Ende kaufte sie ihm The WELL ab und beendete damit das schwierige Verhältnis.[61]

Obwohl Plattformen proprietäre, fast feudalistische Konstrukte sind, ist die Community netzinnenpolitisch immer ein wesentlicher Machtfaktor, an dem selbst die Eigentümer nicht vorbeikommen. Auch Mark Zuckerberg ist die Facebook-Community mehr als einmal ins Gesicht explodiert. Als 2006 der Newsfeed eingeführt wurde, protestierten schnell Tausende Menschen dagegen, dass jede ihrer Handlungen auf einmal an ihre Kontakte kommuniziert wird. Der Unmut wuchs in einem Maße, wie es Facebook bis dahin nicht gekannt hatte. Erst im Nachhinein stellte sich heraus, dass es ausgerechnet die Funktion des Newsfeeds selbst war, die den Ärger auch noch befeuerte. Sie verschaffte dem Unmut der Nutzer*innen Reichweite und machte ihn leichter anschlussfähig.[62] Der Newsfeed vereinfachte sozusagen den Balanceakt 4, die Koalitionsbildung.

Denn die Nutzer*innen werden erst ein relevanter Faktor, wenn sie sich organisieren. Praktischerweise bieten gerade Plattformen dafür die besten Werkzeuge. Plattformen sind immer beides: diktatorische Regimes und Mittel zur sozialen Organisation. Und sofern Letzteres gelingt, müssen die Plattformbetreiber*innen oft nachgeben. 2009 änderte Facebook seine AGBs und räumte sich dabei großzügige Verwertungsrechte für alle auf die Plattform hochgeladenen Inhalte ein. Wütende Nutzer*innen gründeten daraufhin eine Gruppe namens »People Against the New Terms of Service (TOS)«, die über Nacht 17 000 Mitglieder und später 65 000 Nutzer*innen anzog. Zuckerberg musste schließlich einlenken und zog einige der umstrittensten Änderungen zurück.[63]

Eine längere Auseinandersetzung entspann sich ab 2007 auch mit einer Gruppe junger Mütter, die nicht hinnehmen wollten, dass Fotos davon, wie sie ihre Säuglinge stillen, aufgrund der strikten Community-Guidelines zu Nacktheit ständig gelöscht wurden. Schon im Dezember 2008 fand das erste »Nurse-in« direkt in Palo

Alto statt – Mütter stillten ihre Kinder vor der Facebook-Zentrale. 2012 erreichte eine Petition zur Erlaubnis von Stillfotos mehrere 10 000 Unterschriften. Der Streit eskalierte immer wieder, aber erst 2014 lenkte Facebook ein und änderte die Community-Guidelines entsprechend. Die Mütter waren erfolgreich, auch wenn die ersten zensierten Säuglinge schon bald zur Schule gingen.[64]

Nutzer*innen haben oft auch einen enormen Einfluss auf die Weiterentwicklung des Infrastrukturregimes einer Plattform. Twitter ist das wohl extremste Beispiel dafür. In seiner Frühphase hat Twitter sich größtenteils entlang von Nutzer*innenwünschen weiterentwickelt. Heute so zentrale Funktionen wie der @Reply, der Retweet, das Hashtag oder der Thread wurden erst Teil der Kernfunktionalität, nachdem sie bereits von einer breiten Nutzer*innenschar verwendet worden waren. Erst im Laufe Zeit und durch die Beobachtung seiner Nutzer*innen hat Twitter infrastrukturell zu sich selbst gefunden.[65]

Die Organisationsmöglichkeiten der Plattformen führen zwangsläufig zur stetigen Hervorbringungen neuer Subgemeinschaften. Die meisten davon sind harmlos und sachbezogen, vom Austausch über bestimmte Produktgattungen über Garten- oder Kochtipps bis hin zu Selbsthilfegruppen aller Art. Manchmal finden sich aber auch regelrechte Subkulturen zusammen, wie die Seapunk-Bewegung auf Tumblr, die einfach einen bestimmten Kleidungsstil (punkig, blaue Haare) zelebriert.[66] Einige dieser Subkulturen wirken eher abseitig, wie die Tulpamancer, die sich imaginierte Fabelwesen als Freunde ausdenken, über die sie sich dann austauschen,[67] oder die Otherkin-Community, die aus Leuten besteht, die davon überzeugt sind, nicht von dieser Welt zu sein.[68]

Manche Gruppen gehen auch in gefährlichere Richtungen: Die Pro-Ana-Bewegung will junge Frauen überzeugen, dass Anorexie ein erstrebenswerter Lebensstil ist,[69] die vielen Prepper-Communitys bereiten sich auf den Tag X vor, wenn die Zivilisation zusammenbricht,[70] und die Incels (»involuntary celibate« – »unfreiwillig zölibatär Lebende«) sehen sich als Opfer des Feminismus, weil sie keine

Freundin abbekommen haben, und meinen deswegen, Anschläge begehen zu müssen.[71] Natürlich entstehen immer wieder auch Communitys aus Verschwörungserzählungen mit so absurden Inhalten wie der »flachen Erde«, also dem Glauben, dass die Welt in Wirklichkeit eine Scheibe sei, was von Wissenschaft und Regierung geheim gehalten werde.[72] Zu einer ernsthaften Bedrohung haben sich seit 2017 die Anhänger*innen von QAnon ausgewachsen, einem absurden Kult um einen angeblichen Insider in der Trump-Regierung, der in kryptischen anonymen Botschaften an die Community behauptet, dass Donald Trump in Wirklichkeit als Ermittler einen weltweiten Kindesmissbrauchsring verfolge, in den die gesamte globale Elite verstrickt sei.[73]

Phänomene wie diese sind insbesondere seit der US-Wahl 2016 immer mehr an die Öffentlichkeit gelangt und haben einen zunehmenden Einfluss auf die politische Realität. So haben sich bereits mehrere Rechtsterroristen bei ihren Anschlägen auf die QAnon-Erzählung bezogen, und auch in der etablierten Politik wird der eigenartige Kult zu einer relevanten Größe, mit der man in Zukunft rechnen muss. Etliche republikanische Kandidaten für den US-Kongress sind bekennende Q-Anhänger*innen,[74] und von ihnen haben es zwei geschafft, gewählt zu werden.[75] Auch in Deutschland greift der Trend um sich, Künstler wie Xavier Naidoo, Attila Hildmann, Michael Wendler und ein nicht geringer Teil der Hygienedemo-Szene hängen dem Kult an.[76]

Im Zuge einer Untersuchung zur Verbreitung rechter Fake News habe ich solch eine kollektive Abspaltung von der Realität einmal »digitaler Tribalismus« genannt.[77] Dabei handelt es sich genauso um ein soziales wie um ein psychologisches Phänomen, denn es geht mit sozial induzierten, kognitiven Prozessen einher, die zu einer kollektiven Realitätswahrnehmungsverschiebung führen.[78] Die betreffenden »Stämme« haben gemeinsam, dass sie sich (sub)kulturell und weltanschaulich bewusst vom Mainstream abgrenzen und aus dieser Unterscheidung eine Gruppenidentität ziehen, die eine starke Kohäsion nach innen und eine extreme Abwehrhaltung nach außen befördert. Digitale Stämme sind eine Mischung aus Online-Community, Subkultur und Ideologie.[79]

Plattformen haben keine andere Wahl, als das Phänomen moderierend zu adressieren und dabei schwierige Entscheidungen zu treffen. Sich auf Plattformen zu organisieren, ist erst einmal nichts Verbotenes und sogar erwünscht. Aber die Linie, wo das Recht auf eine eigene Meinung – so absurd diese sein mag – gilt und wo die gefährliche Verbreitung von Verschwörungserzählungen und Fake News anfängt, ist nicht immer einfach zu ziehen.

Twitter hat sich im Juli 2020 entschieden, QAnon von der Plattform zu verbannen. Über 8000 Accounts sind betroffen, und bis zu 150 000 stehen auf dem Prüfstand. Twitter begründet diesen Schritt mit seiner Richtlinie, dass von Twitter-Kommunikation keine Gewalt ausgehen darf. Seit Ende 2020 wird QAnon auch auf Facebook stärker verfolgt. Es wird interessant sein zu sehen, wie die Bewegung darauf reagiert und ob sie das überleben wird.[80]

Die Herausbildung von digitalen Stämmen wird langfristig eine der größten netzinnenpolitischen Herausforderungen für Plattformen werden, und es ist noch lange nicht klar, welche Strategien hier erfolgversprechend sind. Auf der einen Seite kann eine Deplattformisierung solcher Gruppierungen durchaus effektiv sein, auf der anderen Seite führt sie im Zweifel nur zur Abwanderung dieser Gruppen auf andere Plattformen und somit zu einer Segregation der Plattformlandschaft entlang ideologischer Gräben. So sind viele QAnon-Anhänger*innen bereits stark auf Telegram aktiv und beziehen ihre Informationen aus Foren im verschlüsselten Darknet. Rechtsradikale, die auf Twitter, Facebook und Instagram gebannt werden, finden ein neues Zuhause bei gab.com, parler.com oder dem russischen VKontakte.[81] Einerseits schneidet sie das von Propaganda- und Rekrutierungsmöglichkeiten ab, andererseits bietet es neue Möglichkeiten zur ungehinderten und unbeobachteten Radikalisierung.

Der neue Arbeitskampf

Als Foodora 2017 ein neues Feature in Deutschland einführte, waren nicht alle begeistert. Foodora war ein populärer Online-Lieferdienst, der Nutzer*innen erlaubt, per App bei Restaurants Essen zu bestellen und nach Hause liefern zu lassen. 2019 wurde Foodora von Lieferando gekauft. Das neue Feature verriet den Besteller*innen im Vorfeld die Namen der jeweiligen Fahrer*innen. Das war der Anlass, aber nicht der einzige Grund, warum die Fahrer*innen anfingen zu streiken. Ständig änderte Foodora die Geschäftsbedingungen, meist zum Nachteil der freiberuflichen Gigworker*innen. So werden Arbeitnehmer*innen im neuen Feld des plattformbasierten Dienstleistungssektors genannt, weil sie wie Musikbands immer nur für einzelne Gigs gebucht und bezahlt werden. Dass diese Art der Arbeit oft prekär vergütet wird und ganz neue arbeitsrechtliche und ethische Fragen aufwirft, wird bereits an vielen Stellen intensiv diskutiert.[82]

Im konkreten Fall hatte sich glücklicherweise eine WhatsApp-Gruppe gebildet, über die ein Streik organisiert werden kann. Die Fahrer*innen sind sich beim Ausfahren immer öfter über den Weg gelaufen und haben einander für den gemeinsamen WhatsApp-Chat angeworben. Zunächst ging es einfach um den Austausch über Probleme des Alltags von Berufsfahrradfahrer*innen, aber immer öfter auch um die Geschäftsmethoden des eigenen Arbeitgebers.[83] Der Streik war zumindest partiell erfolgreich, und Foodora machte einige substantielle Zugeständnisse.

Plattformen haben einen neuen Arbeitsmarkt geschaffen, inklusive neuer Formen der Ausbeutung, aber auch neuer Formen von Arbeiter*innen-Organisation. An und auf Plattformen arbeiten viele Menschen mit, die auf die eine oder andere Art bezahlt werden: ob als Freiberufler*in, als Angestellte von auftragnehmenden Subunternehmen oder als direkte Angestellte. Wer für oder auf einer Plattform arbeitet, ist oft gar nicht so einfach zu beantworten: Alle Mitarbeiter*innen bei Plattformen sind immer auch irgendwie Nutzer*innen, und alle Nutzer*innen sind in unterschiedlichem Grad auch Mitarbeiter*innen. Im Grunde arbeiten alle Nutzer*innen –

auch die unbezahlten – an der Plattform und der Steigerung ihrer Wirtschaftlichkeit mit.

Was wäre Uber ohne sein weitläufiges Netz aus Fahrer*innen, was wäre YouTube ohne die Heerscharen von professionellen, semi-professionellen und Amateur-Video-Produzent*innen, was wäre Instagram ohne die Influencer*innen, OpenTable ohne Restaurants, Facebook ohne Page-Betreiber*innen, die App-Stores ohne die App-Entwickler*innen, Amazon ohne Händler*innen und Spotify ohne Künstler*innen und Podcaster*innen? All das sind Rollenzuschreibungen, die auf der Plattform mit bestimmten Rechten und Pflichten verknüpft sind und die sich von rein konsumierenden Nutzer*innen, Konsument*innen, Fahrgäst*innen, Kund*innen und denen des Publikums unterscheiden. Benjamin Bratton drückt das so aus: »Eine Plattform regiert jede*n Nutzer*in anders.« Ebendiese Ungleichbehandlung sei der Kern der Plattformsouveränität.[84]

In ökonomischen Betrachtungen von Plattformen als mehrseitigen Märkten ist deswegen oft die Rede davon, dass Plattformbetreiber*innen ein eigenes Interesse daran haben, einen Interessenausgleich zwischen den unterschiedlichen Rollen herzustellen.[85] So wollen die Nutzer*innen von Uber möglichst wenig bezahlen, während die Uber-Fahrer*innen möglichst viel verdienen wollen. Die Kund*innen auf Amazon Marketplace haben ein Interesse an tadellosem Service und kulanten Regelungen, doch die Shop-betreiber*innen nicht immer. Wenn die Interessen der einen Seite zu viel Gewicht hätten, bliebe die andere Seite irgendwann weg und umgekehrt, so die Ökonom*innen. Plattformen sähen es deswegen als ihre Aufgabe, ähnlich der neoklassischen Vorstellung des Marktes, die Interessen im Gleichgewicht zu halten.

Was bei dieser Betrachtung aber übersehen wird, ist, dass die Abhängigkeiten der jeweiligen Nutzer*innengruppen von der Plattform ungleich verteilt sind. Diese werden maßgeblich durch die Ausweichmöglichkeiten bestimmt, die der jeweiligen Nutzer*innengruppe zur Verfügung stehen. Für Kund*innen ist es meist eine reine Bequemlichkeitsentscheidung, bei Amazon einzukaufen oder sich Essen online zu bestellen, für Shopbetreiber*innen und Fahrer*innen bedeutet der Zugang zur Plattform dagegen bisweilen die finanzielle Existenz. Diese Ungleichverteilung der Abhängigkeiten ist nicht neu, im Grunde besteht sie auf jedem Arbeitsmarkt, doch Plattformen können sie genauer ausmessen und algorithmisch flexibler ausnutzen. Wenn sich Arbeiter*innen organisieren und streiken, wählen sie somit den traditionellen Weg des Balanceakts 4, um ihre Macht zu bündeln und die Plattformbetreiber*innen daran zu erinnern, dass sie ihrerseits von den Arbeiter*innen abhängig sind.[86]

Bei Plattformen können Arbeitskämpfe auch noch andere, netzinnenpolitische Dimensionen annehmen. 2018 kam heraus, dass Andy Rubin, der Gründer und langjährige Leiter der Android-Entwicklung, der sexuellen Belästigung beschuldigt wurde und deshalb Google still und heimlich hatte verlassen müssen. Dafür war er mit einem Millionenpaket abgefunden worden. Der intransparente Umgang des Unternehmens mit dem Vorfall und die hohe Abfindungssumme erzürnte zunächst vor allem weibliche Mitarbeiterinnen, die ankündigten, die Arbeit niederzulegen und auf die Straße zu gehen. Doch bald schon schlossen sich Tausende Kolleg*innen, männliche wie weibliche, dem Protest an. Als sich dann am 1. November 20 000 Mitarbeiter*innen an diesem als »Walkout« bekannt gewordenen Ereignis beteiligten, kamen noch andere Themen auf den Tisch, wie die die hohen Gehaltsunterschiede innerhalb der Firma.

Google versprach, mit Anschuldigungen sexueller Belästigung in Zukunft besser umzugehen, ging aber auf darüber hinausweisende Forderungen nicht ein.[87] Anfang 2021 hat sich bei Google die erste Gewerkschaft in einem der großen Techunternehmen des Silcon Valley gegründet. Mit einigen hundert Genoss*innen wurde die Alphabet Workers Union explizit ins Leben gerufen, um auf die Geschäftspolitik des Konzerns politisch Einfluss zu nehmen.[88]

Der Kampf um Talente ist im Silicon Valley bislang entscheidend dafür gewesen, wie erfolgreich Plattformen in ihren jeweiligen Märkten agieren konnten. Tech-Unternehmen beschäftigen deswegen häufig überdurchschnittlich qualifizierte Mitarbeiter*innen, die somit auch über ein ungewöhnlich hohes Maß an Verhandlungsmacht verfügen. Dass diese Mitarbeiter*innen jetzt ihre Macht noch für etwas anderes einsetzen als ihre eigenen Gehaltsverhandlungen, hat einen enormen Einfluss auf die politischen Entscheidungsprozesse innerhalb von Plattformunternehmen.

Schon vor dem Walkout war es bei Google zu Konflikten gekommen, nachdem durchgesickert war, dass das Unternehmen zusammen mit dem US-Verteidigungsministerium an einem Projekt zur automatischen Bilderkennung für das Drohnenprogramm des US-Militärs arbeitete. »Project Maven« sollte speziell Landschaftsaufnahmen auswerten, Gebäude, Fahrzeuge und Menschen identifizieren. Aus Protest kündigten Google-Mitarbeiter*innen ihren Job, Tausende Angestellte des Unternehmens unterschrieben einen wütenden offenen Brief. Google lenkte ein und verlängerte das Projekt nicht, das später von Peter Thiels Firma Palantir übernommen wurde. Zuvor hatten interne Proteste bei Google schon dazu geführt, dass Boston Dynamics, ein Unternehmen, das weit fortgeschritten an Robotern forscht, nach dem Kauf wieder abgestoßen wurde. Boston Dynamics hatte ebenfalls vor allem Verträge mit dem US-Verteidigungsministerium.[89]

Die Proteste der Facebook-Mitarbeiter*innen gegen den Umgang ihres Arbeitgebers mit den Trump-Posts verfehlten ebenfalls nicht ihre Wirkung. Am Ende wurden nicht nur Trumps Posts kritischer moderiert, sondern nach der Wahl auch sein Account gesperrt. Auch bei Twitters Entscheidung, den Account von Donald Trump endgültig zu sperren, spielten die Mitarbeiter*innen die entscheidende Rolle.[90] Facebook überließt die endgültige Entscheidung über Trumps Account hingegen seinem Oversight Board.[91]

Politik gibt es in allen Firmen, aber die Politik innerhalb von Plattformen übersteigt an Kompliziertheit bei Weitem alles, was wir bis dahin kannten. Netzinnenpolitik ist für Plattformen ein Balanceakt, der unterschiedlichste Rollen und Interessengruppen berücksichtigen muss. Explizite Netzinnenpolitik ist teuer, anstrengend,

Geld verdient man damit auch nicht, und vor allem ist sie unglaublich undankbar. Dennoch wird sie sich intensivieren.

»Platforms dream of electric shepards«, schreibt Tarleton Gillespie[92] in Anspielung auf den berühmten Science-Fiction-Roman *Do Androids Dream of Electric Sheep?* von Philip K. Dick, auf dem der Film *Blade Runner* basiert. Gillespie verweist damit auf die Hoffnung der großen Plattformbetreiber, dass der »Superalgorithmus« – die funktionierende Moderatoren-KI – sie vom Fluch des Politischen befreien möge. Doch das wird nicht passieren. Künstliche Intelligenz wird ein wachsender Baustein werden, aber Politik kann man nicht automatisieren.

Plattformen müssen ihr Selbstverständnis komplett umkrempeln. Sie sind jetzt de facto politische Institutionen, und der Feuersturm, der ihnen um die Ohren weht, ist nicht temporär, sondern von nun an Teil ihrer Jobbeschreibung. Plattformen denken lösungsorientiert und sind gerade erst dabei zu verstehen, dass Politik keine Lösungen kennt, sondern höchstens Kompromisse. Das Wesen von Politik ist es, immer nur unbefriedigende und vorläufige Antworten zu liefern, bei denen ein Großteil der Akteure unzufrieden bleiben wird. Alles andere ist Verwaltung.[93]

Netzaußenpolitik

Im selben Jahr wie Project Maven kam ein weiteres geheimes Google-Projekt ans Tageslicht, das unter Mithilfe einiger Mitarbeiter*innen enthüllt wurde und wieder zu Protesten führte.[94] Mit dem »Dragonfly Project« plante Google, in den chinesischen Markt zurückzukehren, den es Anfang 2010 verlassen hatte. Das Unternehmen wollte sich die Profitmöglichkeiten auf dem riesigen und immer noch wachsenden Markt nicht länger entgehen lassen und schien bereit zu sein, Einschränkungen seiner Informationsangebote und staatliche chinesische Zensur in Kauf zu nehmen. Auch dieses Projekt wurde nach einem Empörungssturm Ende 2019 eingestellt.

Neun Jahre zuvor hatte es an ein politisches Erdbeben gegrenzt, als Google ankündigte, sich aus dem chinesischen Markt zurückzuziehen. Bereits seit 2000 bot das Unternehmen eine chinesischsprachige Suche an, doch erst 2006 nahm es offiziell seine Geschäftstätigkeit in China auf. Als die chinesische Regierung YouTube 2009 mittels ihrer Zensurinfrastruktur blockierte, Accounts von Dissidenten hackte und Google aufforderte, immer mehr Suchergebnisse zu zensieren, eskalierte der Streit. Seit 2010 betreibt Google nur noch ein Büro in Hongkong, seine Dienste sind in China größtenteils gesperrt.

Mit über 900 Millionen Internetnutzer*innen ist China der größte Markt für virtuelle Dienstleistungen auf der Welt. Gleichzeitig hat die Regierung des Landes schon früh Maßnahmen getroffen, ihre Nutzer*innen von westlichen Internetangeboten abzuschotten. »Die große Firewall«, wie die staatliche Zensurinfrastruktur außerhalb Chinas genannt wird, ist Teil der allgemeinen Anstrengungen des Staates, eine technische und administrative Infrastruktur aufzubauen, die Güterverkehr, Personen, Transaktionen und Netzwerkverbindungen überwachen und kontrollieren soll. Der offizielle Name des Ansatzes lautet »Projekt Goldener Schild«. Auf welche Problemwahrnehmung er sich gründet, beschrieb Fang Binxing, einer der wichtigsten Architekten der großen Firewall, mit einem bildlichen Vergleich: »Es ist wie das Verhältnis von Flussbett und Wasser. Wasser hat keine Nationalität, aber Flussbette sind Teil souveräner Territorien. Wir können nicht zulassen, dass das verschmutzte Wasser von anderen Nationen in unser Land fließt.«[95]

Wenn das Internet durch die Plattformen so etwas wie politische Entitäten bekommen hat, dann pflegt es jetzt notgedrungen auch Beziehungen zu anderen politischen Entitäten. Diesen stetig an Bedeutung wachsenden Zusammenhang nenne ich *Netzaußenpolitik*. Und wenn man dem Internet schon außenpolitische Beziehungen unterstellt, kann man auch sagen, dass Google lange sein Außenministerium war.

Die wichtigsten Entitäten, mit denen sich Plattformen außenpolitisch ins Benehmen setzen müssen, sind Staaten. Staaten sind, wie

Plattformen, soziale Organisationen, doch sie funktionieren auf vielen Ebenen ganz anders. Einige Aspekte haben wir bereits in Kapitel 3 besprochen, einige andere sind offensichtlich. Zunächst beherrschen Staaten Territorien und organisieren die Menschen darauf über den Zugriff auf ihre Körper. Plattformen hingegen beherrschen Graphen und organisieren Menschen über den Zugriff auf ihre Verbindungen. Staaten steuern ihr eigenes Verhalten durch souveräne kollektive Entscheidungen, Plattformen sind Resultat von aggregierten kollektiven Entscheidungen. Staaten sind die tradierten Infrastrukturen von Disziplinargesellschaften, Plattformen agieren nach dem Paradigma der Kontrollgesellschaften.

Verglichen mit dem Verhältnis zwischen Plattformen und Staaten war die Systemkonkurrenz im Kalten Krieg noch traditionell, insofern sich beide Blöcke um Grenzen, Territorien, Einflusssphären und menschliche Körper stritten. Die Systemkonkurrenz zwischen Plattform und Staat läuft zu all diesen Ebenen quer. Das führt zu Konflikten, häufig ergänzen sich beide Seiten aber auch, ergeben sich Win-win-Situationen. Und manchmal findet alles davon gleichzeitig statt.

Durch ihre geographische Entgrenztheit und ihre Netzwerkmacht unterminieren Plattformen nicht selten staatliche Regulierungen und oft sogar staatliche Souveränität. Meistens ist das nicht einmal beabsichtigt. Ob und wie stark Staaten sich gegen solch ein Verhalten zur Wehr setzen können, wird wiederum davon beeinflusst, über wie viel Macht sie gegenüber Plattformen verfügen und wie abhängig sie von ihnen sind.

Staaten können Plattformen das Operieren in ihrem Territorium gestatten, untersagen oder unter Auflagen stellen. Umgekehrt können vor allem Diensteplattformen sehr gut kontrollieren, wer auf sie Zugriff hat. Es ist gerade diese Kontrolle nach innen, die Plattformen für Staaten so interessant macht. Die Möglichkeit, Kommunikation nach bestimmten internen Regeln zu moderieren, ist etwas, von dem Staaten ihrerseits profitieren wollen und es oft auch tun. Mehr noch: In den letzten Jahren sind Staaten immer abhängiger von den Plattformen geworden, denn sie sind die effektivsten – oft sogar die einzigen – Regulierungsapparate, die ihnen zur Umsetzung ihrer Vorstellungen von Ordnung im Digitalen zur Verfügung stehen.[96]

Neben diesen Politiken des Flaschenhalses gibt es noch weitere Möglichkeiten, die Beziehung zwischen Staaten und Plattformen zu gestalten. Plattformen und ihre Hegemonie dienen Staaten auch als Hebel, eigene Standards, Normen und Werte weltweit durchzusetzen. Insbesondere die US-Außenpolitik hat sich in den letzten Jahren bemüht, mit dem Argument der Internetfreiheit ihren Einfluss auszuweiten. US-Plattformen werden zwar nicht direkt angewiesen, westliche Werte durch ihre Kontrollregimes durchzusetzen. Das müssen sie aber auch nicht, denn sie sind alles andere als neutral. Westliche Werte, wie Redefreiheit und Partizipation, sind in ihren Infrastrukturen meist implizit eingebacken und werden in den internen Prozessen implizit vollzogen. Mit der weltweiten Verbreitung von Internetfreiheit, so dachte man daher lange im US-Außenministerium, könne man international eine Pfadentscheidung hin zu Demokratie und Menschenrechten auf den Weg bringen.

Kurz: Das Verhältnis zwischen Plattform und Staat befindet sich in einem andauernden weltweiten Aushandlungsprozess, dessen Machtmechaniken wir hier analysieren wollen, dessen endgültiges Resultat wir aber nur erahnen können. Fest steht aber, dass netzaußenpolitische Belange immer mehr ins Zentrum handfester Geopolitik rücken.

Das Regulierungsparadox

Am 13. Februar 2019 einigte sich die EU auf eine neue Urheberrechtsrichtlinie. Gegen diese Richtlinie hatte es im Jahr zuvor viel Protest gegeben. Junge Leute, vor allem in Deutschland, gingen zu Tausenden auf die Straßen. Gegenstand der Kritik war vor allem Artikel 13 – in der endgültigen Fassung Artikel 17 – der EU-Urheberrechtsrichtlinie, in dem es um die sogenannten »Uploadfilter« geht.

Die Regelung verlangt von Internetdiensten, insbesondere von Plattformen für nutzergenerierte Inhalte, alle Inhalte vor der Veröffentlichung auf mögliche Urheberrechtsverletzungen zu prüfen. Um dem Gesetz zu entsprechen, müssen Plattformen also technische Infrastrukturen bereithalten, die ankommende Daten mit den Einträgen einer vorher eingerichteten Datenbank von urheberrechtlich geschützten Werken abgleichen, bevor sie sie zur Veröffentlichung freigeben. Ein solches Verfahren ist komplex, teuer und fehleranfällig. Es beschränkt zudem die Äußerungsmöglichkeiten der Nutzer*innen im Zweifel extrem. Den Upload eines privaten Videos kann schon ein Song verhindern, der im Hintergrund im Radio läuft. Ein zitierter Ausschnitt aus einer Berichterstattung kann durch die Rechteinhaber automatisch zensiert werden. Die gesamte, über Jahre gewachsene kulturelle Praxis der Kommunikation über Memes, wie sie unter jüngeren Internetnutzer*innen zur Alltagskultur gehört, scheint in Gefahr.[97]

Für die Politiker*innen, die die Urheberrechtsnovelle vorangetrieben haben, standen aber gar nicht die potentiell drakonischen Einschnitte in die Handlungsfreiheit der Nutzer*innen im Zentrum der Diskussion, vielmehr verwiesen sie – oft mit martialischer Rhetorik – auf die Macht der Plattformen, deren Gebaren Einhalt zu gebieten sei.[98]

Für die institutionelle Politik, die den Aufstieg der Plattformen in den letzten Jahren durchaus argwöhnisch beobachtet hat, mag sich die Auferlegung harter Regulierungsmaßnahmen wie ein potenter Akt anfühlen. Doch für die Plattformen sind Regulierungen – sei es das oben erwähnte Recht auf Vergessenwerden, die Europäische Datenschutzgrundverordnung (DSGVO), das sogenannte »Netzwerkdurchsetzungsgesetz« (NetzDG), die Uploadfilter oder eben auch die chinesischen Ansprüche an Suchergebniszensur – erst einmal nur technische Herausforderungen. Sie werden in Code gegossen und in die ohnehin schon regulierenden Systeme eingebaut. Schlimmstenfalls muss man ein paar zusätzliche Moderator*innen anstellen und am Ende werden alle oktroyierten Regulierungen nichts weiter als eine Modifikation der Zugangs-, Query- und/oder Verbindungsregimes gewesen sein.

Plattformen sind – wie unter dem Abschnitt zur Netzinnen-politik hoffentlich deutlich geworden ist – selbst mächtige Regulierer. Und sie sind, trotz aller berechtigter Kritik, sehr effizient darin. Sie zu regulieren, führt lediglich dazu, dass sie ihre eigene Regulierungsebene anpassen. Die Uploadfilter zum Beispiel sind, einmal implementiert, nichts anderes als zusätzliche Selektionskaskaden auf ankommende Datenströme.[99] Teuer in der Entwicklung, nahezu kostenlos im Betrieb.

Doch das politisch Wesentliche passiert nach der Implementierung: Jede dieser Anpassungen verändert das Machtverhältnis zwischen Plattform und Staat zugunsten der Plattform. Emersons Balanceakt 3 bezeichnet die Strategie, sich als Akteur in der wechselseitigen Beziehung aufzuwerten und so die Abhängigkeit des Gegenübers zu erhöhen. Auf Plattformenregulierung angewendet: Jede von einer Plattform implementierte Regel erhöht die Abhängigkeit der nationalen Politiken von der jeweiligen Plattform. Die Macht der Plattformen wächst in dem Maße, wie die ihr zugewiesene Regulierungskompetenz steigt.[100]

Politiker*innen, die glauben, die Macht der Plattformen durch Regulierung einzuschränken, tun in Wirklichkeit meist das genaue Gegenteil. Das nenne ich das »Regulierungsparadox«.[101] Reguliert man einen Regulierer, schränkt man seine Macht nicht ein, sondern weitet sie oft aus. Viele Politiker*innen, insbesondere auf der Ebene der Europäischen Union, haben diesen Mechanismus noch nicht wirklich begriffen.

Das Regulierungsparadox gilt für beinahe alle Formen der Plattformregulierung. Die DSGVO wurde vor ihrem Inkrafttreten ebenfalls als harter Schlag gegen Google und Facebook verstanden. Heute wissen wir, dass sie zu einer großen Marktbereinigung führte, die Googles und Facebooks Vormachtstellung auf dem Online-Werbemarkt weiter gefestigt hat. Allein 2018, dem Jahr des Inkrafttretens, stieg Facebooks Werbeumsatz in Europa um 40 und Googles um 20 Prozent, während der restliche Online-Werbemarkt lediglich um 14 Prozent wuchs.[102] Insgesamt wuchs Googles Anteil am Online-

Werbemarkt um 5,4 Prozent und der Anteil am Webanalyse-Markt sogar um 7,2 Prozent in den ersten sechs Monaten seit Inkrafttreten.[103]

Gleichzeitig garantieren vor allem die großen Plattformen jene Errungenschaften der DSGVO, die die Politiker*innen ihren Wähler*innen versprochen haben, während viele kleine, oft nicht kommerzielle Projekte sich nicht in der Lage sahen, den hohen Anforderungen gerecht zu werden, und ihre Websites schlossen.[104] Haben Publizist*innen mit unabhängiger und selbst betriebener Infrastruktur den vollen Aufwand und das volle Risiko, wenn sie ihre Angebote an die neuen Regelungen anpassen, brauchen Nutzer*innen der großen Plattformanbieter meist nur einen Knopf zu betätigen, und die Plattform erledigt den Rest. Es ist schließlich genau dieses Abfangen von Reibung und Komplexität, das die Plattformen so erfolgreich gemacht hat.

Im Falle der Uploadfilter wird sich Ähnliches einstellen. Nicht nur werden die Uploadfilter als Erstes von den großen Plattformen entwickelt und implementiert werden, kleinere Projekte werden die Software auch von ihnen lizenzieren müssen. Und was den freien und kreativen Umgang mit Memes und Remixes betrifft, wird es Dienste geben, die wie heute schon GIPHY[105] Lizenzverträge mit Tausenden von Rechteinhaber*innen haben und den Nutzer*innen ein rechtssicheres Angebot machen, bei dem sie aus einer kuratierten Datenbank vorgefertigte Inhalteschnipsel für etwas nutzen können, was ein bisschen so ähnlich aussieht wie die Kreativität, die das Internet einmal hervorgebracht hat.

Derweil freut man sich in Europa, mit der DSGVO einen internationalen Standard gesetzt zu haben, und verweist stolz darauf, dass Google und Facebook im eigenen Land, den USA, sogar dafür werben, vergleichbare Regulierungen einzuführen.[106] Doch natürlich ist die Internationalisierung dieses Standards gerade für die Plattformen enorm sinnvoll. Schließlich haben sie bereits darin investiert, die komplizierten Regeln in die eigenen Regimes zu übersetzen. Es ist ökonomisch also nur folgerichtig, dies als Wettbewerbsvorteil auf möglichst vielen Märkten auszuspielen.

Positiv ausgedrückt kann man Europas Politik gegenüber den Plattformen als »Politik der Pfadentscheidung« verstehen.[107] Durch den Hebel der Regulierung, die durch die Plattformen implementiert und weltweit ausgerollt wird, strukturiert Europa den Entscheidungsraum aller anderen Staaten vor und wirkt weit über die eigene Jurisdiktion hinaus.

Zusammengefasst lässt sich festhalten, dass Regulierung durchaus ihre explizit formulierte Intention verwirklicht, gerade dann, wenn sie von großen Plattformen implementiert wird. Wenn die Hintergrundintention allerdings ist, die Macht der Plattformen einzuschränken, wird man damit das Gegenteil erreichen.

Souveränitätskollisionen und technologische Grenzsicherung

Als der Welt im Frühjahr 2020 klar wird, dass die Verbreitung des neuartigen Coronavirus SARS-CoV-2 nicht mehr aufzuhalten ist, wird auch nach technologischen Ansätzen zur Pandemiebekämpfung geforscht. Singapur war das erste Land, das eine Smartphone-App einsetzte, die Nutzer*innen vor möglichen Ansteckungskontakten warnen sollte.[108] Bald darauf wurde in Deutschland und der Schweiz daran gearbeitet, das Konzept datenschutzfreundlicher weiterzuentwickeln. Die digitale Kontaktverfolgung soll über die Bluetooth-Low-Energy-Schnittstelle funktionieren, die normalerweise zum Verbinden externer Hardware wie drahtlosen Kopfhörern dient, mit der aber auch Abstandsmessungen vorgenommen werden können. Über diese Schnittstelle sollen Smartphones nun automatisch anonymisierte Codes austauschen, damit sich Kontaktereignisse registrieren, vermessen und speichern lassen. Wenn Smartphonebesitzer*innen positiv auf Covid-19 getestet werden, können sie kryptographische Schlüssel freigeben, die alle, die sich länger in ihrer Nähe aufgehalten haben, warnen.

Streit entfacht die Frage, ob die Daten zentral über einen Server ausgewertet und die Benutzer*innen von dort aus gewarnt werden sollten. Die Alternative bestünde darin, die gesammelten Daten auf den Telefonen der Benutzer*innen zu belassen und dort auch zu prüfen, ob es zu potentiell gefährlichen Kontakten gekommen ist. Die Verfechter*innen dieser dezentralen Variante argumentieren, dass ihr Ansatz die Privatsphäre wesentlich besser schone. Beim zentralen Ansatz werde hingegen ein Gesamtgraph aller Kontakte erstellt, der zu Missbrauch geradezu einlade. Die Verfechter der zentralen Variante verweisen dagegen darauf, dass ein Gesamtgraph des Kontaktgeschehens Vorteile bei der epidemiologischen Erkenntnisgewinnung biete.[109]

Deutschland und Frankreich, die sich der Idee der App bereits verschrieben hatten, stellten sich zunächst hinter die zentrale Variante, während Datenschützer*innen, Hacker*innen und Internetaktivist*innen die dezentrale Lösung forderten. Ein grundlegendes Problem beider Varianten war allerdings, dass Apples Sicherheitsvorkehrungen den Zugriff von Apps auf die Bluetooth-LE-Schnittstelle beschränkten. Die Entwicklung einer funktionstüchtigen Kontaktverfolgungs-App war also auf die Zusammenarbeit mit den Betriebssystemherstellern angewiesen.

Folgerichtig wurde der Streit durch eine weitreichende Pfadentscheidung von Apple und Google entschieden. Die beiden Unternehmen einigten sich in einer konzertierten Aktion auf die Umsetzung der dezentralen Variante und stellten in bemerkenswerter Geschwindigkeit auch eine gemeinsame API dazu vor, die sowohl in Android als auch in iOS implementiert werden sollte. Das Sammeln und Auswerten der Daten würde somit vollständig auf Betriebssystemebene der Telefone funktionieren, eine nun noch zu programmierende App nur die Parameter liefern und die Kommunikation koordinieren.

Apple und Google stellten die Gesellschaft quasi vor vollendete Schnittstellen. Während dieser Zug von vielen zivilgesellschaftlichen Akteuren begrüßt wurde, waren vor allem die Regierungen von Deutschland und Frankreich konsterniert. Plötzlich bekamen sie aus dem Silicon Valley diktiert, wie sie ihre digitale Pandemiebekämpfung zu organisieren haben. Deutschland protestierte und stellte sich hinter den zentralen Ansatz, und Frankreich ging sogar so weit, die europäische Souveränität über diese Frage in Gefahr zu sehen.[110]

Tatsächlich haben wir es hier mit einer verwickelten Situation zu tun. Deutschland und Frankreich bitten Apple darum, eine Ausnahme zu machen, und das Unternehmen weigert sich. Damit ist klar: Auf Plattformen entscheiden nur diese selbst über die Ausnahme, hier: eine Ausnahme im Infrastrukturregime ihrer Betriebssysteme. Was nach einem technischen Richtungsstreit klingt, ist also ein Konflikt um die Plattformsouveränität, der damit endet, dass der deutsche und der französische Staat die Plattformsouveränität Apples und Googles implizit anerkennen.

Unabhängig davon, ob und inwieweit die App tatsächlich nützlich für die Pandemiebekämpfung gewesen ist, ist diese Episode ein Paradebeispiel dafür, was passiert, wenn sich zwei Formen von Souveränität, die nationalstaatliche und die Plattformsouveränität, überkreuzen. Zudem zeigt sich, dass es nicht notwendigerweise der Zugriff auf den Graphen ist, der die Souveränität ausmacht – Apple und Google haben ebenso wenig wie Deutschland und Frankreich Zugriff auf das aggregierte Kontaktgeschehen. Entscheidend ist vielmehr die Regulierung des Zugangs zum Graphen: das Ein- und Ausschließen und die Bestimmung der Ausnahme.[111]

Es ist nicht das erste Mal, dass staatliche und Plattformsouveränität aneinandergeraten. Als 2015 nach einem Terroranschlag in San Bernardino ein iPhone im Besitz des getöteten Attentäters gefunden wurde, das FBI aber daran scheiterte, auf die Daten des Geräts zuzugreifen, wandte sich die Behörde an Apple. Das Unternehmen sollte eine Software des FBI mit seinen eigenen kryptographischen Schlüsseln signieren, so dass die Ermittler in die Lage versetzt worden wären, die Sicherheitsbeschränkungen des iOS-Betriebssystems zu umgehen. Apple weigerte sich, dem Folge zu leisten. Begründung: Eine solche Signatur könne auch verwendet werden, um in alle anderen iPhones einzubrechen. Sie käme einer allgemeinen Hintertür gleich.[112] Nach einigem juristischen Hin und Her zog das

FBI seine Anfrage zurück. Es hatte mithilfe einer israelischen Sicherheitsfirma einen Weg gefunden, ohne Apples Unterstützung auf das Telefon zuzugreifen.

Souveränitätskonflikte ergeben sich also nicht nur mit ausländischen Unternehmen, sondern auch mit solchen, die ihren Sitz in dem jeweiligen Land haben, wie Apple in den USA. Plattformen kennen keine geographischen Grenzen, sondern umzäunen ihre Graphen mittels Sicherheitsarchitekturen. Und die einzige sichere Möglichkeit für Plattformen, Staaten den Zugriff auf ihre Graphen zu verwehren, ist, sich selbst aus dem Graphen auszuschließen – mittels starker Verschlüsselung und anderer technologischer Grenzsicherung. Apple versucht sich hier als Vorreiter und achtet bei allen seinen Produkten darauf, erst gar keine Begehrlichkeiten bei Staaten zu wecken. Doch auch Google und sogar Facebook gehen diesen Weg und haben einige ihrer Angebote verstärkt abgesichert und teils komplett verschlüsselt.

Seitdem eskaliert, was man gern als »zweiten Kryptokrieg« bezeichnet. Als »Crypto War« ging in den 1990er Jahren der Versuch von Regierungen, insbesondere der US-Regierung, in die Geschichte ein, die Verbreitung von wirksamer PublicKey-Verschlüsselungs-Software zu verhindern. Hacker*innen druckten den Quellcode der Software auf Papier und T-Shirts, Aktivist*innen in Europa tippten den aus den USA importierten Quellcode händisch ab, um deutlich zu machen, dass auch der Computercode nur eine Form der Rede ist und somit verfassungsrechtlich geschützt sein sollte. Die Regierung musste damals vor allem auf Druck der Digitalwirtschaft einlenken.[113]

Auch die Löschung des Facebook- und Twitter-Accounts von Donald Trump noch während seiner Amtszeit 2021 lässt sich als Souveränitätskonflikt interpretieren und markiert den Übergang von der Netzinnen- zur Netzaußenpolitik. So sehr man im konkreten Fall den Schritt der Plattformen nachvollziehen oder gar begrüßen mag, stellt sich doch die Frage, ob Staaten im Allgemeinen zulassen können, dass der etablierte kommunikative Zugang ihrer gewählten

Vertreter*innen zu ihren Wähler*innen durch private Unternehmen abgeschaltet werden kann. Zu dieser Frage werden wir mit Sicherheit auf der ganzen Welt neue Gesetzgebung sehen.

Nutzer / Bürger*innen als Diskurshebel

Noch immer agitieren nicht nur autokratische Machthaber*innen, sondern auch Politiker*innen in westlichen Demokratien gegen Verschlüsselung oder für die Möglichkeit einer staatlich vorgeschriebenen Hintertür. So soll die Strafverfolgung im Internet erleichtert werden.[114]

Bislang ließen sich solche Positionen auch deswegen nicht durchsetzen, weil Hacker*innen, Aktivist*innen und NGOs beständig argumentieren, dass Hintertüren nicht nur Kriminelle angreifbar machen, sondern ausnahmslos alle Nutzer*innen. Insbesondere Aktivist*innen und Oppositionelle in diktatorischen Regimes seien dann den jeweiligen Machthabern schutzlos ausgeliefert.

Und hier sind wir bei einem entscheidenden Faktor in den Auseinandersetzungen zwischen Plattformen und Staat: Die Nutzer*innen sind gleichzeitig Bürger*innen und Bürger*innen sind gleichzeitig Nutzer*innen. Apple und Google hätten sich mit dem dezentralen Ansatz bei der Corona-App nicht durchgesetzt, hätten die Nutzer / Bürger*innen – in Gestalt von Aktivist*innen und NGOs – nicht die Debatte dominiert. Eine ähnlich wichtige Rolle spielte die Öffentlichkeit beim Disput zwischen Apple und dem FBI. Die Doppelrolle der Menschen als Nutzer / Bürger*innen befähigt sie zu der Entscheidung, welche Rolle sie in derartigen Konflikten einnehmen, und oft sind sie das Zünglein an der Waage. Plattformen wissen das sehr genau und versuchen, es für ihre Zwecke zu nutzen.

Schon Napster konnte sich auf die Unterstützung seiner Nutzer*innen verlassen. Als die Musikindustrie das Unternehmen mit Klagen überzog, gingen junge Leute auf die Straße, an den Colleges gründeten sich Unterstützer*innen-Netzwerke, T-Shirts mit der Aufschrift »Liberté, Fraternité, Napsterité« wurden verkauft.[115] Als die Rockband Metallica in einem demonstrativen Akt vor dem Napster-Büro auftauchte, um gegen das Kopieren ihrer Songs zu demonstrieren, standen sich wütende Metallica-Fans und Napster-Fans gegenüber.[116]

Auch bei der Propagandaschlacht um die europäische Urheberrechtsnovelle und den Artikel 13, die um den Jahreswechsel 2018/19 vor allem in Deutschland ausgetragen wurde, gingen in erster Linie junge YouTube-Nutzer*innen auf die Straße. Google tat einiges dafür, die Stimmung anzuheizen. Schon früh nutzte das Unternehmen dafür Pop-up-Werbung vor Videos,[117] außerdem setzte es eine spezielle YouTube-Kampagnenwebsite auf,[118] mit der User*innen sich organisieren konnten, und schrieb Tausende YouTuber*innen direkt an, um sie gegen das Gesetz zu mobilisieren.[119]

Ist solch eine Instrumentalisierung der Nutzer*innen für Firmeninteressen legitim? Das ist nicht so leicht zu beantworten. In keinem der genannten Beispiele kam es ausschließlich auf Initiative der Plattformen zu den Nutzer*innenprotesten. Im Kern handelt es sich dabei meist um ein aufrichtiges und glaubwürdiges Aufbegehren gegen eine Politik, die von den Nutzer*innen als Eingriff in ihr Leben und Einschränkung ihrer Freiheit empfunden wird. Denn ihr Leben spielt sich heutzutage nun einmal zu einem Großteil auf Plattformen ab.

Für Nutzer/Bürger*innen kann die Doppelrolle einen Interessenkonflikt bedeuten. Einerseits haben sie als Bürger*innen ein Interesse daran, die Plattformen demokratisch zu kontrollieren und deshalb der Hoheit des Staates zu unterstellen. Auf der anderen Seite sind es ganz oft genau die entsprechenden Regulierungsprozesse, die drohen, ihre Rechte als Nutzer*innen einzuschränken.

Man kann dieser Doppelrolle aber auch etwas Positives abgewinnen: In der Konkurrenz zwischen Staaten und Plattformen kann die eine Instanz gegen die andere ausgespielt werden – je nachdem, wer den Nutzer/Bürger*innen im konkreten Fall mehr Rechte garantiert. So ist es absolut nachvollziehbar, sich dafür einzusetzen, dass sich Betriebssystemhersteller ihre Sicherheitsvorkehrungen auch nicht von Strafverfolgungsbehörden des eigenen Staates unterminieren lassen. Hier schützt die Plattform die Nutzer*in vor dem Staat. Gleichzeitig wird sich dieselbe Person vielleicht für stärkeren Datenschutz und mehr gesetzliche Nutzer*innenrechte einsetzen, also eine staatliche Regulierung. Hier schützt der Staat die Bürger*in vor der Plattform.

Cybersouveränität versus Infrastrukturhegemonie

Nicht alle Staaten lassen sich durch die Plattformsouveränität und Infrastrukturhegemonie der großen Tech-Unternehmen beeindrucken, was insbesondere das Scheitern von Google in China bezeugt. Als das Unternehmen dort 2006 seine Präsenz ausbaute und eine speziell auf die Bedürfnisse der chinesischen Regierung optimierte Suchmaschine unter google.cn startete, waren alle Beteiligten erst einmal optimistisch. Google hatte von Microsoft den taiwanesisch-stämmigen Kai-Fu Lee abgeworben – der als erfolgreicher USA-Auswanderer in China bereits eine Legende war –, um das Geschäft in Peking aufzubauen. Das Unternehmen würde den Zensuransprüchen der chinesischen Regierung nachkommen, verzichtete aber auf Services, die persönliche Daten in China gespeichert hätten, wie Gmail, blogger.com oder Picasa – allein um Anfragen der chinesischen Regierung nach der Herausgabe dieser Daten vorzubeugen.

Die Zensurmaßgaben wurden derweil von Google eigenwillig umgesetzt. So blendete google.cn den Nutzer*innen immer auch einen Hinweis ein, dass aufgrund von Regierungsanfragen Suchergebnisse getilgt worden seien, was der Regierung in Peking gar nicht passte. Wenn Google von ihr eine Aufforderung bekam, zehn Suchergebnisse aus dem Index zu tilgen, löschte man für gewöhnlich sieben davon, und auch die wurden nach ein paar Tages stillschweigend wiederhergestellt. Kurz: Google versuchte, seiner Mission, Informationen zugänglich zu machen, so gut es in China eben ging, gerecht zu werden und hoffte wohl darauf, durch solch stetige Akte des zivilen Ungehorsams der chinesischen Regierung und

Gesellschaft den Wert der Informationsfreiheit Schritt für Schritt näherbringen zu können.

Die chinesische Führung war entsprechend unzufrieden. Offiziell verwies sie darauf, dass es mittels Google möglich sei, auf Websites mit pornographischen Inhalten zu stoßen, und weitete ihre Zensuransprüche immer weiter aus. Zu den Olympischen Spielen 2008 verlangte die Regierung sogar, Suchergebnisse für chinesischsprachige Inhalte nicht nur aus google.cn, sondern auch aus google.com zu löschen. Als dann zu Weihnachten 2009 ein großer Hackerangriff auf Gmail-Konten und Googles Versionskontrollsysteme für Software stattfand, zog das Unternehmen den Stecker. Der Hackerangriff wurde bekannt als »Operation Aurora« und konnte auf die chinesische Regierung zurückgeführt werden. Er betraf nicht nur Google selbst, sondern auch viele weitere amerikanische Firmen.[120]

Im Nachhinein stellte sich heraus, dass Baidu, Googles chinesischer Suchmaschinen-Konkurrent, in Zusammenarbeit mit der Regierung Ressourcen zum Aurora-Angriff beigesteuert hatte. Baidu war zwar mit circa 70 Prozent Marktanteil weit vor Google die beliebteste Suchmaschine in China, doch was dem Unternehmen Sorge bereitete, war, dass Google seine sichtbare Opposition zur Regierung und der Hauch des Verbotenen langfristig nutzen würde.[121]

Dass Netzwerke in der Außenpolitik eine wichtige Rolle spielen, ist nichts Neues. Bereits 1977 leiteten Joseph Nye und Robert Keohane mit ihrem Buch *Power and Interdependence – World Politics in Transition* einen Paradigmenwechsel in der Betrachtung internationaler Beziehungen ein. Diese sahen die beiden Autoren nicht wie herkömmlich als Nullsummenspiele, sondern als Interdependenzbeziehung an.[122] Nullsummenspiele zeichnen sich dadurch aus, dass A nur gewinnen kann, was B verliert, und umgekehrt. Interdependenz dagegen setzt die Interaktionspartner häufiger in ein Winwin- oder Lose-lose-Verhältnis. A kann nur gewinnen, wenn auch B gewinnt, und umgekehrt. Handelsbeziehungen sind dafür ein gutes Beispiel: Wirtschaftliche Prosperität ist leichter zu erreichen, wenn die Handelspartner ebenfalls prosperieren. Solche Win-win-Situationen ergeben sich aus wechselseitigen Abhängigkeiten, wie wir sie schon bei Emerson kennengelernt haben. Emersons Balanceakte sind also anwendbar und finden sich in ähnlicher Form bei Nye und Keohane wieder.

Eine der wichtigsten Unterscheidungen bei Nye und Keohane ist die zwischen »Sensitivitäts-Interdependenz« und »Verletzbarkeits-Interdependenz«. Sensitivitäts-Interdependenz meint, dass Land A sensitiv gegenüber allem ist, was in Land B passiert oder was dieses tut. Stellen wir uns zum Beispiel vor, B hört aus irgendeinem Grund auf, Rohstoffe an A zu liefern, was A in Schwierigkeiten bringt, oder in B bricht eine Revolution aus, die nach A überschwappt. Verletzbarkeits-Interdependenz dagegen zeigt an, wie nachhaltig eine solche Veränderung wirkt. Kann A den Mangel an Rohstoffen ausgleichen, indem es zu vertretbaren Kosten auf andere Quellen ausweicht? Wenn ja, ist die Interdependenz weniger verwundbar.

Damit haben wir die Gegenseiten zu den Politiken der Pfadentscheidung und des Flaschenhalses. Sensitivität bedeutet, dass das Abhängigkeitsverhältnis auf diese Politiken reagiert, Verwundbarkeit bedeutet, dass die beteiligten Seiten auf eine Politik des Flaschenhalses nicht ohne weiteres mit Emersons Balanceakt 2 – also dem Erschließen alternativer Ressourcen – reagieren kann. Sie ist der Politik des Flaschenhalses also besonders ausgeliefert.

Heute sind in China fast alle großen amerikanischen Social-Media-Plattformen durch die große Firewall ausgesperrt: Google, Facebook, Twitter, sogar Wikipedia und einige journalistische Angebote.[123] Das hat für die chinesische Regierung nicht nur den Vorteil, dass sie die Informationen kontrollieren kann, die ins Land kommen, sondern auch, dass sich ein eigenes Plattformökosystem hat ausbilden können, wodurch sich sowohl die eigenen Sensitivitäts- wie die Verletzbarkeits-Interdependenzen reduziert haben.[124] Chinesische Plattformbetreiber wie Huawei, Alibaba, Baidu, WeChat/Tencent, Sina/Weibo und TikTok/Douyin gehören zu den größten der Welt, obwohl sie eine weitaus geringere globale Relevanz als amerikanische Plattformen haben. Diese einzigartige Situation hat eine Kongruenz von chinesischen Graphen und chinesischem Territorium geschaffen. Die Herrschaft über die Verbindungen und den Graphen deckt sich weitestgehend mit der Herrschaft über das Territorium und die Körper. Damit sind Kontrollmöglichkeiten geschaffen, vor denen sich im Westen gern gegruselt wird.[125]

Mit »Cybersouveränität« wird für gewöhnlich die digitale Selbstbestimmung von Staaten bezeichnet.[126] Wir können mit unserem bisherigen Theoriemodell eine klarere Definition anbieten: Cybersouveränität ist die weitestgehende Deckungsgleichheit von staatlicher und Plattformsouveränität, von Graph und Territorium.

Außer China versuchen auch andere Staaten, eine gewisse Cybersouveränität zu erreichen, allerdings nicht ganz so erfolgreich. Der Iran, die Türkei und vor allem Russland blocken unterschiedliche westliche Plattformen. Russland verlangt zudem von Diensteanbietern, ihre Server auf russisches Territorium und damit unter russische Jurisdiktion zu stellen.[127] Alle drei Länder sperren Internetdienste, die ihrer Meinung nach nicht legal operieren, mittels technischer Infrastruktur aus. Weil die Sperrungen aber vergleichsweise partiell sind, kommt es häufig zu Seiteneffekten.

Als Russland den Messengerdienst Telegram bannte, nachdem dieser sich geweigert hatte, kryptographische Schlüssel herauszugeben, funktionierten auf einmal auch eine ganze Menge anderer Websites und Dienste in Russland nicht mehr. Telegram war, um Zensur vorzubeugen, mit seiner Dateninfrastruktur auf die Clouddienste von Amazon und Google umgezogen. Dadurch ist das Unternehmen unter den vielen IP-Adressen dieser Dienste erreichbar, hinter denen aber auch eine Menge andere, teils kritische Infrastruktur betrieben wird. Die russische Regierung scherte das wenig, sie sperrte ganze IP-Adressbereiche von Google und Amazon, sodass als Kollateralschaden viele unbeteiligte Internetseiten aus Russland nicht mehr erreichbar waren und sogar einige Geldautomaten nicht mehr funktionierten.[128] Telegram hatte gewissermaßen auf Emersons Balanceakt 4 gesetzt – quasi eine IP-Adressenkoalition mit Google und Amazon – und so Russlands Verletzbarkeits-Interdependenz gegenüber den großen Plattformen ausgenutzt.

Die Beispiele zeigen, dass Staaten ihrerseits fähig sind, eine Politik des Flaschenhalses gegenüber Plattformen zu betreiben, dafür aber teils hohe Kosten in Kauf zu nehmen haben. Denn sie müssen den eigenen Markt sozusagen als Geisel nehmen, um den Zugang dazu zur Verhandlungsmasse zu machen. Insbesondere wenn der Markt besonders groß ist, wie im Falle Chinas, ist dieses Vorgehen aber auch sehr wirkungsvoll. Die wenigen amerikanischen Firmen, die in China arbeiten dürfen, tun dies unter strengen Auflagen. Apple zum Beispiel produziert in China und verkauft dort auch einen Großteil seiner Produkte. Als die Protestierenden in Hongkong eine eigene Karten-App, HK.map.live, in den App Store brachten, mit der sie vor allem Polizeibewegungen innerhalb der Stadt verfolgen wollten, nahm Apple sie auf Druck der chinesischen Regierung wieder aus dem Store.[129] 2017 hat Apple zudem auf Druck der chinesischen Regierung bereits alle VPN-Apps aus dem chinesischen App Store entfernt,[130] Apps, die privates und sicheres Surfen im Internet ermöglichen sollen, aber auch zur Umgehung der chinesischen Firewall verwendet werden. 2020 nahm Apple auch die RSS-Apps aus dem Angebot, die ebenfalls Zugang zu unabhängigen journalistischen Quellen geboten hatten.[131]

Demokratische Staaten tun sich mit der Politik des Flaschenhalses naturgemäß schwer, vor allem wenn es um Internetkommunikation geht, denn die ist grundsätzlich durch das Menschenrecht auf Informationsfreiheit geschützt.[132] Als 2015 das »Safe Harbor«-Abkommen und im Juli 2020 der Nachfolger namens »Privacy Shield« vom Europäischen Gerichtshof für ungültig erklärt wurden, freuten sich die europäischen Datenschützer*innen. Die beiden Verträge hatten als Rechtsgrundlage für den Datenaustausch zwischen den USA und der EU fungieren sollen. Gerechtfertigt wurde das damit, dass die USA ein ähnlich hohes Schutzniveau wie die EU hätten. Der EUGH wollte das, insbesondere nach den Snowden-Enthüllungen, nicht mehr akzeptieren.

Doch außer dass ein paar Jurist*innen und Politiker*innen hochschreckten, hatte das Ende der Abkommen praktisch keine Konsequenzen. Was sollte man auch tun? Die Atlantikkabel durchschneiden? Es wird auch dieses Mal darauf hinauslaufen, dass ein neues ungültiges Abkommen geschlossen wird. Rechtsgrundlage hin oder her, für eine Demokratie ist es politisch schlicht nicht durchsetzbar, internationale Datenflüsse zu unterbinden. Die juristische Sackgasse zeigt in Wirklichkeit ein politisches Dilemma auf.[133]

Dabei hat die EU noch einen vergleichsweise großen Einfluss auf Plattformen. Weltweit haben über 50 Länder Gesetze verabschiedet, um mehr Kontrolle über den digitalen Raum zu erlangen. Ob die Plattformen sich daran halten werden, ist eine ganz andere Frage.[134] Gerade Länder mit geringer Wirtschaftskraft können Regulierungen kaum gegen die Macht der Plattformen durchsetzen.

Die Hegemonie der amerikanischen Plattformen wird deswegen insbesondere in tendenziell ärmeren Ländern des globalen Südens zunehmend kritisch gesehen. Michael Kwet geht so weit, darin eine neue, diesmal digitale Form von Kolonialismus zu sehen.[135] Indem die Plattformen arme Länder mit digitaler Infrastruktur versorgen – oft sogar mit dem Anstrich humanitärer Wohltätigkeit –, okkupieren sie diese Länder in gewisser Weise. Zum einen schaffen sie Abhängigkeiten von den eigenen Infrastrukturen, zum anderen erlangen sie Besitz über die Daten. In der Tat kann man jede Ausweitung der Macht über Verbindungen von Google, Apple, Facebook, Microsoft und Amazon in anderen Ländern als Graphnahmen im geopolitischen Sinn auffassen.

Netzgeopolitik

Kurz nach Googles Rückzug aus China hielt Hillary Clinton, damals Außenministerin unter Barack Obama, eine wichtige Rede über Internetfreiheit. Sie legte dar, warum sie glaube, dass die Freiheit, sich über das Internet zu verbinden, ein wichtiger Baustein für alle anderen Freiheitsrechte weltweit zu sein beginne. En passant lobte sie Google für die moralische Entscheidung, sich aus China zurückzuziehen und somit die Internetfreiheit bei der eigenen Geschäftspolitik zu berücksichtigen. Amerikanische Unternehmen, so Clinton weiter, sollten Zensur nicht einfach hinnehmen, sondern es zu ihrem Markenkern machen, Internetfreiheit für ihre Kund*innen notfalls auch gegen die jeweiligen Regierungen durchzusetzen.[136]

Damals konnte man den Eindruck gewinnen, dass Plattformen zu wichtigen Bausteinen der amerikanischen Außenpolitik würden. In den ersten Jahren der Obama-Regierung gab es einen regen Austausch zwischen Google und dem US-Außenministerium, und niemand steht dafür mehr als Clintons damals wichtigster Berater zu Internetfragen, Jared Cohen.

Cohen hatte während seines Studiums der Geschichts- und Politikwissenschaft vier Monate im Iran verbracht, was ihn nachhaltig prägen sollte. Nach seinem Abschluss fing er noch unter Bushs Außenministerin Condoleezza Rice als Praktikant im Außenministerium an. Er stieg schnell auf und sorgte dafür, dass Social Media im Kommunikationsmix der Außenpolitik einen festen Stellenwert bekam. Nach dem Regierungswechsel 2009 war er einer der wenigen, die ihre Stelle unter Clinton behielten. Als im Juli 2009 im Iran eine Protestwelle das Land erschütterte, bei der sich vornehmlich junge Leute über Twitter koordinierten, rief Cohen aus dem Außenministerium bei Twitter an und bat darum, geplante Wartungsarbeiten zu verschieben.[137] Die Proteste waren nicht erfolgreich, doch zum ersten Mal hatten sich amerikanische Außenpolitik und Plattformen koordiniert.

Hillary Clinton sah die Hegemonie amerikanischer Plattformen als Teil der »Soft Power«, mit der sich internationale Beziehungen gestalten lassen. Auch dieses Konzept stammt aus dem Interdependenzdenken und wurde von Joseph S. Nye, Jr. entwickelt.[138] Soft Power ist die Macht durch Anziehung, analog der Netzwerkmacht interdependenter Beziehungen, Hard Power ist dagegen die Macht des (meist militärischen) Zwangs. Die Soft Power der Plattformen ist somit die Instrumentalisierung von Grewals Netzwerkmacht durch

Staaten, und unter Hillary Clinton wurde sie zum Pfeiler amerikanischer Außenpolitik.

Die heute wichtigste Vertreterin dieser Denkschule ist Anne-Marie Slaughter, die unter Clinton von 2009 bis 2011 Director of Policy Planning im Außenministerium war. In ihrem Buch *The Chessboard and the Web* bringt sie den Paradigmenwechsel bei der Betrachtung internationaler Beziehungen auf die Formel, dass das Schachspiel vom Gewebe abgelöst worden sei. Stehen sich in der herkömmlichen Betrachtungen zwei gegnerische Parteien wie bei einem Schachspiel gegenüber und versuchen, einander mittels strategischer Positionierung zu dominieren,[139] so hebt das Gewebe-Paradigma die wechselseitigen Verflechtungen hervor. Dadurch ergeben sich neue strategische Möglichkeiten und Werkzeuge.

Aber auch in der Interdependenz-Schule gibt es mittlerweile unterschiedliche Denkrichtungen. Slaugther spricht sich dagegen aus, strategische Vorteile aus Flaschenhälsen zu ziehen, wie es vor allem Joshua Cooper Ramo fordert. Ramo hat aus der kooperationsbetonten Interdependenztheorie wieder eine machiavellistische Machttheorie gemacht.[140] Slaugther steht dagegen für die, wie sie es selbst nennt, »große Strategie der offenen Ordnung«.[141] Diese liberale Sichtweise auf Außenpolitik sieht das Netzwerk als ein ebenerdiges Spielfeld und die gegenseitigen Abhängigkeiten als eine Form von zwanglosem Zwang zur friedlichen Koexistenz. So verhieß die Globalisierung lange Wohlstand und Frieden für alle, und die USA sahen es unter Obama und Hillary Clinton als ihre Rolle an, den Multilateralismus voranzutreiben.

All das schwang im Januar 2010 mit, als Clinton ihre Rede hielt. In dem Moment dürfte sie nicht geahnt haben, wie ihr das Internet selbst schon bald in die Parade fahren würde. Nur drei Monate später veröffentlichte Wikileaks das Video »Collateral Murder«, das die Tötung von unter anderem zwei Reuters-Journalisten aus einem amerikanischen Apache-Helikopter im Irak 2007 zeigt.[142] In Wellen flutete die Plattform die Welt mit weiteren vertraulichen Dokumenten über amerikanische und insbesondere außenpolitische Angelegenheiten. Tausende Dokumente zu den Kriegen im Irak und in Afghanistan wurden veröffentlicht. Und dann, im November, die wahrscheinlich schmerzlichsten Leaks für Clinton: eine Viertelmillion diplomatische Depeschen ihres Außenministeriums, also all die vertraulichen Mitteilungen, die die US-Botschaften aus aller Welt untereinander und mit dem Ministerium austauschen. Hatte Clinton Anfang 2010 noch den Durchmarsch amerikanischer Außenpolitik im Windschatten plattformgetriebener Internetfreiheit beschworen, stand sie Ende des Jahres ohne Hosen da.

Inmitten dieses Chaos wechselt Jared Cohen zu Google. Während seine Chefin ihren eigenen Worten zu Internetfreiheit zum Trotz versucht, Wikileaks mittels Flaschenhalspolitik mundtot zu machen,[143] wird Cohen Leiter eines neuen googleinternen Think Tanks namens »Google Ideas«, der später in »Jigsaw« umbenannt wird. Cohen soll ausloten, wie sich Menschheitsprobleme von Zensur und Überwachung bis hin zu Gewalt durch Technologie bekämpfen lassen und inwiefern Google dabei helfen kann.

Als Anfang 2011 der arabische Frühling erst in Tunesien, dann in anderen Ländern der Region ausbricht, ist Jared Cohen vor Ort. Er organisiert für Aktivist*innen der Opposition Workshops über Datensicherheit und Zensurumgehung. Als der ägyptische Diktator Hosni Mubarak das Internet im ganzen Land ausschaltet, organisieren Google und Twitter eine Schnittstelle namens »speak2tweet«: Über eine von Google bereitgestellte Telefonnummer können Menschen aus Ägypten eine Nachricht aufsprechen, die automatisiert über einen Twitter-Account verbreitet wird.[144] Dadurch soll gewährleistet werden, dass Aktivist*innen trotz des Internet-Shutdowns den Kontakt zur Außenwelt nicht verlieren.

Später engagiert sich Jigsaw auf zivile Art auch im Kampf gegen den Terror. Menschen, die nach extremistischen Content suchen, verweist es durch getargetete Google-Werbung auf YouTube-Videos, die der Entradikalisierung dienen sollen. Und mit dem Projekt »Montage« macht es Tausende Stunden Videomaterial aus Konfliktgebieten aggregiert zugänglich und stellt digitale Tools für Menschenrechtsorganisationen bereit, um das Material zu sichten, zu editieren und zu analysieren.[145]

Unter Jared Cohen adaptiert Jigsaw Slaughters und Clintons Politik der Pfadentscheidung und die Idee, mittels Technologie Einfluss auf Geopolitik und Gesellschaft zu nehmen. Zusammen mit dem damaligen Google-Geschäftsführer Eric Schmidt veröffentlicht er 2013 das Buch *Die Vernetzung der Welt – Ein Blick in unsere Zukunft*, wo sie die Vision einer durch Technologie zu Wohlstand und Demokratie geführten Welt entwickeln.[146] Benjamin Bratton findet dafür den wunderbaren Ausdruck »Informationskosmopolitismus«.[147] Cohen stellt sich dabei wie Slaugther immer wieder gegen die Politik des Flaschenhalses, die er vor allem diktatorischen Regimes unterstellt. Er verwendet natürlich andere Worte, wettert gegen Kontrolle und Abgrenzung und setzt dem eine offene und inkludierende Ordnung entgegen. In einem Aufsatz von 2017 macht er darin den paradigmatischen Unterschied zwischen der Digitalpolitik der USA und der Chinas aus. Die geopolitische Antwort der USA auf die chinesische Digitalstrategie müsse eine Politik der Pfadentscheidung durch Entwicklungshilfe sein. »Entwicklungshilfe gibt uns die Chance zu beeinflussen, welches Modell von Konnektivität Schwellenländer adaptieren: das globale Modell, das von den Vereinigten Staaten vertreten wird, oder das autarke Modell, für das China steht.«[148]

Unter Donald Trump griffen die USA im Werkzeugkasten der internationalen Beziehungen wieder vermehrt zur Politik des Flaschenhalses. Insbesondere mit China leistete sich das Land einen nicht enden wollenden Handelskrieg, bei dem es auch immer wieder um Digitalgüter ging. Doch in erster Linie werden die Fragen um die Macht chinesischer und amerikanischer Plattformen separat vom Handelsstreit und unter Verweis auf die nationale Sicherheit verhandelt, der wir uns im nächsten Abschnitt widmen.

Silicon Valleys Verhältnis zur Trump-Regierung war kompliziert. Einerseits können es sich die Unternehmen dort nicht leisten, nicht mit der Regierung zusammenzuarbeiten. Doch eine allzu große Nähe wäre noch problematischer. Die Mitarbeiter*innen sind größtenteils eher linksliberal eingestellt,[149] und auch in den globalen Kundenbeziehungen wird Trump eher kritisch beäugt. Zudem arbeitete Trumps Regierung eindeutig gegen die Interessen der Tech-Konzerne, die wie kaum eine andere Branche auf den stetigen Zustrom von Arbeitsmigrant*innen angewiesen ist.

Während die meisten Silicon-Valley-Bosse versuchten, eine möglichst geräuschlose Koexistenz mit der Trump-Regierung zu bewerkstelligen, hat sich Peter Thiel bereits 2016 öffentlich zu Trump bekannt und seine Kampagne mitfinanziert. In einem Meinungsbeitrag der *New York Times* beschuldigte er 2019 Google, unpatriotisch zu handeln, weil das Unternehmen einerseits Projekte für die US-Regierung – wie Project Maven – aufkündige, andererseits Labore für künstliche Intelligenz in China betreibe.[150] Bei einer Rede auf der »National Conservatism Conference« bezichtigte er Google sogar, »anscheinend Landesverrat« zu begehen.[151]

Thiels Firma Palantir hat Project Maven von Google übernommen und arbeitet auch in vielen anderen Bereichen eng mit der Regierung zusammen. So entwickelt sie Big-Data-Verfahren, um die Einwanderungsbehörde ICE beim Aufspüren von illegalen Einwander*innen zu unterstützen. Allerdings hat ihr das wegen der rabiaten Methoden von ICE und Trumps unmenschlicher Einwanderungspolitik heftige Kritik eingetragen.[152] Palantirs Geschäftsführer Alex Karp rechtfertigt die Firmenpolitik damit, dass er mit Trumps Einwanderungspolitik zwar ebenso wenig einverstanden sei, es aber falsch finde, wenn Tech-Unternehmen sich anmaßten, nationalstaatliche Politiken mitzubestimmen. Dem Silicon Valley wirft er Arroganz vor, wenn es glaube, durch seinen Einfluss die Einwanderungspolitik im Land bestimmen zu dürfen.[153]

Es ist leicht, Karps Einlassungen als billige Rechtfertigung lukrativer Regierungsaufträge wegzuwischen. Aber tatsächlich macht es einen Unterschied für die Handlungsfähigkeit des Staates, wenn die in Sachen künstliche Intelligenz am weitesten fortgeschrittenen Tech-Unternehmen die Zusammenarbeit mit der Regierung verweigern. Das entspricht einer Politik des Flaschenhalses der Plattformen institutioneller Politik gegenüber, deren Hebelwirkung nicht zu unterschätzen ist.

Facebook, in dessen Aufsichtsrat Thiel bis heute sitzt, agierte im Umgang mit der Trump-Regierung am vorsichtigsten. Das Unternehmen fährt die Strategie einer vorgeblichen Neutralität und versuchte, der konservativen Seite immer wieder zu signalisieren, dass man zumindest nicht gegen sie ist, während Mark Zuckerberg regelmäßig den Vorzeige-Linksliberalen gibt.[154] Diese Strategie dürfte auch der Hauptgrund dafür sein, dass Facebook sich lange zurückhielt, allzu aggressiv gegen Trumps Social-Media-Einlassungen vorzugehen, egal wie schlimm sie waren. Es nützt aber alles nichts, denn Facebook wird die Vorwürfe von rechts, einen liberalen Bias zu haben, nicht los, und von links mehren sich Stimmen, die dem Unternehmen eine Kollaboration mit Trump unterstellen.[155] Der Versuch eines Balanceaktes war von vornherein zum Scheitern verurteilt.

Es ist aber ausgerechnet auch die Geopolitik, in der Facebook und andere Plattformen ihr Heil aus den zunehmend bedrohlichen Diskussionen zu kartellrechtlichen Verfahren suchen. Jetzt, da mit den expandierenden chinesischen Plattformen die internationale digitale Vormachtstellung der USA in Frage steht, verkaufen sich Plattformen als strategische Brückenköpfe der westlichen Welt. So argumentierte Mark Zuckerberg vor dem US-Kongress, dass der Versuch, seine digitale Währung zu regulieren, die Führungsstellung der USA in Sachen Finanzdienstleistung bedrohe, über die demokratische Werte in die Welt getragen würden.[156]

Netzsicherheitspolitik

Als sich im Jahr 1988 der erste Computerwurm der Geschichte, der »Morris-Wurm«, durch das Internet verbreitete und Tausende Computer lahmlegte, gab es noch kaum ausgefeilte Verteidigungsstrategien gegen Cyberattacken. Das Computernetzwerk des US-Militärs MILNET war damals noch weitgehend vom Internet unabhängig und nur über eine Netzwerkbrücke im Pentagon mit ihm verbunden. Als der Morris-Wurm als Gefahr erkannt wurde, bekam der damals wachhabende Offizier den Befehl, diese Brücke zu sprengen, denn es war – so verlangte es die militärische Logik – tatsächlich ein echter Sprengsatz an der Netzwerkverbindung angebracht. Statt aber die Detonation auszulösen, zog der Offizier dann doch nur den Stecker.[157]

Als der Westen am Ende des letzten Jahrhunderts noch darüber sinnierte, dass ja nun das Ende der Geschichte gekommen sein müsse,[158] erschien in China ein Buch, das den Neustart der Geschichte vorwegnahm. In *Unrestricted Warfare* erläutern zwei Oberste der chinesischen Volksbefreiungsarmee, Qiao Liang und Xiangsui Wang, wie die global zunehmend vernetzte Welt neue Möglichkeiten zur Schwächung von Gegnern hervorbringt, die nicht mehr eindeutig dem militärischen Feld zuzuordnen sind. Man könne auch mit ökonomischen, informationstechnologischen, juristischen oder einfach terroristischen Mitteln Krieg führen, so die Autoren. Der Krieg sei entgrenzt zu einem diffusen Überall und Jederzeit. Als Beispiele nennen sie den Giftgasanschlag der Aum-Sekte in Tokio, den Angriff von al-Qaida auf die US-Botschaft in Nairobi, die Rolle von George Soros' Finanzspekulationen im Zuge der Asienkrise und eben den Schaden, den der Morris-Wurm verursachte.[159] Mit anderen Worten: Die beiden Autoren sahen 1999 die Welt voraus, in die wir nach dem 11. September 2001 endgültig schlitterten. Jeder kann jetzt Gegner, alles kann ein Schlachtfeld und vieles eine Waffe sein.

Auch Plattformen können eine Waffe sein, und sie werden immer mal wieder als solche eingesetzt. Ab wann sie eine Waffe und wo sie noch legitime Mittel der diplomatischen Beziehungen sind, ist dabei Ansichtssache. Aus Sicht der USA und des Westens mag die Politik der Pfadentscheidung, die die Obama-Regierung verfolgte, ein friedlicher Einsatz von Soft Power gewesen sein. Ob China, Russland und Iran dem zustimmen würden, ist eine andere Frage.

Wir orientieren uns trotzdem grob an der Unterscheidung zwischen Soft Power und Hard Power und sehen den Einsatz von Plattformen erst dann als Gewalt an, wenn er mit der Intention geschieht oder zumindest in Kauf nimmt, dem Gegner einen messbaren Schaden zuzufügen. Netzsicherheitspolitik fängt also dort an, wo Plattformen entweder zum Schaden von Gegnern (offensiv) oder zur Abwendung von eigenem Schaden (defensiv) eingesetzt werden oder sie von sich aus entsprechend handeln.

Dazu sei vorweggesagt, dass Plattformen höchst selten aus eigenem Antrieb offensive Schritte einleiten. In den meisten Fällen offensiver Netzsicherheitspolitik werden Plattformen und ihre Verbindungen von Staaten instrumentalisiert. Man kann den Plattformen dabei häufig eine gewisse Kollaboration unterstellen, oft aber nicht einmal das.

Defensive Netzsicherheitspolitik ist dagegen ein Feld, das von Plattformen auch aus eigener Motivation heraus vorangetrieben wird. Sie selbst haben natürlich ein Interesse daran, kein Opfer von Angriffen zu werden, sichern ihre Infrastrukturen entsprechend ab und sorgen sogar dafür, dass auch das technologische Umfeld möglichst gut geschützt ist.

Plattformen als Waffe

Angegriffen zu werden ist für eine große Plattform wie GitHub an sich nichts Außergewöhnliches. Auf GitHub lagern Softwareentwickler*innen nicht nur ihren Code, sondern im Grunde tauscht sich ihre gesamte weltweite Community dort aus. Doch das, was im März 2015 auf die US-Plattform zurollt, stellt alles in den Schatten, was sie – und was die Welt – bislang an DDoS-Attacken gesehen hat.

DDoS steht für Distributed Denial of Service und funktioniert so, dass eine Vielzahl von Computern im Internet in kurzer Folge jede Menge Anfragen an einen Server sendet. So viele, dass er unter der Last der Anfragen zusammenbricht. Solche Angriffe passieren häufig. Meistens stecken Hacker*innen dahinter, die durch eingeschleuste Schadsoftware eine große Menge von Computern im

Internet als Botarmee, fernsteuern können. Alle größeren Internetseiten verzeichnen derartige Angriffe ab und an. Doch dieser Angriff sprengte nicht nur das bislang bekannte Ausmaß, es fanden sich auch keinerlei Überschneidungen mit bekannten Botnetzen. Stattdessen brachte eine Untersuchung der Sicherheits-NGO CitizenLab eine ganz neue Form der Cyberkriegsführung zum Vorschein, die die Forscher »The Great Cannon«, die große Kanone, nannten.[160]

Die große Kanone steht offenbar in China und ist eine von der großen Firewall unabhängige, aber doch verwandte technische Infrastruktur, mit der das Land DDoS-Angriffe beinahe beliebiger Größe auf unliebsame Websites ausführen kann. Dazu hat man mit der chinesischen Plattform Baidu zusammengearbeitet und ihre Suchmaschine sozusagen zur Kanone umgerüstet. Baidu betreibt wie Google neben der Suchmaschine ein erfolgreiches Werbegeschäftsmodell. Sobald man eine chinesischsprachige Website ansurft, ist die Chance groß, dass die Anzeigen darauf von Baidu-Servern ausgeliefert werden. Jeder Aufruf der Website löst also auch einen Aufruf an die Ad-Server von Baidu aus.

Ein Teil dieser Anfragen – genau: 1,75 Prozent – wurde nun von der großen Kanone abgefangen, und statt Anzeigen bekamen die Nutzer*innen eine JavaScript-Datei zugeschickt. JavaScript ist eine Programmiersprache, die vom Browser ausgeführt wird, was die Nutzer*innen im Zweifel aber gar nicht bemerken. Das betreffende JavaScript sorgte nun dafür, dass der Browser im Hintergrund Git-Hub mit Anfragen bombardierte. Millionen arglose Nutzer*innen surften also im Web, während ihre Browser im Auftrag der chinesischen Regierung einen geheimen Krieg gegen GitHub führten.

Nach der Entdeckung und Untersuchung des Angriffs ist die große Kanone nicht wieder zum Einsatz gekommen. Sie war allerdings auch nicht erfolgreich mit ihrer Mission. GitHub konnte den Angriff verkraften und änderte nichts an seiner Geschäftspraxis. Darum war es der chinesischen Regierung gegangen. Denn über Git-Hub werden immer wieder unliebsame Inhalte ins Land geschmuggelt. Insbesondere das Projekt »The Great Fire« ist der Regierung ein

Dorn im Auge. Es bietet Werkzeuge an, um die die große Firewall und damit die Zensur zu umgehen. Zudem publiziert die *New York Times*, die in China ebenfalls gesperrt ist, einige ihrer Artikel auf Chinesisch auf GitHub – unter anderem den Artikel, der Korruptionsvorwürfe gegen einige hochrangige Mitglieder der Kommunistischen Partei erhebt und wegen dem die *New York Times* überhaupt gesperrt wurde.[161]

Theoretisch könnte die chinesische Regierung GitHub natürlich ebenfalls sperren, doch in diesem Fall wären die Kosten zu hoch. Denn die chinesische Softwareentwickler*innen-Community würde vom Rest der Welt abgeschnitten. Das ist etwas, was sich nicht einmal China leisten kann. Und genau diese Verletzbarkeits-Interdependenz gegenüber GitHub reicht aus, die große Firewall zu umgehen. Während China seine Cybersouveränität gegen fast alle westlichen Plattformen rigoros durchsetzt, scheitert es an GitHub.

Die große Kanone ist wohl das plakativste Beispiel dafür, wie Plattformen als Waffe gebraucht werden können, um wiederum eine andere Plattform anzugreifen. Doch es müssen nicht immer gleich Kanonen sein. Effektiver und gleichzeitig subtiler war der Angriff Russlands auf die amerikanische Präsidentschaftswahl 2016. Es war im Grunde eine Art Plattformjudo, denn Russland schaffte es, amerikanische Plattformen als Waffe gegen das eigene Land zu richten. »Aktive Maßnahmen« heißen die verdeckten Einflussoperationen im Jargon der Internet Research Agency (IRA), jener in St. Petersburg angesiedelten und von einem putinnahen Oligarchen namens Jewgenij Prigoschin finanzierten Organisation.

Bereits 2014 hatte die IRA angefangen, Gruppen und Fanpages auf Facebook zu gründen und Twitter-, Instagram- und Tumblr-Accounts unter falschen Namen anzulegen – mit dem erklärten Ziel, in die US-Wahlen 2016 eingreifen zu können. Solche Accounts und Gruppen brauchen Zeit, um ihren Einfluss aufzubauen, damit sie effektiv sind. Dabei ging die IRA vor wie die Plattformstrategen im letzten Kapitel und nahm bereits etablierte, strategisch wichtige Graphen ein. So schuf sie Anlaufstellen für alle möglichen bereits existierenden politischen Gruppierungen von Waffennarren, Republikaner*innen, Tea-Party-Anhänger*innen, aber auch BlackLivesMatter- und LGBTQ-Aktivist*innen. Auf Facebook kontrollierte die IRA 470 Accounts und Gruppen, die zusammen 80 000 Postings absetzten und bis zu 126 Millionen Leute erreichten. Auf Twitter kontrollierte die IRA 3814 Accounts, ein Großteil davon automatisierte Social Bots. Gruppen, die sie auf Facebook betrieb, wie »United Muslims of America«, »Don't Shoot Us« und »Being Patriotic«, hatten Ende 2016 jeweils mehrere hunderttausend Mitglieder. Fast alles echte Amerikaner*innen.

Als sich das Feld der Präsidentschaftsanwärter*innen nach den Vorwahlen Anfang 2016 lichtete, fokussierte sich die Strategie der IRA darauf, der Clinton-Kampagne zu schaden und die Kampagnen von Donald Trump und Bernie Sanders zu unterstützen. Sie schaffte es immer wieder, Stimmungen anzuheizen und zu verstärken und sich im sowieso schon polarisierten Treiben des Wahlkampfs zu integrieren. So wurde etliche IRA-Accounts von Mitgliedern der Trump-Kampagne retweetet. Auch gelang es der IRA, Kundgebungen und Versammlungen zur Unterstützung von Donald Trump zu organisieren, bei denen teilweise mehrere hundert Leute auftauchten. Auf Facebook gab sie zudem etwa 100 000 Dollar an Werbegeldern aus, um ihre Kampagnen zu promoten.

Es ist nicht klar, wie viel Einfluss die aktiven Maßnahmen auf den Wahlausgang hatten. Wahrscheinlich waren der Hack der E-Mail-Server der demokratischen Partei und des Gmail-Kontos von Hillary Clintons Kampagnenmanager die effektiveren Aktionen. Die Durchführung und die partiellen Erfolge der Maßnahmen sind aber erstaunlich und zeigen, wie verwundbar Plattformen gegen solche Angriffe sind.[162]

Der Vorfall zeigt auch, dass die USA, obwohl sie über die Plattformen mit der weitestmöglichen Hegemonie verfügen, alles andere als cybersouverän sind. Zum einen kann die amerikanische Regierung schon lange nicht mehr auf die uneingeschränkte Kooperation der Plattformen setzen, zum anderen können ausländische Mächte die Verbindungen der Plattformen dazu nutzen, die Souveränität der USA zu unterminieren.

In Ausnahmefällen gehen Plattformen von sich aus in die Offensive, allerdings meist aus Selbstverteidigung und entlang eng gezogener legaler Grenzen. So verkündete der E-Mail-Anbieter ProtonMail 2017, dass er die Server einer Phishingkampagne übernommen habe, die versucht hatte, ProtonMail-Nutzer durch gefälschte E-Mails zu infiltrieren. Die Verlautbarung wurde aber schnell zurückgenommen, da sich das Unternehmen mit dieser Selbstverteidigung, so moralisch berechtigt sie gewesen sein mag, in eine rechtlich schwierige Situation gebracht hatte. Hacking kennt noch keine Ausnahmetatbestände, in denen es legal ist.[163]

Microsoft hingegen hat es sich zur Aufgabe gemacht, aktiv, aber legal Jagd auf Cyberkriminelle zu machen. Dabei arbeitet das Unternehmen eng mit staatlichen Sicherheitsbehörden zusammen und sichert sich so rechtlich ab. So hat es eine »Digital Crimes Unit« mit Hacker*innen, Sicherheitsforscher*innen und Anwält*innen eingerichtet, der es bereits gelungen ist, einige große Botnetzwerke zu hacken und vom Netz zu nehmen, die unter anderem mit DDoS-Attacken versucht hatten, Websitebetreiber*innen zu erpressen.[164]

Die Politik des Flaschenhalses als Waffe

Als Hillary Clinton 2010 düpiert vor der Weltöffentlichkeit stand, weil Wikileaks einen Großteil der vertraulichen Kommunikation ihres Ministeriums öffentlich gemacht hatte, setzte sie trotz ihres emphatischen Bekenntnisses zur Internetfreiheit alle Hebel in Bewegung, um Wikileaks mundtot zu machen. Einer der ersten Angriffspunkte waren Wikileaks' Finanzströme. Das US-Außenministerium machte Druck bei den Dienstleistern, bei denen Wikileaks Kunde war: PayPal, Bank of America, Mastercard, VISA und Western Union. Sie alle froren daraufhin die Konten von Wikileaks ein und beendeten die Geschäftsbeziehungen.[165]

Bis dahin war vor allem China dadurch aufgefallen, dass es in netzaußenpolitischen Auseinandersetzungen auf die Politik des Flaschenhalses setzte, während die USA sich damit rühmten, ein freies und offenes Netz bewahren zu wollen und deshalb die weniger aggressive Politik der Pfadentscheidung als Mittel der Wahl zu sehen. Doch die Politik des Flaschenhalses ist dem Westen im Allgemeinen und den USA im Besonderen nicht nur nicht fremd, sie wird sogar seit vielen Jahrzehnten angewendet, um politischen Gegnern den eigenen Willen aufzuzwingen. Bei nicht netzpolitischen Angelegenheiten sprechen wir meistens von Sanktionen, die gegen den einen oder anderen Staat ausgesprochen werden. Sanktionen sind im Netz globaler Handelswege schon immer ein wichtiges Disziplinierungsmittel gewesen, und in Zeiten des Internets werden sie zur netzsicherheitspolitischen Offensivwaffe. PayPal ist das beste Beispiel. Die Plattform wird bereits seit vielen Jahren eingesetzt, um das US-Embargo gegen Kuba weltweit durchzusetzen. So können auch deutsche Händler*innen ihre Geschäfte mit Kubaner*innen nicht per PayPal abwickeln, obwohl Deutschland nie Sanktionen gegen Kuba verhängt hat.[166]

Doch es geht nicht nur um Finanzdienstleister. Als die USA im Oktober 2019 Sanktionen gegen Venezuela verhängen, schaltet Adobe seine gesamte Software in dem Land einfach ab. Das geht, weil das Unternehmen seine populären Produkte wie Photoshop, After Effects und Acrobat in den letzten Jahren immer mehr in die Cloud verlagert hat. Es verkauft jetzt Zugriff statt die Software selbst, was ihm ein Zugangs- und Verbindungsregime eröffnet, wie es für gewöhnlich nur Diensteplattformen haben. Auch wenn die Venezolaner*innen bereits gekaufte Kopien von Photoshop, After Effects oder Acrobat auf ihren Rechnern installiert hatten, konnten sie sie von einem Moment auf den anderen nicht mehr nutzen.[167]

Henry Farrell und Abraham Newman halten all die Narrative von der friedvollen wechselseitigen Abhängigkeit und dem ebenerdigen Spielfeld in den internationalen Beziehungen deshalb auch für höchst irreführend.[168] Zunächst stellen Farrell und Newman in ihrem

Paper *Weaponized Interdependence* fest, dass Netzwerke eben nicht jene heterarchischen, flachen Ebenen sind, zu denen sie oft verklärt werden, sondern im Gegenteil zu großer Ungleichheit tendieren. Netzwerkeffekte führen dazu, dass sich die meisten Verbindungen auf wenige Knoten konzentrieren. Dadurch ergeben sich neue Optionen zur geopolitischen Einflussnahme, die alles andere als friedlich sind. Die Autoren nennen zwei: den Panoptikumeffekt und den Würgepunkteffekt. Hat man als Staat Zugriff auf wichtige Kommunikationsknoten, kann man zum Beispiel die Kommunikation aller anderen Beteiligten abgreifen und die daraus gewonnenen Informationen zum eigenen Vorteil nutzen (Panoptikumeffekt). Man kann aber auch einzelne Akteure vom Nutzen des Netzwerks ausschließen oder diese Option als Druckmittel nutzen (Würgepunkteffekt). Der Würgepunkteffekt entspricht also exakt dem, was wir die Politik des Flaschenhalses genannt haben.

Farrell und Newman erklären diese Effekte anhand von SWIFT (Society for Worldwide Interbank Financial Telecommunication). Dieses System ist die Plattform für die weltweite Interbankenkommmunikation. SWIFT wurde 1973 in Belgien von einigen europäischen Banken gegründet, nachdem die First National City Bank in New York (FNCB, der Vorgänger der Citibank) ein ähnliches, aber proprietäres System, MARTI, vorgestellt hatte. Um sich der drohenden Graphnahme zu entziehen, taten sich die übrigen Banken zusammen, um eine offene, genossenschaftlich organisierte Konkurrenz zu schaffen. Bald schon schlossen sich auch amerikanische Banken an, die ebenfalls eine Dominanz der FNCB fürchteten. Es liegt auf der Hand, wie nützlich allgemeine Standards und sichere Kommunikationswege für Banken und ihre Transaktionen sind, und von daher ist es nicht verwunderlich, dass ab diesem Punkt die Netzwerkeffekte einsetzten. Waren 1977 noch 500 Organisationen aus 22 Ländern angeschlossen, stieg die Zahl bis 2016 auf 11 000 Organisationen aus über 200 Ländern, die 6,5 Milliarden Nachrichten pro Jahr austauschen. Da SWIFT mittlerweile fast eine Monopolstellung innehat, musste sogar die EU-Kommission regulierend eingreifen.[169]

Bereits seit 1992 dient SWIFT zur Überwachung globaler Geldströme und zum Aufdecken von Geldwäschegeschäften, spätestens seit dem 11. September 2001 auch verstärkt zur Terrorabwehr. Mit dem Terrorist Finance Tracking Program (TFTP) konnten amerikanische Behörden direkt auf SWIFT-Daten zugreifen und nutzten das zum Aufspüren der Geldquellen von Terroristen. Aber auch als Flaschenhals wurde SWIFT genutzt, als die EU in Absprache mit den USA 2012 Irans Banken praktisch aus dem Internationalen Verbund drängten.[170]

Komplizierter wurde die Lage, als die USA 2018 aus dem Atomabkommen mit dem Iran ausstiegen und die zwischenzeitlich gelockerten Sanktionen wieder einsetzen wollten. Die Europäer, die an dem Atomdeal festhalten, konnten die SWIFT-Sanktionen deswegen nicht mehr mittragen. SWIFT war gespalten und musste eine Lösung finden, die amerikanische und die europäische Linie unter einen Hut zu bringen. So schloss SWIFT zwar wesentliche iranische Institutionen aus, ließ aber den allgemeinen Verkehr mit dem Land grundsätzlich zu. Der deutsche Außenminister Heiko Maas ging so weit, ein eigenes, rein europäisches Interbankensystem als Möglichkeit ins Spiel zu bringen, um solche Konflikte in Zukunft zu vermeiden.[171]

Zusammenfassend kann man sagen, dass westliche Demokratien zwar davor zurückschrecken, im Zuge einer Politik des Flaschenhalses zivile Informationsströme zu kappen, sie aber die Machtkonzentration großer Plattformen nutzen, um sie als Waffe gegen ihre jeweiligen Gegner einzusetzen.

China ist derzeit weit weniger in der Lage, Plattformen international als Flaschenhälse zu nutzen. Die Möglichkeit dazu ergibt sich erst ab einer bestimmten Infrastrukturhegemonie, und die haben nur wenige chinesische Plattformen bereits erreicht. Doch die Sorgen mehren sich, dass das Land seine immer weiter reichenden Verbindungspunkte in die westliche Welt als Flaschenhals nutzen könnte. Insbesondere die Tatsache, dass China mittlerweile Besitzer und Anteilseigner einiger europäischer und noch mehr afrikanischer Häfen ist und zudem mit COSCO das drittgrößte Schifffahrts-

Logistikunternehmen der Welt kontrolliert, sorgt für geostrategische Kopfschmerzen.[172] Chinas Plattformhegemonie wächst in den letzten Jahren in vielen Bereichen beträchtlich.

Ein anderes wichtiges Feld, auf dem China eine hegemoniale Stellung anstrebt, ist künstliche Intelligenz. Schon jetzt agieren die Firmen des Landes auf Weltmarktniveau, und bis 2030 hat sich die chinesische Regierung die KI-Vormachtstellung zum Ziel gesetzt. Ein Netz aus chinesischen KI-Technologien von Start-ups wie Hikvision, CloudWalk Technology und aus Produkten wie Alibabas City-Brain-Plattform wird von Malaysia über Kenia bis Südafrika ausgerollt, und die Befürchtung besteht, dass sich der chinesische Staat dabei immer eine Hintertür offenhält.[173] Huaweis Safe-City-Projekt zum Beispiel, das verspricht, Kriminalität in den Städten durch flächendeckende Videoüberwachung mit integrierter Gesichtserkennung ein Ende zu bereiten, wird überall auf der Welt eingesetzt. Schwerpunkte sind zwar vor allem Asien und Afrika,[174] aber auch eine Kooperation mit Gelsenkirchen gibt es schon.[175]

Die Politik der Allwissenheit

Nie waren sich Silicon Valley und Washington, D.C. näher als in der ersten Amtszeit von Barack Obama. Die Idee, mit Technologie und dem Ermöglichen von globalen Netzwerken die Weltgeschicke in Richtung Freiheit, Emanzipation und Demokratie zu lenken, inspirierte die Beteiligten auf beiden Seiten.

Das Verhältnis änderte sich jedoch dramatisch, als Edward Snowden ein halbes Jahr nach Obamas Wiederwahl an die Öffentlichkeit ging. Geleakte Präsentationsfolien thematisierten ein Programm namens »PRISM«. Wie eine davon auf einer Zeitleiste zeigte, war von 2007 bis 2013 ein Internetdienstleister nach dem anderen Teil des Programms geworden. Die Medien leiteten daraus ab, dass die NSA einen direkten Datenbankzugriff auf all diese Dienste haben müsse, was diese allerdings umgehend dementierten. Man wisse nichts von einem PRISM-Programm.

PRISM war der erste große Skandal, den Snowden enthüllte, doch so richtig wurde damals nicht klar, was genau dahintersteckte. Erst nach einer Untersuchung des Privacy and Civil Liberties Oversight Board ein Jahr später stellte sich heraus, dass PRISM eigentlich nicht mehr war als die gesetzlich vorgeschriebene Zugriffsschnittstelle des FBI, die inzwischen allerdings mit entsprechender Genehmigung des Auslandsspionagegerichts FISC unter bestimmten Auflagen auch von der NSA mitgenutzt werden durfte.[176] Das Oversight Board kam zu der Auffassung, dass das Programm völlig legal sei.

Skandalöser war deshalb eigentlich die Nachricht, dass die NSA heimlich und illegal auch interne Datenleitungen von Google und Yahoo anzapfte, die den Austausch zwischen deren Rechenzentren ermöglichten.[177] Die NSA, der britische GCHQ, aber auch der deutsche BND sitzen zudem an wichtigen Internetknoten und schneiden alles mit, was sie dort zu fassen bekommen. Die Enthüllung des »Full Take« des Internets setzte die Welt ein Jahr in einen Schockzustand.[178]

Die Snowden-Enthüllungen sind so umfangreich, dass es zu weit führen würde, sie hier alle aufzuzählen. Am besten zusammengefasst hat das Vorgehen der NSA ein anderer Whistleblower, William Binney. Er sagte im NSA-Untersuchungsausschuss des Bundestages aus, es sei der NSA seit 2000 darum gegangen, »ein soziales Netzwerk der Welt« zu erstellen. Das wäre der Versuch einer globalen Graphnahme, bei der die amerikanischen Unternehmen unfreiwillig die Einzelteile lieferten.[179]

Tatsächlich hilft es, sich die Überwachung der Geheimdienste als Plattform vorzustellen. Ebene I wäre die vorhandene Datengrundlage, also der schon erhobene Graph, Ebene II wären die aktuell stattfindenden Verbindungen überall auf der Welt. Je größer die Datengrundlage des bestehenden Graphen, desto besser können die aktuell stattfindenden Verbindungen nachrichtendienstlich eingeordnet und verarbeitet werden. Deswegen sind Geheimdienste enormen Netzwerkeffekten ausgesetzt. Die Dienste der westlichen Länder sind stark vernetzt und regeln in Abkommen, wie sie untereinander Daten tauschen. Hier kann die NSA ihre Überlegenheit mittels Zugangsregime zu ihrem Weltgraphen gegen jeden Geheimdienst der Welt ausspielen. Alle sind auf den Graphen der NSA angewiesen und sammeln unter anderem auch deswegen selbst Unmengen an Daten, damit sie der NSA etwas im Tausch anzubieten haben.[180]

Für Farrell und Newman sind die Snowden-Enthüllungen deshalb auch das Paradebeispiel für den Panoptikumeffekt. Die Überwachungsinfrastruktur, die unter George W. Bush nach dem 11. September 2001 eingeführt wurde, diente unter Obama dazu, sich strategische Informationsvorteile zu verschaffen. US-Institutionen nutzten ihre zentralen Positionen im Internet dazu, den gesamten Austausch der Knoten abzugreifen und für eigene Zwecke auszuwerten.

Die Politik der Allwissenheit, wie ich diesen Politikansatz nenne, ist insofern etwas Besonderes, als sie per se noch keinen Hebel bereitstellt, in die Handlungen anderer Akteure einzugreifen. Natürlich können die abgegriffenen Informationen Hinweise auf solche Hebel beinhalten, die sich dann für bestimmte Eingriffe nutzen lassen. Die Informationen können aber auch nur der geopolitischen Lagebeschreibung dienen, die Politiker*innen helfen, bessere Entscheidungen zu treffen.

Wie der Einsatz der Politik des Flaschenhalses als Waffe ist auch die Politik der Omniszienz nur dann eine strategische Option, wenn die Plattformhegemonie weitläufig genug ist. Eine Plattform, die nicht auch vom politischen Gegner genutzt wird, kann keine aufschlussreichen Informationen liefern. Mit dem wachsenden Marktanteil chinesischer Technologieunternehmen gelangt diese Option aber auch für China zunehmend in Reichweite.

Das ist zumindest die Befürchtung der US-amerikanischen Regierung und einiger anderer westlicher Regierungen. Insbesondere der Technologiekonzern Huawei steht im Verdacht, seine Geräte – unter anderem Netzwerkequipment und Smartphones – mit Hintertüren auszustatten, durch die die chinesische Regierung nach Belieben Kommunikation abgreifen oder kontrollieren kann. Zwar wurde dafür bislang noch kein Beweis gefunden, doch allein der Verdacht reiche aus, dass amerikanische Firmen auf Druck der Trump-Regierung die Zusammenarbeit mit dem Unternehmen eingestellt haben.

Im Zentrum steht dabei der seit 2019 weltweit verstärkt in Angriff genommene Ausbau der 5G-Netze. Die Hardware für die neue Mobilfunktechnologie wird vor allem von drei Firmen hergestellt: Ericsson, Qualcomm und eben Huawei, der der mit Abstand günstigste Anbieter ist. Ironischerweise wirft man Huawei exakt die Methoden vor, die Edward Snowden auf amerikanischer Seite aufgedeckt hat.[181] Vielleicht ist es gerade dieses Wissen darüber, was bei der Herstellung und Auslieferung von Hardware alles möglich ist, weswegen amerikanische Geheimdienste besonders misstrauisch sind. Es gibt zudem auch *bewiesene Anschuldigungen* gegen Huawei. Unter anderem half das Unternehmen aktiv dabei, ugandische Oppositionelle auszuspionieren.[182]

Die Verdächtigungen führten effektiv zu einer Politik des Flaschenhalses westlicher Plattformen gegenüber dem Tech-Konzern. Zuerst verweigerte ihm Google, in Zukunft Android-Lizenzen zu erwerben, dann kündigte die britische Firma ARM an, keine Prozessorenarchitekturen mehr an Huawei zu lizenzieren.

Das größte Problem für Huawei dürfte allerdings sein, dass es keine chinesischen Chiphersteller gibt, die mit der internationalen Konkurrenz mithalten können. Da die Chipherstellung wegen der immer dünneren Datenleitungen zunehmend aufwendiger wird, gibt es derzeit nur drei Unternehmen weltweit, die überhaupt in der Lage sind, die aktuell in Smartphones führenden Fünf-Nanometer-Chips zu produzieren. Fünf Nanometer bezieht sich dabei auf die Leitungsdicke der Halbleiter. Zum Vergleich: Ein menschliches Haar ist etwa 60 000 Nanometer dick. Die Fünf-Nanometer-Technologie folgt dem Sieben-Nanometer-Paradigma, das lange auf dem Smartphone-Markt vorherrschte. In China arbeiten die Chiphersteller allerdings noch mit zwölf Nanometern, doch es werden große Anstrengungen unternommen, um zur Konkurrenz aufzuschließen. Ein chinesischer Blogger ging so weit, die Annektierung Taiwans ins Spiel zu bringen, um damit des Unternehmens TSMC habhaft zu werden, einem der drei führenden 5-Nanometer-Chiphersteller.[183] Das wäre sozusagen eine kombinierte Land- und Graphnahme zur Sicherstellung der chinesischen Cybersouveränität.

Erstaunlich ist die Strategie, die das chinesische Unternehmen Tencent mit WeChat fährt. WeChat ist der mit großem Abstand populärste Messenger in China und selbst eine Plattform, die vom Bezahldienst zur Fahrtenvermittlung einen ganzen Strauß an Zusatzangeboten bietet. Auch außerhalb Chinas ist WeChat verfügbar und wird dort vor allem von chinesischstämmigen Migrant*innen benutzt. Zwar ist schon lange bekannt, dass die Kommunikation zwischen Chines*innen auf WeChat überwacht und im Zweifel zensiert wird, doch inzwischen hat die Sicherheits-NGO Citizenlab in einer Untersuchung herausgefunden, dass auch die Kommunikation zwischen Accounts außerhalb Chinas abgehört und mitgeschnitten wird. Allerdings wohl vor allem zu dem Zweck, politisch sensible Inhalte als Trainingsdaten zu erhalten, mit denen man Machine-Learning-Algorithmen anlernen kann, die dann wiederum beim Einsatz im Inneren eine bessere Performance haben. Westliche Nutzer*innen von WeChat helfen also beim Aufbau und der Erweiterung von Chinas Zensurinfrastruktur.[184]

Eine andere chinesische Plattform, die zunehmend im Verdacht steht, für Chinas Politik der Allwissenheit zu arbeiten, ist TikTok. Das vor allem bei jungen Nutzer*innen beliebte Social Network ist die erste auch im Westen populäre Diensteplattform chinesischen Ursprungs. Obwohl die Inhalte meist harmlos anmuten – oft geht es um Tanz, Karaoke oder lippensynchrones Nachsingen von Popsongs –, geben Sicherheitslücken und fragwürdige privatsphäreninvasive Praktiken Anlass zur Besorgnis. Im Zuge des sich ausweitenden Konfliktes mit China ging Indien im Juni 2020 so weit, TikTok zusammen mit anderen populären chinesischen Apps aus dem Land zu verbannen. 59 Apps sind insgesamt betroffen, darunter auch Spiele wie Clash of Kings, der Twitter-Klon Weibo und WeChat. Diese Apps stellten eine Gefahr für die Souveränität und Integrität des Landes dar, begründete die indische Regierung den Schritt.[185] Auch die Trump-Regierung wollte TikTok und WeChat verbieten lassen, doch zum Zeitpunkt der Fertigstellung des Buches war eine genaue Regelung noch nicht gefunden, sodass TikTok selbst die Regierung daran erinnerte, endlich zu einer Entscheidung zu kommen.[186]

Es ist nicht leicht nachzuvollziehen, welchen geostrategischen Vorteil sich ein Land davon erhoffen kann, die Smartphonenutzung von Teenagern auszuspionieren. Aber in der derzeitigen Atmosphäre des Misstrauens muss nicht immer alles Sinn ergeben.[187] Andererseits haben sich ausgerechnet auf TikTok Jugendliche verabredet, um den Wahlkampf Donald Trumps zu sabotieren. So meldeten im Juni 2020 Hunderttausende Nutzer*innen online ihr Interesse an, bei einer Wahlkampfveranstaltung Trumps in Tulsa, Oklahoma, dabei zu sein, was die Organisatoren veranlasste, die Platzkapazitäten massiv auszubauen. Als am Tag der Veranstaltung aber nur ein geringer Bruchteil der Angemeldeten wirklich auftauchte, war es eine Blamage für die Kampagne und für Donald Trump.[188]

Es ist äußerst unwahrscheinlich, dass die Betreiber*innen von TikTok oder gar die chinesische Regierung etwas damit zu tun hatten. Doch die Angst, einer weiteren Active-Measures-Kampagne zum Opfer zu fallen, diesmal von chinesischer Seite, ist durchaus nachzuvollziehen. TikTok hat zumindest schon bewiesen, dass es Inhalte, die der chinesischen Regierung nicht passen, auch im Ausland sperrt. So findet sich keine Solidaritätskundgebung für Hongkong auf dem Dienst, und auch alle Hinweise auf die Konzentrationslager in Xinjiang werden rigoros gelöscht.[189]

Defensive Netzsicherheitspolitik

Bei Googles verantwortlichen Mitarbeiter*innen löste Edward Snowdens Enthüllung, dass die NSA die internen Kabel des Unternehmens angezapft hatte, Wutanfälle aus.[190] Wie andere US-Plattformen bemühte sich Google um Schadensbegrenzung und führte aggressive Sicherheitsüberprüfungen und Updates aus. Der Trend zur Verschlüsselung erfasste bald das ganze Internet. SSL (Secure

Sockets Layer, auch TLS – Transport Layer Security – genannt) ist der wichtige Verschlüsselungsstandard, der Verbindungen zwischen Website und Browser schützt. Bereits im darauffolgenden Jahr verdoppelte sich der verschlüsselte Datenverkehr als Reaktion auf die Snowden-Enthüllungen.[191] Ende 2018 war der Anteil verschlüsselter Webverbindungen bei 72 Prozent angelangt.[192] Heute gibt es kaum mehr eine größere Website, die nicht durchgehend das grüne SSL-Häkchen in der Adresszeile des Browsers stehen hat.

Natürlich verschlüsselten alle großen Plattformen auch die internen Datenleitungen und sperrten die NSA aus. Aus der anfänglichen Verschränkung von Staat und Plattform wurde mehr und mehr eine Gegnerschaft. Insbesondere Google und Apple gelangten damals zu der Erkenntnis, dass man die eigenen User unter Umständen auch vor der eigenen Regierung schützen müsse.

Die Ära der Cyberkriege war in gewisser Weise durch die Operation Aurora, oder wie Benjamin Bratton es nennt: den ersten Sino-Google-Krieg von 2009,[193] eingeleitet worden. Aurora hatte Google ins Mark getroffen. Nicht nur wurden vertrauliche Daten und geistiges Eigentum von hohem Wert entwendet, es war vor allem der Hack diverser Gmail-Konten von Menschenrechtsaktivist*innen, der für große Bestürzung sorgte. Die Erkenntnisse aus der Analyse des Angriffs musste Google nach Snowden auf den eigenen Staat anwenden.

In Cyberkriegen nehmen Plattformen eine zentrale, aber auch eigentümliche Stellung ein. Ihre oberste Priorität ist die Sicherheit der eigenen Infrastruktur und der Nutzer*innen, egal gegen welche Art von Angriffen. Diese Nutzer*innen sind aber immer auch Staatsbürger*innen, manchmal »Personen des Interesses« für Geheimdienste, ob inländische oder ausländische. Die Sicherheit von Nutzer*innen bekommt dementsprechend schnell eine geopolitische und im Rahmen des Cyberkrieges eine sicherheitspolitische Bedeutung.

Egal, welche Definition von Cyberkrieg man sich anschaut, er wird meist als eine Erweiterung des herkömmlichen Krieges gesehen. Das

Pentagon betrachtet ihn seit 2011 als vierte »operative Domäne« des Krieges nach dem Landkrieg, dem Seekrieg und dem Luftkrieg.[194] Auf den ersten Blick leuchtet das ein, doch wenn man sich die realen Cyberkonflikte anschaut, dann fällt eine grundlegende Differenz auf: Krieg wird normalerweise als ein Krieg zwischen Staaten gedacht. Doch in fast allen Cyberkriegen sind erst einmal Plattformen involviert. Sie nehmen eine interessante Doppelrolle als Schlachtfeld und Akteur ein, ganz so als hätte das umkämpfte Territorium eine eigene Agenda und einen nicht unerheblichen Handlungsspielraum. Sie sind deswegen notwendigerweise die neuralgischen Punkte innerhalb von Cyberkonflikten, und ihre Abwehrbereitschaft ist für die Cyberstrategie oft wesentlicher als die des angegriffenen Staates. Dafür gibt es drei wesentliche Gründe:

1. Die Sicherheitsfeatures, die Plattformen implementieren, sind fast immer die *erste Linie der Verteidigung* gegen einen Cyberangriff. Wie gut oder wie schlecht ein Betriebssystem, ein E-Mail-Account oder ein Softwaredienst abgesichert ist, entscheidet darüber, wie leicht es Angreifer*innen haben und wie groß der Schaden ist, den sie anrichten können. Egal, ob es sich um gehackte Windows-Systeme (Stuxnet[195]), Gmail-Konten (Aurora) oder aufgesetzte Facebook-Seiten (wie bei der russischen Wahlmanipulation) handelt, bei allen Cyberangriffen sind Plattformen die Einstiegstüren und somit immer mindestens mitgemeint oder wenigstens mitbetroffen. Manchmal, wie bei Aurora oder dem Angriff auf GitHub, sind sie sogar das Primärziel.

2. Plattformen sind aber allzu oft auch *die letzte Verteidigungslinie*. Meist verfügen sie schlicht über mehr und bessere materielle Cyberressourcen – Rechnerkapazitäten, Datenleitungen, Sicherheitstechniken etc. – als alle anderen Akteure und können daher souveräner mit Angriffen umgehen. Als 2016 die Website des Sicherheitsforschers Brian Krebs mit dem bis dahin größten DDoS-Angriff über Wochen lahmgelegt wurde, bot Google an, sie auf die eigenen Server umzuziehen. Genau

für solche Zwecke hatte Jigsaw das Projekt »Google Shield« ins Leben gerufen. Die enormen Serverkapazitäten des Unternehmens sollen die Websites von Aktivist*innen, Journalist*innen und NGOs im Falle von DDoS-Angriffen schützen.[196] Inzwischen bietet Google seine Dienste auch staatlichen Stellen an, beispielsweise um Wahlen zu schützen. Als im Mai 2018 die Wahlergebnisseite im Landkreis Knox County im Bundesstaat Tennessee von Hacker*innen angegriffen wurde, zog sie schlicht zu Google Shield um. Inzwischen ist der amerikanische Staat auf die Cyberkapazitäten der großen Plattformen regelrecht angewiesen.[197] Es wundert deswegen kaum, dass auch der Cloudservice der US-Regierung, cloud.gov, auf Amazons Cloudplattform AWS läuft.[198]

3. Plattformen sind im Falle eines Angriffs auch deswegen gefragt, weil sie über die entscheidenden personellen Ressourcen verfügen, Angriffe abzuwehren. Einerseits kennen die eigenen Expert*innen die Schwächen und Stärken der Infrastrukturen und Produkte des Unternehmens am besten und können daher im Falle eines Angriffs wichtiges Know-how bereitstellen. Zum anderen sind es die großen Tech-Unternehmen, die die meisten Talente im IT-Security-Bereich beschäftigen. Und die sind gefragt wie kaum eine andere Berufsgruppe. Fast überall in Wirtschaft, Gesellschaft und Staat gibt es freie Stellen zu besetzen; das Durchschnittsgehalt von Security-Expert*innen lag in den USA 2019 bei über 100 000 Dollar.[199] Nicht nur können Google, Microsoft, Amazon, Apple und Facebook die höchsten Gehälter zahlen, diese Unternehmen gelten auch als die besten Arbeitgeber und bieten zudem die spannendsten Arbeitsumfelder und Herausforderungen. Der Staat hat dagegen oft große Probleme, Personal im IT-Security-Bereich zu finden. Julia Schuetze nennt neben den unflexiblen Gehaltsstrukturen im öffentlichen Dienst als wichtigste Hürden die Hierarchien, fehlende Weiterbildungsmöglichkeiten und die traditionellen Einstellungsverfahren.[200]

Doch die Rolle der Plattformen geht über die Bereitstellung von Defensivressourcen hinaus. Einige versuchen, eine aktive, defensive Netzsicherheitspolitik zu etablieren, bei der sie nicht nur ihre eigene Infrastruktur gegen Angriffe härten, sondern das allgemeine Sicherheitsniveau steigern wollen.

Millionen Systemadministrator*innen finden sich am 7. April 2014 plötzlich in einem Albtraum wieder. Sie werden den vielleicht stressigsten Arbeitstag ihrer Karriere haben. Es ist der Tag, an dem die Existenz eines der gefährlichsten Bugs in der Geschichte des Internets veröffentlicht wird: Heartbleed. Als »Bug« werden für gewöhnlich Programmfehler bezeichnet, aber dass ein Bug einen Eigennamen hat, ist bis dahin eher ungewöhnlich. »Heartbleed« wurde er von seinen Entdeckern getauft, und sie haben ihm nicht nur einen Namen, sondern auch eine Website samt Logo und Pressemitteilung spendiert.[201]

Heartbleed betrifft die Implementierung des SSL-Standards in der populären Open-Source-Bibliothek OpenSSL. Teil des SSL-Standards ist die »Heartbeat«-Option, mit der ein Browser regelmäßig bei einem mit ihm verbundenen Server nachfragt, ob dieser noch erreichbar ist. Mit einer leichten Modifikation des Heartbeat-Kommandos aber kann ein Angreifer den Computer auf der Gegenseite dazu bringen, statt einer normalen Antwort Bereiche aus dem eigenen Arbeitsspeicher zurückzusenden. Auf diese Weise ist es möglich, Passwörter, Kreditkarteninformationen, private Kryptoschlüssel oder andere sensible Daten abzufangen. Statt zu schlagen, fängt das Herz des Servers an, ins Internet zu bluten.

Das Brisante: OpenSSL wird standardmäßig von einigen populären Webservern verwendet. Folglich waren viele Millionen Websites von dem Bug betroffen, inklusive Tumblr, Google, Yahoo, Netflix und Facebook. Ihre Server standen für viele Jahre offen wie Scheunentore, ohne dass irgendwer etwas merkte. Glücklicherweise fanden sich keine Hinweise darauf, dass böswillige Hacker*innen den Bug entdeckt und ausgenutzt hätten. Das Internet ist an einer Katastrophe vorbeigeschlittert.

Ausfindig gemacht hatte die Sicherheitslücke unter anderem der Google-Mitarbeiter Neel Mehta. Für das Unternehmen war Heartbleed ein Schock und der Anlass, eine neue Abteilung namens Project Zero zu gründen.[202] Zero verweist dabei auf den Begriff Zero Day, in der Sprache der Sicherheitsforscher ein kritischer Bug, der genau null Tage bekannt ist. Ein Bug wie Heartbleed also. Zero Days sind der Albtraum aller Systemadministrator*innen und eine Goldgrube für kriminelle oder staatliche Hacker*innen. Ein kritischer Bug, der noch unbekannt ist, erlaubt im Zweifel, unerkannt in Computersysteme ein- und auszusteigen. Googles Project Zero hat sich der Aufgabe verschrieben, solche Zero Days zu finden, und zwar nicht nur in den eigenen Produkten und der eigenen Infrastruktur, sondern überall.

Die Mitarbeiter*innen von Project Zero gelten als so etwas wie das IT-Security-All-Star-Team. Es versammelt Sicherheitsforscher*innen von Rang und Namen und genießt innerhalb der Google-Hierarchie gewisse Privilegien und Freiheiten. Seit 2014 hat das Projekt eine Vielzahl von Zero Days gefunden: kritische Sicherheitslücken in Microsoft Windows, Apples Safari-Browser, im Passwortmanager LastPass, Apples iOS und sogar in der Prozessorarchitektur von Intel. Project Zero gibt den betroffenen Unternehmen und Projekten 90 Tage Zeit, die Sicherheitslücke zu schließen, bevor es sie veröffentlicht. Das tut Google nach eigenem Bekunden nicht, um die Unternehmen vorzuführen, sondern um allgemein die Sicherheit von Computersystemen zu erhöhen. Eine Maßnahme, von der auch Google auf lange Sicht zu profitieren hofft.[203]

Im Grunde übernimmt Google hier eine klassische Aufgabe staatlicher Institutionen, da das Herstellen allgemeiner IT-Sicherheit ein öffentliches Gut ist. Die Behörde, die dafür in den USA eigentlich zuständig wäre, ist die NSA, die zwar ebenfalls viele Zero Days findet, aber ein Interesse hat, sie geheim zu halten und für eigene Zwecke zu horten. Wir haben hier also die paradoxe Situation, dass private Unternehmen eher ein Motiv haben, im Interesse der öffentlichen Sicherheit zu arbeiten, als staatliche Institutionen.

Die Sicherheit der Demokratie

An dieser Stelle könnte der Eindruck entstehen, dass Google und Apple mit der ehrbaren Aufgabe beschäftigt sind, die Sicherheit auf ihren Plattformen und darüber hinaus zu gewährleisten, während Facebook in Manipulationsskandalen und Missbrauch versinkt. Jedenfalls vermitteln die Medien dieses Bild. Facebook stand insbesondere vor der Präsidentschaftswahl in den USA 2020 im Fokus der Kritik.

Dabei unternahm Facebook enorme Anstrengungen, die Sicherheit der US-Wahl 2020 zu gewährleisten. Nick Glegg, globaler Kommunikationschef des Unternehmens, betonte in einem Gastbeitrag für den *Daily Telegraph*, dass Facebook seinen Personalaufwand für die Sicherheit der Plattform im Vergleich zu 2016 auf 35 000 Angestellte verdreifacht habe. Die Anzahl der Fake News sei 2016 um 50 Prozent reduziert worden, und jeden Tag werde die Erstellung von Millionen von Fake-Accounts verhindert. Politische Werbeanzeigen müssen jetzt durch einen speziellen Genehmigungsprozess, weswegen bis Juni 2020 750 000 Anzeigen nicht freigeschaltet wurden. Politische Anzeigen müssen zudem offenlegen, von wem sie stammen, und es wird auch transparent gemacht, wen sie erreichen. Darüber hinaus kündigte Glegg an, Facebook werde für alle leicht erreichbare und verlässliche Informationen zur Wahl anzeigen und allgemein dazu animieren, wählen zu gehen.[204]

Gleichwohl ist das Vertrauen in das Unternehmen erschüttert, es scheint eine Gefahr für die Demokratie zu sein, und wer noch nicht besorgt ist, hat einfach nicht genug aufgepasst.[205] Dabei wird jedoch übersehen, dass die Probleme, die Facebook 2016 verursachte, ein direktes Resultat von Facebooks Macht sind und somit Facebook allein in die Position versetzt wird, sie adressieren zu können. Die Skandale haben das Unternehmen nicht geschwächt, sondern waren eine, wenn auch unfreiwillige, Machtdemonstration. Mehr noch: Facebooks nun ins Werk gesetzte Milliarden Dollar teure Sicherheitsinfrastruktur, die verhindern soll, dass Ähnliches wieder geschieht, entspricht dem Gegengewicht an Kontrolle, die nötig ist, um diese

Macht im Zaum zu halten. Facebook ist ein riesiger sozialer Reaktor, und nach der Kernschmelze 2016 lautet die Botschaft nun, dass das Unternehmen der einzige Betreiber ist, der in der Lage ist, den Reaktor sicher zu betreiben.

Seit 2017 habe das Unternehmen geholfen, 200 Wahlen weltweit zu beschützen, behauptet Glegg. Die Demokratie steht nun unter dem – immer noch prekären – Schutz von Facebook. Das im September 2020 geleakte Memo der Datenwissenschaftlerin Sophie Zhang gibt Aufschluss darüber, wie gut dieser Schutz außerhalb der zunehmend kritischen amerikanischen Öffentlichkeit bislang funktioniert hat. In den zwei Jahren, die Zhang bei Facebook arbeitete, war sie beinahe im Alleingang damit beschäftigt, Desinformationskampagnen in Aserbaidschan, Honduras, Indien, der Ukraine, Spanien, Brasilien, Bolivien und Ecuador aufzuspüren und zu bekämpfen. Facebook schien von diesen Angriffen strukturell überfordert zu sein, und so lastete auf ihr die Verantwortung, Demokratien auf der ganzen Welt vor dem Schlimmsten zu bewahren.[206]

Für die US-Wahl hat Facebook hingegen enorm investiert, sogar ein »Election Center« eingerichtet, das für alle Wahlbezirke in den USA gültige Wahlinformationen bereitstellte. Zudem hat das Unternehmen am Ausbau der Moderationspraxis und ihren Policies gearbeitet und hat eine Woche vor und eine Woche nach der Wahl keine politische Werbung mehr angenommen, um die Chance von Desinformationskampagnen zu minimieren. Trotzdem liest sich der zugehörige Post von Mark Zuckerberg vor allem düster.[207]

Es ist unschwer zu erkennen, dass hier dieselben Balanceakte am Werk sind wie beim Regulierungsparadox. Die Maßnahmen, die Facebook für die Wahlen in die Waagschale geworfen hat, haben seine Rolle in der Beziehung zum Staat aufgewertet, denn es sind jetzt exakt diese Ressourcen, auf die die Demokratie von nun an angewiesen sein wird, um sicher zu funktionieren. Das netzsicherheitspolitische Resultat von 2016 ist paradoxerweise eine vollkommene Abhängigkeit der Demokratie von der Netzinnenpolitik Facebooks.

Das lässt sich auch auf die Netzsicherheitspolitik der Plattformen im Allgemeinen übertragen. Staaten und Gesellschaften sind heute auf vielerlei Arten abhängig von Infrastrukturen, Kontrollregimes und Sicherheitsgarantien, die nur mehr die Plattformen bieten können. Und hier haben wir einen kritischen Punkt erreicht.

Sicherheit zu garantieren, war schon immer eine der wichtigsten geopolitischen Mechanismen in den internationalen Beziehungen. Auf Sicherheitsgarantien sind Weltordnungen gebaut. Und die Erkenntnis aus diesem Kapitel ist deswegen: Es kann keine Weltordnung mehr ohne die Macht der Plattformen geben.

7 Die politische Ökonomie der Plattform

Napsters Ende zog sich auch nach dem fatalen Gerichtsurteil von 2001 hin. Als der Dienst schon abgestellt war, arbeitete Shawn Fanning noch lange im Hintergrund an der Möglichkeit eines Relaunchs. Ausgerechnet der deutsche Bertelsmann-Konzern interessierte sich dafür. Dessen Geschäftsführer Thomas Middelhoff war ein ausgesprochener Napster-Fan und wollte die Marke unter seinem Konzerndach neu aufstellen. Sondierungsgespräche hatten bereits im Jahr 2000 begonnen. Als Napster in deren Zuge die eigenen Zahlen offenlegte, entfuhr einem Bertelsmann-Manager: »Ihr zerstört die Musikindustrie ... ihr habt mehr Musik vertrieben, als die gesamte Plattenindustrie seit ihrem Bestehen.«[1]

Ein Gericht verhinderte die Übernahme durch Bertelsmann jedoch, Napster meldete im Juni 2002 Konkurs an.[2] Doch der Dienst hatte in der Tat einen Niedergang der Musikindustrie eingeleitet, der sich noch lange fortsetzte. Zwischen 1998 und 2012 sanken die Verkäufe von Musik um die Hälfte.[3] Inzwischen hat sich die Branche aber wieder erholt. Insbesondere das Streaming bescherte ihr ein stetig wachsendes Einnahmensegment. Von 2012 bis 2019 stieg der Umsatz dort von einer auf 11,4 Milliarden US-Dollar.[4]

Nicht nur die Musikindustrie erlebte durch Streaming einen Aufschwung. Im selben Zeitraum stieg der Umsatz von Netflix sogar von 3,6 auf 20,16 Milliarden US-Dollar.[5] Internetstreaming ist das aktuelle technisch-ökonomische Paradigma der Rechteverwertungsindustrie. Sie war die erste Branche, die vom Kontrollverlust des Internets getroffen wurde, und sie geht nun, 20 Jahre nach dem

Napster-Schock, als der große Gewinner aus der Digitalisierung hervor. Wenn man die ökonomischen Besonderheiten des Digitalen verstehen will, lohnt es sich, hier genauer hinzuschauen.

Dem Niedergang und Wiederaufstieg der Inhalteindustrie entsprechen zwei gegenläufige Theorieströmungen über die digitale Ökonomie: zum einen die Theorie des »digitalen Postkapitalismus« und zum anderen die des »digitalen Hyperkapitalismus«. Nach dem Napster-Schock wurde vielen klar, welch tiefen Einschnitt das Internet für die ökonomische Wirklichkeit bedeuten würde. Die Theorie des digitalen Postkapitalismus greift diese scheinbar unabänderliche Tatsache auf und folgert, dass sich die Produktionsverhältnisse so radikal verändert hätten, dass es Zeit sei, das kapitalistische Paradigma – zumindest zum Teil – abzustreifen.

Als sich in den 2010er Jahren immer deutlicher abzeichnete, dass sich das Ende des Kapitalismus nicht nur nicht einstellen würde, sondern im Gegenteil die Tech-Konzerne immer größer, mächtiger und profitabler wurden, etablierte sich die Theorieströmung des digitalen Hyperkapitalismus. Sie sieht im Digitalen nicht nur eine Fortführung, sondern eine Eskalation der bekannten kapitalistischen Produktionsweisen – auch wenn ihre Vertreter*innen sich nicht einig darüber sind, worin diese Eskalation besteht.

Beide Theorien haben recht und doch unrecht, denn sie beobachten an der wesentlichen Veränderung vorbei. Sie schauen auf die Ökonomie – auf Märkte, Produktionsweisen und Konsument*innenverhalten – und übersehen dabei die viel grundlegendere Revolution in der Dynamik der Machtverhältnisse.

Der Begriff der politischen Ökonomie ist zwischenzeitlich aus der Mode gekommen. Meist spricht man heute von Makroökonomie oder Volkswirtschaft, wenn es um gesamtwirtschaftliche Betrachtungen geht. In der Entstehungszeit des systematischen Nachdenkens über Wirtschaft war »politische Ökonomie« aber der Begriff, mit dem man eine Wirtschaftsordnung bezeichnete. Er verweist auf drei Sachverhalte, die für unsere Zwecke wichtig, aber im Gros der heutigen ökonomischen Diskussion nur noch schwer zu finden sind:

Erstens macht er klar, dass ganz selbstverständlich alternative Wirtschaftsordnungen denkbar sind. Zweitens zeigt das »politische« an, dass es sich um eine politische Entscheidung handelt, unter welche Wirtschaftsordnung man die Gesellschaft stellt. Drittens impliziert das »politische«, dass jede Wirtschaftsordnung auf Durchsetzungsmacht angewiesen ist.[6]

Wenn wir also feststellen, dass Plattformen eigene politische Ökonomien darstellen, meinen wir damit, dass es sich um alternative Wirtschaftsordnungen zum Kapitalismus handelt. Und sie sind deswegen alternative politische Ökonomien, weil sie über eine andere Durchsetzungsmacht verfügen als der Kapitalismus.

Der Kapitalismus wäre demnach also eine nur spezifische Ausprägung einer politischen Ökonomie, wenn auch die derzeit weltweit vorherrschende Ordnung. Es ist schwierig geworden, sich ein Außerhalb dieser Ordnung überhaupt vorzustellen, und doch werden wir es in diesem Kapitel versuchen. Dafür müssen wir den Gegenstand erst mal bestimmen. Als Minimaldefinition für den Kapitalismus ziehen wir drei Merkmale heran: Kapitalismus ist eine (1.) *eigentumsbasierte* Ordnung, die (2.) Produktionsverhältnisse ins Werk setzt, die ihre *Produktivität aus Arbeit* ziehen, und (3.) deren Zugriff auf Ressourcen weitestgehend *durch den Markt gesteuert* wird.

Zunächst erörtern wir die beiden gängigen Theorien des digitalen Kapitalismus, indem wir sie bezogen auf die drei Kriterien *Eigentum*, *Produktivität* und *Markt* analysieren, bevor wir auf Basis der bisher entwickelten Plattformtheorie eine eigene Theorie skizzieren, die wir »das Interregnum« nennen.

Digitaler Postkapitalismus

Für die Musikindustrie und viele Beobachter*innen war Napster ein Kulturbruch. Für viele Menschen, die der technologischen Entwicklung affirmativ gegenüberstanden, war es ein Erweckungserlebnis. Vor allem die Intellektuellen unter ihnen sahen Napster als Synthese aus allem an, worüber sie seit Jahren schrieben: Der Computer und das Internet brächten nicht einfach nur einen weiteren Wirtschaftszweig, einen neuen Markt oder gar eine Branche hervor. Diese Technologien seien so disruptiv, dass sie ein neues Paradigma des Wirtschaftens erzwängen.

Der Untergang der New Economy schien das zu bestätigen. Denn während die viel beachteten Start-ups der Branche der Reihe nach pleitegingen, florierten nicht kommerzielle Projekte wie die Wikipedia oder das Open-Source-Betriebssystem Linux. Und so machten sich einige Denker*innen in den 2000er Jahren daran, aus den bis dahin gelernten Phänomenen des Digitalen eine tatsächlich »neue Ökonomie« jenseits des Kapitalismus zu entwerfen. Dabei griffen sie nicht auf Marx oder andere antikapitalistische Denker*innen zurück, wie es frühere postkapitalistische Gedankenspiele getan hatten, sondern fast ausschließlich auf Instrumente der neoklassischen Wirtschaftstheorie. Im Zentrum steht eine gemeinwohlorientierte Ökonomie, die statt auf Konkurrenz auf Kooperation, statt auf Privateigentum auf Gemeinschaftsgüter, statt auf Markt auf Offenheit setzt.

Eigentum: Commons statt Kapital

Privateigentum ist kein notwendiger Bestandteil von Ökonomien. Im Mittelalter waren Gemeinschaftsgüter – im Englischen *Commons*, im Deutschen auch »Allmende« –, die von Dörfern oder anderen ländlichen Gemeinschaften bewirtschaftet wurden, weit verbreitet. Eine Wiese, ein Feld, ein Wald gehörte oft niemandem, stattdessen durften alle Gemeinschaftsmitglieder an der Nutzung partizipieren. Mit der Wende zur Neuzeit wurde dieser Grund und Boden zunehmend in Privateigentum umgewandelt. Die sogenannte »Einhegung« ging oft gewaltsam vonstatten: Im England des 17. und 18. Jahrhunderts wurden Menschen von ihrem gewohnheitsmäßigen Grund und Boden vertrieben, viele verarmten, wurden zu Tagelöhnern und zogen später als Arbeiter*innen in die Städte.

Ökonom*innen rechtfertigen dieses Vorgehen oft damit, dass Gemeinschaftsgüter nicht dauerhaft nachhaltig bewirtschaftet werden können. Dabei stützen sie sich unter anderem auf den Aufsatz »Die Tragik der Allmende« des Biologen Garrett Hardin, der 1968 zu dem Schluss kam, dass Commons nicht funktionieren können, weil das egoistische Agieren weniger Akteure ausreicht, um zu einer Übernutzung der geteilten Ressource zu führen.[7] Wir kennen alle die Menschen, die ihren Müll im Park hinterlassen oder die Milch im Bürokühlschrank leeren, ohne neue nachzukaufen. Nur Eigentümer*innen, so die Ökonom*innen, treten der Tragödie der Allmende entgegen, sie investieren, halten instand, verteidigen ihr Eigentum gegen Übernutzung durch andere.

Doch diese Auffassung ist falsch. Elinor Ostrom erhielt 2009 als erste Frau den Nobelpreis für Wirtschaftswissenschaften, weil sie zeigte, dass Gemeinschaftsgüter – die es immer noch überall auf der Welt gibt – in der Realität sehr wohl langfristig und nachhaltig bewirtschaftet werden. Privateigentum ist eben doch nicht alternativlos. Jedenfalls dann nicht, wenn es hinreichend enge Gemeinschaften mit klaren Regeln und Durchsetzungsregimes gibt.[8]

Für die digitale Ökonomie kann man sogar weiter gehen. Dort ist (immaterielles) Privateigentum nicht nur nicht notwendig, es ist sogar schädlich. Wie Yochai Benkler in seinem Standardwerk *The Wealth of Networks* darlegt, sorgt die grenzkostenlose Kopie in der digitalen Welt für eine Verschiebung in der ökonomischen Wohlfahrtsrechnung.[9] Software, ein Lied als MP3 oder eine Videodatei sind sogenannte nicht rivalisierende Güter. Rivalisierend bedeutet, dass ich etwas nur haben kann, wenn alle anderen es nicht haben. Ein Apfel oder ein Auto zum Beispiel kann nur von wenigen genutzt werden. Nicht rivalisierend sind hingegen Güter, die auch viele andere nutzen können, ohne dass jemand darauf verzichten muss. Durch die leichte und kostenlose Kopier- und Distribuierbarkeit werden alle Informationsgüter zu nicht rivalisierenden Gütern. Damit ist Übernutzung ausgeschlossen. Allmende, so stellt sich heraus, ist die Standardeigenschaft von Informationen im Internet –

ganz ohne Tragödie. Es herrscht eine Ökonomie der Unknappheit. Den Zugriff auf Informationsgüter einzuschränken, würde demnach keinen Wert schaffen, sondern ihn in Form der allgemeinen Wohlfahrt einschränken.

Dazu macht Benkler ein Experiment. Er sucht bei Google nach »Wikingerschiff«. Seine Ergebnisseite verweist unter anderem auf die private Website eines Lehrers, der – vermutlich für seine Schüler*innen – alle möglichen Informationen über Wikingerschiffe zusammengetragen hat. Grafiken, Fotos, Geschichten, Artikel. All dieses Wissen sei durch das Web frei zugänglich und das ganze Projekt überhaupt erst möglich, da auch die Ausgangsmaterialien frei zugänglich gewesen seien, freut sich Benkler. Ein vergleichbares Printprodukt wäre 20 Jahre zuvor vermutlich nie entstanden.[10]

Benkler nennt den Namen Google hier ganz beiläufig und ohne Beunruhigung. 2006 war Google noch die nette Suchmaschine von nebenan. Auch sie hätte es ohne das freie, offene Web, also ohne die digitalen Commons nicht gegeben. Google hat sein Geschäftsmodell darauf aufgebaut, das freie und offene Wissen noch zugänglicher zu machen. Das Unternehmen hatte den Trick der Offenheit verstanden, so war das gängige Narrativ damals. Offenes Wissen ist wie Luft, man kann sie nicht verpacken und verkaufen. Stattdessen hatte Google ein Segel in den Wind gestellt, und die Tatsache, dass das Schiff Fahrt aufnahm, wurde als Beweis gesehen, dass Offenheit auch als Geschäftsmodell funktioniert. Benkler und andere konnten zu dieser Zeit noch nicht ahnen, wie groß Schiff und Segel werden und mit welcher Geschwindigkeit Google bald alle anderen überrunden würde.

Produktivität: Peer Production statt kapitalistischer Produktionsweise

Nach Marx wird die kapitalistische Produktionsweise durch den Gegensatz von Kapital und Arbeit bestimmt. Kapital ist nicht das Geld auf dem Konto oder die Aktien im Depot, sondern immer die Investition in Produktionsmittel. Es ist das Grundstück, die Fabrik, die Maschine. Der Arbeiter muss, weil er kein Kapital hat, seine

Arbeitskraft zu Markte tragen, die der Kapitalist dann zusammen mit seinem Kapital zur Warenproduktion einsetzt.

Doch als es der Programmierer Richard Stallman Anfang der 1980er Jahre satthatte, wegen eines Druckers ständig umsonst zu einem Nachbargebäude auf dem MIT-Campus rennen zu müssen, erfand er eine neue Produktionsweise. So jedenfalls geht die Legende.[11] Der betreffende Laserdrucker war ein Geschenk des Kopiergeräteherstellers Xerox an das MIT und damals eine Sensation, doch er verursachte ständig Papierstau. Stallman wollte die Software des Druckers so modifizieren, dass sie den Nutzer*innen ein Signal gab, wenn das wieder einmal passierte. Doch Xerox gewährte ihm ebenso wenig Zugriff auf den Programmcode wie andere Wissenschaftler*innen, die zwar über den Code verfügten, aber ein »Non Disclosure Agreement« (NDA) unterschrieben hatten, das die Weitergabe untersagte.

Diese Episode frustrierte Stallman so nachhaltig, dass er 1984 beschloss, ein neues Betriebssystem für Computer zu schreiben – eine freie Alternative zum vor allem an Universitäten weitverbreiteten Unix. Den Code stellte er nicht nur öffentlich zur Verfügung, sondern kreierte eine spezielle Lizenz dazu: Die GNU GPL (GNU steht für »GNU is Not Unix«, GPL für General Public Licence) räumt den Nutzer*innen erst mal alle möglichen Rechte pauschal ein. Sie dürfen die Software frei verwenden, weitergeben und verändern. Die einzige Bedingung lautet, dass sie eventuelle Ableitungen des Programms wiederum unter dieser Lizenz veröffentlichen müssen. So wird die Freiheit der Software zugleich ermöglicht und sichergestellt.[12]

Zunächst führte das GNU GPL-Projekt ein Schattendasein. Das änderte sich Anfang der 1990er Jahre, als ein finnischer Programmierer namens Linus Torvalds seine eigene Unix-Version namens »Linux« unter der GNU GPL im Internet veröffentlichte. Sofort fanden sich etliche interessierte Programmierer*innen, die an dem Code weiterarbeiteten. Die Community um Linux wuchs von Jahr zu Jahr. Torvald schuf ein spezielles Versionskontrollsystem, Git (auf dem heute auch die Plattform GiHub beruht), um mit den vielen eingereichten Code-Änderungen Schritt halten zu können. Bis heute wird nur ein Kernteam des Projekts direkt bezahlt, trotzdem schreiben Tausende Freiwillige mit. Das Resultat ist eines der wichtigsten Betriebssysteme unserer Zeit.[13]

In Open Source und freien Lizenzen sieht Yochai Benkler daher eine Alternative zur kapitalistischen Produktionsweise und nennt sie »Commons Based Peer Production«. Das bedeutet: Sie basiert auf dem Konzept des Gemeingutes *(commons)* und bringt Leute zusammen, die kooperativ und gleichberechtigt (als *peers*) ohne das übliche hierarchische Lohnmodell Güter produzieren. Statt der Tragödie der Allmende erleben wir in der Open-Source-Community das »Wunder der Allmende«.

Das betrifft nicht nur Software. Ein weiteres populäres Projekt, das in dieses Schema fällt, ist die Wikipedia. Auch sie wird kooperativ von Freiwilligen befüllt, während ein bezahltes Kernteam nur die Infrastruktur wartet und flankierende Projekte umsetzt. Wikipedia sei »eines dieser Dinge, die theoretisch unmöglich, aber praktisch möglich sind«, brachte Kevin Kelly es 2008 auf den Punkt.[14] Herausgekommen ist eine Enzyklopädie, die ihren Vorläufern in kaum etwas nachsteht, sondern sie in vielerlei Hinsicht weit überflügelt – und deshalb fast alle Enzyklopädieverlage in den Ruin getrieben hat.

In den 2000er Jahren konnte man auf die Idee kommen, dass die Commons Based Peer Production die kapitalistische Produktionsweise ersetzen oder zumindest ihren Status bedrohen würde. Vielfältige Projekte und Bewegungen entstanden: Open Hardware, Open Access, Open Government, Open Data, Open Innovation etc. Offenheit, da waren sich viele sicher, würde langfristig siegen, denn sie bietet einen entscheidenden Wettbewerbsvorteil: Jede*r kann beitragen.

Am besten artikulierte dieses Denken Clay Shirky. In einem frühen Ted-Talk von 2005 zitierte er den damaligen Microsoft-Chef Steve Ballmer: Es sei ein Mythos, dass Tausende Menschen an Linux arbeiteten. Sein Unternehmen habe geprüft, wer alles Code beisteuert, und die meisten hätten nur eine einzige Einreichung gemacht. Shirky meint, aus Ballmers Perspektive sei das nachvollziehbarerweise ein

Kritikpunkt. Man stelle sich vor, ein angestellter Entwickler mit Tausenden Dollar Monatsgehalt käme während der gesamten Dauer seiner Beschäftigung nur auf eine einzige Idee. Was aber, wendet Shirky ein, wenn der eine eingereichte Code die Reparatur einer kritischen Sicherheitslücke bedeutet? Bei Open-Source-Projekten stelle sich nicht die Frage: Will ich den Mitarbeiter? Sondern: Will ich diese Reparatur? Shirky schließt: »Die Tatsache, dass ein einzelner Programmierer, ganz ohne professionelle Anbindung an eine Institution, Linux verbessern kann, sollte Ballmer Angst einjagen.«[15]

Tatsächlich läuft Linux mittlerweile auf den meisten Servern weltweit und seine Weiterentwicklung zum Android-Betriebssystem dominiert den Smartphone-Markt. Doch auch jenseits von Linux kann die Open-Source-Bewegung auf jede Menge Erfolge verweisen. Der freie Browser Firefox beendete das Monopol von Microsofts Internet Explorer. Internetserver werden heute fast ausschließlich mit Open-Source-Projekten betrieben, wie zum Beispiel dem Webserver Apache, der Datenbank MySQL oder der Programmiersprache PHP. Sie alle haben einen Standard geschaffen, auf dem schließlich auch Facebook seine ganze Infrastruktur aufbauen konnte.

Gerade die heute großen Plattformunternehmen sind nicht nur eifrige Open-Source-Nutzer, sondern tragen selbst auch am meisten dazu bei. Als eines der ersten Unternehmen sprang IBM auf den Open-Source-Zug auf und betreibt unter anderem eine der wichtigsten Linux-Distributionen: Red Hat.[16] Google hat die Kernbestandteile sowohl von Android als auch von seinem Browser Chrome als Open Source veröffentlicht. Dasselbe gilt für TensorFlow, seine Plattform für maschinelles Lernen. Facebook rühmte sich lange damit, einer der größten Open-Source-Beiträger zu sein.[17] Das Unternehmen betreibt dazu mit *Open Compute* ein Open-Hardware-Projekt, wo es seine Forschungen und Designs zum Betrieb von Rechenzentrumsinfrastrukturen veröffentlicht.[18] Auch Apple unterhält viele Open-Source-Projekte, unter anderem die Programmiersprache Swift und einige Entwicklertools. In letzter Zeit macht ausgerechnet Microsoft dadurch von sich reden, dass es sich Open Source auf allen möglichen Ebenen zu eigen macht. Das Unternehmen kaufte sogar die wichtigste Plattform für Open-Source-Softwareentwicklung, GitHub. Dazu kreierte es die wichtigste Software-Entwicklungsumgebung, Visual Studio, und auch seine gesamte Cloud-Software »Azure« ist Open Source.

Auf GitHub werden sieben der zehn größten Projekte von zwei Unternehmen geführt: Microsoft und Google. Facebooks wichtigstes Open-Source-Projekt, das Programmierframework React, steht auf Platz zwei.[19] Es scheint so, als seien Plattformen und Commons Based Peer Production wie füreinander gemacht. Manche sagen gar, die Dominanz der Konzerne in der Open-Source-Welt sei erdrückend, weil Community-geleitete Projekte an den Rand gedrängt würden.[20]

Um die Affinität der großen Plattformen zu Open Source zu ergründen, lohnt es sich, auf die Vorgeschichte der freien Softwarebewegung zu schauen. Das Betriebssystem Unix war sowohl das Vorbild für Stallmans GNU wie für Linux – und das hat einen Grund. Unix wurde 1970 von Ken Thompson und Dennis Ritchie in den Bell Labs, dem Forschungszentrum von AT&T, entwickelt und war eines der ersten Hardwareplattformen übergreifenden Betriebssysteme. Insbesondere die ebenfalls von den beiden entwickelte Programmiersprache C erlaubte es Anwender*innen, Unix auf allen möglichen Systemen zum Laufen zu bringen.

Aufgrund einer Gerichtsentscheidung von 1956 durfte sich AT&T aber nicht kommerziell in anderen Geschäftszweigen als der Telekommunikation betätigen. Weil die Bell Labs Unix somit nicht verkaufen konnten, lizenzierten sie es kostenlos an Universitäten und gaben den Source Code immer gleich mit. Diese Kombination machte den Erfolg der Plattform aus. Ganze Generationen von Studierenden amerikanischer Informatikfakultäten lernten ab den 1970er Jahren den Umgang mit dem Computer auf Unix und das Programmieren mit C. Bereits 1978 setzten 600 Universitäten Unix ein. Richard Stallman und Linus Torvald sprangen mit ihren Projekten im Grunde auf die bereits getroffenen Pfadentscheidungen des Unix-Infrastrukturregimes auf, an dem sie gelernt hatten.[21]

Und hier wird klar, warum Open Source für Plattformunternehmen so interessant ist: Wie Unix zeigt, hat das Etablieren eines quelloffenen Software-Standards viele strategische Vorteile. Es stärkt zum einen das eigene Infrastrukturregime, und zum anderen adressiert es die eigentliche Engstelle im heutigen Krieg der Plattformen: Softwareentwickler*innen. Sie auf das jeweils eigene Infrastrukturregime zu verpflichten hat demgemäß eine höhere Priorität, als den eigenen Code zu schützen. Open-Source-Projekte sind dabei ein ideales Werkzeug.

Markt: Offenheit und Kooperation

Als eine der wesentlichen Eigenschaften des Kapitalismus wird, insbesondere in der neoklassischen Schule, die Ressourcenallokation durch den Markt angesehen. Allokation bedeutet so viel wie Zuweisung oder Zuordnung. Der Markt bringt der Theorie nach das Angebot von knappen Ressourcen und die Nachfrage danach über den Preismechanismus in ein Gleichgewicht. Ist wenig von einem Gut vorhanden, die Nachfrage danach aber groß, so steigt der Preis, was wiederum einen Anreiz bietet, mehr von dem Gut zu produzieren. Ist zu viel von dem Gut auf dem Markt, sinkt der Preis und damit mittelfristig auch das Angebot.

Mit Ronald Coase im Gedächtnis (Kapitel 2) wissen wir jedoch, dass die Verwendung des Marktes zwar selbstbestimmt, aber nicht umsonst ist. Sie kostet Zeit, Aufwand und Risiko – die sogenannten Transaktionskosten. Coase zufolge gibt es deswegen Unternehmen, weil sie Ressourcenallokation in bestimmten Situationen mittels Hierarchien effizienter organisieren.

Yochai Benkler sieht die Commons Based Peer Production als eine Alternative sowohl zu Märkten als auch zu hierarchischen Organisationen wie Unternehmen. Das Internet erlaube transaktionskostenlose Zusammenarbeit, die selbstbestimmt wie auf dem Markt ist, aber so effizient wie ein Unternehmen – dauerhaft sogar effizienter.[22] Die grenzkostenlose Kopierbarkeit digitaler Güter einerseits und die transaktionskostenlose Interaktion andererseits machen Benkler zufolge das neue Paradigma der Commons Based Peer Production nicht nur möglich, sondern wahrscheinlich. Die intrinsische Motivation der einzelnen Akteure reiche aus, um auch große Projekte auf diese Art zu realisieren.[23]

Zu diesem Zweck haben der Jurist Lawrence Lessig und andere die Idee der GNU-GPL- und der Open-Source-Lizenzen weitergedacht und sie auf alle Formen von Kreativität übertragen. Heraus kam Creative Commons, ein standardisiertes Set von Lizenzmodulen, die sich miteinander kombinieren lassen und auf alle möglichen Produkte menschlichen Schaffens anwendbar sind. Damit sollte das Erfolgsrezept der Open-Source-Welt in jede Branche gebracht werden. Die CC-Lizenzen haben allerdings nie eine vergleichbare Relevanz erreicht wie die freien Softwarelizenzen. Zwar adaptierte die Wikipedia die Lizenz, und viele weitere Projekte folgten. Doch CC-lizenzierte Bücher, Musik, Texte, Filme oder andere kreative Produkte sind immer noch die seltene Ausnahme.

Die Revolution ist ausgeblieben, dennoch glauben Autoren wie Paul Mason oder Jeremy Rifkin nach wie vor, dem digitalen Postkapitalismus gehöre die Zukunft. In *Postcapitalism – A Guide to Our Future* von 2015 beschäftigt sich Mason zwar auch mit der Tatsache, dass diese neue Ökonomie nicht zu einer Commons-orientierten Ordnung geführt hat, sondern vielmehr Plattformen davon profitieren. Doch diese »Monopole des Info-Kapitalismus«, wie er sie nennt, erklärt er zu Übergangsphänomenen auf dem Weg zum Postkapitalismus.[24]

Ein Jahr zuvor hatte Jeremy Rifkin in seinem Buch *The Zero Marginal Cost Society* wie Mason schon darin einen Umschwung gesehen, dass langfristig alle Produkte zu Informationsprodukten werden, weil die Fertigung immer informationslastiger wird.[25] Mason führt die Entwicklung von Flugzeugen an, die fast vollständig anhand computergestützter Simulationsmodelle erfolgt,[26] Rifkin verweist auf 3D-Drucker, die aus beliebigen 3D-Modellen Produkte aller Art herstellen können[27] – all das mache den eigentlichen materiellen Produktionsprozess zweitrangig. Die Herstellung und Distribution von Information rückt dagegen immer mehr in den Mittelpunkt, und weil mit ihr kein Arbeitsmehrwert (Mason) bzw. keine Grenzkosten (Rifkin) einhergehen, verliere der Kapitalismus sein Knappheitsparadigma und damit früher oder später seine Existenzgrundlage.

Doch inzwischen tritt immer mehr Ernüchterung ein. In seinem Buch *Im Bann der Plattformen* von 2019 schreibt der Internettheoretiker Geert Lovink mit Blick auf Benklers Buch: »Die Frage, wer letzten Endes vom Wohlstand der Netzwerke profitiert, wird nicht gestellt. Könnten es vielleicht diejenigen sein, die den Zugang bereitstellen und die Informationen aggregieren?«[28] Lovink macht dabei auf etwas Wichtiges aufmerksam: Das wirkliche Erbe von Benklers Denken sind nicht die freien Lizenzen, sondern die Plattformen. Die Quintessenz der Commons Based Peer Production ist nicht eine neue Rechtsform für immaterielle Güter, sondern Social Media. Die Partizipation auf Twitter, TikTok oder Instagram basiert noch heute größtenteils auf der freigiebigen und kollaborativen Veröffentlichung von Informationen, Fotos, Videos, Texten und Gedanken ohne Gewinnerzielungsabsicht – vornehmlich getrieben durch intrinsische Motivation.

Die Ideen und utopischen Ansätze, die Mitte der 2000er Jahre mit der aufstrebenden Internetökonomie aufkamen, scheinen sich zwar realisiert zu haben, aber auf eine ganz andere Art, als ihre Vordenker*innen sich haben träumen lassen. Die Commons wurden neuerlich eingehegt, die Peer Production in Konzernstrukturen eingehängt und »frei« ist Teil von hypererfolgreichen Geschäftsmodellen geworden.

Digitaler Hyperkapitalismus

Der Legende nach gründete Reed Hastings Netflix, weil er wütend war, dass die Videoverleihkette Blockbuster ihm schon wieder eine Strafgebühr für das verspätete Zurückbringen seiner ausgeliehenen DVDs aufgedrückt hatte. Netflix startete 1997 als eine Art Videoversand, bei dem das »net« im Namen lediglich darauf verwies, dass man die Filme im Internet auswählen und bestellen konnte. Sie wurden dann als DVDs in einer Box zugesandt, bereits gesehene Filme schickte man wieder zurück. Erst 2007, zehn Jahre später, baute Hastings Netflix konsequent in einen Videostreamingservice um. Statt online eine Liste auszufüllen, konnte man die Filme nun direkt auf der Website schauen.

Der Wechsel des Geschäftsmodells griff jedoch tief in die Gesamtstruktur des Unternehmens ein. Netflix sollte zum Vorreiter eines neuen kulturellen Paradigmas des Bewegtbildkonsums werden, das nicht nur die Videoverleihbranche zerstört hat und zunehmend das lineare Fernsehen marginalisiert, sondern sogar dabei ist, das Kino zu revolutionieren. Entsprechend sieht Hastings die etablierten Formen von Bewegtbildunterhaltung nicht mehr als seine Hauptkonkurrenten, sondern Schlaf und Videospiele.[29]

Netflix gehört zwar noch nicht zur Topriege der Plattformunternehmen, aber seine Marktkapitalisierung lag 2020 immerhin schon bei 217 Milliarden US-Dollar.[30] Vor allem in den vier Jahren zuvor ist es in einem unglaublichen Tempo gewachsen. In vielerlei Hinsicht ist Netflix die Unternehmen gewordene Antithese zum digitalen Postkapitalismus und deswegen für uns besonders aufschlussreich.

Nicht nur wegen Netflix ist es leicht zu verstehen, warum immer mehr Denker*innen die Vorstellung zurückweisen, wir seien in einem digitalen Postkapitalismus angelangt oder auf dem Weg dorthin.[31] Vielmehr finden sich jede Menge Hinweise, dass eine Art Eskalation des Kapitalismus im Digitalen stattgefunden hat. Dafür wurden bereits viele Namen gefunden: digitaler Kapitalismus, Informationskapitalismus, kognitiver Kapitalismus, Überwachungskapitalismus und natürlich Plattformkapitalismus. Es gibt sehr unterschiedliche Vorstellungen darüber, worin diese Erweiterung, Neuausrichtung oder gar Radikalisierung des Kapitalismus nun besteht, doch in einem sind sich alle Autor*innen einig: Es handelt sich nach wie vor um Kapitalismus, nur erfolgreicher, ausbeuterischer und konzentrierter.

Diese Auffassung lässt sich durch Zahlen stützen.[32] Mit einer Marktkapitalisierung von mittlerweile über fünf Billionen Dollar haben die großen vier (Microsoft, Apple, Google/Alphabet, Amazon) das Volumen der gesamten japanischen Börse überschritten.[33] Apple, Facebook, Amazon und Alphabet haben 2019 773 Milliarden Dollar umgesetzt, was dem gesamten Bruttoinlandsprodukt von Saudi-Arabien entspricht.[34] Apple ist die zweite Firma der Welt, die die Schwelle von 2 Billiarden US-Dollar Marktkapitalisierung überschritten hat – direkt nach dem Ölkonzern Aramco, der den gesamten Ölexport Saudi Arabiens betreibt. Von der Corona-Krise 2020 haben Apple, Google, Amazon, Facebook und Microsoft zusätzlich profitiert, zwischenzeitlich machten sie 20 Prozent des amerikanischen Aktienmarktes aus. Eine Konzentration, die es in der Geschichte noch nicht gegeben hat.[35]

Die Technologiebranche wächst schneller als alle anderen Branchen, sie nutzt Arbeitskraft effizienter aus, erzielt höhere Gewinne mit niedrigeren Kosten. Schlimmer: Die Tech-Unternehmen verleiben sich eine Branche nach der anderen ein, krempeln sie um, verdauen sie und spucken sie als digital vernetzte und datenoptimierte Plattformvariante wieder aus. Digitaler Kapitalismus ist Kapitalismus auf Speed. Wäre Kapitalismus ein Spiel, die Plattformen wären die klaren Gewinner.

Eigentum: Immaterielles Kapital

Netflix kam schon zu Anfang mit wesentlich weniger Kapital aus als sein damals größter Konkurrent Blockbuster, der allein in den USA über 5000 Videotheken unterhielt. Nach der Verwandlung zu einem Streaming-Service brauchte Netflix nicht einmal mehr Lagerhallen und physischen Besitz von Datenträgern. Stattdessen musste es lediglich Lizenzen kaufen. Lizenzen sind Rechte, in diesem Fall das Recht, bestimmte Spielfilme und Serien über Video-Streaming im Internet anbieten zu dürfen. Diese Lizenzen waren damals unfassbar günstig, einfach weil das Videostreaming noch nicht als potentieller

Markt ernst genommen wurde. Netflix war so in der Lage, beinahe ein Vollsortiment aktueller DVD-Filme per Streaming anzubieten.

Seit Marx' Zeiten hat sich das Kapital stark gewandelt. Tom Goodwin brachte es 2015 auf den Punkt: »Uber, das größte Taxiunternehmen der Welt, besitzt keine Autos. Facebook, das populärste Medienunternehmen, stellt keine Inhalte her. Alibaba, der wertvollste Einzelhändler, hat kein Lager. Und Airbnb, der größte Übernachtungsanbieter, besitzt keine Immobilien.«[36] Das Kapital ist verschwunden, oder sagen wir: Es hat sich dematerialisiert. Die Investitionsgüter heutiger Tage, insbesondere der Tech-Unternehmen, sind Software, Datenbanken, Lizenzen, Marken, Designs. Und selbst die Plattformen, die mit ihrem Geschäft in der Realwelt operieren, haben ein eigentümliches Verhältnis zu materiellem Kapital.

Am deutlichsten wird das vielleicht, wenn man sich die Veränderung der letzten 50 Jahre anschaut. 1975 waren die wertvollsten Firmen der Welt IBM, Exxon Mobil, Procter & Gamble, General Motors und der Mischkonzern 3M. Gemeinsam besaßen sie materielle Anlagen im Wert von 590 Milliarden Dollar und immaterielle Anlagen von nur 120 Milliarden – nicht einmal ein Viertel des Wertes der Unternehmen. 2018 sind die wertvollsten Firmen der Welt Apple, Alphabet/Google, Microsoft, Amazon und Facebook. Ihre materiellen Anlagen umfassen immerhin erstaunliche 4 Billionen Dollar, doch ihre immateriellen Werte inzwischen 21 Billionen. Mit anderen Worten, der Anteil des immateriellen Kapitals bei den größten Firmen ihrer Zeit stieg von 16 auf 84 Prozent. In den Bilanzen der großen Tech-Konzerne machen immaterielle Güter zwischen 65 (Alphabet) und 93 Prozent (Amazon) aus.[37]

In ihrem Buch *Capitalism without Capital – The Rise of the Intangible Economy* halten die Ökonomen Jonathan Haskel und Stian Westlake fest, dass der immens gestiegene Anteil an immateriellem Kapital den weltweiten Kapitalismus grundlegend verändert hat.[38] Immaterielle Investitionen sind anders als materielle. Haskel und Westlake machen vier wesentliche Unterschiede fest, von denen einige Unternehmen zugute kommen, während andere sie vor Herausforderungen stellen. Alle vier Eigenschaften lassen sich sehr gut am Erfolg von Netflix erklären.

1. Immaterielle Güter können leichter *überschwappen* (Spill Over). Das bedeutet: Weil es sich bei ihnen meist nur um Informationen handelt, sind sie leicht zu kopieren. Ein Design, ein Produktionsprozess, Know-how und Ähnliches lässt sich einfach übernehmen; nach Musik und Software waren es schnell Filme und Serien, die im Internet frei getauscht wurden. Man könnte es auch das Napster-Problem nennen. Als sich Netflix entschied, seine Filme nicht mehr über den Versand von Datenträgern, sondern über das Internet anzubieten, wählte es dafür nicht zufällig das Streaming- statt des Download-Verfahrens. Streaming erlaubt einerseits, Inhalte mit der vollen Kontrolle aller sechs Plattformregimes anzubieten, andererseits können Nutzer*innen diese Inhalte bequem konsumieren, ohne sie erst herunterladen zu müssen. So ließ sich zwar nicht verhindern, dass findige Hacker*innen es dennoch regelmäßig schaffen, an die Videodateien zu kommen und sie in Tauschbörsen anzubieten, aber der Missbrauch konnte auf ein Maß begrenzt werden, dass die Verluste hinnehmbar blieben.

2. Immaterielle Güter *skalieren* gut, das heißt, sie lassen sich ohne zusätzliche Kosten unendlich oft einsetzen. Eine DVD kann immer nur ein*e Kund*in nutzen, ein per Stream angebotener Spielfilm lässt sich parallel so oft streamen, wie es Interesse gibt. Damit spart Netflix nicht nur enorm viel Geld, sondern muss Kund*innen auch nicht mehr vertrösten, dass ein Film gerade nicht verfügbar ist.

3. Immaterielle Güter sind *synergetisch* in dem Sinne, dass sie im Zusammenspiel mit anderen immateriellen Gütern oft neue Produkte und Anwendungsfälle ergeben. Netflix leitete seine nächste Phase 2011 durch die Erkenntnis ein, dass die auf dem Pay-TV-Sender AMC nur durchschnittlich erfolgreiche Serie *Breaking Bad* erst in der Zweitverwertung auf Netflix wirklich an Reichweite gewann. Serien funktionieren online nämlich anders

als im linearen Fernsehen, wo man bei komplexen Handlungssträngen schnell den Faden verliert. Mit Netflix kommt die neue Kulturtechnik des »Bingewatching« auf – das Am-Stück-hintereinanderweg-Schauen vieler Folgen einer Serie. Eine Folge verstärkt dabei synergetisch die Wirkung der anderen und zieht die Zuschauer in komplexe Handlungsstränge hinein.

4. Immaterielle Investitionen stellen sich häufig als *versunkene Kosten* heraus. Sehr oft ist einmal investiertes Geld in immaterielle Güter – wie zum Beispiel eine nur im Haus genutzte Software, Weiterbildungen etc. – versunken, also nicht durch Verkauf wieder in anderes Kapital umwandelbar. Bei Netflix ist das genaue Gegenteil zu beobachten. Das Unternehmen hat Wege gefunden, seine immateriellen Investitionen in einer Intensität zu monetarisieren wie kaum ein anderes Medienunternehmen. Zunächst hatte der Umschwung hin zu Serien die Rechteinhaber*innen aufhorchen lassen, denn zu Recht sahen sie, dass ihnen dort ein riesiges Geschäft entging. Das Resultat waren steigende Preise für Streaming-Lizenzen und immer öfter auch die Weigerung, Inhalte überhaupt an Netflix zu lizenzieren. Seit 2013 produziert Netflix deshalb Serien und Spielfilme selbst – mit immer gigantischeren Produktionsbudgets. Allein 2020 soll Netflix 17 Milliarden US-Dollar in neue Produktionen investiert haben. Das entspricht einem Viertel des Gesamtumsatzes der amerikanischen Filmindustrie von 2018.[39] Im Gegensatz zu den Produzenten von Spielfilmen und normalen Fernsehserien ist Netflix nicht auf einen schnellen Erfolg und ein sofortiges Einspielen der Produktionskosten angewiesen. Auch eine Serie, die sich nur als Nischenerfolg herausstellt, hält im Backkatalog unter Umständen einige tausend Abonnent*innen bei der Stange.

5. Man könnte die Liste von Haskel und Westlake um eine fünfte Besonderheit immaterieller Güter erweitern: Sie sind unter den Bedingungen des Internets per se *global*. Und auch diesen Umstand macht sich Netflix zunutze. In die vorerst letzte Phase trat das Unternehmen 2016 ein, als es anfing, seine Inhalte nicht

nur international zu vertreiben, sondern sie auch international zu produzieren. Auf der ganzen Welt arbeiten heute kleine und große Filmstudios an exklusiven Serien oder Filmen für Netflix. Dabei liegt der Fokus zwar auf dem jeweiligen Heimatmarkt, das Unternehmen achtet aber gleichzeitig darauf, dass die Produktionen kompatibel für ein globales Publikum bleiben. Ziel sei es, der erste globale Fernsehsender der Welt zu werden, so Hastings.[40]

Netflix hat es geschafft, die Schwierigkeiten, die sich aus immateriellen Gütern ergeben, zu meistern und die Vorteile zu nutzen. Das ist Plattformen generell gelungen. Sie sind nicht nur Meister der freien und offenen Informationsgüter, sondern auch der proprietären und rechtlich geschützten.

2011 kam es zu den sogenannten Patentkriegen. Vor allem Apple und Google versuchten einander zu übertrumpfen, wie viele mobilfunkbezogene Patente sie durch das Aufkaufen von Firmen und Start-ups akquirieren konnten. Allein in jenem Jahr gaben sie mit 20 Milliarden US-Dollar mehr Geld für aufgekaufte Patente als für eigene Forschung und Entwicklung aus.[41] Ausgelöst worden war der Konflikt durch einige Patentklagen, die Apple gegen Smartphone-Hersteller losgetreten hatte, die Googles Android-Betriebssystem einsetzten. So musste das koreanische Unternehmen Samsung zum Beispiel eine Milliarde Dollar an Apple zahlen, weil Android einige Apple-Patente verletzte.

Um sein Betriebssystem und die Firmen, die es verwenden, zu schützen, fing Google ebenfalls an, Patente rund um die Mobilfunk- und Smartphone-Technologie anzumelden und vor allem aufzukaufen. Einer der größten Deals war der Kauf des Handyherstellers Motorola für 12,5 Milliarden US-Dollar im Jahr 2012.[42] Nach nur zwei Jahren stieß Google das Unternehmen wieder ab, behielt aber fast alle mobilfunkbezogenen Patente.[43]

Bei dem Patentkrieg ging es nicht um die Verletzung von Rechten, sondern um die Kontrolle des Zugangs zu Technologie. Apple besaß zunächst viel mehr Patente als Google und versuchte diesen

Vorteil zu nutzen, um Android mit Rechtsmitteln aus dem Markt zu drängen. Googles Patentakquisen waren ebenfalls keine Technologieeinkäufe, sondern das Anhäufen von Munition, um Waffengleichheit mit Apple zu erreichen.

Ähnliches lässt sich derzeit auf dem Videostreaming-Markt beobachten. Der überwältigende Erfolg von Netflix hat viel Konkurrenz auf den Plan gerufen. Als Erstes erweiterte Amazon seinen Premiumservice Amazon Prime um den Zugriff auf Serien und Filme, die es ebenfalls selbst produziert. Auch Apple und HBO haben eigene Streaming-Dienste gestartet. Google baut derweil beständig YouTubes Bezahlbereich aus. Disney hatte schon 2018 die Lizenzen seiner populären Inhaltereihen wie dem Marvel Cinematic Universe und Star Wars aus allen Fremdkanälen zurückgezogen oder zurückgekauft, um damit seinen Streaming-Dienst Disney+ exklusiv zu bestücken. Das Unternehmen war dafür sogar bereit, auf 150 Millionen US-Dollar sicherer Einnahmen zu verzichten.[44]

Und hier zeigt sich etwas Eigenartiges: Sowohl die Streaming- als auch die Patent-Kriege sind im Kern Verdrängungsangriffe (siehe Kapitel 5). Die immateriellen Eigentumstitel dienen in beiden Fällen der Sicherung bzw. Aufwertung der eigenen Verbindungen gegenüber der Konkurrenz. Privateigentum nimmt damit funktional bei Plattformen dieselbe Rolle ein wie Open Source und die Commons. Während Open Source Verbindungen zu Entwickler*innen sichert, sichern Lizenzen Verbindungen zu Konsument*innen, sichern Patente Verbindungen zu Technologiepfaden. Privateigentum ist, genauso wie die Commons, nur eine weitere Waffe im Arsenal der Plattformen zur Herrschaft über spezifische Graphen.

Produktivität: Die Wertschöpfungskonfusion

Bevor Netflix zum größten Filmproduzenten der Welt wurde, musste es als Erstes den Platzhirsch auf dem Filmverleihmarkt, Blockbuster, angehen. Die Videotheken des Unternehmens waren damals der präferierte Ort, an dem die USA und zunehmend auch die

Welt Filme fürs Heimkino besorgten. Als Netflix 1997 anfing, seine Filme zu versenden, arbeiteten in den 5000 Blockbuster-Filialen 84 300 Mitarbeiter*innen und bedienten 20 Millionen registrierte Kund*innen. 14 Jahre später kam Netflix auf dieselbe Zahl an Abonnent*innen, hatte aber nur 2348 Angestellte[45] und machte bereits einen Umsatz von knapp 3 Milliarden US-Dollar – genauso viel wie Blockbuster zu der Zeit. Mit dem Unterschied, dass sich Blockbuster auf dem Weg nach unten und Netflix auf dem Weg nach oben befand. Blockbuster hatte bereits 2010 Konkurs angemeldet, und bis 2013 wurden alle Geschäftsstellen geschlossen. Wie kann Netflix mit so viel weniger so viel mehr Wert schöpfen?

Marx sah Wert noch, ähnlich wie vor ihm Adam Smith und David Ricardo, als eine allgemeine und objektive Kategorie an, eine Eigenschaft, die den Waren inhärent ist. Wie viele seiner Zeitgenossen nahm er an, dass es die Arbeitskraft sei, die in der produzierten Ware als Wert gespeichert vorliege wie die potentielle Energie in einem physikalischen Körper.

Dieser Arbeitswerttheorie hat die neoklassische Schule die Idee des »Grenznutzens« gegenübergestellt. Wert ist hier eine subjektive Kategorie auf Seiten der Konsument*innen, die hoffen, von einem Gut zu profitieren. Dabei nimmt der Nutzen des Gutes ab, je mehr davon den Konsument*innen zur Verfügung steht. Das Zweitauto bedeutet nicht mehr so einen großen Nutzenzuwachs wie das erste, und spätestens nach dem dritten Hamburger ist jeder satt. Aufaddiert ergeben die vielen Grenznutzen der Konsument*innen die Nachfragekurve, die sich mit der Angebotskurve dort schneidet, wo der Preis liegt.

Marxist*innen nennen den Grenznutzen »Gebrauchswert«, umgekehrt hat die neoklassische Schule keine exakte begriffliche Entsprechung zum Arbeitswert. Am ehesten vergleichbar ist vielleicht die »Arbeitsproduktivität«, womit Neoklassiker*innen das Verhältnis von Umsatz und eingesetzter Arbeit meinen.

2020 machte Netflix mit knapp 9000 Mitarbeiter*innen einen Umsatz von 22,63 Milliarden US-Dollar, das bedeutet eine Arbeitsproduktivität von knapp 2,4 Millionen US-Dollar pro Mitarbeiter*in. Damit ist die Firma die arbeitsproduktivste der Welt.[46] Zum Vergleich: Blockbuster setzte in seiner Hochzeit gerade einmal 37 000 US-Dollar pro Mitarbeiter*in um.[47] Als der Ökonom Robert Solow 1987 die Beobachtung formulierte: »Man kann das Computerzeitalter überall sehen, nur nicht in den Produktivitätsstatistiken«,[48] kannte er Plattformen nicht. In Sachen Arbeitsproduktivität hat Netflix 2020 sogar den langjährigen Spitzenreiter Apple geschlagen. Generell ist die Arbeitsproduktivität in der Tech-Branche höher als in jeder anderen Branche. Apple machte 2019 immerhin 1,8 Millionen US-Dollar pro Mitarbeiter*in, Facebook 1,5 Millionen, Alphabet 1,3 Millionen. Keines dieser Unternehmen ist dafür bekannt, seine Mitarbeiter*innen schlecht zu bezahlen, doch angesichts der mit ihnen erzielten Umsätze scheinen selbst Toplöhne wie Peanuts. Doch wo wandert der geschaffene Wert dann hin?

Ökonom*innen beobachten seit Jahrzehnten einen stetigen Fall der Lohnquote, also des Anteils am Bruttoinlandsprodukt, der in die Löhne fließt. Das Wirtschaftswachstum wandert zu einem immer größeren Teil direkt in die Taschen der Kapitalanleger*innen und immer weniger in die der Arbeitnehmer*innen. Auf diesen Trend hat Thomas Piketty mit seinem aufrüttelnden Buch *Das Kapital im 21. Jahrhundert* aufmerksam gemacht;[49] er lässt sich in allen Industrienationen der Welt beobachten. In den letzten 30 Jahren sank die Lohnquote in den USA um sechs, in Deutschland um sieben und in Frankreich sogar um 14 Prozent.[50]

Dafür werden verschiedene Ursachen ausgemacht. Zumindest ein Teil des Phänomens lässt sich durch den Aufstieg sogenannter Superstar Firms erklären. So nennen David Autor, David Dorn, Lawrence F. Katz, Christina Patterson und John Van Reenen in einer gemeinsamen Studie die wenigen Unternehmen, die durch ihr besonderes Produktivitätswachstum aus der Masse der Unternehmen herausstechen. Die Ungleichheit wächst den Autor*innen zufolge nicht mehr so sehr zwischen Branchen oder Qualifikationen, sondern zwischen den Firmen. Wenige Unternehmen seien so produktiv, dass sich die ökonomische Aktivität immer mehr zu ihnen hinverlagere, wo der Anteil ausgezahlter Löhne – verglichen zum Umsatz – gering ist.[51] Unnötig zu erwähnen, dass sich sämtliche großen Plattformbetreiber unter diesen Superstar Firms befinden.

Diese Umsatzkonzentration scheint sich aber nicht in einem entsprechenden Wachstum der Belegschaften widerzuspiegeln. Zwar stellen die Plattformunternehmen ständig neue Mitarbeiter*innen ein, aber eben nicht proportional zu den wachsenden Umsätzen. Dafür lassen sich alle möglichen Gründe anführen, die Autor*innen der Studie nennen konkret den Einsatz von Technologie und die Globalisierung. Künstliche Intelligenz in Form von Machine Learning ist eine beliebte Erklärung, und in der Tat sind die Plattformunternehmen in diesen Bereichen führend und versuchen alle möglichen Prozesse zu automatisieren. Das erklärt aber nur die Kostenseite der Gleichung, noch nicht, wo der geschaffene Wert eigentlich herkommt.

Tatsächlich gehört die Frage, wie Plattformen Wert schaffen, zu den zentralen und umstrittensten in der Literatur. Es gibt beinahe so viele Meinungen dazu, wie es Autor*innen gibt. Dennoch lassen sie sich in zwei Lager sortieren. Die eine Seite glaubt, die Wertschöpfung sei datengetrieben und zumindest entfernt mit dem Arbeitsmehrwert verwandt. Auf der anderen Seite stehen diejenigen, die die Wertsteigerung auf die Erhöhung des Konsument*innennutzens durch die Netzwerkeffekte zurückführen.

Die an der Arbeitswerttheorie orientierten, eher marxistisch beeinflussten Denker*innen versuchen dementsprechend, Plattformen an die menschliche Arbeit rückzukoppeln, indem sie Arbeit jenseits der Lohnarbeit weiterdenken. Die Datensammelei der Plattformen, so die Autor*innen, sei schließlich auch nichts anderes als das Einsammeln von Produkten menschlichen Tuns.[52] Diese Argumentation gibt es in verschiedenen Geschmacksrichtungen: Bei Timo Daum helfen die Daten, die Produkte zu verbessern und seien deswegen Teil des Innovationsprozesses.[53] Bei Shoshana Zuboff klingt das sinisterer, denn bei ihr generieren die Interaktionsdaten

den »Verhaltensmehrwehrt«, also die Vorhersagbarkeit individuellen Verhaltens, der sich dann als »Vorhersageprodukt« in der
Werbewirtschaft verkaufen lässt.[54] Nick Srnicek schreibt den Daten
hingegen erst nach dem Veredeleungsprozess durch entsprechende
Datenauswertungsverfahren Wert zu.[55]

Auch die andere Seite sieht die Wertschöpfung in der Interaktion
mit der Plattform, jedoch ist es nicht allein der menschliche Input,
sondern die Koordination der Inputs, die den Wert generieren. Bei
ihnen profitieren auch die Plattformnutzenden an der Wertschöpfung. Benjamin Bratton sieht ein wechselseitiges Wertsteigerungs-
verhältnis, das er »Plattformwert« nennt.[56] Für Ben Thomson ist der
Rücklauf von Wert zurück zu den Nutzer*innen sogar das definie-
rende Kriterium für Plattformen[57] und bei den wirtschaftwissen-
schaftlichen Autoren entsteht der Wert direkt durch die Netzwerkeffekte,[58] oder einfach durch das Ausräumen von Reibung in der
Interaktion.[59]

Trotz der Heterogenität der Ansätze kann man mit der zur Netzwerkmacht erweiterten Theorie der Netzwerkeffekte eine Synthese
der Lager versuchen: Auf der einen Seite sind es tatsächlich die Verbindungen, die den Wertzuwachs bei den Nutzer*innen spürbar
machen. Da aber andererseits nicht jede Verbindung gleich viel wert
ist, sondern nur »bedeutende Verbindungen« (siehe Kapitel 5) wirklich einen Effekt haben, ist menschlicher Input dafür meist unab-
dingbar. Eine Plattform schöpft also in dem Maße Wert, wie Menschen damit möglichst bedeutungsvolle Verbindungen generieren
(bzw. Reibung reduziert, die sie daran hindert).[60]

Markt: Proprietäre Pseudomärkte

Neben Netflix gibt es mit Amazon Prime, Hulu+, HBO Max, Apple
TV+ und Disney+ eine Reihe weiterer Unternehmen, die alle mit
ähnlich strukturierten, aber inhaltlich unterschiedlichen Produkten und Preisen um die Gunst der Konsument*innen konkurrieren.
Laut der neoklassischen Schule profitieren vom Wettbewerb stets die

Konsument*innen, weil sie für immer geringere Preise ein immer besseres Angebot bekommen. Demnach ist der Streaming-Krieg ganz normales Marktgeschehen und und ein weiterer Beleg dafür, dass die Ressourcenallokation durch den Markt ungeschlagen ist.

Doch gerade beim Streaming-Krieg wird man das Gefühl nicht los, dass er den Konsumenten*innen nicht unbedingt in die Hände spielt. Auf der einen Seite ist die Vielfalt an neuen spannenden Serien und Filmen zwar offensichtlich. Auf der anderen Seite bleiben unglaublich viele Inhalte für die meisten Menschen verschlossen. Um popkulturell auf dem Laufenden zu bleiben – um sowohl die neuesten Marvel-Filme als auch die komplexe Serie zu schauen, die im Feuilleton besprochen wurde – und wichtige Begegnungen in der eigenen Lieblingssportart verfolgen zu können, muss man heute mehr als einen, wahrscheinlich sogar mehr als zwei oder drei Streaming-Dienste abonnieren. Und trotzdem wird man noch die Hälfte verpassen. Wäre ein übergreifendes Angebot mit allen Inhalten wie bei Musikstreaming-Diensten nicht das, was man sich wünscht?

Am 29. Juli 2020 erschienen Mark Zuckerberg, Chef von Facebook, Jeff Bezos, Chef von Amazon, Tim Cook, Chef von Apple, und Sundar Pichai, Chef von Google, gemeinsam in einer historischen Sitzung des Antitrust Subcommittee des amerikanischen Abgeordnetenhauses. Es ging um die enorme Marktkonzentration, die diese Unternehmen angehäuft haben und die, so die Befürchtung vieler Politiker*innen in dem Ausschuss, sich negativ auf Wirtschaft und Gesellschaft auswirkt. Lange hatte man die Tech-Unternehmen in den USA gewähren lassen, weil als wesentliches Kriterium für den Missbrauch von Marktmacht ein nachweisbarer Schaden der Konsument*innen galt.[61] Das ließ sich von den (oft) kostenlosen Services und populären Produkten schwer behaupten.

Allmählich werden auch andere Kriterien zur Feststellung eines Monopols herangezogen.[62] Trotzdem ist es gar nicht so leicht, dessen Existenz bei den jeweiligen Unternehmen zu belegen. Amazon zum Beispiel repräsentiert trotz seiner Größe und seines Reichtums weniger als ein Prozent des globalen Einzelhandels und vier Prozent des

Einzelhandels in den USA. Zudem sieht es sich nicht zu Unrecht von sehr viel Wettbewerb umgeben. Allein der Umsatz von Walmart – Amazons größter Konkurrent – stieg im ersten Quartal 2020 um 74 Prozent.[63] Und selbst wenn man nur den Online-Einzelhandel in den USA berücksichtigt, kommt Amazon gerade einmal auf 44 Prozent.[64] Ein Monopol sieht anders aus.

Ähnlich sieht es bei Google und Facebook aus.[65] Beide haben zwar eine beherrschende Stellung in ihrer jeweiligen Service-Domäne (Websuche, Social Media), aber das ist nicht ihr Geschäftsfeld. Das ist Online-Werbung. Dort wiederum sind sie direkte Konkurrenten auf Augenhöhe und haben auch darüber hinaus noch viele Wettbewerber. Für Apple ist es am schwierigsten, eine Monopolstellung festzustellen, gibt es doch außer Smartwatches und Tablets kein einziges Marktsegment, in dem der Konzern auch nur führend ist.[66]

Es waren dementsprechend auch weniger allgemeine Monopolvorwürfe, sondern spezifische Wettbewerbsprobleme, mit denen sich die Plattformen bei der Anhörung konfrontiert sahen. Facebook habe zu viel Macht über die öffentliche Meinung, Amazon nutze seine Stellung als Marktplatzanbieter aus, um mit seinen Marktteilnehmer*innen zu konkurrieren, Apple agiere auf seinem App Store als undurchsichtiger Gatekeeper, und Google nutze seine Suche aus, um den Websites in seinen Suchergebnissen Konkurrenz zu machen.[67]

Plattformmonopole sind wie Schrödingers Katze: Sie sind Monopole, und sie sind es nicht. Doch das Paradox lässt sich insofern auflösen, als Plattformen nicht nur Teil von Märkten sind, die sie beherrschen oder auch nicht, sondern in der ökonomischen Theorie ja selbst als Märkte bezeichnet werden, nämlich als mehrseitige Märkte. Entsprechend kompliziert ist die Beziehung zwischen Plattformen und Markt.

Eine der pointiertesten Theoretisierungen dieser Beziehung findet sich in Alex Moazeds und Nicholas Johnsons *Modern Monopolies*. Sie baut zum einen auf Ronald Coases einflussreicher Theorie der Transaktionskosten auf, wonach Märkte in bestimmten Zusammenhängen ineffizienter agieren als hierarchische Organisationen. Zum anderen knüpft sie an das Marktverständnis von Friedrich August Hayek an.

Im Zuge der »Socialist Calculation Debate«, bei der sich die aufstrebenden Neoliberalen wie Hayek und Ludwig von Mises in Aufsätzen über die Vor- und Nachteile von Markt- und Planwirtschaften stritten, versuchte Hayek, die naive neoklassische Vorstellung des Marktes neu zu fassen. Eine der impliziten Prämissen dieser Theorie lautet, dass alle Marktteilnehmer*innen ein perfektes Wissen über Angebot und Nachfrage besäßen. Das ist nicht nur deswegen wenig überzeugend, weil es einen solchen Idealmarkt in der Realität nicht gibt, sondern vor allem auch deswegen, weil in einer Welt mit perfektem Wissen eine zentrale Planungsinstanz dem Markt in Sachen Effizienz mindestens ebenbürtig wäre.

Hayek dreht das Argument in seinem Aufsatz »The Use of Knowledge in Society« um. Zunächst stellt er fest, dass die Prämisse des perfekten Wissens schlicht nicht zu halten ist, weil das Wissen um Angebot und Nachfrage immer nur lokal situiert ist. Der Trick des Marktes sei aber nun, dieses lokale, nur dezentral vorhandene Wissen im Preissignal zu aggregieren. Dieser Informationsfluss mag unperfekt sein, ist aber wesentlich besser, als es eine zentrale Planungsinstanz ohne wirklichen Vor-Ort-Bezug leisten könne. Hayeks Fazit: Gerade weil es kein perfektes Wissen gibt, braucht es den Markt als unperfektes, aber doch vergleichsweise effizientes Informationssystem.[68]

Mit diesen beiden wirtschaftswissenschaftlichen Theoriesträngen setzen Moazed und Johnson zwei unterschiedliche Formen von Ineffizienz gegenüber: Auf der einen Seite macht die dezentrale Verteilung des lokalen Wissens, eine effiziente zentrale Ressourcenplanungsinstanz wie in der Planwirtschaft unmöglich (Hayek). Auf der anderen Seite ist aber auch der Markt ineffizient, weil er enorme Transaktionskosten produziert (Coase).

Die Rahmenbedingungen dieser Konstellation haben sich allerdings, so Moazed und Johnson, durch die Einführung des Computers und des Internets radikal verändert. Dass die Transaktionskosten auf diese Weise gesunken sind, haben wir bereits in Kapitel 2 besprochen. Gleichzeitig überflügeln Plattformen den Markt darin, lokales, dezentrales Wissen zu sammeln und effizient zentral zu verarbeiten. Die Digitaltechnologie rollt also das Spektrum der Ineffizienz von beiden Enden aus auf. Die Autoren schließen: »Plattformen kombinieren die Charakteristika traditioneller Organisationen und Märkte. Eine Plattform ist im Grunde die Synthese aus Coases Unternehmen und Hayeks Markt.«[69]

Als Hybrid aus Unternehmen und Markt sind Plattformen weder das eine noch das andere. Heraus kommt Apple, das die Preise in seinem App Store diktiert, obwohl das Unternehmen nicht marktdominant ist. Oder Uber, das mit seinem Surge-Price-Algorithmus den Preis für Fahrten nach verfügbaren Fahrer*innen und potentiellen Fahrgäst*innen berechnet, einen Markt also quasi intern simuliert. Oder Amazon, das auf seinem Marketplace die Marktmechanismen nach Gutdünken walten lässt, solange es ihm selbst nützt.

Philipp Staab bringt diesen Doppelcharakter von Plattformen am ehesten auf den Punkt, wenn er von proprietären Märkten spricht. In seinem Buch *Digitaler Kapitalismus* stellt er fest, dass Plattformen das Problem der »Ökonomie der Unknappheit« damit lösen, dass sie Märkte quasi in Privatbesitz genommen haben. Amazon, Google, Facebook, Apple etc. sind also weniger Marktteilnehmer als Marktbesitzer. Einen proprietären Markt definiert Staab als einen Ort, der sowohl Produkte als auch Kund*innen versammelt und mittels des Lock-ins einschließt, der durch ein umfassendes Ökosystem und seine Netzwerkeffekte entsteht[70] – also das, was wir als Netzwerkmacht bezeichnen.

Weil die Marktbesitzer die Angebotsseite des Marktes weitgehend kontrollieren können, ist es laut Staab möglich, auch unter Bedingungen der Unknappheit Gewinne zu erwirtschaften. Staab sieht hier das Ende des neoliberalen Paradigmas gekommen, das seine Politikempfehlungen immer mit dem Markt, dessen angeblicher Effizienz und Neutralität begründet hat. »War der Neoliberalismus die Eroberung immer neuer Felder durch den Markt, dann ist der digitale Kapitalismus die Eroberung des Marktes selbst durch eine kleine Zahl privatwirtschaftlicher Unternehmen.«[71]

In der Tat lassen sich alle Probleme, die in der Anhörung des US-Kongresses besprochen wurden, direkt aus den Implikationen des Marktbesitzes heraus erklären. Amazon nutzt ihn, um mittels Datenanalyse seinen eigenen Marktteilnehmer*innen Konkurrenz zu machen. Google agiert ganz ähnlich, wenn es in der Suche die eigenen Dienste den Suchergebnissen gegenüberstellt. Apple reguliert seinen proprietären Markt undurchsichtig und strich lange recht willkürliche 30 Prozent Marktbenutzungsgebühr ein. Facebook schließlich besitzt den wichtigen Markt der öffentlichen Rede, was in einer Demokratie an sich schon ein Problem darstellt.

Staabs Konzept des proprietären Marktes ist sicher die präziseste Darstellung des komplizierten Verhältnisses zwischen Plattform und Markt. Dennoch bleibt die Marktmetapher in zweierlei Hinsicht irreführend. Wenn man sie verwendet, übersieht man zum einen, dass der Großteil der Interaktionen auf Plattformen unter völliger Absehung von Preisen geschieht – und damit ohne jede Form von echten oder simulierten Marktmechanismen. So existiert Yochai Benklers Commons Based Peer Production auch dann, wenn die Plattform über Umwege damit Geld verdient. Das gilt nicht nur für Social-Media-Plattformen, sondern auch für so unterschiedliche Plattformen wie GitHub oder sogar die App-Stores von Google und Apple, bei denen die meiste Software umsonst zu haben ist. Die Konzentration auf die Marktmetapher blendet einfach einen Großteil – oft den größten Teil – der Dynamiken von Plattformen aus.[72] Zum anderen ist die Identifikation der Plattform mit dem Markt bereits grundlegend irreführend, und genau das ist auch Thema bei Staab selbst, denn Markt impliziert immer eine Form von Neutralität, die die Plattformen ja gar nicht bieten.

Und auch hier werden wir wieder auf die hintergründige Machtbasis der Plattformen zurückgeworfen. Denn das, was die Plattformen auch in diesem Zusammenhang eigentlich besitzen, ist nicht zuerst ein Markt, sondern ein Graph.[73] Plattformen beherrschen »proprietäre Graphen«, bei denen lediglich ein Teil der Verbindungen preisbewährt, also marktähnlich ist.

Das Interregnum

»Bekanntlich gab es ab 1999 ein Phänomen namens Napster. Der Dienst schloss 2001. Aber er hat etwas deutlich gemacht: Das Internet ist wie geschaffen für Musikdistribution. Napsters Nachfolger Kazaa ist weiterhin verfügbar und floriert. Das ist gut und schlecht zugleich. Das Gute ist, dass Kazaa Konsument*innenbedürfnisse sofort befriedigt, niemand muss mehr in einen Plattenladen rennen. Das Internet ist eben wie geschaffen für Musikdistribution. Das Schlechte ist: Dabei handelt es sich um Diebstahl.«[74]

Mit diesen Worten leitet Steve Jobs am 28. April 2003 die Vorstellung eines neuen Apple-Produktes in San Franciscos Moscone Center ein: des iTunes Store. Jobs stellt den iTunes Store nicht ohne Grund in die Tradition von Napster. Er sucht den Anschluss an das Napster-Erlebnis, er weiß, dass viele der Zuschauer*innen noch davon zehren, sich nach der Einfachheit und der unerreichten Fülle des Angebots zurücksehnen, wenn sie nicht noch ohnehin Filesharing auf Nachfolgediensten wie Kazaa betreiben.

Allerdings glaubt Jobs an geistiges Eigentum. Apple sei zu einem Großteil darauf gegründet, stellt er in einem Interview zum iTunes Store fest. »Wenn die Leute anfingen, unsere Software zu stehlen oder zu kopieren, wären wir bald bankrott. Wenn sie nicht geschützt wäre, gäbe es keinen Anreiz für uns, neue Software und neue Produktdesigns zu schaffen.«[75]

Jobs hält hier das rechtebasierte Zugangsregime des Eigentums hoch, auf dem in der Tat lange auch die Verdienste seiner Branche beruhten. Wir erinnern uns: Schnittstellenplattformen wie Rechnerarchitekturen oder Betriebssysteme waren lange Zeit letztlich nichts anderes als Brot oder Musik-CDs: normale Produkte. Die Vorstellung von iTunes ist deswegen nicht nur eine Produktvorstellung, sondern ein politisches Bekenntnis. Es ist das Bekenntnis zur politischen Ökonomie des Kapitalismus, aus der Apple erwachsen ist. Und doch verabschiedet Steve Jobs in diesem Moment den Kapitalismus. Der iTunes Store, sosehr er sich als Retter eben dieser politischen Ökonomie verkauft, lässt das rechtebasierte Zugangsregime des Kapitalismus hinter sich und setzt die Plattformökonomie auf die Infrastruktur der eigenen Plattformmacht.

Sowohl die Theorie des digitalen Post- wie des digitalen Hyperkapitalismus setzen ihre Analyse nicht tief genug an. Das hat unterschiedliche Gründe. Während die Vertreter*innen des digitalen Postkapitalismus sich zu sehr in die Veränderung der Produktionsbedingungen verliebt haben, deuten die Vertreter*innen des digitalen Hyperkapitalismus dessen Realität zu fatalistisch. Wichtiger noch: Keine der beiden Seiten setzt die eigene Analyse bei der Macht an. Dabei sind es die veränderten Machtdynamiken, nicht die veränderten Produktionsverhältnisse, die den Wesenskern der neuen politischen Ökonomie der Plattformen ausmachen.[76] In der Plattformökonomie sind die drei Merkmale des Kapitalismus kaum wiederzuerkennen. Der Übersicht halber versuchen wir uns hier dennoch an ihren jeweiligen Entsprechungen zu orientieren.

Wir befinden uns gerade erst am Beginn eines Umbruchs. Aus der Verlegenheit heraus, nur die Anfänge dieser Entwicklung beschreiben zu können, habe ich diese Skizze »Interregnum« genannt. Als Interregnum werden immer wieder Phasen sich verschiebender Machtverhältnisse und Regierungsverantwortungen bezeichnet. Konkreter beziehe ich mich aber auf ein Zitat von Antonio Gramsci: »Die Krise besteht genau in dem Fakt, dass das Alte stirbt und das Neue noch nicht geboren werden kann, in diesem Interregnum treten eine Menge morbider Symptome zutage.«[77] Die derzeitige Plattformökonomie ist so ein morbides Symptom.

Eigentum: Marktfähige Verfügungsgewalt

Als die Musikindustrie 2002 noch unter dem Napster-Schock stand, suchte sie nach Wegen, Musik im Internet anzubieten, ohne dass diese wieder in illegale Kanäle sickern konnte. Mit dem sogenannten Digital Rights Management (DRM) wollte sie ein Verschlüsselungsverfahren für Inhalte etablieren, das nur von spezieller Abspielsoftware, aber nicht von deren Nutzer*innen selbst entschlüsselbar sein sollte. DRM stellt einen sicheren Kanal zwischen Anbieter*in und Abspielstation her, der die Nutzer*innen bewusst aussperrt. Auf diese Weise hoffte die Inhalteindustrie, dem illegalen Kopieren ihrer Inhalte ein Ende zu bereiten.

Zunächst arbeiteten Sony und AOL Time Warner an einem gemeinsamen DRM-Standard, doch aufgrund von Meinungsverschiedenheiten löste sich Sony aus der Gruppe und startete zusammen mit Universal einen Streaming-Dienst namens »Pressplay«. AOL Time Warner, Bertelsmann und EMI Records hingegen starteten zusammen mit dem damaligen Marktführer für Mediaplayer-Software, RealNetworks, MusicNet. Sowohl Pressplay als auch MusicNet setzten einen eigenen DRM-Standard ein, der mit der jeweils anderen Seite inkompatibel war. Die Musik des einen Dienstes konnte mit dem Player des anderen nicht abgespielt werden und umgekehrt. Das Konzept war also mit einem geteilten Musikgraphen zum Scheitern verurteilt.[78]

Der grundlegende Denkfehler, dem die Musikverlage – und bis heute viele in der Inhalteindustrie – aufsaßen, ist dem der digitalen Postkapitalist*innen nicht unähnlich. DRM ist, wie auch die freien Lizenzen, der Versuch, das Eigentumsparadigma ins Digitale zu verlängern. Während Yochai Benkler und andere glaubten, über das rechtliche Konstrukt des Gemeinschaftseigentums neue Produktionsverhältnisse begründen zu können, glaubten die Major-Labels, mittels technologischer Festschreibung des Privateigentums ließen sich ihre Geschäftsmodelle im Internet unverändert fortführen. Beide scheiterten, weil sie die Relevanz rechtlicher Eigentumsverhältnisse im Digitalen überschätzten.

Eigentum hat zwar in allen wirtschaftswissenschaftlichen Betrachtungen des Kapitalismus eine zentrale Stellung, jedoch wird seine Existenz fast immer vorausgesetzt. Selbst Marx problematisiert gar nicht das Eigentum an sich, sondern nur das Privateigentum und vor allem das an den Produktionsmitteln. Das hat den einfachen Grund, dass er sich, wie schon seine Vorgänger Adam Smith und David Ricardo, auf die Produktionsverhältnisse als Ursituation des Kapitalismus fokussierte. Die Neoklassik, die ihre Ursituation dagegen im Markttausch sieht, problematisiert das Eigentum sogar noch weniger, sondern setzt es quasi als naturgegeben voraus. Dabei ist Eigentum etwas ganz und gar Künstliches und die Struktur seiner Konstruktion für unsere Fragen fundamental.

Gunnar Heinsohn und Otto Steiger haben ihr Buch *Eigentum, Zins und Geld* dieser Lücke im wirtschaftswissenschaftlichen Denken gewidmet.[79] Eigentum ist ihrer Meinung nach nicht nur eine notwendige Voraussetzung des Kapitalismus, sondern konstitutiv für ihn. Kapitalismus sei vor allem eine »Eigentumsordnung«, und als solche definiere sie sich durch die Unterscheidung von *Besitz* und *Eigentum*. Diese Unterscheidung ist eine vorökonomische, genauer: eine juristische.

Besitz wird allgemein als die Verfügungsgewalt über eine Sache verstanden: Ich bin in der Lage, direkten Einfluss auf diese zu nehmen, solange mich niemand daran hindert. Besitz ist also eine Tatsache, Eigentum ist dagegen ein Rechtstitel. Weil ich als Eigentümer keine direkte Verfügungsgewalt über den Gegenstand ausüben muss, können Besitz und Eigentum auch auseinanderfallen.[80] Ich kann eine Sache, deren Eigentümer ich bin, jederzeit in den Besitz von jemand anders geben, es verleihen, verpfänden, etc., ohne dass ich das Eigentum daran verliere, denn die Besitzerin ist verpflichtet, sie mir auf Wunsch wieder auszuhändigen.

An dieser Stelle wird klar, dass die Unterscheidung zwischen Besitz und Eigentum gewisse Voraussetzungen hat. Damit die Besitzerin mir mein Eigentum in jedem Fall zurückgibt, braucht es eine dritte Instanz, deren Macht die Verfügungsgewalt der Besitzerin im

Zweifel übersteigt. Dieses Instanz ist gewöhnlich der Staat. Eigentum als abstrakte Rechtsordnung kann es nur geben, wenn es auch ein staatliches Gewaltmonopol gibt, das Eigentumsrechte gegen die Besitzer*innen durchsetzen kann.

Heinsohn und Steiger zufolge ist der moderne Kapitalismus nicht die erste und nicht die einzige Eigentumsgesellschaft. Die erste dürfte ihrer Meinung nach die griechische Polis gewesen sein, aber auch in der römischen Republik habe es Eigentum gegeben. Eine Eigentumsgesellschaft entstehe nicht als evolutionärer Vergesellschaftungsprozess, sondern immer aus einem Akt der Gewalt, sei es eine Revolution oder eine militärische Landnahme. Exemplarisch führen die beiden die Legende von der Gründung Roms an. Als Romulus nach dem gelungenen Aufstand gegen den Feudalfürsten Amulius das befreite Land gleichmäßig unter den Mitstreitern verteilt, überspringt sein Bruder Remus die abgesteckten Grundstücksgrenzen, um ihre Absurdität aufzuzeigen. Das Konzept Eigentum ist Remus – wie den meisten zu jener Zeit – fremd, und so macht er sich über die Forderung lustig, abstrakte Grenzen zu respektieren – ist er doch in der Lage, sie zu überschreiten. Romulus erschlägt seinen Bruder und setzt auf diese Weise das römische Eigentumsregime in Kraft.[81]

Legen wir diese Kapitalismusdefinition der Geschichte der Plattformen zugrunde, dann fällt auf, dass Napster mehr war als nur das kurzzeitige Eldorado von Teenagern und der Anfang vom Niedergang des tradierten Geschäftsmodells einer Branche. Wenn Urheberrechte und Lizenzen als (geistiges) Eigentum gelten, hängt ihre ausschließende Wirkung direkt von ihrer Durchsetzbarkeit durch den Staat ab. Als Napster seine Pforten öffnete, wurde nicht einfach nur das Recht gebrochen, sondern die Eigentumsordnung an sich wurde – lokal und temporär – ausgesetzt.

Zwar wurde das Urheberrecht in fast allen Industrienationen seit Napster immer weiter verschärft, die Durchsetzung zunehmend privatisiert, bis hin zu Massenabmahnungen, die wir in Deutschland heute noch kennen. Doch geschadet hat es dem Filesharing zunächst nicht. Nach Napster kam Gnutella, nach Gnutella Kazaa, nach Kazaa

Grokster, nach Grokster Bittrorrent. Im Jahr der Napster-Schließung hatten die alternativen Kanäle bereits mehr Dateien unter die Leute gebracht als Napster in seinen besten Zeiten.[82] 2012 verzeichnete The Pirate Bay 150 Millionen aktive Nutzer*innen.

Das Abdrängen des Filesharings in die Illegalität hat dieses nur insoweit eingeschränkt, als es sich abseits der Hauptpfade der Internetöffentlichkeit entwickeln musste. So konnten keine großen Investitionen getätigt werden, weswegen die Dienste bis heute oft optisch bescheiden daherkommen. Die nötigen Vorsichtsmaßnahmen, um beim Filesharing nicht erwischt zu werden, verkomplizieren zudem den Umgang und erhöhen die Einstiegshürden. Auch das Risiko und das Stigma der Piraterie schrecken viele Leute ab.

All das hat zwar die Kosten für das Filesharing hochgetrieben und vor allem Anwält*innen zusätzliches Einkommen beschert, es aber nicht unterbunden. Seit den Streaming-Kriegen steigt der Anteil an BitTorrent-Internetverkehr wieder deutlich an. In Europa machte er 2018 gut ein Drittel des Upstreams aus, in den USA immerhin 20 Prozent.[83] Die Wahrheit ist: Der Staat ist bis heute nur in sehr begrenztem Rahmen imstande, immaterielle Eigentumsrechte zu garantieren. Eigentum – ob mit oder ohne freie Lizenzen und DRM – funktioniert im Digitalen nicht wirklich.

Und genau in diese Lücke springt Steve Jobs 2003 mit dem iTunes Store. Im Moment der Vorstellung tut Jobs so, als würde er die alte Ordnung des Kapitalismus wieder einsetzen, und wahrscheinlich glaubt er auch daran. Doch das Gegenteil ist der Fall. Der iTunes Store ist eine neue Ordnung. Eine, die statt auf den Staat auf die Kontrollmacht der eigenen Infrastruktur setzt.[84] Der iTunes Store ist bereits mit der Level-II-Kontrolle einer Diensteplattform ausgestattet, dessen Verbindungsregime alle Transaktionen kontrollierbar macht. Mithilfe dieses Regimes errichtet der Dienst eine nichtrechtebasierte kommerzielle Zugangsordnung.[85] Heute würde man sagen: eine Bezahlschranke, was nichts anderes bedeutet als einen definierten Prozess, der sicherstellt, dass ein digitales Gut bezahlt wurde, bevor darauf zugegriffen werden kann.

Durch Zugangs- und Verbindungsregimes steht dem iTunes Store eine Form von Verfügungsgewalt zur Hand, die es ihm erlaubt, eine Sache gleichzeitig vorenthalten und unter definierbaren Umständen zugänglich machen zu können. Man kann sie *marktfähige Verfügungsgewalt* nennen. Marktfähige Verfügungsgewalt ist die universelle Grundlage aller kommerziellen Transaktionen. Egal ob vor, während und nach dem Kapitalismus ist es der gemeinsame Nenner und die unhintergehbare Grundvoraussetzung sowohl für das Eigentumsregime als auch für die aufkommende Plattformwirtschaft. Jede kommerzielle Transaktion in jedem denkbaren Wirtschaftssystem erfordert marktfähige Verfügungsgewalt auf die eine oder andere Weise. Plattformen etablieren lediglich eine neue Spielart davon.

An dieser Stelle ist es nötig, auf eine wichtige Differenz hinzuweisen. Wenn ich sage, dass Plattformen die Eigentumsordnung überwinden oder ersetzen, meine ich nicht, dass diese Unternehmen kein Eigentum mehr kennen, besitzen, oder anerkennen. Und wenn ich sage, dass ihre Funktionsweise nicht mehr kapitalistisch ist, sage ich nicht, dass sie nicht trotzdem weiterhin in den kapitalistischen Strukturen der Welt eingebunden sind und sie auch einsetzen, wann immer es ihnen nützt. Der iTunes Store verkauft urheberrechtlich geschützte Songs, doch wie leicht zu zeigen ist, sind Eigentumstitel für seine marktfähige Verfügungsgewalt optional. Auf dieselbe Art und Weise verkaufen Google und Facebook unsere Aufmerksamkeit – verfeinert mit unseren persönlichen Daten. Auf beides haben sie kein Eigentum, und wir haben ihnen auch nichts dergleichen lizenziert, genauer: für beides, Aufmerksamkeit und persönliche Daten, gibt es überhaupt keine Eigentumstitel.

Eigentum ist weder hinreichend noch notwendig für das Geschäftsmodell von Plattformen. Ihre Kontrollregimes in Kombination mit der Netzwerkmacht erlauben ihnen, die Eigentumsordnung zu transzendieren. Daher ist es vollauf berechtigt, hier von einer neuen politischen Ökonomie zu sprechen. Eine politische Ökonomie, die sich direkt aus der Plattformsouveränität ergibt.

Zwischenspiel: Kapitalismus als Plattform

Mit der dem Begriff der marktfähigen Verfügungsgewalt steht nun ein gemeinsamer Nenner von Kapitalismus und Plattformökonomie bereit. Somit lässt sich die Betrachtung auch umdrehen und Kapitalismus als Plattform beschreiben. Dann ist Eigentum eine Art Standard, eine Sammlung von Erwartungserwartung, sprich: ein Protokoll. Das Eigentumsprotokoll legt sich wie eine Matrix über die Welt. Es ist ein artifizielles Adressschema, das jedem Ding in der Welt eine*n Eigentümer*in zuweist, ganz so wie das Internet Protocol jedem Gerät im Internet eine IP-Adresse. In einer Welt, in der das Eigentumsprotokoll hegemonial ist, muss alles jemandem gehören.

Über die Graphnahme des Eigentums ist viel geschrieben worden.[86] Exemplarisch wird immer wieder auf die Einhegungen des Allmendebesitzes Mitte des 17. Jahrhunderts in England verwiesen. Ein Vorgang, der von Marx im *Kapital* halbsarkastisch als »ursprüngliche Akkumulation« bezeichnet wird[87] und den auch Karl Polanyi in *The Great Transformation* als die Grundbedingung für die Entstehung der Marktwirtschaft identifiziert.[88] Das Eigentumsprotokoll wurde spätestens mit der europäischen Kolonialherrschaft weltweit hegemonial und setzte sich nicht zufällig immer in Kombination mit dem Konzept des Nationalstaates durch, als globaler Standard der territorialen Herrschaft. Staatliche Souveränität und Eigentum sind ein Geschwisterpaar.

Denn Eigentum als Protokollplattform ist nicht souverän. Es muss sich immer der Gewalt des Staates bedienen, um seinen Graphen abzusichern. Der Staat stellt über den Zugriff auf die menschlichen Körper die Level-I-Kontrolle des Eigentumsprotokolls her. Erst über diesen Umweg werden individuelle Zugangsregime zu Land, Gebäuden, Maschinen und Waren ermöglicht und somit auch die marktfähige Verfügungsgewalt ihrer Eigentümer*innen.[89]

Im Laufe der Durchsetzung des Eigentumsparadigmas wird vielerorts auch die Leibeigenschaft aufgehoben, und erstmals werden Bürgerrechte definiert und eingeführt. Gleichzeitig werden etablierte

Sozialmaßnahmen gegenüber Armen und Bedürftigen gestrichen.[90] Der Arbeiter wird dadurch doppelt frei, wie Marx es ausdrückt: einerseits frei von der Knechtschaft durch den Lehnsherren, andererseits frei, für Lohn zu arbeiten oder alternativ zu verhungern.[91] Das Bürgerrecht ist sozusagen das Eigentumsrecht des kleinen Mannes[92] an sich selbst, zugleich entlässt es ihn aus dem Verantwortungsbereich einer paternalistischen, aber doch auch fürsorglichen Sozialstruktur. Das Resultat ist eine Kompatibilität der Körper mit dem Eigentumsprotokoll: Die doppelte Freiheit kreiert das Individuum und beschert ihm ein rechtebasiertes Zugangsregime zum eigenen Körper, das es ihm ermöglicht, marktfähige Verfügungsgewalt über die eigene Arbeitskraft zu erlangen.

Das eigentliche Wunder passiert aber erst als Resultat dieser doppelten Graphnahme von Dingen und Körpern: Durch die Hegemonialität des Eigentumsregimes und seiner staatlichen Absicherung der Level-I-Kontrolle wird Level II ermöglicht. Wir erinnern uns: Level I sind die erwarteten Vorselektionen potentieller Verbindungen, die Level II – die unerwarteten Anschlussselektionen konkreter Verbindungen – wahrscheinlicher machen. Die konkreten Verbindungen sind hier die Transaktionen, Geschäfte und Verträge, deren Gesamtheit abstrakt als »der Markt« bezeichnet werden. Der Markt ist eine vertikale Iteration aus dem Eigentumsgraphen.

Dieses Konstrukt aus Eigentum und Bürgerrechten war einerseits ein Versprechen an das entstehende Bürgertum: relative Autarkie qua individuellen Rechten und Eigentumssicherheit. Andererseits – und im größeren Maßstab – ermöglicht es auch die Kontrolle über die Produktionsmittel in den Händen einiger weniger bei gleichzeitiger Notwendigkeit für alle anderen, ihre Arbeitskraft zu verkaufen. Die bekannten Produktionsverhältnisse sind damit hergestellt und alle Zutaten sind beisammen, um den Prozess in Gang zu setzen, den wir Kapitalismus nennen.[93]

Die Mittel der Verbindung

»Ich habe noch nie so viel Zeit darauf verwendet, Leute davon zu überzeugen, im eigenen Interesse zu handeln«, soll Steve Jobs zu den Verhandlungen mit den Major-Musiklabels gesagt haben.[94] Er wusste, dass das kritische Manöver bei der Markteinführung des iTunes Stores darin bestand, den gesamten Musikgraphen auf einen Schlag einzunehmen. Er musste alle fünf Major-Labels an Bord bekommen, sonst würde das ganze Prinzip nicht funktionieren. Nur wenn so gut wie alle Suchabfragen der Nutzer*innen befriedigt werden, verlieren Leute das Interesse, sich auf illegalem Wege Songs zu besorgen.

Der wichtigste Faktor, der zum Gelingen beitrug, war der iPod. Zum Start des iTunes Store 2003 hatte Apple 700 000 Stück davon verkauft und war der mit Abstand größte Anbieter von MP3-Playern weltweit. Die iTunes-Software – ohne den Store – existierte bereits und wurde zum Bestücken des iPods mit Musik verwendet. Apple verfügte dadurch über den Zugang zu einem potentiellen Kund*innenstamm. Doug Morris, Chef der Universal Music Group, fasste es so zusammen: »Er [Steve Jobs] schlug gleich ein ganzes System vor: den iTunes Store, die iTunes-Management-Software und den iPod selbst. Es griff alles ineinander. Er bot ein Komplettpaket an.«[95] Die 700 000 iPod-Kund*innen im Apple-Ökosystem waren Jobs' Graph in der Hinterhand, den er als Hebel nutzte, um die Verlage zu überzeugen. Im Grunde war es ein klassischer Integrationsangriff. Glücklicherweise gibt es tatsächlich eine Wirtschaftstheorie, die in der Lage ist, solche Beziehungen zu beschreiben.

Ende der 1970er kam eine Wirtschaftstheorie auf, die der neoklassischen Lehre ein völlig verändertes Paradigma gegenüberstellte: die Resource Dependence Theory (RDT), auch Ressourcenabhängigkeitsansatz. Sie wurde im Wesentlichen von Jeffrey Pfeffer und Gerald R. Salancik in ihrem Buch *External Control of Organizations* ausformuliert. Darin zeigen sie, wie Organisationen ihre Entscheidungen in der Realität weniger auf Gewinnoptimierung ausrichten, sondern vor allem auf die Sicherung des eigenen Weiterbestehens. Den Schlüssel dafür sehen Pfeffer und Salancik wiederum in der Fähigkeit einer Organisation, »Ressourcen zu akquirieren und zu sichern«.[96]

Bis dahin hatte sich die Wirtschaftswissenschaft darauf konzentriert, wie sich Ressourcen optimal einsetzen ließen. Doch Ressourcen sind nicht nur knapp, sondern der Zugang zu ihnen ist vor allem unsicher. Stellen wir uns einen Autobauer vor, der ein spezielles Ventilsystem in seinen Motor einsetzt, das nur von einem spezialisierten Zulieferer hergestellt wird. Passiert diesem irgendetwas, das die Lieferung des Ventilsystems unterbricht, steht sofort die ganze Produktion still, und das Unternehmen gerät vielleicht sogar in existentielle Gefahr. Wichtiger als kostengünstige Ressourcen ist also ein zuverlässiger Zugang zu Ressourcen.

Um die Existenz der Organisation zu gewährleisten, muss daher immer erst der Ressourcenzugang hergestellt und gesichert werden, wobei Ressourcen alles sein können: Rohstoffe, Vorprodukte, qualifizierte Mitarbeiter*innen, Liquidität, politischer Rückhalt, öffentliche Wahrnehmung, Markt- und Kundenzugang. Mit anderen Worten: Jede Organisation muss mit ihrer Umwelt in vielerlei Abhängigkeitsbeziehungen treten, und das Management dieser Abhängigkeitsbeziehungen bestimmt ganz wesentlich die Struktur der Organisation. »Organisationen sind weniger konkrete soziale Entitäten als vielmehr ein Prozess zur Organisation von hinreichender Unterstützung, um die eigene Existenz fortzuschreiben«, so Pfeffer und Salancik.[97] Sie belegen, dass diejenigen die wichtigsten und oft bestbezahlten Funktionen in einer Organisation besetzen, die sich als fähig erweisen, die entscheidenden Ressourcen zu sichern und Abhängigkeiten zu reduzieren.

Wechselseitige Abhängigkeiten sind – wie wir im letzten Kapitel bei Emerson gelernt haben – immer auch Machtbeziehungen. Diese Macht reflektiert sich in den Arbeitsverhältnissen, im Umgang großer Unternehmen mit kleineren Zulieferern, in den politischen Lobbyverflechtungen und in der Besetzung der Aufsichtsräte, in denen immer dieselben Spitzenmanager*innen anderer Firmen oder Politiker*innen sitzen. Pfeffer und Salanicik können empirisch nachweisen, dass Aufsichtsratspostenbesetzungen die Abhängigkeitsbeziehungen eines Unternehmens reflektieren. Wirtschaft ist immer schon als Politik der Interdependenz beschreibbar und damit anschlussfähig zu unseren Überlegungen aus dem letzten Kapitel.

Mittels der RDT kann man nun die iTunes-Graphnahme besser beschreiben: Nachdem die alte, rechtebasierte Zugangsordnung über das Eigentum für die Musikindustrie aufhörte zu funktionieren, hatte sie schlicht den Zugang zu ihren Kund*innen verloren. Apple bot mit dem iTunes Store nicht nur eine überzeugende Zugangskontroll-Infrastruktur an, sondern auch den Zugang zu 700 000 potentiellen Kund*innen, die ihrerseits bereits von iTunes abhingen, um ihre iPods mit Musik zu bestücken. Ein schneller, legaler, integrierter Zugang zu Musik war ebenfalls in ihrem Interesse. Der iTunes Store brachte beide Seiten zusammen.

Wir können die Situation mit RDT und Emerson modellieren, indem wir die zwei Besitzer von Graphen (einerseits Apple und andererseits die Musikverlage als Kollektivakteur) und ihre gegenseitigen Abhängigkeiten ins Verhältnis setzen. Dann gilt:

P(Apple|Musikindustrie) = D(Musikindustrie|iTunesnutzer*innen) und P(Musikindustrie|Apple) = D(Apple|Musikgraph)

Apples Macht gegenüber der Musikindustrie entspricht der Abhängigkeit der Musikindustrie von den iTunesnutzer*innen, während die Macht der Musikindustrie über Apple in der Abhängigkeit des Unternehmens vom Musikgraphen besteht.

Und hier wird der Unterschied zum kapitalistischen Paradigma deutlich. In den Worten von Moazed und Johnson: »[Plattformen] besitzen nicht die Produktionsmittel, wie es Industriemonopole noch taten. Stattdessen besitzen sie die Mittel der Verbindung« (»the means« of connections«).[98] Die Musikindustrie ist nach wie vor im Besitz der Produktionsmittel, aber Apple kontrolliert die Mittel der Verbindung, auf die die Musikindustrie angewiesen ist. Der Kapitalismus muss sich hier der politischen Ökonomie der Plattform geschlagen geben.

Die Mittel der Verbindungen, oder wie wir es auch nennen können: die marktfähige Verfügungsgewalt über Graphen, ist die Ermöglichungsbedingung für alle bekannten Plattformgeschäftsmodelle. Sie lassen sich auf die Formel bringen: Eine Nutzer*innengruppe zahlt, um Zugang zu einer anderen zu bekommen. Folgende Geschäftsmodelle lassen sich unterscheiden:

1. Der *Verkauf der plattformbildenden Infrastruktur* selbst, wie wir es von den Schnittstellenplattformen kennen. Dies ist sicher das basalste Geschäftsmodell. Der Verkauf des PCs, des iPhones oder des Windows-Betriebssystems geschieht noch traditionell rechtebasiert. Das verdeckt jedoch die Tatsache, dass hier nicht nur ein Produkt verkauft wird, sondern immer auch der Zugang zu einem Ökosystem und den potentiellen Verbindungen, die es ermöglicht.

2. *Abonnements* wie bei Netflix und Spotify, aber auch vielen Cloudplattformen, E-Mail- und anderen Serviceanbietern. Auch dieses Geschäftsmodell ist nicht neu: Für den Zugang zum Service, aber auch zu den durch den Service ermöglichten Beziehungen wird ein regelmäßiger Betrag abgefragt.

3. Der *direkte Verkauf* von Dienstleistungen (etwa algorithmische Zusatzfeatures wie bei Tinder) oder virtuellen Gegenständen (z. B. bei Games) bei bestehenden Verbindungen.

4. Die Vermittlung von Verkäufen von Dienstleistungen oder Produkten, wobei die Plattform eine *Gebühr für Transaktionen* einbehält. Der iTunes und später der App Store verkaufen Musik bzw. Software, Uber verkauft Fahrten, der Amazon Marketplace Produkte aller Art.

5. Das *Werbegeschäftsmodell*, bei dem der Dienst umsonst angeboten, den Nutzer*innen dann aber Werbung eingeblendet wird, und zwar meist personalisiert. Google und fast alle Social-Media-Plattformen gehören zu den wichtigsten Vertretern. Dieses Modell ist weitverbreitet und wird viel diskutiert. Aber auch hier ist nichts grundlegend anders, denn es wird lediglich der Zugang zur Aufmerksamkeit der Nutzer*innen verkauft.[99]

Ein besonders interessantes Geschäftsmodell verfolgt die Firma Eyeo mit ihrem Produkt Adblock Plus. Unter dem Namen »Adblock« hatte ein schwedischer Student 2002 ein Open-Source-Plugin für den Firefox-Browser veröffentlicht – es war die erste Blockiersoftware für Werbung im Web. Ab 2005 wurde eine erweiterte Ableitung dieses Projektes unter dem Namen Adblock Plus fortgeführt, während die Aktivitäten am ursprünglichen Projekt einschliefen. Adblock Plus gehört nun Eyoe und ist nicht nur ein effektiver Werbeblocker, sondern enthält die Möglichkeit, bestimmte Websites vom Blockieren auszunehmen. Das nennt man »Whitelisting«: Werbung von Websites, die man auf der eigenen Whitelist stehen hat, wird trotz Blocker angezeigt. Adblock Plus wurde schnell zu einem der erfolgreichsten Plugins und ist heute für alle populären Browser verfügbar. Spätestens seit 2016 ist es mit über 100 Millionen Nutzer*innen der populärste Werbeblocker im Internet.[100]

2011 hat Adblock Plus ein generelles Whitelisting für »akzeptable Werbeinhalte« eingeführt. Darunter versteht der Gründer und Entwickler, Wladimir Palant, Werbung, die nicht »aufdringlich« ist. Während Whitelisting also bis dahin individuell auf Nutzer*innenebene funktionierte, sollen seitdem »akzeptable« Werbeinhalte automatisch von Adblock Plus selbst gewhitelistet werden. Doch dafür müssen Werbetreibende ihre Werbung zunächst überprüfen lassen, wofür Eyeo bis zu 30 Prozent des Umsatzes verlangt, der durch die genehmigte Werbung über Adblock-Plus-Nutzer*innen zusätzlich generiert wird.[101]

Das Geschäftsmodell wird von einigen als mafiös gebrandmarkt, stellt es sich doch zwischen Nutzer*innen und Werbetreibende und kassiert eine Art Schutzgebühr. So nach dem Motto »Wäre doch schade, wenn deine Werbung bei unseren Nutzer*innen nicht ankommt«. 2014 verklagten *Zeit Online* und das *Handelsblatt*, 2015 der Axel Springer Verlag Eyeo, aber jedes Mal ohne Erfolg.[102]

Die emotionalen Reaktionen und juristischen Schritte gegen Eyeo und Adblock Plus sind erstaunlich, unterscheidet sich dessen Geschäftsmodell doch strukturell kaum von jeder anderen Plattform. Eine bestimmte Nutzer*innen-Gruppe wird zur Kasse gebeten, um Zugang zu anderen Nutzer*innengruppen zu erlangen. Eyeos Graphnahme war ein klassischer Iterationsangriff: Adblock Plus schiebt sich als neue Ebene zwischen den bereits existierenden Beziehungsgraphen – in diesem Fall Websitebetreiber*innen auf der einen und Browser-Nutzer*innen auf der anderen Seite – und fungiert dort als zusätzliche Kontrollebene. Möglich wird dies, weil viele Nutzer*innen die neuen Kontrollmöglichkeiten dieser Ebene schätzen, und Websitebetreiber*innen müssen nun extra zahlen, um diese Nutzer*innen zu erreichen.

Die Verschiebung der Macht von den Besitzer*innen der Produktionsmittel hin zu den Besitzer*innen der Mittel der Verbindung ist vielleicht der deutlichste Hinweis auf das Ende des Kapitalismus. Von den Überfahrer*innen mit eigenem Fahrzeug, den Restaurantbesitzer*innen mit Personalverantwortung über Shopbesitzer*innen und Websitebetreiber*innen bis hin zu den milliardenschweren Herstellern von Mobilfunkgeräten der »Open Handset Alliance«[103] gehören Kapitalist*innen nun auch zur ausgebeuteten Klasse. In Deutschland sorgen sich BMW, Daimler und VW bereits darum, in einem weiteren Schritt ebenfalls zur Infrastruktur der Plattformgiganten degradiert zu werden.[104]

Produktivität: Wert als Opportunitätsprämie

Die Musikverlage waren trotz allem nicht glücklich mit dem iTunes-Store-Deal. Steve Jobs stellte folgende Bedingungen: Einzelne Songs sollten für 99 US-Cent verkauft werden; zudem wurden Alben in ihre einzelnen Songbestandteile aufgelöst – »entbundlet«, wie man sagt. All das gefiel den Musikverlagen gar nicht, gaben sie doch ihre Preisgestaltungsfreiheit auf. Aber sie hatten keine andere Wahl. Aus dieser Konstellation ergeben sich zwei Fragen. Erstens: Warum ist es Steve Jobs, der sogar gegen den Willen der Musikverlage ein Preismodell festlegen kann? Zweitens: Wieso gerade dieser Preis?

Fangen wir mit der zweiten Frage an: Jobs weiß, dass er in einer unmöglichen Konkurrenzsituation steckt, denn das, was er anbieten will, gibt es bereits umsonst. Warum sollte also überhaupt noch jemand Geld für Musik bezahlen? Jobs führt in seiner Ansprache drei Argumente an: Er stellt den iTunes Store als besonders bequem dar, er bewirbt Extraservices wie die Bilder der Albumcover, die mit den Songs mitgeliefert werden, und zuletzt das moralische Argument, das auch ein rechtliches ist: Der iTunes Store ist legal.

Tauschbörsen sind zwar gratis, doch der Umgang damit erfordert Einarbeitung und Geduld und birgt das Risiko, erwischt zu werden. Es sind die altbekannten Transaktionskosten – oder nennen wir es Reibungen – die den Unterschied machen, und so versucht Jobs, die Interaktion mit dem Store so reibungsarm wie nur möglich zu gestalten. Dazu gehört auch der Preis. 99 Cent liegt unterhalb der Nachdenkschwelle für Kaufentscheidungen, und weil es sich um einen Einheitspreis handelt, ermöglicht er spontane Klick-Transaktionen ohne jeglichen kognitiven Aufwand. Was Jobs also bepreist, ist gesparter Aufwand. In der Ökonomie der Unknappheit verkauft man am besten reduzierte Transaktionskosten.

Doch auch das ist nichts Neues. Rückblickend ist es erstaunlich, wie viel der neuzeitlichen Weltgeschichte sich auf die Motivation der Europäer zurückführen lässt, eine Handelsroute nach Asien zu finden. 1492 landete Kolumbus auf den Bahamas in dem Glauben, Indien zu betreten. Selbst nachdem das Missverständnis aufgeklärt war, segelte 1609 Henry Hudson wieder gen Westen, um Asien zu erreichen. Im Auftrag der Niederländischen Ostindien-Kompanie sollte er den amerikanischen Kontinent nördlich umschiffen, also die sagenumwobene Nordostpassage finden. Er scheiterte, wie noch viele nach ihm scheitern würden, aber immerhin gründete er New York.

Natürlich war den Europäern immer schon bewusst, dass Asien eigentlich östlich liegt. Doch auf der Landroute dorthin war das Osmanische Reich zu durchqueren, das auf die Kreuzfahrernationen nicht sonderlich gut zu sprechen war. Auf dem Seeweg wiederum musste Afrika umschifft werden. Beide Wege sind gangbar, aber aufwendig, gefährlich und teuer. Der Handel mit Asien barg also enorme Reibung, enorme Transaktionskosten.

Es dauerte bis ins 19. Jahrhundert, ehe eine Lösung für das Problem gefunden wurde: der Sueskanal. Ein gigantisches Infrastrukturprojekt, für das die Planungen 1845 begannen und das erst 1869 fertiggestellt wurde. Der Kanal war zunächst 164 Kilometer lang und durchgehend acht Meter tief, sparte aber fast 9000 Kilometer Schiffsroute. Ihn zu durchfahren dauerte nur noch zwölf bis 16 Stunden statt der ursprünglich 20 Tage Seefahrt um das bei Seeleuten berüchtigte Kap der Guten Hoffnung. Das Unternehmen wurde zunächst maßgeblich von der französischen Regierung finanziert, später übernahmen es die Briten, die den Bau schließlich fertigstellten.

Die Preise für die Kanalbenutzung orientierten sich schon immer an den Kosten für die Umschiffung Afrikas, also einem Konkurrenzprodukt, das sich nur indirekt durch die Schätzung der Transaktionskosten bepreisen lässt. Der Trick ist, immer ein Stück weit unter diesen Kosten zu bleiben. Früher bestanden die Transaktionskosten in erster Linie in zusätzlicher Zeit und zusätzlichem Risiko. Heute orientiert sich der Wert der Kanalbenutzung vor allem am Ölpreis. Der Kanal reduziert die Reiseroute zwar immer noch um circa 15 Tage, doch die können durch Erhöhung der Geschwindigkeit und somit zusätzlichen Ölverbrauch weiter reduziert werden.

Der iTunes Store war also gewissermaßen der Sueskanal, der die Afrikaumrundung des illegalen Filesharings unattraktiv machen sollte.[105] Apple hatte einen bequemen, legalen und schnellen Weg bereitgestellt, ohne Extraaufwand und rechtliches Risiko online an Musik zu kommen. Und neben den Weg hatte es ein Kassenhäuschen mit Schranke gesetzt.

Das bestätigt weitgehend den Theorieansatz von David Evans und Richard Schmalensee aus *Matchmakers*, die zusammengefasst sagen, dass der Wert, den Plattformen generieren, in der Reduktion von Reibung liegt. Das Beispiel, an dem sie sich abarbeiten, ist Alibaba. Als Jack Ma das Unternehmen 1999 gründete, steckte das Internet – und in gewisser Hinsicht der Kapitalismus – in China in den Kinderschuhen. Kommerzielle Strukturen waren kaum vorhanden, und neue Unternehmungen sahen sich mit dem Problem konfrontiert, dass ein Grundvertrauen in kommerzielle Transaktionen weitgehend fehlte. Es gab noch keine Businesskultur, kaum juristische Vertragsdurchsetzung, keine Agenturen zur Prüfung von Kreditwürdigkeit, aber dafür viel Anonymität in einem unüberschaubar großen Land mit einer riesigen Bevölkerung.

Alibaba wurde zunächst mit reinen Business-to-Business- (B2B-) Plattformen erfolgreich, bevor es mit Taobao in den Konsumenten-Online-Einzelhandel einstieg. In beiden Fällen musste das Unternehmen das Vertrauensproblem lösen, und dass ihm das gelang, erklärt einen Gutteil seines Erfolgs. So stellte Alibaba Kommunikationstools bereit, mit denen Händler*innen untereinander die Details ihrer Transaktionen besser aushandeln konnten, und für den Konsument*innen-Markt entwickelte man das Treuhand- und Paymentsystem Alipay, das es Nutzer*innen erlaubt, die Zahlungen erst dann an den Online-Shop zu überweisen, wenn sie die Ware wie gewünscht erhalten hatten.[106]

Evans und Schmalensee sind sicher, dass sich ein ähnlicher Markt für B2B-Plattformen in den USA und anderen westlichen Märkten nie hätte etablieren können. Den Grund dafür sehen sie in den bereits vorhandenen Businessinfrastrukturen und dem allgemein höheren Vertrauen in Markttransaktionen, die es in den USA bereits vor dem Internet gab.[107] Der Wert, den Alibaba geschöpft hat, ist demnach proportional zu den Hürden und Reibungen, die auf dem Markt vorherrschten und denen man durch die Plattform entgehen konnte.

Der Sueskanal wurde bis 1956 von Großbritannien und Frankreich gemeinsam kontrolliert und bescherte ihnen enorme Einnahmen. Er war ein durch und durch kolonialistisches Projekt, dessen Ende mit der Auflösung der Kolonialreiche nach dem Zweiten Weltkrieg abzusehen war. 1956 verstaatlichte Ägypten unter seinem Präsidenten Gamal Abdel Nasser den Kanal. Der erfolglose Versuch

Frankreichs und Großbritanniens, die Kontrolle über ihn militärisch zurückzuerlangen, ist als Sueskrise in die Geschichte eingegangen. Seitdem herrscht Ägypten über den Kanal und betreibt ihn erfolgreich. Die Preispolitik hat sich dadurch nicht geändert, nur die Adresse des Zahlungsempfängers.[108]

Und hier kommen wir zur Beantwortung der ersten Frage, warum es Steve Jobs ist, der die Preise bestimmen kann. All die Theorien, die den Wert und den Preis aus der investierten Arbeit oder dem generierten Nutzen ableiten, verkennen, dass allein die marktfähige Verfügungsgewalt es gestattet, Preise festzulegen. *Preissetzungsgewalt* ist somit ein deutlicher Indikator für marktfähige Verfügungsgewalt. In der politischen Ökonomie der Plattform hat sie jene Instanz inne, die über die Mittel der Verbindung verfügt. Sie kann den Preis wählen – und zwar völlig beliebig. Preissetzen ist zuallererst ein Privileg, das sich aus einer Machtsituation heraus ergibt.[109] Erst im zweiten Schritt kommt ökonomisches Kalkül hinzu. Es ist lediglich die eigene Gewinnerziehlungsabsicht, die den Preis in der Praxis auf die Höhe der alternativen Transaktionskosten begrenzt.

Sind es die Sues-Gesellschaft, Alibaba und Apple gewesen, die den jeweiligen Wert in die Welt gebracht haben, den sie dann erwirtschafteten? Wie das Beispiel Alibaba zeigt, gibt es in einem Umfeld, wo die Transaktionskosten sowieso gering sind, auch keinen zu schöpfenden Wert durch B2B-Plattformen. Den Wert des Sueskanals haben nicht die Sues-Gesellschaft (und auch nicht deren Arbeiter*innen) geschaffen, sondern die Kontinentaldrift, die Afrika zwischen Europa und Asien gesetzt hat. Alibabas Wert wurde durch das Nichtvorhandensein eines vertrauensvollen Geschäftsumfelds geschaffen. Entsprechend ist der Wert der Musik im iTunes Store von den Gesetzesverschärfungen rund ums Urheberrecht und der Verbannung des Filesharings in die Illegalität geschaffen worden.

Die Wirtschaftswissenschaft spricht von Opportunitätskosten, wenn man beispielsweise Zeit für eine Sache einsetzt, die in einem anderen Kontext Geld eingebracht hätte. Opportunitätskosten sind nicht realisierte Umsätze. Entsprechend kann man bei dem Wert, den Plattformen oder der Sueskanal generieren, von Opportunitätsprämien sprechen. Es sind nicht angefallene Transaktionskosten. Die Opportunitätsprämie ist der Wert, der Feindseligkeit der Umwelt nicht ausgeliefert zu sein, und sie funktioniert auch dann, wenn die Umwelt erst feindselig gemacht wurde.

Markt: Die Interdependenz-Bilanz

Von den 99 Cent, die Apple pro Song verlangte, gingen 70 an die Musikverlage, während Apple den Rest einbehielt. Diese 30 Prozent, gern auch als Apple-Steuer bezeichnet, stellten sich als einflussreiche Pfadentscheidung heraus und waren bis vor kurzem im App Store und vergleichbaren Stores der Branche Standard. Bis sich immer stärkerer Widerstand dagegen formierte. Einige der größeren Apps waren nicht mehr bereit, einen so großen Anteil ihrer Einnahmen an Apple abzugeben. Einige von ihnen haben es geschafft, bessere Konditionen auszuhandeln. Spotify, der erfolgreichste Nachfolger des iTunes Stores, zahlt deswegen nur noch 15 Prozent, und das auch nur für circa 0,5 Prozent seiner zahlenden Streaming-Kund*innen.[110] Amazon konnte für seinen Videostreaming-Dienst Amazon Prime ebenfalls einen speziellen Deal aushandeln,[111] doch dann führte Epic Games die wohl erfolgreichste Kampagne gegen Apples Modell,[112] während die EU-Kommission ein Kartellrechtsverfahren einleitete[113] und Apple Ende 2020 schließlich einlenkte.[114] Die dritte Frage würde also lauten: Wie erklären sich die 30 Prozent für den Verkauf von Apps und Abos?

Für die Konsument*innen bedeutet die Apple-Steuer eine pauschale Verteuerung aller Transaktionen, ähnlich wie bei der Mehrwertsteuer. Es würde sich wahrscheinlich auch so anfühlen, würden die Preise nicht sowieso schon so beliebig wirken. Die digitalen Postkapitalist*innen von Benkler über Rifkin bis Mason haben völlig recht, wenn sie meinen, dass die kapitalistischen Preismechanismen im Digitalen aufhören zu funktionieren.

Die Abschöpfung der Opportunitätsprämie macht aber nicht nur den Nutzen, für den die Plattform errichtet wurde, zum Teil wieder zunichte, sondern erfordert auch Maßnahmen, die diesen dezidiert einschränken. So sorgt Apple zum Beispiel dafür, dass sich mit der Kindle-App auf dem iPhone und iPad keine Bücher direkt kaufen lassen. Jede Transaktion muss über Apple gehen, alle anderen Wege werden abgedichtet.

Mit diesem Vorgehen ist Apple nicht allein. Zwischen Plattformen sind absichtliche Einschränkungen der Interoperabilität bzw. der Interkonnektivität üblich. Das sukzessive Einschränken von APIs und anderen Schnittstellen, die Tatsache, dass Twitter zum Beispiel keine Vorschaubilder für YouTube- oder Instagram-Links anzeigt, dass Apple und Google sich in der Integration von Kalendern, Notizen und anderen Werkzeugen beharken, dass Alibaba die Suchmaschine Baidu aussperrt und dass jede Plattform ihre eigenen Standards gegen alle anderen durchsetzen will, all das geht auf Kosten der allgemeinen Nützlichkeit der jeweiligen Plattform. Es ist absurd: Der eigene Dienst wird mit Absicht verstümmelt, um dem Gegner bloß keinen Vorteil zu verschaffen.

Dabei ist Interoperabilität zwischen Plattformen ein eindeutiger Gewinn für die Konsument*innen auf allen Seiten. Das geht über die Benkler'sche Semantik der nicht rivalen Güter noch hinaus. Interoperabilität und Interkonnektivität sind »antirivale« Güter: Sie werden mehr, wenn man sie teilt. Ihr Nutzen potenziert sich bei Anwendung, während dem kaum Kosten gegenüberstehen. Nirgendwo wird das deutlicher als in der internen Verschaltungsökonomie des Internets selbst.

Für ihre Dissertation *Die Konnektivitätsökonomie des Internets – Architektur – Konventionen – Community* hat die Kulturwissenschaftlerin Uta Meier-Hahn viele qualitative Interviews mit Techniker*innen und Manager*innen von Netzbetreibern geführt.[115] Netzbetreiber sind Unternehmen wie Internetzugangsprovider (ISPs), große Inhalteanbieter (wie Netflix, Google, Amazon) oder Content Delivery Networks (CDNs – wie Cloudflare oder AKAMAI), die als Dienstleister eine sichere und störungsfreie Auslieferung von Inhalten für viele Kund*innen anbieten. Netzbetreiber sind oft selbst keine Plattformen, sondern – zumindest in Bezug auf das Internet – Plattformzugangsprovider. Doch ganz ähnlich wie Plattformen kontrollieren auch sie den Zugang zu Graphen, in diesem Fall jeweilige Teilgraphen des Internets.

Das Internet wird als »Netz zwischen Netzen« dadurch ermöglicht, dass diese Netzbetreiber ihre Netze miteinander verschalten. So entsteht ein eigenartiger Markt: Auf der Anbieterseite hat man ein Produkt, das, wenn man es verkauft, nicht nur keine zusätzlichen Kosten verursacht, sondern zusätzlichen Nutzen. Im Grunde haben alle in diesem Markt ein Interesse daran, sich mit allen anderen zu verbinden, denn sie sind wechselseitig voneinander abhängig. Meier-Hahn fasst es so: »Ohne Internet-Konnektivität hat kein Netzbetreiber ein Produkt. Und Konnektivität – das Gut des Internets – können Netzbetreiber nur gemeinsam hervorbringen.«[116] Jeder ISP will seinen Kund*innen Zugang zu Netflix ermöglichen, und Netflix will wiederum Zugang zu möglichst allen Kund*innen aller ISPs. Netzwerkkonnektivität ist eine Win-win-Situation für alle Beteiligten.

Schalten sich zwei Netze zusammen, die sich gegenseitig als gleichwertig – als Peers – verstehen, bezeichnet man das als Peering. Dabei fließen keine Geldbeträge, sondern nur Daten von Netz A zu Netz B und umgekehrt. Zu kommerziellen Vereinbarungen kommt es üblicherweise nur dann, wenn ein Netzbetreiber sein Gegenüber nicht als ebenbürtig, dessen Netz also nicht als gleichwertig mit dem eigenen betrachtet. Doch die Frage der Ebenbürtigkeit lässt sich nicht so leicht beantworten. Netze unterscheiden sich nicht nur in ihrer Größe, sondern auch in ihrer geographischen Reichweite, ihren infrastrukturellen Eigenschaften und vor allem hinsichtlich der Dinge oder Personen, die an ihnen hängen: Welche Art von Kund*innen oder Inhalten werden zum Beispiel durch das Netz erreicht und wie begehrt oder lukrativ sind diese?

Netze lassen sich als Produkte in ihrem Wert schwer bemessen, und so besteht die Interaktion im Interkonnektivitätsmarkt nicht selten darin, Werthaftigkeit zu signalisieren, wie folgendes Zitat aus einem von Meier-Hahns Interviews bestens ausdrückt: »Wenn jemand einem Peering nicht zustimmt, sagt sich die andere Partei: Klar, ich könnte jetzt hinter dem herrennen. Aber wenn du hinterherrennst, bist du der Kunde. Wenn du also mit mir peerst und dann das Kabel durchschneidest, würde ich, wenn es eine richtige Peeringbeziehung ist, sagen: Tja, mir egal. Aber wenn ich das Peering wirklich brauche und du zerschneidest das Kabel, dann bin ich der Kunde. Ich bin dann logischerweise mehr auf dich angewiesen als du auf mich. Das hast du durch das Zerschneiden bewiesen.«[117]

Der Wert von Netzen wird jedoch nicht nur anhand psychologischer Signale beurteilt, sondern es haben sich auch andere Kriterien herausgebildet. Uta Meier-Hahn hat ihnen in ihren Interviews nachgespürt und identifiziert sieben unterschiedliche *Wertkonventionen*: Darunter die *Inhaltekonvention*, die für die Werthaftigkeit der Inhalte argumentiert, die von Akteuren wie Netflix oder Youtube ausgeliefert werden. Oder die *Kapazitätskonvention*, mit der vor allem größere ISPs versuchen, ihre Wertigkeit mittels ihrer Übertragungskapazitäten plausibel zu machen. Auch kleine ISPs können mittels der Konvention *Zugang zu Endkund*innen* über die besonderen demografischen und sozioökonomischen Eigenschaften ihrer Kund*innen auftrumpfen. »Ich verkaufe goldene Kreditkarten«, sagte der Manager eines kleineren ISPs in einem der Interviews.

Alle diese Qualitätskriterien lassen sich in Zugangsgeschäftsmodelle umformulieren: Zugang zu Inhalten, Zugang zu Regionen und Märkten, Zugang zu bestimmten Internet-User*innen, Zugang zu robuster Infrastruktur oder besonders schnellem Zugang etc. Auch wenn Meier-Hahn ihre Beobachtungen bei Plattformzugangsprovidern und nicht bei Plattformen gemacht hat, lassen sie sich auf alle Akteure anwenden, die mittels Kontrolle von wechselseitig abhängigen Graphen miteinander interagieren.

Ein spannender Aspekt an Meier-Hahns Forschung ist, dass sie Transaktionsverhältnisse unverblümt als Machtverhältnisse enttarnt. Im Konnektivitätsmarkt ist »Kund*in« nur das kürzere Ende einer

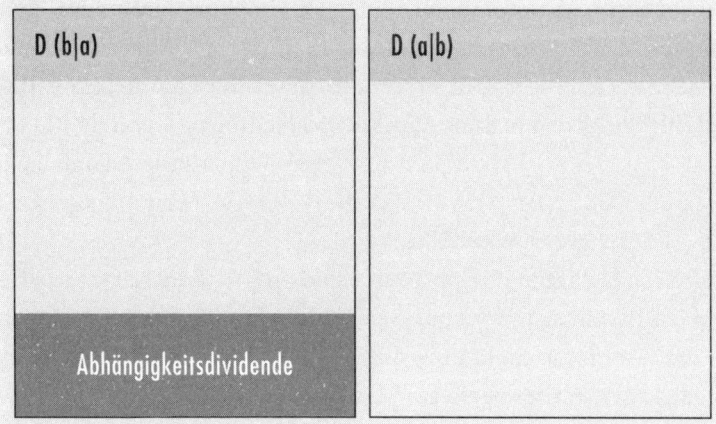

Abb. 6: Interdependenz-Bilanz

interdependenten Beziehung. Macht wird direkt in Geld umgemünzt. Das bestätigt nicht nur unsere bisherigen theoretischen Ausführungen, sondern gibt uns Gelegenheit, sie zu erweitern: Wir können im Interplattformverhältnis den Preis direkt aus der Interdependenz zwischen den Plattformen herleiten. Im Sinne einer doppelten Buchführung können wir nun eine Interdependenz-Bilanz erstellen. Statt Soll und Haben stellen wir die Abhängigkeitsverhältnisse gegenüber: D(a|b), D(b|a).

Der Preis, den kleinere Netzbetreiber an größere zahlen, ist, genauso wie die 15 bis 30 Prozent, die Apple nimmt, eine Abhängigkeitsdividende. Wie sonst der Gewinn oder der Verlust gleicht die Abhängigkeitsdividende als Preis gewissermaßen die Ungleichheit aus und glättet die Bilanz.

Es ist deswegen auch kein Zufall, dass die Legitimation der Abhängigkeitsdividende in der Interplattformökonomie immer dann angegriffen wird, wenn das Abhängigkeits-/Machtverhältnis nicht mehr so klar bestimmbar ist. Der Streit zwischen Epic Games und Apple zeigt deutlich, wie das Kunde/Anbieter-Verhältnis infrage gestellt wird, sobald ein Plattformteilnehmer Killer-App-Hegemonie erlangt und selbst einen wichtigen Graphen kontrolliert. Epic empfindet sich gegenüber Apple als Peer, also auf Augenhöhe, und möchte auch so behandelt werden. Doch was für Epic gilt, gilt natürlich für die allerwenigsten App-Entwickler*innen.

Die fünf Lebensphasen einer Plattform

»Im Kern«, schreibt Philipp Staab, »sind proprietäre Märkte Strukturen zur Extraktion ökonomischer Renten.«[118] Eine Rente nennt man in der Ökonomie ein leistungsloses Einkommen. Staab ist nicht der Einzige, der so argumentiert.[119] Wenn es nur das wäre.

Während Renten der allgemeinen Wohlfahrt nichts hinzufügen, müssen Plattformen irgendwann anfangen, die Wohlfahrt aktiv einzuschränken, um ein Geschäftsmodell zu haben. Zunächst muss die generierte Opportunitätsprämie mit einer Bezahlschranke wieder abgeschöpft werden. Doch dabei bleibt es nicht. Darüber hinaus darf keine kostenlose Opportunitätsprämie generiert werden, wie Meier-Hahns Forschung verdeutlicht: Das Nichtpeeren oder De-Peeren, wie das Beenden eines Peering-Verhältnisses heißt, ist essentiell, um Preise zu legitimieren. Da Interkonnektivität aber kein rivales, nicht mal ein nicht-rivales, sondern ein antirivales Gut ist, kommt das einem kommerziellen Vandalismus gleich.

Im traditionellen Kapitalismus profitieren die Konsument*innen von der Konkurrenz. Der stetige Kostendruck auf die Unternehmen macht immer mehr Waren für immer mehr Menschen erschwinglich. Es gibt immer einen Anreiz, Knappheit zu beseitigen. Das ist das Erfolgsrezept des traditionellen Kapitalismus. In der kommerziellen Plattformökonomie sind die Anreize umgekehrt gesetzt: Dinge, die im Urzustand für alle im Überfluss verfügbar wären, müssen verknappt werden, und die Interkonnektivität, die für alle Parteien Vorteile brächte, muss eingeschränkt werden. Für die Konsument*innen ergeben sich dadurch nur Zumutungen.

Die erwirtschafteten Umsätze der Plattformunternehmen stehen so in einem direkten Zusammenhang mit der von ihnen eingeschränkten gesellschaftlichen Wohlfahrt, die nur dann partiell wieder zugänglich gemacht wird, wenn sie monetär abgeschöpft werden kann. Aus der Opportunitätsprämie wird ein Lösegeld.

Mit dieser Erkenntnis und den vielen anderen Beobachtungen und Theorien, die wir angehäuft haben, lässt sich nun ein Lebenszyklus der Plattform rekonstruieren. Er wird strukturiert durch den grundlegenden Zielkonflikt zwischen Wachstum und Verdienstzwang. Offenheit ist eine notwendige Voraussetzung für Wachstum und damit zur Erlangung von Hegemonialität und Netzwerkmacht. Geschlossenheit und Souveränität sind hingegen die notwendigen Voraussetzungen, um Geld zu verdienen. Da eine Plattform erst wachsen muss, bevor sie Geld verdienen kann, fängt der Zyklus bei der Offenheit an und lässt sich entlang der sukzessiven Schließung der Plattform in fünf Phasen einteilen.

Phase 1: Graphnahme

Wie wir in Kapitel 5 ausgiebig besprochen haben, beginnt jede Plattform mit der Graphnahme. Ein bereits existierendes Beziehungsnetzwerk oder ein Interaktionszusammenhang muss angezapft, iteriert oder integriert werden. Dieser Graph bildet den Keim, aus dem alles Weitere erwächst. Die Plattform ist zu diesem Zeitpunkt noch keine Plattform, sondern ein Experiment, ein »Proof of Concept« und ein paar Zeilen Code.

Phase 2: Wachstum

Die Wachstumsphase ist die alles entscheidende Phase. Hat man einen Graphen erstmal eingenommen, muss man damit losrennen wie ein American-Football-Spieler, der gerade den Football in die Hände bekommen hat. Viele sind hinter einem her, andere werfen sich einem in den Weg. Hier kommen die horizontalen Strategien der Graphnahme zum Tragen – offensiv wie defensiv. Ein frisch eroberter Graph ist leicht angreifbar, der eigene Vorsprung stets prekär. In dieser Phase gibt es viele Unwägbarkeiten. Wie groß ist das Potential des Graphen, wie wächst er und wohin, welche Probleme werden sich ergeben? Jeder Schritt betritt neues Territorium, und jede Plattform ist zunächst immer auch ein Sozialexperiment. Das Geschäftsmodell steht noch nicht einmal fest. Der eigene Graph und dessen Dynamiken sind noch weitestgehend unverstanden.

Doch das Wachstum gibt Zuversicht, gerade wenn es so rasant verläuft, wie es bei Plattformen am Anfang oft der Fall ist. Allerdings: Nie ist die Chance zu scheitern größer als in dieser Phase. Fast alle Plattformen gehen in die Wachstumsphase, doch nur die wenigsten schaffen es aus ihr heraus.

Die Wachstumsphase ist die Phase der maximalen Offenheit. Man will beides: die Welt erobern und verbessern – don't be evil! –, sei offen und vernetzt etc. Man peert mit jedem, man experimentiert wild herum, betreibt offene APIs, wirbt unabhängige Entwickler*innen an, um die Plattform zu erweitern. Man sucht Kooperationen mit der Konkurrenz, will wechselseitig am Wachstum der anderen partizipieren. Man erlaubt vertikale Iterationen von Dritten und hofft dabei auf die Killer-App, die das eigene Wachstum noch beschleunigen kann. Wachstum ist alles, was man hat, und Wachstum ist alles, was zählt.

Je größer das Netzwerk wird, desto mehr Transaktionskosten werden allseits eingespart. An dieser Stelle generieren Plattformen enorme Opportunitätsprämien und erhöhen die gesellschaftliche Wohlfahrt.

Phase 3: Konsolidierung

Die wenigen, die es aus Phase 2 schaffen, kommen in die Konsolidierungsphase. Ihre Netzwerkmacht hat den Grewal'schen Schwellenwert der Unumgänglichkeit überschritten, das heißt, sie sind hegemonial, sie beherrschen ihren Graphen, der auch hinreichend gegen angrenzende Graphen abgegrenzt ist. Noch wächst die jeweilige Plattform, doch das Wachstum ist bereits etwas abgeflacht, und man sucht ständig nach neuen Wegen, es so lange wie möglich aufrechtzuerhalten. Man schaut sich nach angrenzenden Geschäftsfeldern um, sowohl vertikal als auch horizontal. Zudem analysiert man die eigene Stellung im nächstgrößeren Ökosystem. Auf welche Plattform ist man selbst angewiesen, gegen welche Art von Angriffen ist man vulnerabel?

Die Konkurrenz wird argwöhnisch beäugt oder gar gleich aufgekauft, Möglichkeiten der vertikalen Integration oder Iteration werden ausgelotet. Es ist aber auch die Phase, in der auf einmal Probleme auftauchen, die man in dieser Komplexität noch nicht kannte. Facebook ist das beste Beispiel. Es dachte, es sei bereits in der Extraktionsphase, als ihm eine ganze Reihe an Versäumnissen um die Ohren flog. Facebook traf es besonders hart, weil einerseits natürlich noch nie eine so große Kommunikationsinfrastruktur aus einer Hand ausgerollt worden war und das Unternehmen andererseits seine Wachstumsphase so brutal durchgepeitscht hat wie kaum eine andere Plattform.

In dieser Phase wird gezwungenermaßen immer eine Netzinnenpolitik etabliert, eventuell auch eine Netzaußen- und Netzsicherheitspolitik. Man wird pragmatisch, experimentiert zwar weiterhin, aber nicht mehr so wild und unstrukturiert. Man will immer noch die Welt verbessern, wenn auch nur noch durch das Weiterentwickeln des eigenen Produktes.

Doch nach und nach werden die Ideale über Bord geworfen. Man ist jetzt Marktführer und sitzt als Graphbesitzer fest im Sattel. Vor allem arbeitet man nun am Geschäftsmodell oder hat es bereits. Man muss Wege finden, die generierte Opportunitätsprämie wieder einzukassieren. Die Frage stellt sich wie folgt: Welche Nutzer*innengruppe wäre bereit, Geld dafür zu bezahlen, welche andere Nutzer*innengruppe auf welche Art zu erreichen? Dabei nützt die eigene Offenheit nunmehr nur noch den Wettbewerbern, also schränkt man die APIs sukzessive ein. Es wird eine Balance zwischen Offenheit und Monetarisierungsmöglichkeit gesucht, während die Investoren im Nacken sitzen: Wann kommt der Break-even, der Exit oder Börsengang?

Phase 4: Extraktion

Die Extraktionsphase beginnt, wenn das Wachstum ein Plateau erreicht. Der Elan und der Idealismus sind aufgebraucht. Ist man in der letzten Phase pragmatisch geworden, so wird man in dieser gierig. Das Ende ist abzusehen, besser wird's nicht mehr, also nimmt man mit, was geht. Am besten engagiert man dazu eine passend zynische Geschäftsführung, die nichts im Sinn hat außer dem Shareholder Value.

Die hegemoniale Stellung ist noch vorhanden, wenn auch das Wachstum langsam, aber sicher gegen null tendiert. Außer Geld gibt es eigentlich nichts mehr zu gewinnen und vor allem keine Welt mehr zu verbessern. Statt des Produkts wird nun dessen Monetarisierbarkeit optimiert. Dabei wird zu allen psychologischen Tricks gegriffen, alle Daten werden gesammelt und verwendet, alles konzentriert sich darauf, noch den letzten Euro aus dem Graphen zu pressen. Kein Nutzen darf mehr unmonetarisiert nach außen dringen. Die Opportunitätsprämie wird nun als Lösegeld voll abgeschöpft.

Spätestens hier kippt das Verhältnis von Offenheit und Geschlossenheit hin zu Letzterer. Was sich dichtmachen lässt, wird dichtgemacht. Den Nutzer*innen macht man es so schwer wie möglich, die Plattform zu verlassen. Die beginnen jedoch ihrerseits zu fliehen oder die Plattform nach und nach zu meiden. Am Ende der Phase setzt eine Schrumpfung ein, während die Umsätze aber weiter wachsen.

Phase 5: Niedergang

Der Schrumpfungsprozess geht zunächst schnell (Netzwerkeffekte haben einen Rückwärtsgang: Je weniger los ist, desto uninteressanter wird die Plattform), dann flacht er aber wieder ab. In der langen Phase des Niedergangs schrumpft beides: die Nutzung und die Umsätze, jedoch beides nicht auf null. Jetzt ist die Plattform nicht einmal mehr als Cashcow interessant. Die Investoren wenden sich ab, die Verwalter kommen. Solange die Plattform noch Gewinne abwirft, wird sie natürlich weiterbetrieben, aber im Grunde arbeitet man nur noch an der Kostenoptimierung. Aus dem Lösegeld wird

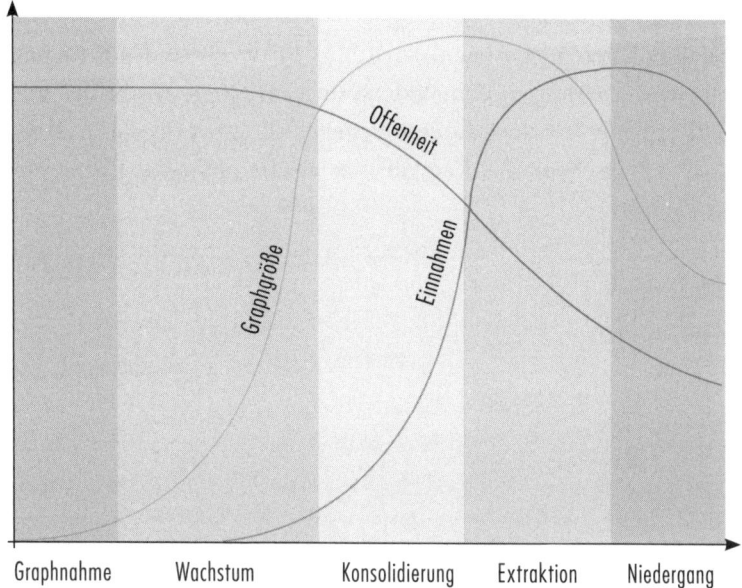

| Graphnahme | Wachstum | Konsolidierung | Extraktion | Niedergang |

Abb. 7: Phasen einer Plattform

nun eine Rente. Eine Rente, die zwar tendenziell schrumpft, der aber auch immer weniger Kosten gegenüberstehen.

Nach der ersten Fluchtwelle findet sich immer ein Rest von Leuten, die der Plattform aus unterschiedlichsten Gründen die Treue halten – und die können im Zweifel sehr lange durchhalten. Das Nutzer*innenerlebnis ist auch gar nicht mehr so schlimm wie in der Extraktionsphase. Der Druck, aus allem Geld herauszupressen, ist nicht mehr überall spürbar. Dagegen laufen die Prozesse recht reibungslos, die Abläufe sind eingespielt, die Technik solide, es gibt nur noch selten Veränderungen. Die letzte Phase kann unter Umständen die längste sein, länger als alle vorherigen zusammengenommen. Die wenigsten wissen, dass Myspace, Flickr und sogar Second Life noch existieren.

Diese fünf Phasen sind bei der einen Plattform stärker ausgeprägt als bei der anderen, die Amplituden bei der einen höher oder niedriger, die zeitliche Dehnung zieht sich über Jahre oder manchmal über Jahrzehnte. Aber alle Plattformen, die durch den Kommerzialisierungszwang in den Widerspruch zwischen Wachstum und Geldverdienen geraten, durchschreiten sie notgedrungen. Es ist das Abschiedsgeschenk des Kapitalismus an die politische Ökonomie der Plattformen.

Epilog

Als am 31. Januar 2008 Fredrik Neij, Gottfrid Svartholm und Peter Sunde – die drei Gründer der populären BitTorrent-Suchmaschine »The Pirate Bay«, auch TPB genannt – angeklagt werden, glaubt die Rechteindustrie, einen entscheidenden Schlag gegen das Filesharing im Internet gelandet zu haben. Doch nicht nur gelingt es ihr nicht, die Website vom Netz zu nehmen – der Prozess selbst wird eine ganze Menge Folgeereignisse auslösen, die pfadentscheidend dafür sind, wie wir heute Musik hören.

Im Gegensatz zu Napster organisiert The Pirate Bay nicht die P2P-Verbindungen zwischen den Filesharern, sondern liefert nur eine Suche nach sogenannten »Magnet-Links«. Das sind kleine Dateien, die als eine Art Identifikationsmarker für die eigentlichen Dateien fungieren. Die Software kann über den Magnet-Link andere Computer im Netzwerk aufspüren, die die Datei ebenfalls haben, und eröffnet parallele Downloads aus den vielen gefundenen Quellen.

Da dieser ganze Prozess aber jenseits der Infrastruktur von The Pirate Bay geschieht, hat der Dienst im Gegensatz zu Napster keine Möglichkeit, in die Übertragung einzugreifen. Aus diesem Grund ist es auch schwieriger, ihn für die Rechtsbrüche zur Verantwortung zu ziehen. Wie Google über das Web verfügt The Pirate Bay lediglich über das populärste Query-Regime der ansonsten völlig dezentralen Protokollplattform BitTorrent. Dennoch wurden die TPB-Gründer 2009 wegen Beihilfe zu Urheberrechtsverletzungen zu einem Jahr Gefängnis verurteilt.

Wie Napster bedeutet The Pirate Bay einen Kulminationspunkt für den Kontrollverlust über Daten im Internet auf der einen und für den Aufstieg der Plattformmacht auf der anderen Seite. Doch The Pirate Bay positioniert sich von Anfang an politischer, als es Napster je getan hat. Die Website wurde 2003 von Aktivist*innen des schwedischen »Piratenbüros« (schwedisch: »Piratbyrån«) in Stockholm gegründet, einem Think Tank, der sich für den freien Zugang zu Informationen einsetzt und in Gegnerschaft zum Konzept des geistiges Eigentums entstanden ist. Von Anfang an löste The Pirate Bay weitläufige Diskussionen aus, die weit über Schweden hinausgingen. Inspiriert von diesen Ideen gründet der Schwede Rickard Falkvinge im Januar 2006 die schwedische Piratenpartei, die bald eine internationale Bewegung werden sollte und bis heute zum Beispiel Abgeordnete im Europaparlament stellt. Der Prozess gegen die Gründer von The Pirate Bay war die eigentliche Initialzündung der Partei, die in den Wochen der Verhandlung ihre Mitgliederzahlen verdreifachte.[1]

Derweil beschränkte sich The Pirate Bay nicht auf Musik, sondern machte alle möglichen Dateien zugänglich. Nach der Musikbranche war es die Software-, dann die Filmbranche, deren Daten ungehindert auf die Computer der Menschen flossen. Es war die Zeit des digitalen Kontrollverlusts, der weit über The Pirate Bay und die Zugänglichmachung von Immaterialgütern hinausging. So wurde das ebenfalls 2006 gegründete Wikileaks von vielen als das Pirate Bay für politische Geheimdokumente bezeichnet[2] und sogar von der NSA in diese Tradition gestellt.[3] Auf einmal waren Unternehmen, Banken und ganze Staaten vom Kontrollverlust betroffen. Wikileaks inspirierte wiederum Edward Snowden, der 2013 Dokumente über geheime Programme der westlichen Geheimdienste öffentlich machte. Leaken wurde zum Massensport. Cable Leaks, Strafor Leaks, Panama Papers, Swiss Leaks, Luxemburg Leaks, Syria Files, Offshore Leaks, Football Leaks, überall tropfte es, und die Leaks wurden bejubelt, solange es der Wahrheitsfindung diente.

Seine Unschuld verlor das Leaken spätestens, als es im Werkzeugkasten der Geheimdienste landete. Die von russischen Agenten gehackten und dann geleakten E-Mails der Demokratischen Partei der USA sowie die des Kampagnenmanagers von Hillary Clinton zeigten 2016, dass es der Öffentlichkeit beim Leaken gar nicht mehr um die Inhalte, sondern um das Ereignis selbst geht. Obwohl die E-Mails selbst kaum brisante Informationen enthielten, stellten sich allein die ständigen Schlagzeilen um »Hillary Clintons E-Mails« als mit wahlentscheidend heraus.[4] Der Moment, an dem der Kontrollverlust zum Instrument der Kontrolle wird, markiert einen historischen Umschlagpunkt.

Ich habe diese Phase nach dem Kontrollverlust »Das Neue Spiel« genannt, denn schon 2014 schien mir, dass wir an der Schwelle von etwas Neuem stehen. In der Phase des Kontrollverlusts hatten wir gelernt, was alles nicht mehr funktioniert. Im Neuen Spiel arbeiten wir wieder mit ersten stabilen Formen und tragfähigen Strategien, die sich in der veränderten Umwelt als stabil erwiesen. Die Instrumentalisierung des Offenheits- und Informationsfreiheitsdiskurses und seiner Praktiken ist eine dieser neuen Strategien.

Ein anderer ist der Aufstieg der Plattformen, insbesondere der Diensteplattformen. Die mit dem Prozess einhergehende Diskussion um das Thema Filesharing erhöhte erneut den Druck auf die Musikbranche, legale Alternativen im Internet verfügbar zu machen, statt weiterhin auf staatliche Repression zu setzen. Dabei wurde immer wieder auf das gerade ebenfalls in Schweden gestartete Spotify als mögliches Modell verwiesen.[5] Diensteplattformen füllen also das Kontrollvakuum, das sich in allen Gesellschaftsbereichen ergeben hat. iTunes und Spotify sollen legale Musikangebote, YouTube und Netflix legale Videoangebote machen.

Wie Filme und Songs verlagert sich auch Software zunehmend in die Cloud, wo sie nicht mehr so leicht kopiert werden kann. Durch den massiven Einsatz von Verschlüsselungstechnologie erhöhten Google, Microsoft und Apple nach Snowden überall die Sicherheitsstandards für Internetübertragungen und die Speicherung auf Datenträgern. Regierungen ziehen ihre digitalen Infrastrukturen in die Rechenzentren von Amazon und Google um, weil sie dort besser geschützt sind. Facebook und Twitter werden nunmehr als neue Wächter der Demokratie mit der Aufgabe betraut, Falschinformationen und Hasskampagnen aktiv zu unterbinden – nicht nur im Umfeld von Wahlen.

Die Macht der Plattformen ist eine Tatsache, der sich niemand entziehen kann. Viele Theorien dazu erklären sie kurzerhand durch sinistre Aktivitäten auf der Hinterbühne, wo Plattformen große Mengen privater Daten geschickt anzapfen und auswerten, um die Massen zu manipulieren.[6] Das ergibt dann immer spannende Geschichten zum Gruseln, die aber wenig erklären.

Die Wahrheit ist viel einfacher: Plattformen schaffen attraktive Verbindungen, die sie anschließend besitzen. Das Dilemma für die Zivilgesellschaft bezüglich der Plattformmacht besteht darin, dass sie aus derselben Mechanik resultiert, die Plattformen erst attraktiv macht. Viele Verbindungen, schnelle Verbindungen, bequeme Verbindungen, sichere Verbindungen, informative Verbindungen, unterhaltsame Verbindungen, nützliche Verbindungen und kontrollierte Verbindungen sind sowohl der Grund dafür, warum wir Plattformen nutzen, als auch die Basis all ihrer politischen und gesellschaftlichen Macht und ihrer Geschäftsmodelle.

Plattformen sind zu Institutionen digitaler Herrschaft geworden. Sie verkaufen unknappe Güter, schützen kopierbare Daten, ordnen das Chaos, regulieren die Datenflüsse, Märkte und die freie Rede. Wir leben in der paradoxen Situation, dass Plattformen ständig aufgefordert werden, mehr Verantwortung für gesellschaftliche Prozesse zu übernehmen, während gleichzeitig ihre wachsende Macht beklagt wird. Bei genauerem Hinsehen löst sich dieses Paradox auf: Plattformen sind sowohl Teil des Kontrollverlusts als auch die Antwort darauf. Diese Doppelrolle macht sie zu Strukturtransformatoren, die vorne die alte Ordnung einsaugen und sie als plattformisierte Variante hinten wieder ausspeien.

Es wäre naiv zu glauben, dass im Neuen Spiel der Kontrollverlust aufhört. Im Gegenteil, er intensiviert sich durch seine Instrumentalisierbarkeit, allerdings auf einer neuen Ebene, zu einem Kontrollverlust zweiter Ordnung. Im Neuen Spiel wird alles nur noch schlimmer, weil die neuen Kontrollmöglichkeiten sich vor allem als längere Hebel herausstellen, mit denen Einzelne noch mehr Chaos anrichten können. Und für all die Probleme, die Plattformen verursachen, werden wieder nur Plattformen Möglichkeiten der Einhegung finden.

Plattformen sind dreierlei: universelles Prinzip, historisch kontingente Form und Lösung für Probleme, die durch sie entstehen. Immer wird eine erwartete Vorauswahl potentieller Verbindungen unerwartete konkrete Verbindungen wahrscheinlich machen, die dann die Ebene der neuen Erwarungserwartung bilden, auf der wir neue Kontrollverluste erleben.

In diesem letzten Kapitel will ich zunächst eine abschließende Zusammenfassung der Theorie der Plattformmacht bieten. Doch statt einer abstrakten Beschreibung will ich in einer konkreten Anwendung der Plattformanalyse die Nützlichkeit der vorgestellten Instrumente demonstrieren. Des Weiteren werde ich mit zehn Prognosen einen spekulativen Ausblick wagen, wie es mit den Plattformen kurz-, mittel- und langfristig weitergehen wird. Zuletzt möchte ich Wege aufzeigen, wie die Zivilgesellschaft, die Politik, der Staat und jede*r Einzelne die Erkenntnisse dieses Buches produktiv machen können. Zum einen schlage ich konkrete Schritte vor, Plattformmacht einzuhegen und zu demokratisieren, zum anderen aber auch, Plattformmacht zum Wohle der Welt und der Menschheit einzusetzen.

Die Plattformanalyse: Spotify

»Von Anfang an war unsere Vision, einen legalen Musikservice anzubieten, der besser als die Piratenseiten ist und der Nutzer*innen einen Gratiszugang zur gesamten Musik auf der Welt bietet«, erklärte Daniel Ek 2009 in einem Interview.[7] Drei Jahre zuvor hatte er Spotify gemeinsam mit Martin Lorentzon in Stockholm gegründet. Zunächst bot das Unternehmen, dem damaligen Zeitgeist entsprechend, eine

P2P-Filesharing-Software für Daten aller Art an. Doch schon früh suchten die Gründer den Kontakt zur Rechteverwertungsindustrie, um einen legalen Service zu ermöglichen.

Der Launch der Software war zunächst begrenzt auf eine handverlesene Auswahl von Tester*innen, die damit privat Musikdateien untereinander tauschten, die sie selbst oft illegal erworben hatten – nicht viel anders als bei Napster also. Als Spotify 2008 dann offiziell startete, hatte das Unternehmen bereits Verträge mit den wichtigsten Musikverlagen. 2011 erfolgte der Launch in den USA und in vielen anderen Ländern, und so wurde Spotify zum zwischenzeitlich weltweit größten Musikstreaming-Anbieter.[8] Damit ist Spotify der legitime Erbe des Musikgraphen und Nachfolger des iTunes Stores.

All das macht Spotify zum lohnenden Studienobjekt der Plattformanalyse. Die Plattformanalyse wendet das bisher entwickelte Theorieinstrumentarium zur Plattformmacht auf konkrete Plattformen an, um sie genauer zu verstehen, sie anhand ihrer Kontrollregimes, Graphen, ihrer Kontexte und Infrastrukturen, ihrer internen Verweisungen und ihrer politischen wie wirtschaftlichen Abhängigkeiten und Ausprägungen zu durchmessen.

Bestimmung

Am Anfang jeder Plattformanalyse steht die Bestimmung. Handelt es sich überhaupt um eine Plattform und wenn ja, warum? Dazu müssen sich die zwei Ebenen feststellen lassen, die eine Plattform ausmachen: die erwartete Vorselektion potentieller und die unerwartete Selektion konkreter Verbindungen. Dabei soll auch bestimmt werden, um welchen Plattformtyp es sich handelt: Hat die Plattform Level-I- und/oder Level-II-Kontrolle und qualifiziert sie sich damit als Schnittstellen-, Protokoll- oder Diensteplattform?

Spotify kombiniert – ähnlich wie schon Napster – den Musikgraphen als Selektion potentieller Verbindungen mit dem Graphen ihrer musikhörenden Nutzer*innen. Auch die technischen Infrastrukturen, Schnittstellen und Algorithmen gehören zu den erwarteten Vorselektionen potentieller Verbindungen. Gemeinsam bilden sie die Ebene I der Plattform. Das Interagieren zwischen Musik und Nutzer*innen (Hören, Liken, Teilen, Playlists erstellen) sind die unerwarteten Selektionen konkreter Verbindungen, also Ebene II. Man könnte hier kritisch anmerken, dass durch die strikte Kontrolle der Vorselektion (es ist nicht so leicht, Musik einzustellen) die Selektionen konkreter Verbindungen weniger unerwartet sind, es also nicht viel Raum für Generativität gibt, und dass das den Plattformstatus von Spotify zumindest einschränkt. Davon abgesehen hat Spotify als typische Diensteplattform aber volle Level-I- und Level-II-Kontrolle.

Infrastrukturanalyse

Wenn man eine Plattform vor sich hat, ist es sinnvoll, zunächst ihre Existenzbedingungen zu analysieren. Welche Infrastruktur – also welche bereits gelösten Koordinationsprobleme – machen die vorliegende Plattform überhaupt erst möglich? Die Infrastrukturanalyse ist die Analyse des vertikalen Kontextes der Plattform. Dabei kommen ihre vor- und nachgelagerten Technologien, Institutionen und Graphen zur Sprache. Die Infrastrukturanalyse soll wechselseitige Abhängigkeiten aufdecken und kann pfadabhängige Besonderheiten der Plattform herausarbeiten. Man kann eine Plattform nicht ohne ihre Infrastruktur verstehen.

Die Infrastruktur von Spotify ist in vielerlei Hinsicht interessant. Wie bereits gesagt, basierte der Dienst technisch gesehen lange Zeit auf einer eigens entwickelten P2P-Software. Diese Software erlaubte, ganz ähnlich wie Napster, Dateien zwischen Nutzer*innen-Rechnern zu verteilen. Allerdings sollten – anders als bei Napster – die Nutzer*innen selbst davon gar nichts mitbekommen. Das Filesharing war genau genommen nicht für sie gedacht, sondern arbeitete im Auftrag von Spotifys Datenlogistik.

Wann immer man als Nutzer*in im Interface den Play-Button eines bestimmten Liedes drückte, passierten mehrere Dinge gleichzeitig: Der Song wurde beim Spotify-Server und im P2P-Netzwerk angefragt, und es wurde nachgeschaut, ob man ihn bereits auf dem eigenen Rechner vorliegen hatte. Das kann deshalb der Fall sein, weil bereits gestreamte Inhalte für einige Zeit versteckt auf der Festplatte der Nutzer*innen verbleiben. Haben Nutzer*innen das Lied schon mal gestreamt, spielt Spotify es einfach noch mal direkt von deren Rechner ab. Haben sie es noch nicht gespielt, wird es aus dem Peer-to-Peer-Netzwerk geladen oder – als letzte Option – eben vom Server. Auf diese Weise sparte Spotify zunächst enorm viel Server- und Datenleitungskapazitäten. In der Hochzeit dieses Infrastrukturparadigmas wurden nur zehn Prozent der gespielten Songs vom Server geladen, 35 Prozent aus dem Peer-to-Peer-Netzwerk und ganze 55 Prozent vom jeweiligen eigenen Computer.[9] Ab 2012 gab das Unternehmen den Ansatz allerdings auf, da es genug Mittel zur Verfügung hatte, um eigene Rechenzentren zu betreiben. Es investierte in 12 000 Server in vier Rechenzentren, in Stockholm, London, Ashburn und San José.[10] Aber auch dieser Ansatz hielt nicht lange vor, und seit einiger Zeit wird Spotify komplett von Google-Servern aus betrieben.

Es ist zudem interessant, dass Spotify sehr stark auf Open-Source-Software basiert. So nutzt der Dienst nach eigenen Aussagen bis zu 300 Open-Source-Projekte,[11] und alle Dateien sind bis heute im Open-Source-Kompressionsformat OGG Vorbis gespeichert, einer freien Alternative zu MP3.[12]

Da Spotify eigene Client-Software veröffentlicht, ist es vertikal abhängig von den jeweiligen Betriebssystemherstellern. Das ist auf Apples OSX und Microsoft Windows weniger problematisch als bei iOS und Android, die durch die App-/Play-Stores viel eher Politiken des Flaschenhalses gegen Spotify einsetzen können. Tatsächlich befindet sich Spotify zumindest mit Apple in Auseinandersetzungen um die App-Store-Geschäftsbedingungen, und das, während der Konzern gerade mit Apple Music ein direktes Konkurrenzprodukt zu etablieren versucht.[13]

Ein weiteres interessantes Infrastrukturdetail ist institutioneller Natur: Spezialisierte Unternehmen – sogenannte Aggregatoren – agieren wie früher Plattenlabels als Gatekeeper, allerdings zwischen Musiker*innen und Spotify. Da es als Künstlerin nicht ohne Weiteres möglich ist, die eigene Musik selbst bei Spotify einzureichen, muss man über solche Aggregatoren gehen, die Künstler*innen für eine Gebühr bzw. Umsatzbeteiligung und unter der Voraussetzung, dass man – höchst unterschiedliche – Qualitätsstandards erfüllt, in den eigenen Katalog aufnehmen und so bei Spotify unterbringen.[14] Sie stehen als institutionelle Infrastruktur quasi neben den großen Labels, die ihren Katalog ebenfalls Spotify zugänglich machen, wenn auch zu völlig anderen Konditionen.

Das wichtigste Infrastrukturelement sind sicherlich die Lizenzen mit den Labels. Ohne den Zugang zur Musik ist Spotify nichts. Hier offenbart sich eine noch intensivere Abhängigkeit als zu den Betriebssystemherstellern. Aber dazu später mehr.

Regimeanalyse

Zu jeder Plattformanalyse gehört eine Regimeanalyse. Es geht darum, die vorhandenen Kontrollregimes einer Plattform zu identifizieren und ihre Besonderheiten herauszuarbeiten. Unter Umständen ist es sinnvoll, ihre Funktionsweise technisch genauer unter die Lupe zu nehmen.

Wie für Diensteplattformen üblich stehen Spotify alle sechs Kontrollregimes zur Verfügung.
- Das *Infrastrukturregime* ist bereits in der Infrastrukturanalyse hinreichend beschrieben worden.
- Bei seinem US-Start 2011 verzichtete Spotify auf ein autonomes *Zugangsregime*, indem es die Single-Sign-On-Lösung von Facebook – Facebook Connect – als einzig mögliche Registrierungsmethode anbot. Single-Sign-On bedeutet, dass die Nutzer*innen den Account des anderen Dienstes auch für den Zieldienst nutzen können. Das erleichtert zwar einerseits den Einstieg für

viele, weil es den Registrierungsprozess verkürzt, stellt aber auch eine Vorselektion der Nutzer*innen dar. Ohne Facebook-Konto bekam man keinen Zugang. Das heißt nicht, dass Spotify seine Zugangskontrolle voll an Facebook abgab, aber Facebook kann dann durch Sperren von Accounts den Betroffenen auch den Spotify-Zugang entziehen. Mittlerweile kann man sich sowohl direkt als auch über Facebook anmelden.

- Von besonderer Bedeutung ist das *Query-Regime*. Gerade weil Spotify viel Konkurrenz hat, gehören die Empfehlungsalgorithmen zu den wichtigsten Unterscheidungsmerkmalen, und in ihre Optimierung werden viele Ressourcen gesteckt.[15] So kaufte Spotify 2012 das Start-up Songza, das einen Algorithmus zur Optimierung der Musikauswahl für bestimmte Stimmungen entwickelt hat, und 2014 das Unternehmen Echo Nest, das ebenfalls Musikanalyse-Algorithmen anbot.[16]

- Das *Interface-Regime* ist im ständigen Wandel, hat sich aber vor allem von einem suchorientierten (lean forward) Ansatz zu einem eher passiven Berieselungsansatz (lean back) entwickelt. Während Spotify früher darauf angelegt war, dass Nutzer*innen aktiv mit dem Interface interagieren, um neue Musik zu entdecken, schlägt der Dienst nun vermehrt von sich aus neue Songs vor und spielt sie automatisch ab.

- Das *Verbindungsregime* erlaubt über das Streaming-Paradigma Eingriffe in die Interaktionen in Echtzeit, wie wir es auch von Netflix kennen. In der Zeit der P2P-Infrastruktur war das deswegen von Vorteil, weil man so die Distribution im Hintergrund optimieren konnte. Nun hilft der Streaming-Ansatz vor allem, illegale Kopiervorgänge zu erschweren.

- Dem *Graphregime* – also der Metaanalyse der konkret stattfindenden Interaktionen – kommt eine große Bedeutung zu, denn es liefert mit die wichtigsten Anhaltspunkte zur Optimierung und Personalisierung des Empfehlungsalgorithmus. Auch Werbetreibende nutzen die Daten, um ihre Werbung auf Spotify auszusteuern.

Graphanalyse und Netzwerkmacht

Einer der wichtigsten und wahrscheinlich ebenso schwierigsten wie umfangreichsten Bausteine der Plattformanalyse ist die Graphanalyse. Sie sollte am besten mit einer historischen Beschreibung der Graphnahme beginnen. Welcher Graph wurde genau anvisiert, wie umfassend wurde er erobert, oder ist er nach wie vor umkämpft? Sofern Letzteres der Fall ist, analysiert man hier auch schon das Feld der Kontrahent*innen und ihrer Strategien. Als Nächstes schaut man sich die Netzwerkmacht an, die dem Graphen zu eigen ist. Wie wirken die Netzwerkeffekte, direkt oder indirekt? Liegen Anzeichen für negative Netzwerkeffekte vor? Welches Wachstumspotential gibt es, was sind die anliegenden, die vor- und nachgelagerten oder übergeordneten, globaleren Graphen? An dieser Stelle kann man bereits allgemeine Aussagen über die Plattformmacht treffen, speziell über die Infrastrukturhegemonie und Plattformsouveränität.

Auf den ersten Blick scheint die Graphnahme von Spotify einer Mischung aus der von Napster und der von iTunes zu gleichen. Als Spotify 2008 parallel zum Prozess gegen The Pirate Bay offiziell startet, geht davon ein Handlungsdruck auf die Musikindustrie aus, der dem Napster-Schock nicht unähnlich ist. Und wie seinerzeit Apple scheint auch Spotify davon zu profitieren: Die inzwischen von fünf auf drei zusammengeschrumpften großen Musiklabels – Universal Music Group, Sony BMG, Warner Music Group – willigen überraschend schnell ein, ihre Kataloge für den Streaming-Dienst zu öffnen.

Mit einem kostenlosen werbefinanzierten bzw. einem optionalen Abomodell ohne Werbung – in dieser Kombination auch »Freemium« genannt – steht fortan allen der Zugang zum vollen Musikgraphen offen. So erobert Spotify schnell den schwedischen und bald den internationalen Streaming-Markt und läuft dem iTunes Store in Sachen Nutzung den Rang ab. 2015 sind die Einnahmen der Musikindustrie durch Streaming das erste Mal größer als durch Downloads.[17] 2019 stellt Apple iTunes ein und startet mit Apple Music einen eigenen Musikstreaming-Dienst.[18]

Doch der Schein trügt. Spotifys Graphnahme war keine. Die Verhandlungen mit den Labels liefen in Wirklichkeit bereits seit zweieinhalb Jahren im Hintergrund, und als schließlich die Zusage kam, hatten die Labels auch anderen Streaming-Angeboten vergleichbare Lizenzdeals zugesichert.[19] Mit anderen Worten: Die Vorgehensweise der Labels war von langer Hand koordiniert und der Zugriff auf den Musikgraphen für Spotify alles andere als exklusiv. Das versetzte die Verlage in eine völlig andere Verhandlungsposition als die, die sie gegenüber Apple hatten, und so verlangten sie von Spotify neben dem Löwenanteil der Einkünfte auch gleich 17,3 Prozent Anteile am Unternehmen selbst.[20]

Universal, Sony und Warner haben aus dem Napster-Schock und der anschließenden iTunes-Graphnahme gelernt. Sie verstanden, wie sie die Abhängigkeit der Plattformen vom eigenen Katalog als Hebel einsetzen können – wenn sie sich nur koordinieren.[21] Heute gibt es neben den illegalen Tauschbörsen eine ganze Reihe von Wettbewerbern wie Tidal, Pandora, Deezer und Soundcloud. Sogar ein Dienst unter dem alten Napster-Markennamen zählt dazu. Aber es sind vor allem die großen Player wie Amazon, Apple und Google, die mit je eigenen Streaming-Angeboten Spotify unter Druck setzen.

Doch sie alle haben mehr oder minder Zugriff auf denselben Musikkatalog und unterscheiden sich auch preislich nur wenig. Die Hauptdifferenz besteht in Zusatzangeboten, Kooperationen und der Qualität oder dem Ansatz der Empfehlungsalgorithmen. Spotify ist zwar immer noch der erfolgreichste Dienst und hat eine gewisse Plattformhegemonie, aber keine echte Plattformsouveränität über den Musikgraphen.

Das sind keine guten Ausgangsbedingungen für Spotifys Netzwerkmacht. Allgemein wirken bei dem Dienst indirekte Netzwerkeffekte zwischen den Hörer*innen auf der ersten, Musiker*innen auf der zweiten und den Werbetreibenden auf der dritten Seite. Die Hörer*innen wollen und bekommen Zugriff auf den Musikgraphen, während Musiker*innen bzw. ihre Labels sowie die Werbetreibenden Anschluss an Spotifys 345 Millionen Hörer*innen suchen.[22]

Zwar hat Spotify derzeit mehr Hörer*innen als alle anderen westlichen Streaming-Anbieter, was viele Künstler*innen auf die Plattform zieht oder sie dort hält. Doch die breite Konkurrenz macht die Plattform zunehmend auch für Künstler*innen austauschbar. Spotify sucht sein Heil derweil bei Podcasts, wo es unter anderem durch Eigenproduktionen versucht, einen exklusiven Graphen zu okkupieren. Dazu später mehr.

Da ein Großteil der User*innen wiederum auch nur über Facebook Connect angemeldet ist, stellt sich Spotifys Graph auch auf dieser Seite als schnell substituierbar heraus. Die Allgegenwart der Single-Sign-On-Möglichkeiten (auch Apple bietet nun eine an) senkt bei allen Diensten die Barrieren und reduziert damit den Lock-in der Nutzer*innen.

Zwischenfazit: Spotifys Plattformmacht ist durch die Nutzer*innenbasis derzeit sicherlich noch die größte unter den westlichen Streaming-Anbietern, jedoch ist sie alles andere als robust. Im Gegenteil: Um Spotify zu verstehen, muss man sich vor allem mit dem Musikkartell beschäftigen, das als Kollektivakteur der eigentliche Graphbesitzer im Hintergrund ist. Spotify ist voll auf dessen rechtebasiertes Zugangsregime angewiesen, während es mit starkem Konkurrenzdruck und Verdrängungsangriffen der großen Plattformen zu kämpfen hat.

Politische Analyse

Die politische Analyse ist optional und verbleibt eher anekdotisch, beschreibt sie doch mehr die Effekte der Plattformmacht als ihre Struktur. Plattformpolitik hat nicht für alle Plattformen denselben Stellenwert und ist in ihrer Ausprägung oft sehr ereignishaft. Dennoch können sich hier viele Hinweise für Interessen und Abhängigkeiten finden, die unter Umständen Rückschlüsse auf die Plattformmacht und ihren Einsatz ermöglichen. So gut wie jede Diensteplattform wird beispielsweise von der Phase der Konsolidierung an eine Netzinnenpolitik ausprägen, da ab einer bestimmten Größe immer mit irgendeiner Form von Missbrauch und negativen Netzwerkeffekten zu rechnen ist. Ist eine bestimmte Relevanz und Netzwerkmacht erreicht, wird auch die Netzaußenpolitik unumgänglich, da die Plattform anderen mächtigen Entitäten antworten muss. Eher in Ausnahmefällen kommt es zur Ausprägung einer dezidierten Netzsicherheitspolitik, vor allem dann, wenn die Plattform auf die eine oder andere Weise zur kritischen Infrastruktur der Gesellschaft wird. Es sind auch andere Politikressorts denkbar, wie Infrastrukturpolitik oder Datenpolitik.

Auch Spotify betreibt natürlich eine Netzinnenpolitik. Es hat AGBs und andere Nutzungsvereinbarungen, und wenn die Nutzer*innen dagegen verstoßen, werden sie sanktioniert. Die meisten Nutzer*innen sind jedoch passive Hörer*innen, deshalb stehen dabei eher Betrugsversuche aufseiten der Künstler*innen im Vordergrund. Da Künstler*innen pro Abspielereignis Geld bekommen, versuchen einzelne Akteure immer wieder, durch das Fälschen von Abspielereignissen oder das Provozieren unabsichtlicher Abspielereignisse Geld aus der Plattform auszuleiten. Einem Nutzer namens Matt Farley gelang es 2013, etwa 23 000 US-Dollar auf Spotify zu verdienen, indem er unter insgesamt 60 Pseudonymen ca. 14 000 Songs veröffentlichte, die durch Namensähnlichkeit mit populären Suchbegriffen immer mal wieder Abspielereignisse generierten.[23]

Spotify vollzieht auch inhaltliche Regulierungen, allerdings verfolgt es dabei einen ähnlich unentschlossenen Schlingerkurs, wie er auch bei anderen Plattformen häufig zu finden ist. So gab die Plattform 2017 bekannt, gegen Songs mit neonazistischen Inhalten vorzugehen. Ein Jahr später nahm Spotify die Musik von R. Kelly aus dem Programm, nachdem die Missbrauchsvorwürfe vieler Opfer des Sängers große mediale Aufmerksamkeit bekommen hatten, machte diesen Schritt wieder rückgängig mit der Begründung, man sehe sich nicht in der Verantwortung, »Künstler zu regulieren«.[24]

Der kurzzeitige Rückzug der Sängerin Taylor Swift von Spotify im Jahr 2014 ist der wohl bekannteste Fall eines Arbeitskampfes gegen das Unternehmen. Swift wollte gegen die Geschäftspraxis protestieren, ihre Songs auch kostenlos (gegen Werbeeinspielung) zugänglich zu machen. Ihre Aktion war allerdings wenig wirkungsvoll, und so kehrte sie 2017 mit ihrem Werk zurück auf die Plattform. Die Wirkungslosigkeit ist leicht zu erklären: Auch wenn Swift als populäre Künstlerin über eine gewisse Killer-App-Hegemonie verfügt, wäre es notwendig gewesen, sich mit anderen zu verbünden. Dann hätte sie nicht nur mehr Hebelwirkung gehabt, sondern auch die Gelegenheit, die Probleme bei Spotify breiter zu adressieren. Schließlich klagen andere Künstler*innen schon lange über die geringen Einnahmen, die ihnen der Dienst beschert: Bei gerade einmal einem halben Cent pro Abspielereignis kommt für viele von ihnen nicht mal eine Aufwandsentschädigung zusammen, während Taylor Swift damit trotzdem noch einige Millionen Dollar generiert.

Swift kann sich bei Spotify selbst abschauen, wie man gemeinsam mit anderen für seine Ziele kämpft. Dessen heftigste netzaußenpolitische Auseinandersetzung findet seit 2020 mit Apple statt. Spotify hat sich unter anderem mit Epic Games, ProtonMail und Basecamp in der »Coalition for App Fairness« organisiert, die Apple unlauteren Wettbewerb vorwirft. Zusätzlich hat Spotify eine Kartellbeschwerde bei der Europäischen Kommission eingereicht.[25]

Netzaußenpolitik betreibt das Unternehmen schon länger auch gegenüber der institutionellen Politik. 2016 startete Spotify zusammen mit Unterstützer*innen, Politiker*innen und Unternehmen die Netzkampagne »Unterstützt Spotify« (schwedisch #backaspotify).[26] Es ging allgemein um ein besseres Klima für Unternehmen in Schweden, und da Spotify eines der wenigen europäischen »Unicorns« ist – so werden Start-ups mit einer Unternehmensbewertung jenseits einer Milliarde US-Dollar genannt –, stand es als Inbegriff unternehmerischen Erfolges im Mittelpunkt. Spotify war von Anfang an nicht nur ein Unternehmen, sondern gerade auch politisches Symbol der schwedischen Wirtschaft.

Ökonomische Analyse

Die Beschreibung der politischen Ökonomie der Plattform ist in gewisser Hinsicht der Höhepunkt der Plattformanalyse. Kern der Untersuchung sind die Mechanismen der marktfähigen Verfügungsgewalt und ihre Übersetzung in ein je spezifisches Geschäftsmodell. Eine Leitunterscheidung ist dabei die zwischen rechte- und zugangsbasierter marktfähiger Verfügungsgewalt. Des Weiteren kann untersucht werden, welche Opportunitätsprämien hier generiert und abgeschöpft werden. Einer der wichtigsten Indikatoren für Plattformmacht ist die Preissetzungsgewalt, und die Höhe der Preise gibt Hinweise auf ihre Stärke.

Spätestens hier entzaubert sich Spotify. Zwar verfügt es durch seine Kontrollregimes theoretisch über eine zugangsbasierte marktfähige Verfügungsgewalt, aber deren Kontrolle des Musikgraphen bleibt schlicht unsouverän, da Spotify durch die viele Konkurrenz nicht in der Lage ist, Menschen davon auszuschließen. Der Preis, den der Dienst abruft, ist folgerichtig mehr oder weniger derselbe, den auch die Konkurrenz für ein vergleichbares Angebot nimmt. Hier zeigt sich: Eigentlicher Preisgestalter ist das Kartell der Musikverlage. Zwar konnte Spotify in der Vergangenheit immer mal wieder sein Freemium-Modell gegen Widerstände der Verlage (und Taylor Swifts) durchsetzen, dennoch merkt man deutlich, dass Spotify keine echte Preissetzungsgewalt ausübt.

Die Autor*innen der Studie *Spotify Teardown* nennen den Erfolg des Unternehmens deswegen »überraschend prekär«.[27] Spotifys Geschäftsmodell besteht darin, einer unter vielen Kanälen zum allgemeinen Musikkatalog zu sein, wobei es sich gegenüber den anderen vor allem dadurch auszeichnet, in besonders viele Kooperationen eingebunden und überall verfügbar zu sein sowie einen guten Empfehlungsalgorithmus zu haben. Das funktioniert leidlich zum Geldverdienen, eine ausbeutbare Machtbasis ist es jedoch nicht.

Einordnung in den Lebenszyklus

Zuletzt kann man versuchen, die Plattform in eine der fünf Phasen des Lebenszyklus einzusortieren. Wesentliche Anhaltspunkte dazu liefern die Geschichte und der aktuelle Status der Offenheit sowie Wachstum, Umsatz und Marktanteil. So lässt sich der weitere Entwicklungspfad der Plattform extrapolieren.

In der Tat versprach Spotify wie viele Plattformen zu Beginn eine große Offenheit. Das Freemium-Modell sollte allen Zugang zu Musik verschaffen – das hatte vorher nur Napster geboten. Die P2P-Infrastruktur atmete zumindest im Hintergrund den rebellischen Geist der Offenheit. Zudem versuchte Daniel Ek ab 2011, Spotify auch zur Schnittstellenplattform auszubauen, das heißt, durch das Anbieten offener Schnittstellen (APIs) Entwickler*innen zu rekrutieren, die, basierend auf den Daten und der Musik von Spotify Apps bauen sollten.[28] Doch schon 2014 wurde der P2P-Ansatz abgeschafft und die APIs zunehmend geschlossen.[29]

Das Versprechen des Zugangs zum globalen Musikgraphen wird derweil zunehmend durch das Versprechen der Empfehlungsfunktionen ersetzt, für jede Lebenssituation den richtigen Soundtrack bereitzustellen. Statt offener Schnittstellen gibt es immer mehr bilaterale Kooperationen mit anderen Unternehmen: Twitter, Ford, Volvo, Uber, BMW MINI, Sonos, Sony Playstation, Instagram, Tinder und Hunderte von Telefongesellschaften auf der ganzen Welt.[30]

Spotifys sukzessive Schließung und die Tatsache, dass sein Umsatz stagniert, während die Nutzer*innenzahlen weiter steigen,[31] sprechen sowohl gegen die Wachstums- und Konsolidierungs- als auch gegen die Extraktionsphase. Und für Panik. Dass das Unternehmen 2019 bei 6,7 Milliarden US-Dollar Umsatz einen Verlust von 186 Millionen gemacht hat, ist durch den verschärften Wettbewerb zu erklären.[32] Vor allem Apple, aber auch Amazon und Google drängen in den Musikstreaming-Markt und haben dafür schier unbegrenzte Kapitalreserven und es nicht nötig, Geld zu verdienen. Es ist müßig, Spotify in die Lebensphasen einzuordnen, da die

Plattform selbst nur ein Vehikel der Musikindustrie ist. Nimmt man den Musikgraphen und seine digitale Bewirtschaftung als solche zur Grundlage der Analyse, sieht es etwas anders aus: Die Phase der initialen Graphnahme und des Wachstums bei gleichzeitiger totaler Offenheit wäre durch Napster vollständig repräsentiert. Die Vorstellung des iTunes Stores 2003 markierte somit den Beginn der Konsolidierungsphase. Spotify – und all seine Streaming-Konkurrenten – sind ebenfalls dieser Phase zuzuordnen, obwohl wir hier bereits den Höhepunkt der Konsolidierungsphase überschritten haben dürften. Die aktuellen Umsätze der Musikbranche sprechen jedenfalls dafür. 2019 machte die Branche über 20 Milliarden US-Dollar Umsatz, und das, obwohl das Wachstum des Streaming-Marktes sich verlangsamte.[33] Der Musikgraph selbst ist also bereits in der Extraktionsphase.

Ausblick: Zehn Prognosen

Die hier vorgestellte Plattformtheorie versucht, Plattformen auf einer sehr grundsätzlichen Ebene zu verstehen. Dennoch bleibt sie in vielerlei Hinsicht notwendigerweise vorläufig, auch wenn noch nicht ganz klar ist, in welcher. Plattformen sind keine abschließend zu definierenden Gebilde, sondern historisch kontingent und im ständigen Wandel begriffen. Sie sind damit politisch offen, das heißt gestaltbar – im Guten wie im Schlechten. Doch einige der eingeschlagenen Entwicklungspfade weisen in Richtungen, die bestimmte Zukünfte wahrscheinlicher machen als andere. Darüber hinaus agieren die Plattformen innerhalb von sozialen Kontexten, die wir jetzt besser verstehen, und produzieren bereits sichtbare Widersprüche, die mittel- und langfristig absehbar Konflikte heraufbeschwören. All diese Hinweise verdichte ich zu einem spekulativen Bild der Plattformzukunft.

Die folgenden zehn Prognosen sind chronologisch angeordnet, insofern zunächst die kurzfristig zu erwartenden Entwicklungen beschrieben werden und der Blick zum Ende hin weiter in die Zukunft reicht, aber auch spekulativer wird.

1. Integrationsangriff auf Podcasts

Im Jahr 2000 erweiterte der Softwareentwickler Dave Winer das bei Bloggern populäre RSS-Protokoll dahingehend, dass es erlaubt, auch Audiodateien wie MP3s als regelmäßigen Feed zu verbreiten. 2004 programmierte der ehemalige MTV-Jockey Adam Curry eine Software namens iPodder, um die damals populär werdenden iPods automatisiert mit den per RSS verbreiteten Audiodateien zu bestücken. Die Software sorgte dafür, dass es zum neuen Trend wurde, regelmäßig Audiodateien zu veröffentlichen – eine Art Audioblogging, also über Feed verteilte Audiodateien, in denen meist gesprochen wurde. Eine Praxis, die der *Guardian*-Journalist Ben Hammersley schließlich vorschlug, »Podcast« zu nennen.[34]

Apple erkennt im Juni 2005, was es damit ausgelöst hat, und implementiert daraufhin ein Podcast-Feature direkt in iTunes und damit auch das bis heute wichtigste Podcast-Verzeichnis. Zwar werden die jeweiligen Audiodateien weiterhin dezentral auf den Servern der Podcaster*innen gelagert, doch iTunes verwaltet die durchsuchbare Liste mit den RSS-Feeds und macht es so bequem, Podcasts zu finden und zu abonnieren. Diese werden dann in iTunes bei Erscheinen automatisch heruntergeladen und auf den iPod gespielt. Apple kommt somit zum Query-Regime der Podcast-Protokollplattform wie die Jungfrau zum Kind. Über die Zeit entwickelt sich ein vielfältiges, dezentrales Ökosystem mit Hunderten Clients für Android, iOS, Windows und Linux.

Seit Podcasts enorm an Popularität gewonnen haben und auch kommerziell erfolgreich geworden sind, versuchen einige Plattformen, sich diesen Graphen einzuverleiben. Amazon hat mit seiner Hörbuch-Plattform Audible angefangen, exklusive Podcasts zu produzieren, andere setzen alternative Podcastverzeichnisse auf, in die Podcasts teils ohne Wissen der Macher*innen integriert und abonnierbar gemacht werden.[35]

Doch niemand ist so erfolgreich dabei, den Podcastgraphen in Besitz zu nehmen wie Spotify. Das Unternehmen fährt dabei eine Doppelstrategie: Zum einen bietet es den Betreiber*innen bereits existierender Podcasts eine enorme zusätzliche Reichweite, sofern sie ihre Podcasts auf der Plattform zugänglich machen. Zum anderen setzt es auf exklusive Podcastproduktionen, die nur und ausschließlich auf der eigenen Plattform laufen. Für Podcaster*innen, die Geld verdienen wollen, ist das attraktiv, weil man sich um die Vermarktung nicht mehr kümmern muss. Und für alle anderen Podcaster*innen ist es attraktiv, Spotify als zusätzlichen Ausspielkanal zu verwenden, denn warum sollte man auf die enorme Reichweite verzichten? Zuletzt verkündete das Unternehmen einen ambitionierten Plan, fast allen Podcasts ein Geschäftsmodell zu ermöglichen.[36]

Spotify hat die eigenen strategischen Schwächen also längst entdeckt und versucht nun, sich mit dem Podcastgraphen einen eigenen, exklusiven Graphen anzueignen. Mit seinem Integrationsangriff rückt es Jahr für Jahr weiter vor. In Deutschland ist Spotify bereits für circa 20 Prozent aller Podcastauslieferungen verantwortlich, während Apple immerhin noch 45 Prozent hält.[37] Beim derzeitigen Wachstum dauert es aber nicht mehr lange, bis sich Spotify den Großteil des Graphen einverleibt hat. Unter seinem souveränen Diensteplattformregime wird Podcasting zu etwas ganz anderem werden, als in der noch vorhandenen freien und weitestgehend unabhängigen Szene. Podcasts wird das Schicksal ereilen, das Blogs bereits hinter sich haben: So, wie sich vor zehn Jahren alle schriftliche Kommunikation der Zivilgesellschaft auf die großen Social-Media-Plattformen verlagert hat, wird sich Audio nun auf Spotify verlagern.

2. Der Kampf um den Unterhaltungsgraphen

Musik wird an relativer Bedeutung verlieren, gleichzeitig wird die Abhängigkeit der Plattformen vom Musikgraphen immer größer. Die vertikalen Imperien Google, Apple und Amazon haben kein dringendes Bedürfnis, mit Musik Geld zu verdienen. Ihr strategisches Interesse besteht vornehmlich darin, ihren globalen Unterhaltungsgraphen auszubauen. Es geht nicht mehr um Video- oder Musikstreaming, Podcasts oder Spiele, sondern darum, möglichst alle diese Unterhaltungsformen aus einem geschlossenen Ökosystem anzubieten. Apple drängt mit dem Ausbau seines Diensteangebots (App Store, Podcasts, Apple TV+, Apple News, Apple Music, Apple Arcade) sehr stark in diese Richtung, und Amazon ist mit dem stetigen Ausbau seiner Amazon-Prime-Welt (Amazon Music, Amazon Prime Video, Kindle, Audible) voll auf Kurs. Google scheint noch nicht so wild entschlossen zu sein, obwohl es mit dem Play Store, Google Play Music, YouTube, YouTube Music und YouTube Premium ebenfalls günstige Ausgangsbedingungen hat.

Die jeweiligen Unterhaltungsgraphen streben nach globalen Netzwerkeffekten, wobei global hier wieder nicht geographisch gemeint ist. Musik wäre dann nur noch ein lokaler Teilgraph der viel umfassenderen Unterhaltungsgraphen, wobei Ersterer für die Vollständigkeit des Letzteren so unverzichtbar ist, dass Plattformen bereit sein werden, für den Zugang dazu draufzuzahlen. Für die Musikbranche sind das rosige Aussichten. Sie wird in diesem Plattformkrieg quasi zu einem unverzichtbaren Waffenlieferanten für alle Seiten, denn keine der Plattformen wird sich erlauben können, auch nur auf einen Teilgraphen des Musikangebots zu verzichten.

Spotify wird dieser Krieg dagegen vermutlich marginalisieren. Derzeit ist das Unternehmen am Aktienmarkt mit über 50 Milliarden US-Dollar bewertet.[38] Die Frage ist aber: wofür? Spotify ist kein bedeutender Graphbesitzer, und da dieser Krieg auf einer ganz neuen Ebene geführt wird, kann es nicht einmal mitspielen. Strategisch wäre es für das Unternehmen sinnvoll, sich mit Netflix und/oder der beliebten Spieleplattform Steam zusammenzuschließen, die beide in einer vergleichbaren Situation sind. Gemeinsam wäre man in der Lage, ebenfalls einen globalen Unterhaltungsgraphen anzubieten.[39]

3. Plattformregulierung

In der US- und der europäischen Politik intensivieren sich die Bemühungen, der Macht der Plattformen durch Regulierung und/ oder Zerschlagung Einhalt zu gebieten. Die EU hat mehrere Kartellrechtsverfahren gegen Google, Facebook, Amazon und Apple laufen, und auch auf anderen Ebenen wird die Regulierungsschraube angezogen. Dazu hat sie das *Digital Service Act Package* und den *Digital Markets Act* auf den Weg gebracht, die allerlei wettbewerbsrechtliche Fragen adressieren sollen.[40] Allerdings bleibt das Regulierungsparadox bestehen, wonach Plattformen regulative Hürden nicht einfach überspringen, sondern ihre Infrastruktur so umbauen, dass sie fortan reibungslos auf Hürdenhöhe operiert. Doch solange die Unternehmen ihre Firmensitze in den USA haben, bleiben den Europäern außer Regulierung und Strafzahlungen sowieso nicht viele Optionen.

In den USA ermitteln dagegen die Generalstaatsanwälte wegen Kartellrechtsbeschwerden gegen Google, Facebook, Apple und Amazon. Der Generalbundesanwalt hat Ermittlungen gegen Google aufgenommen und[41] gegen Facebook wird von der Federal Trade Commission (FTC) und 48 Generalanwaltschaften der Bundesstaaten ermittelt.[42] Bemerkenswerterweise haben es die Plattformen geschafft, sowohl bei Demokraten als auch bei Republikanern in Ungnade zu fallen.[43] Dennoch kommen politische Initiativen gegen sie nur schwer in die Gänge, weil die Gründe für den Ärger der beiden Parteien sehr unterschiedlich sind. Während die Demokratische Partei die Probleme in der Machtkonzentration und im fehlenden Wettbewerb sieht, halten sich die Republikaner auf den Social-Media-Plattformen für systematisch diskriminiert und zensiert. Die Republikaner können der Sichtweise der Demokraten nichts abgewinnen, und die Demokraten bestehen auf Belegen für die Vorwürfe der Republikaner, die diese nicht liefern können.

Aber egal, ob die Plattformen nun zerschlagen, reguliert, beides oder keines davon werden, liegt die entscheidende Frage woanders: Die Trump-Regentschaft hat aufgezeigt, welche Gefahren in der Machtkonzentration der Plattformen steckt, und die Frage aufgeworfen: Können sie sich langfristig dem Zugriff einer potentiell despotischen Regierung im Heimatmarkt entziehen? Ohne Frage sind Plattformen machtvolle Werkzeuge der Gesellschaftssteuerung. In den Händen ruchloser Politiker*innen und eines autokratischen, vielleicht sogar faschistischen Systems können sie daher extrem gefährlich werden. Derzeit versuchen Facebook, Twitter und YouTube, Hass und Faschismus auf ihren Plattformen zu bekämpfen – auch wenn man kritisieren kann, dass nicht genug geschieht. Aber was würde passieren, wenn sie Hass und Faschismus aktiv fördern würden?

Im Falle einer eventuellen zweiten Amtszeit von Donald Trump nach 2024 oder der Wahl eines vergleichbaren Politikers bleiben US-Plattformen vier Optionen:

- Exil: Den Unternehmenssitz in ein anderes Land verlagern.
- Resistenz: Bleiben und in einen offenen Kampf gegen die Regierung treten.
- Kollaboration: Instrument einer faschistischen Diktatur werden.
- Exit: Alles niederbrennen.

4. TikTok und die Zukunft der Diensteplattform

TikToks Erfolg ist aus zwei Gründen ein guter Anhaltspunkt, um über die Plattform der Zukunft nachzudenken. Zum einen ist es das erste Social Network aus China, das international und vor allem auch im Westen populär geworden ist. Es wird nicht das letzte sein. Zum anderen hat es sich mittels eines ausgefeilten lernenden Algorithmus vom sozialen Graphen emanzipiert.

Wenn man es genau nimmt, war der soziale Graph immer nur eine Annäherung an die eigentlichen Interessen der Nutzer*innen. Gerade bei Facebook merkt man immer wieder deutlich, dass Freundschaften eine schwache Garantie dafür sind, dass die Betreffenden ansprechende Inhalte in den eigenen Newsfeed leiten. Twitter macht Interessen schon besser adressierbar, indem es die bidirektionale Freundschaft durch das unidirektionale Folgen ersetzt und so eine viel freiere Kuration der eigenen Timeline erlaubt. Doch auch das bleibt nur eine Annäherung.

TikTok stellt seine Nutzer*innen dagegen gar nicht erst vor die anspruchsvolle Aufgabe, den eigenen Graphen kuratieren zu müssen, sondern lässt seinen »For You Page«-Algorithmus Vorschläge machen und lernt aus den Reaktionen darauf. Schon nach erstaunlich kurzer Zeit versteht der Algorithmus die Vorlieben der Nutzer*innen so gut, dass dem Feed Suchtpotential unterstellt wird.[44]

Damit hat die Evolution der Plattform als Koordinationsmechanismus (siehe Kapitel 2) eine neue Stufe erreicht. TikTok ist eine Diensteplattform, die nicht mehr nur einen vorhandenen Graphen in Besitz nimmt, in einer Datenbank speichert und durch die Query wieder zugänglich macht. TikTok interessiert sich nicht einmal für vorhandene Graphen aus bewussten Akten der Interessenbekundung (wozu das Befreunden und Folgen gehören), sondern nur für das, was dahintersteht. Es sind die Interessen, Bedürfnisse und der spezifische Humor, auf die es TikTok abgesehen hat. Die erntet es direkt aus den unerwarteten Selektionen der Verbindungen ihrer Nutzer*innen und speist sie sofort wieder als erwartete Vorselektionen von Verbindungen in den Algorithmus ein. So entsteht auf den TikTok-Severn ein sehr abstrakter und stetig aktualisierter Interessengraph, der den Nutzer*innen selbst aber unzugänglich und intransparent bleibt. Sie bekommen nur eine personalisierte, süchtig machende »For You Page« als dessen Resultat zu sehen, die sie ständig mit unterhaltsamen Videos füttert.[45]

Die zentrale Stellung des lernenden Algorithmus erklärt auch, warum TikTok der erste chinesische Dienst ist, der den Sprung in den Westen geschafft hat. Die Hürde stellt hier die geringe Schnittmenge der sozialen und kulturellen Graphen der chinesischen Nutzer*innen mit denen westlicher Nutzer*innen dar. Der selbstlernende Algorithmus von TikTok hingegen konnte durch seine Generativität diesen Graben überwinden. TikToks Algorithmus ist ein Sueskanal in die Kultur des Westens. Über diesen oder ähnliche Kanäle werden sich in Zukunft noch mehr chinesische Plattformen verbreiten.

5. Ideologische Ausdifferenzierung

Ein Trend, der sich bereits länger abzeichnet, ist die Ausdifferenzierung der Plattformen nach Ideologien. Schon seit Jahren gibt es Abwanderungsbewegungen vor allem rechter und rechtsradikaler Gruppen zu alternativen Netzwerken. Zunächst war der russische Facebook-Klon VKontakte für viele Rechtsextreme das Exil der Wahl, später zogen viele von Twitter zu gab.io und dann zu parler. com.[46] Seit einiger Zeit etabliert sich der Messenger Telegram als Auffangbecken für alle, die auf den großen Plattformen Schwierigkeiten durch die verschärfte Moderationspraxis bekommen: Verschwörungstheoretiker*innen, Coronaleugner*innen, QAnon-Anhänger*innen, Neonazis usw.

Es ist nicht klar, wie sich dieser Trend zur ideologischen Segregation auf Dauer auswirkt. Auf der einen Seite isoliert der Exodus die Gruppe, da sie auf der Exilplattform meist weniger Unbeteiligte zum Bekehren findet. Die neuen Orte werden zu Echokammern, in denen die Betreffenden immer nur sich selbst sprechen hören – was keine effektive Rekrutierungsstrategie ist. Da die Ausgestoßenen meist auch sozial schwierige Persönlichkeiten sind, werden die alternativen Plattformen schnell zu einer Art Bad Bank des Internets, wo sich die negativen Netzwerkeffekte zu einer toxischen Atmosphäre konzentrieren, die selbst für die härtesten Trolle auf Dauer nicht auszuhalten ist.

Auf der anderen Seite können diese neuen Orte durch ihre Homogenität auch Radikalisierung befördern, die sich im Zweifel dem Beobachtungsfeld der Gesellschaft und der Sicherheitsbehörden entzieht. Insbesondere da immer mehr dieser Räume durch sichere Ende-zu-Ende-Verschlüsselung gegen Abhörversuche und jegliche Moderationsanstrengungen abgeschirmt sind.

Aber auch für die großen Plattformen bedeutet die Segregation eine Umstellung. Sie gibt ihnen einen starken Anreiz, sich selbst politisch deutlicher zu positionieren. Nicht im Sinne einer Parteipräferenz, aber in dem Bekenntnis zu grundlegenden Prinzipien und Werten wie den Menschenrechten und einer damit einhergehenden antirassistischen, antimisogynen und antifaschistischen Grundhaltung. Auch zu kontroversen Themen wie dem Klimawandel könnten die Plattformen sich offiziell positionieren, wie es Facebook bei der Corona-Pandemie und letztendlich auch bei der historischen Wahrheit des Holocausts getan hat.[47] Im Ansatz ist das bereits zu sehen, etwa bei der Sperrung von parler.com durch iOS, Android und Amazon AWS von Anfang 2021.[48]

6. Nationalisierung der Netze

Mark Zuckerberg hat in der US-Kongress-Anhörung zu den Kartellrechtsvorwürfen eine neue und beachtenswerte Verteidigungslinie gefunden: Mit der absehbaren Technologiedominanz der Chinesen werde ein soziales Großnetzwerk wie Facebook zu einer entscheidenden strategischen und geopolitischen Ressource.[49] Die Spannungen zwischen den USA und China wachsen – vor allem entlang der Plattformpolitik. Das wird sich auch durch den Machtwechsel in Washington nicht ändern.

Der chinesische Markt ist der größte der Welt, und die chinesische Tech-Industrie kann zunehmend mit der US-amerikanischen mithalten. Die Konzentration der chinesischen Plattformen auf das heimische Publikum ist zwar hinderlich für globale Ambitionen, aber je mehr von ihnen mit lernenden Algorithmen den Weltmarkt anvisieren, desto häufiger werden wir sie in naher Zukunft im Alltag nutzen. An den Reaktionen westlicher Politik auf den Erfolg von beispielsweise WeChat, TikTok und Huawei wird aber deutlich, dass die chinesische Technologieoffensive zunehmend auf Widerstände stößt.

Es ist noch nicht ganz klar, ob die Politik des Flaschenhalses auch in westlichen Demokratien als legitimes Regulierungswerkzeug etabliert wird. Donald Trumps Versuche, TikTok und WeChat zu bannen, sind vorerst im Sand verlaufen, und der Bann von Huawei-Technologie ist derzeit noch ein Flickenteppich. Doch wenn das Tabu einmal gebrochen ist, stellt sich zum Beispiel für Europa die Frage, wieso es sich gegen Plattformen aus China, aber nicht gegen solche aus den USA oder Großbritannien abschotten sollte. Dass es dem Österreicher Max Schrems gelingt, ein Datenübertragungsabkommen zwischen den USA und Europa nach dem anderen niederzureißen (zunächst das »Safe Harbour«-Abkommen 2015,[50] dann das »Privacy Shield«-Abkommen 2020[51]), könnte irgendwann also materielle statt nur symbolische Konsequenzen haben.

Mittelfristig ist also mit einer Renationalisierung des Internets zu rechnen oder alternativ mit dessen Aufteilung in regionale, kulturell homogene, politikspezifische oder jurisdiktionsbezogene Netzwerksektoren. China wäre mit seiner großen Firewall dann nicht der Ausnahmefall, sondern Vorreiter und Pfadentscheider einer Entwicklung, der sich der Westen nach und nach anschließt.

Ob das Plattformen schadet oder ob sie davon profitieren, wird sich noch herausstellen. Ein fragmentiertes Internet würde es auf der einen Seite allen zunächst schwerer machen, ein globales Publikum zu erreichen. Auf der anderen Seite stellte ein eventuelles Überkommen dieser zusätzlichen Hürde (mit viel Technik, einer Schar von Anwält*innen und Lobbyist*innen) enorme Opportunitätsprämien in Aussicht. Sollte es einer der Konzerne schaffen, die allgemeine Interkonnektivität auf einer höheren, dafür nun privaten Plattformebene wieder herzustellen, käme das der Graphnahme des Internets gleich.

Aufgrund des allgemeinen Wohlfahrtsverlusts solcher Maßnahmen wird sich diese Politik aber nicht halten können, und langfristig wird dieser Trend sich wieder umkehren. Wie es wieder zu einer Reglobalisierung des Netzes kommt – in Form einer globalen öffentlichen Infrastruktur oder einer privaten Plattform –, wird sich noch zeigen.

7. Ölfördernde Staaten werden zu Bitcoin-Rogue-States

Venezuela hat ein neues Gesetz namens »Ley Antibloqueo« auf den Weg gebracht. Es ist der Versuch, mittels Bitcoin die Sanktionen zu unterlaufen, die die USA dem Land auferlegt haben. Damit wird es möglich, Öllieferungen an Partner wie den Iran oder die Türkei über die Cryptowährung abzuwickeln und so den weltweit durch SWIFT regulierten Bankensektor zu umgehen.[52]

Bitcoin ist der Versuch einer digitalen Währung, die als integriertes, dezentrales Zahlungssystem funktioniert. Dabei werden alle Transaktionen in der sogenannten Blockchain gespeichert. Die Blockchain ist eine als Protokollplattform realisierte Datenbank, die auf diese Weise einige Vorteile der Diensteplattform mit der Dezentralität der Protokollplattform verbindet. Bei herkömmlichen Datenbanken müssen Daten immer an einem zentralen Ort erfasst und abgerufen werden, doch die Blockchain ermöglicht durch kryptographisch verifizierte Verkettung von Datenblöcken eine parallele, dezentrale und trotzdem fälschungssichere Datenhaltung. Alle können die Datenbank lokal auf ihren Geräten speichern und lesen und keine Instanz ist allein in der Lage, die Daten zu ändern oder zu erweitern.

Das Problem: Um diese spezielle Datenbank zu erweitern, müssen sich die Millionen Nutzer*innen einig werden, welche Informationen in den nächsten Block geschrieben werden sollen. Dafür gibt es aufwendige technische Einigungsverfahren. »Proof of Work« (POW) nennt sich das von Bitcoin eingesetzte. Bei diesem sogenannten »Mining« konkurrieren unterschiedliche Akteure darum, wer mittels eingesetzter Rechenpower als Erstes in der Lage ist, ein unsinniges, aber komplexes kryptographisches Rätsel zu lösen. Auf diese Weise kann niemand allein über Bitcoin bestimmen, sondern die Miner müssen stetig im Wettbewerb um die Schreibrechte konkurrieren. Belohnt werden sie mit neu geschaffenen Bitcoins, weswegen sich der Anreiz, dabei mitzumachen propotional zum Bitcoinpreis verhält, was seinerseits die Schwierigkeit des Rätsels erhöht.

Da Bitcoin sich zwar nicht wirklich als echte Währungsalternative (dafür schwankt der Preis viel zu heftig), aber durchaus als Finanzspekulationsobjekt etabliert hat, steigt auch der eingesetzte Aufwand und damit der Energieverbrauch dieses Wettbewerbs stetig. Der Prozess ist mittlerweile so rechenintensiv, dass er die Energie des Jahreshaushaltes eines kleineren Nationalstaates frisst. Zur Zeit der Fertigstellung des Buches sind es 121,36 Terawattstunden jährlich, was dem Energiebedarf von Argentinien entspricht und mehr als die Hälfte des Energieverbrauchs aller Rechenrechenzentren weltweit ausmacht.[53]

Als wäre das nicht schlimm genug, macht all das ein noch viel düstereres Szenario denkbar: Falls es der Welt die nächsten Jahrzehnte gelingt, den Energiehunger nach fossilen Brennstoffen zurückzudrängen, sodass die weltweite Nachfrage nach Kohle, Öl und Gas rapide fällt, wird für ölfördernde (oder kohle- und gasreiche) Länder ein neues Geschäftsmodell attraktiv: Statt ihre Rohstoffe aufwendig in andere Staaten zu distribuieren, könnten sie sie auch direkt in Bitcoins umwandeln. Aus Ölstaaten würden Bitcoin-Staaten, die nun eben rein spekulationsgetrieben und ohne jeglichen gesellschaftlichen Nutzen Unmengen an CO_2 für die unsinnigen POW-Berechnungen in die Atmosphäre blasen. Die Vorteile liegen auf der Hand: Bitcoin ist durch seine dezentrale Struktur kaum kontrollierbar und lässt sich wesentlich leichter exportieren als Öl. Und bei tendenziell sinkenden Ölpreisen und stetig steigendem Bitcoinpreis wird es immer lukrativer. Venezuela hat mit seinem Gesetz den Weg dorthin geebnet und auch der Iran hat mit dem Mining längst begonnen.[54]

8. Die Werbeblase platzt

Als 2017 die NGO Sleeping Giants Uber darauf aufmerksam macht, dass sie durch Bannerwerbung auf rechtsradikalen Websites wie Breitbart dabei helfen, rechtsradikale Strukturen zu fördern, zieht das Unternehmen auf einen Schlag Anzeigen im Wert von 15 Millionen Dollar zurück. Man sollte meinen, dass sich eine so erhebliche Werbeminderung auf den Umsatz auswirken würde. Überraschenderweise war das nicht der Fall – weder der Umsatz noch die Anzahl vermittelter Fahrten hatte sich verändert. 2019 machte das Uber-Management einen weiteren Versuch und entzog dem Online-Werbemarkt die zehnfache Summe – 150 Millionen, zwei Drittel ihres Werbebudets. Wieder ohne messbaren Effekt. Uber klagt nun wegen Betrugs.[55] Uber ist nicht die erste Firma, die feststellt, dass ihr Online-Werbebudget aus dem Fenster geworfen ist. 2013 stellte schon eBay fest, dass die Werbegelder, die sie an Google für Suchmaschinen-Anzeigen überweist, völlig effektlos verpuffen.[56]

Im Gegensatz zu dem, was uns die Plattformbetreiber und die Werbebranche insgesamt versucht, weißzumachen, hat Onlinewerbung – getargeted oder nicht, kontextsensitiv oder nicht – eine erschreckend geringe Manipulationskraft. Pseudoskandale wie der um Cambridge Analyticas angebliche Psychomanipulation oder sensationalistische Bücher wie Shoshana Zuboffs zum Überwachungskapitalismus haben ihrerseits dazu beigetragen, die Mär von der Manipulationsmacht der Onlinewerbung zu verfestigen.[57] Doch nicht nur gibt es für deren Wirksamkeit keinen Beweis – im Gegenteil stapeln sich die Beweise ihrer Unwirksamkeit.

Tim Hwang, ein ehemaliger Google-Mitarbeiter, spricht in seinem warnenden Buch von einer »Subprime Attention Crisis«.[58] Er setzt die Blase um die überbewertete Aufmerksamkeit der Nutzer*innen analog zur Subprime Mortgage Crisis von 2007, bei der überbewertete Immobilienhypotheken zur Finanzkrise führten. In der Tat finden sich erstaunliche Parallelen zwischen dem aktuellen Online-Werbemarkt und den damaligen Anlageprodukten strukturierter Hypotheken. Nutzer*innen-Aufmerksamkeit wird heute überwiegend auf einem automatisierten Echtzeitmarkt versteigert. Immer wenn ich eine Website besuche, wird meine Aufmerksamkeitsabsicht in Bruchteilen einer Sekunde kategorisiert, bewertet, strukturiert und an den meistbietenden Algorithmus verkauft. Dabei werden Nutzer*innen, wie damals die Hypothekenbesitzer*innen mittels der gesammelten Daten in bestimmte Kategorien einsortiert und mit anderen Nutzer*innen zusammen in Paketen verkauft, sodass der einzelne Aufmerksamkeitswert kaum mehr nachzuvollziehen ist. Heraus kommt ein undurchsichtiges, komplex strukturiertes Produkt, bei dem die Macher*innen selbst nicht mehr so recht überblicken können, wie das funktioniert und vor allem auch, ob. Dass ein Großteil der Werbung überhaupt keine Menschen, sondern nur betrügerische Klickfarmen erreicht und dass selbst wenn sie Konsument*innen erreicht, entweder von ihren Adblockern ausgefiltert oder aufgrund ihrer Konditionierung kaum mehr wahrgenommen wird, ist hinreichend gezeigt worden.

Tim Hwang glaubt nicht, dass das noch lange gut gehen wird. Ein Großteil der Einnahmen von Big Tech basiert auf dem Versprechen der Massenmanipulation und mit zunehmender Evidenz von dessen Unglaubwürdigkeit sei ein Platzen der Blase unumgänglich. Lieber solle man nun vorsichtig die Luft aus der Blase lassen, bevor sie ähnlichen Schaden anrichtet wie die von 2007.

Ich schließe mich der generellen Prognose an. Die Blase wird platzen. Ich glaube jedoch nicht, dass es einen allzu lauten Knall geben wird. Zum einen ist die Werbeblase sehr viel kleiner als die des Finanzmarktes. Zum anderen ist es nicht so, dass die Anzeigen auf einen Schlag gar nichts mehr wert sind. Allein die Möglichkeit Milliarden Menschen zu erreichen wird zumindest Google und Facebook auch nach dem Knall einen soliden Einnahmestrom sichern. Denn eines bleibt wahr: Plattformen haben unsere Aufmerksamkeit monopolisiert, weil sie die Verbindungen zu uns kontrollieren und sind dadurch weiterhin in einer guten Position, dieses Gut marktfähig zu verknappen. Zur Not könnten sie dabei sogar auf das Targeting verzichten. So hat Google bereits konkrete Pläne verkündet, aus getargeter Werbung auszusteigen.[59] Viel stärker dürfte es die unabhängigen Ad-Tech-Unternehmen treffen, die nichts weiter haben als ihre Datensammlungen. Probleme für die Plattformen kommen vielleicht aus einer ganz anderen Richtung.

9. Die Immaterialgüterblase platzt

Lange vor der Erfindung der Dampfmaschine hat die Druckerpresse die kapitalistische Produktionsweise vorweggenommen. Das Buch war das erste maschinell gefertigte Massenprodukt und führte somit die Warenform in die Gesellschaft ein. Die Ironie der Geschichte will es, dass der durch Napster hergestellte allgemeine Zugang zu Musik das Ende der Warenform eingeleitet hat. Napster hat bewiesen, dass zumindest für Informationsgüter gilt, dass alles allen gehören kann. Die Industrie brauchte 20 Jahre, viel Kapital und eine Menge technologische und rechtliche Infrastruktur, um Musik wieder so weit zu verknappen, dass Geld mit ihr verdient werden kann.

Das Geldverdienen mit Informationen funktioniert analog der Umwandlung von Engergie in physikalische Arbeit. Egal, ob bei der Dampfmaschine, dem Otto- oder Elektromotor: Bei der Engergieumwandung wird in Wirklichkeit keine Energie verbraucht (siehe erster termodynamischer Hauptsatz), sondern die Differenz zwischen unterschiedlichen Engergieniveaus in physikalische Arbeit verwandelt. Entsprechend sind es nicht die Informationen, die Plattformen in Umsätze umwandeln, sondern Informationsgefälle. Eine Information ist nur etwas wert, wenn sie jemand nicht hat. Versuchen Sie mal, das Wissen der Wikipedia zu verkaufen.

Daraus folgt, dass wirtschaftliches Wachstum für Informationsgüter mit dem Wachstum von Informationsgefällen gleichzusetzen ist. Während traditionelle Kapitalist*innen ihre Geldflüsse meist nur steigern können, indem sie mehr Waren für weniger Kosten produzieren, steigern Plattformen ihre Geldflüsse, indem sie den Zugang zu Informationsressourcen effektiver einschränken, also ihre Zäune höher bauen.

Das führt zu einem Phänomen, das ich die *Intangible Bubble* nenne, eine Blase, die aus der Überbewertung von immateriellen Gütern resultiert.[60] Sie besteht aus Preisen, Umsätzen, Gewinnen und Bewertungen, denen kein zu erwartender Wohlfahrtsgewinn gegenübersteht. Wie jede Blase wird auch diese platzen, sobald sich eine kritische Masse an Menschen der Tatsache bewusst wird, dass die Werte nur behauptet, jedoch nicht realisierbar sind.

Immaterielle Güter sind deswegen massiv überbewertet, weil die Kontrollmacht der Plattformen überbewertet ist. Nachdem ich das gesamte Buch über die Macht der Plattformen beschworen habe, ist es nun an der Zeit, Einschränkungen vorzunehmen. Die Plattformmacht und die durch sie generierten Werte sind in zweierlei Hinsicht bedroht.

Erstens ist es wahrscheinlich, dass es zu einem weiteren Kontrollverlust kommt, zu einem neuen Napster-Schock durch eine Plattform, die wieder alternative, hinreichend bequeme und sichere Zugangswege zu den jeweils umzäunten Ressourcen ermöglicht. Das könnte zum Beispiel ein neues dezentrales, kryptographisch gesichertes P2P-Protokoll sein. Für solche Entwicklungen gibt es bereits einige Anzeichen. Zwar konnten die Plattformen das Wachstum peer-to-peer getauschter Inhalte deutlich begrenzen, doch seit den Streaming-Kriegen steigt der Anteil an BitTorrent-Internetverkehr wieder deutlich an. In Europa machte er 2018 gut ein Drittel des Upstreams aus, in den USA immerhin 20 Prozent.[61] An der Kontrollmacht der Plattform hängt die gesamte Rechteindustrie, sie ist deren »Single Point of Failure«.

Zweitens ist die Intangible Bubble auch politisch bedroht. Wenn die Gewinnextraktion der Plattformen ausschließlich darüber funktioniert, dass sie nicht knappe Ressourcen vorenthält und Konnektivität einschränkt, führt das zu einer systematischen Reduktion gesellschaftlicher Wohlfahrt. Wirtschaftliches Wachstum ist dann lediglich Ausdruck überbordender Kontrollmacht und der strukturellen Verarmung der Gesellschaft. Dagegen wird sich politischer Widerstand formieren. Beide Szenarien ergänzen einander. So wie schon The Pirate Bay in eine politische Bewegung eingebunden war, so könnte auch eine zukünftige Technologie mit einem schlagkräftigen politischen Legitimationsdiskurs versehen werden.

Diese doppelte Fragilität der Plattformmacht ist einer der Gründe, weswegen ich zögere, die gegenwärtige Situation als Modellfall für eine abschließende Theorie der politischen Ökonomie der Plattform zu erklären. Plattformen sind als Unternehmen entstanden, weil das nun einmal die naheliegende Struktur für Organisationen im Kapitalismus ist, und so verfolgen sie eine Gewinnabsicht, obwohl es ihrer Nutzenfunktion entgegensteht. Es ist die kapitalistische Pfadabhängigkeit, die sie dazu drängt. Als Carl Benz das erste Auto

baute, sah es aus wie eine Kutsche. Wie sollte es auch sonst aussehen? Carl Benz wusste nicht, wie Autos aussehen. Auch Plattformen
haben noch nicht zu ihrer endgültigen Gestalt gefunden, und ihr
Gewinnstreben wirkt vielleicht für zukünftige Generationen so ein-
leuchtend wie Holzspeichenräder an einem Automobil.

10. Das Ende der staatlich organisierten repräsentativen Demokratie

Ein weiteres Ende ist absehbar. Die staatlich organisierte repräsentative Demokratie wird unter Einfluss des aufsteigenden Plattformparadigmas zunehmend fragil, und auch diese Blase wird mittelfristig
platzen. Wieder haben wir ein System mit zwei Schwachstellen, und
beide haben mit den Massenmedien zu tun. Die erste: Nationalstaatliche Demokratie bedarf eines nationalstaatlich organisierten Diskursraumes. Er bildet die Folie, vor der die Mitglieder der Gruppe
sich als Gruppe wahrnehmen können. Dabei spielt es keine Rolle,
ob man diese Folie wie Niklas Luhmann »Hintergrundrealität« oder
wie Benedict Anderson »Imagined Communities« nennt.[62] Die Integrität dieses Diskursraumes ist verlorengegangen, und sie wird sich
nicht wieder herstellen lassen. Die Interferenzen, die wir 2016 durch
die Versuche Russlands gesehen haben, die US-Wahl zu beeinflussen, waren nur die plakativsten Beispiele dafür. In Wirklichkeit sind
die nationalen Öffentlichkeiten längst auf breiter Front durch-
löchert und neuen, globalen, aber fragmentierten Öffentlichkeiten
gewichen.[63]

Die zweite Schwachstelle betrifft die Repräsentation. Die repräsentative Demokratie braucht repräsentative Medien. Die Massenmedien waren insoweit repräsentativ, als sie geographische und
politische Milieus – deren Identitäten, Interessen und Probleme –
abzubilden versuchten. Die sozialen Medien hingegen versuchen
gar nicht erst zu repräsentieren, sondern stellen stattdessen die Verbindungen zur Verfügung, über die sich verschiedene Identitäten
ausdrücken, gründen, finden und organisieren. Das etabliert eine
völlig neue Form von Politik. Politik ist nicht mehr Interessenpo-

litik von Milieus, Gruppen oder Klassen, die dann in institutionellen Prozessen ausgehandelt wird, sondern Politik wird vielmehr zum Angelpunkt, über den sich aggregierte Kollektive wie WhatsApp-Gruppen, Foren, Netzwerke, Hashtags oder digitale Stämme erst zusammenfinden. Bernhard Pörksen hat dafür den Namen »Konnektive« gefunden.[64] Konnektive sind Gruppen, die sich erst durch die dezentrale Adaption bestimmter Vorstellungen, Forderungen, Weltbilder, Symbolpraktiken, Memes oder Hashtags konstituieren. Sie sind weder geographisch noch interessenspezifisch homogen und abgrenzbar und nicht mehr durch Einzelpersonen oder Parteien repräsentierbar.

Auch der Repräsentation durch Massenmedien muss man nicht nachtrauern, war sie doch immer schon nur ein Hirngespinst, das eher einer Zwangsvergemeinschaftung entsprach. Jeff Jarvis hat immer wieder darauf hingewiesen, dass es die Masse, auf die die Massenmedien vorgeblich zielen, in Wirklichkeit niemals gegeben habe. Sie repräsentierte die Zuschauerschaft nur in den (meist sehr kulturell homogenen) Köpfen der Programmverantwortlichen. In Wirklichkeit war die Öffentlichkeit immer schon viel heterogener und diverser und viele, wahrscheinlich die meisten, fanden sich nie repräsentiert.[65]

Armin Nassehis These, dass der Sinn der Digitalisierung die Selbstbeschreibung der Gesellschaft ist, wird erst in seiner Tragweite begreifbar, wenn man versteht, wie verschieden diese Selbstbeschreibung von der massenmedialen Beschreibung ist.[66] Die neue Öffentlichkeit der Plattformen erlaubt die Adressierbarkeit kleinster Ereignisse. Auf diese Weise schaffen sie Raum für kleinteilige Politiken, die in den Mainstream-Medien niemals Platz gefunden hätten. So vermag Social Media zum Beispiel die strukturelle Gewalt der »Mikroaggression«, die täglich in der Gesellschaft stattfindet, aber für sich genommen nie die Schwelle zum medialen Ereignis überschreitet, zu adressieren und zu skandalisieren. #aufschrei, #schauhin, #MeToo, #BlackLivesMatter und viele andere aggregierte Öffentlichkeiten sind nur die sichtbarsten Beispiele.[67] Aber auch rechte

Gruppierungen und Verschwörungsideologen nutzen diese neuen Möglichkeiten, oft für völlig ausgedachte Ereignisse. QAnon, Flat Earther, Coronaleugner*innen, Identitäre und die etlichen privaten Chatgruppen von Polizist*innen und Mitarbeiter*innen von Militär und Sicherheitsbehörden, die den gewaltsamen Umsturz herbeisehnen, sind die andere Seite der Medaille. Das Resultat ist eine Politisierung von allem.[68] Politik ist alles, was adressierbar ist und Resonanz findet. Und so wie das Internet die Massenmedien dezentriert hat, wird diese Umadressierung langfristig auch die institutionelle, repräsentative Politik dezentrieren.

Das bedeutet auch, dass Demokratien in der Zwischenzeit immer abhängiger von der Regulierungskompetenz der Plattformen werden. Nur mit ihrer Hilfe werden sie in Zukunft überhaupt noch in die Lage versetzt, ordnend in die neuen Diskursräume einzuwirken und deren schlimmste Auswüchse zu bekämpfen. Das ist bereits jetzt beobachtbar. Facebook und Twitter hatten ihre Plattformen für die US-Wahl 2020 in eine Art Ausnahmezustand versetzt, mit strengeren Regeln für Äußerungen bezüglich des Wahlvorgangs und einem temporären Totalverbot politischer Werbung.[69] Wer glaubt, dass solche Maßnahmen eine Ausnahme für den besonders polarisierenden US-Wahlkampf sind, irrt. Es wird mittelfristig eine Standardinstitution für demokratische Wahlen weltweit.

Derweil haben Nichtdemokratien weniger Probleme mit der Internetkommunikation. Zum einen können sie den eigenen Diskursraum rigoroser absperren und nach innen stärker regulieren, als es sich Demokratien erlauben dürfen. Zum anderen ist in autokratischen Systemen der Diskursraum sowieso nur lose mit den politischen Entscheidungsfindungsprozessen gekoppelt. Autokratische Systeme werden sich in diesem Wandel mittelfristig als stabiler erweisen.

Die Auflösung nationaler und repräsentativer Demokratien wird nicht aufzuhalten sein, und keine wie auch immer geartete Algorithmenanpassung wird daran etwas ändern. Das wird ein machtpolitisches Vakuum eröffnen, von dem nicht absehbar ist, wie es gefüllt wird. Der Aufstieg der identitätsbasierten, aggregierten Politiken und die Politiken der Plattformen haben jedenfalls noch keine demokratischen Infrastrukturen institutionalisiert. Doch bevor das in Angriff genommen werden kann, muss dieser Umbruch überhaupt erst begriffen und anerkannt werden.

Was tun?

»Weder zur Furcht, noch zur Hoffnung besteht Grund, sondern nur dazu, neue Waffen zu suchen.«[70] Dies rät uns schon Anfang der 1990er Jahre Gilles Deleuze in seinem Postskriptum zu den Kontrollgesellschaften. In der Tat haben uns weder die alarmistischen, noch die jubelnden Beschreibungen der Plattformgesellschaft entscheidend weitergebracht. Gleichzeitig stellen wir fest, dass unser Arsenal der Einhegung, Demokratisierung und gesellschaftlichen Nutzbarmachung von Macht, das wir den Disziplinargesellschaften über die Jahrhunderte abgetrotzt haben, bei der Anwendung auf Plattformen versagt.

Wir versuchen mittels individueller Rechte dividuelle Machtkomplexe zu stellen, versuchen mittels positivem Recht post-normative Ordnungen einzuhegen, mittels Regulierung Regulierer zu regulieren oder durch staatstragende Souveränitätsrhetorik Infrastrukturhegemonien zu durchbrechen. Wir sehen ein Scheitern auf allen Ebenen. Was es braucht, ist ein Arsenal neuer emanzipativer Strategien. Eines Arsenals, das viel direkter auf die Machtbasis der Plattformen zielt: die Exklusivität der Kontrolle potentieller Verbindungen und deren Netzwerkmacht.

Aber auch unser Ziel hat sich verändert. Der alleinige Fokus auf die Ausweitungen ziviler Freiheiten liefe selbst schon in die Falle herkömmlichen liberalen Denkens. Plattformmacht nur einzuhegen sollte uns nicht genügen. Es gibt ein konkurrierendes Ziel, das mindestens so viel Aufmerksamkeit verdient. Uns stehen mit dem Klimawandel, dem Artensterben, globaler Armut und sozialer Ungleichheit existentielle Herausforderungen gegenüber. Wir sollten auch fragen: Wie können wir Plattformmacht nutzen, diese Probleme zu adressieren?

Im Folgenden habe ich einige Vorschläge versammelt, die darauf abzielen, Plattformmacht zu demokratisieren und einzuhegen. Zusätzlich habe ich aber auch Beispiele erarbeitet, die zeigen sollen, wie Plattformmacht für den Weiterbestand und zum Wohle der Menschheit eingesetzt werden kann. Doch zunächst ein kurzer Überblick auf das etablierte Arsenal.

Das etablierte Arsenal

Ende 2016 veröffentlichten einige Prominente, Politiker*innen, Wissenschaftler*innen und Publizist*innen eine Digitalcharta.[71] Darin formulierten sie den Vorschlag einiger bekannter und einige noch nicht so bekannter Grundrechte – in Anlehnung an die UN-Menschenrechtscharta – um ihnen im digitalen Zeitalter Geltung zu verschaffen. Eine Besonderheit dieser digitalen Rechte waren, dass sie eben nicht nur gegenüber dem Staat, sondern auch gegenüber den Plattformunternehmen gelten sollten. Darunter war das Recht auf gleiche Behandlung durch Algorithmen, ein Recht auf Datenkontrolle, ein Recht auf Teilhabe. Man könnte diese Rechte im Detail kritisieren, wie es viele getan haben, ich will aber auf etwas Grundlegenderes heraus.

Gegenüber dem Staat, der seine Macht und seine ganze Legitimation über Rechte organisiert, hat sich das Insistieren auf und das Ausweiten von Rechten als eine mehr oder weniger funktionierende Waffe herausgestellt. Rechte, im Sinne von negativen Abwehrrechten können die Zwangsmöglichkeiten des Staates effektiv einschränken, denn wenn der Staat gegen diese Rechte verstößt, läuft er immer Gefahr, auch seine eigenen Legitimationsgrundlagen infrage zu stellen.

Rechte gegen Plattformen in Stellungen zu bringen ist dagegen ein Kategorienfehler. Plattformen ziehen ihre Legitimation und Macht nicht aus dem Recht, sondern aus den positiven Adaptionsentscheidungen ihrer Nutzer*innen. Plattformen können sich dabei immer auf ihre Passivität zurückziehen, machen sie Nutzer*innen doch nur ein Angebot zur Ausweitung ihrer positiven Freiheit, die diese ja nicht annehmen müssen. Das Recht wird derweil im Zuge dieser Adaptionsentscheidungen durch die Vertragsfreiheit weitgehend absorbiert und neutralisiert. Jeder Klick zum Einverständnis zu AGB, Community-Guidelines, Cookiehinweis oder Datenschutzerklärung – die vor dem Anklicken nur selten gelesen werden – macht dies deutlich. Als Drohung steht dabei nicht wie beim Staat die Disziplinierung des Körpers im Raum, sondern lediglich die Zugriffsverweigerung auf Verbindungen. Und weil das Recht jede Willensentscheidung als grundsätzlich frei imaginiert, fällt gar nicht auf, dass auf den jeweiligen Willensakt die ganze Last bisher aggregierter Adaptionsentscheidungen dividuell einwirken. Plattformen haben aber umgekehrt auch gar kein Interesse daran, irgendwelche individuellen Rechte zu verletzen, sind sie doch gar nicht am Individuum und schon gar nicht an der Einschränkung von dessen Freiheit interessiert. Natürlich halten sich Plattformen weitgehend an das Recht. Warum auch nicht? Das Recht ist strukturell sowieso kaum in der Lage, ihre Macht zu begrenzen.

Die beiden derzeit präferierten Werkzeuge der Politik zum Vorgehen gegen die Machtkonzentration der Plattformen sind einerseits die Regulierung und andererseits das Aufbrechen von Monopolen. In Kapitel 6 und 7 ist bereits angeklungen, warum diese Mittel am Problem vorbeigehen, es zum Teil verschlimmern. Zum einen sorgt das Regulierungsparadox dafür, dass Plattformen durch Regulierung mehr Macht bekommen, gar zu unkontrollierten Hilfssheriffs des Staates mit hoheitlichen Kompetenzen werden. Zum anderen geht auch das Kartellrecht am Problem vorbei, da die Marktmacht der Plattformunternehmen lediglich ein Symptom und nicht Ursache ihrer Plattformmacht ist.

Es zeigt sich: Sowohl der Regulierungs- wie auch der Kartellrechtsansatz sind in ihrem Kern tief marktgläubig. Beide setzen implizit darauf, dass der Markt für alle Probleme die optimale

Lösung findet und fordern das staatliche Eingreifen nur im Notfall, um hier und da gesetzliche Rahmenbedingungen zu ändern oder Monopole aufzubrechen und so eine »gesunde« Marktsituation wiederherzustellen. Selbst wenn man an die Selbstregulierungskräfte des Marktes glaubt, haben wir gezeigt, warum dessen Mechanismen für Plattformen nicht greifen. Plattformen sind keine gewöhnlichen Marktteilnehmer, sondern ersetzen Märkte durch ihre proprietären Graphen und entfliehen somit jedem Konkurrenzverhältnis.

Aber auch technische und zivilgesellschaftliche Ansätze und Initiativen haben sich als begrenzt wirksam erwiesen. Ein Ansatz, der vor allem aus der Netzaktivist*innen-Szene häufig vorgeschlagen wird, ist das Mittel der Dezentralisierung. Durch die Schaffung von alternativen, dezentralen Strukturen – etwa durch die Ersetzung von Diensteplattformen durch Protokoll- oder offene Schnittstellenplattformen – soll die Plattformsouveränität durchbrochen werden.[72] Jedoch ergeben sich daraus eine Reihe von anderen Nachteilen und Problemen. Zum einen reduziert die Abwesenheit des Query-Regimes bei dezentralen Ansätzen die Nützlichkeit einer Plattform, da es die Möglichkeit der Interaktion zwischen den Akteuren empfindlich einschränkt. Zum anderen verursachen dezentrale Ansätze die Schwierigkeit, dass Updates und Weiterentwicklungen nur sehr langsam implementiert werden können, denn statt einem Update an einer Stelle müssen Millionen Updates an Millionen Stellen durchgeführt werden – jeweils freiwillig.[73] Darüber hinaus ist es naiv zu glauben, dass allein durch die Einschränkung der Plattformsouveränität die Plattformmacht hinreichend eingeschränkt ist, da gerade Protokollplattformen eine enorme Infrastrukturhegemonie erzielen können. Der blinde Fleck für solche Formen von impliziter Hegemonie war immer schon eine Schwäche des liberalen Denkens.

Ein weiterer Ansatz zur Schaffung von alternativen Plattformen ist, alternative Wege zur Finanzierung und eine andere Eigentümerstruktur zu schaffen. Vor allem genossenschaftlich organisierte Plattformen – sogenannte »Platform Cooperatives« – wurden seit Mitte der Zehnerjahre vermehrt als Lösungsansatz ins Feld geführt und vielerorts ausprobiert.[74] Ihre begrenzte Popularität gibt genügend Hinweise darauf, dass hier ebenfalls keine Generallösung zu erwarten ist. Es zeigt sich erneut, was wir in Kapitel 7 bereits festgestellt haben: die Eigentumsform ist in der Welt der Plattformen von weniger Relevanz, als wir es für herkömmliche Unternehmen im Kapitalismus kennen. Konkret: Auch eine genossenschaftlich organisierte Plattform muss sich strategisch bemühen, Verbindungen zu kontrollieren, wenn sie irgendeine Relevanz haben will – die Eigentumsverhältnisse ändern daran nichts. Doch dafür fehlt es oft an einer straffen Organisation, an technischer Ausstattung, an durchdachten Interfaces oder konkurrenzfähigen Preisen. Vor allem fehlt es am strategischen Denken und dem Willen zur Dominanz.[75]

Während man betonen sollte, dass nicht alle Schwerter im etablierten Arsenal völlig stumpf sind, wird doch deutlich, dass sie nicht reichen, um der Plattformmacht entgegenzutreten. In allen diesen Ansätzen sieht man das alte Denken liberaler Kämpfe – auf Ebene des Rechts, auf Ebene des Marktes, auf Ebene des Eigentums – doch Plattformen haben sich aus diesen Wassern längst freigeschwommen. Man wird sie erst bändigen, wenn man direkt auf ihre Machtbasis zielt, der exklusiven Kontrolle von Verbindungen.

Substitutionsangriffe legalisieren

Bevor wir uns der Frage widmen, wie die Gesellschaft gegen Plattformmacht vorgehen kann, sollten wir zunächst behandeln, welche Maßnahmen und Strukturen Staaten etabliert haben, die der Macht der Plattformen zuträglich sind. Dazu gehören generell alle Regulierungen, die Reibungen in die Interaktionen einführen, denn wie wir in Kapitel 7 gelernt haben, ist es deren Überwindung, aus denen Plattformen ihre Opportunitätsprämien schöpfen. Doch es gibt auch Regulierungen, die weit darüber hinaus gehen und Plattformmacht regelrecht beschützen.

Das beste Beispiel dafür ist das deutsche Urheberrecht, das in Paragraf 95a (und Entsprechungen zum Beispiel im US-Recht) die

Umgehung von technischen Maßnahmen, die Hersteller*innen in ihre Plattformen einbauen, verbietet.[76] Damit wird ein Vorgehen in die Illegalität verbannt, das der Science-Fiction-Autor und Netzaktivist Cory Doctorow »Adversarial Interoperability« nennt[77] und das wir in Kapitel 5 »Substitutionsangriff« genannt haben: das Interoperabel-machen gegen den Willen des Plattformbetreibers. Durch das Nachbauen von Schnittstellen, das Überwinden von Kopierschutzmaßnahmen, das Reengineeren von Algorithmen, oder die Veröffentlichung von Protokollspezifikationen kann nicht nur die Plattformsouveränität empfindlich aufgebrochen, sondern auch die Wohlfahrt aller Nutzer*innen der Plattform gesteigert werden. Es gibt seit jeher viele zivilgesellschaftliche Initiativen, die immer wieder genau daran arbeiten, eine solche Interoperabilität herzustellen, aber durch das Urheberrecht immer in einer rechtlichen Grauzone operieren müssen. Eine Entkriminalisierung von Substitutionsangriffen wäre demnach die leichteste Maßnahme zur Einhegung von Plattformmacht – bei gleichzeitiger Stärkung der Zivilgesellschaft.

Public Stack: Öffentliche Infrastrukturregimes

Für das Projekt Gaia-X haben sich seit 2019 staatliche und private europäische Institutionen zusammengeschlossen, um eine von den globalen Plattformen unabhängige, europäische Dateninfrastruktur zu schaffen. Die Idee ist, eine staatlich geförderte Cloudplattform von einem Konsortium europäischer Firmen betreiben zu lassen, die ihre Datencenter in der EU haben und somit – so die Idee – mehr Sicherheit und ein Mindestmaß an Datenschutz und Datensouveränität garantieren können.

Wie auch bei der Digitalcarta stecken in diesem Projekt viele aus der analogen Tradition erwachsene Denkfehler, bei denen mit Konzepten von gestern auf Probleme von heute reagiert wird.[78] Ich will hier aber zunächst auf zwei Aspekte abstellen, die in die richtige Richtung weisen: Zum einen ist es erst mal eine gute Idee, dass der Staat sich als Plattformanbieter engagiert und zum anderen war es die richtige Entscheidung, dabei auf Open-Source-Software zu setzen.

Ein sehr effektives Mittel zur Eindämmung von Plattformmacht liegt in einer aktiven Rolle des Staates im Plattformgeschehen. Während Plattformen immer mehr Aspekte von Staatswesen in sich vereinen, sollte der Staat selbst zum Plattformbetreiber werden. Das hört sich radikaler an, als es ist. Marianna Mazzucato hat darauf aufmerksam gemacht, dass der Staat – vor allem der amerikanische – genau das über Jahrzehnte getan hat und die Technologie-Revolutionen der letzten Jahrzehnte damit überhaupt erst in Gang gebracht hat. Viele Innovationen, die dem privaten Sektor des Silicon Valley zugeschrieben werden, wurden in Wirklichkeit mit öffentlichen Geldern finanziert und an öffentlichen Institutionen – vor allem Universitäten – entwickelt. Das gilt insbesondere für das iPhone. Der Mikroprozessor, das kapazitive Touch-Display, GPS, der Lithium-Ionen-Akku, der Digital Signals Processor und einiges mehr – insgesamt zwölf Schlüsseltechnologien, die das iPhone ausmachen, stammen aus öffentlichen Forschungseinrichtungen.[79] Wäre es da nicht folgerichtig, wenn der Staat die bereits bezahlten Innovationen selbst als öffentliche Infrastruktur bereitstellt?

Konkreter:

1. Der Staat sollte sich seiner starken Rolle als Marktteilnehmer bewusst werden. Staaten nutzen Software und Plattformen auf vielen Ebenen. Würde der Staat vom Ministerium bis hinunter zu den regionalen Ämtern und Behörden auf Open Source und freie Software setzen, würde das das gesamte Plattformökosystem verändern.

2. Würde der Staat dann, aufbauend auf Open Source und Freier Software eigene Software und Plattformen entwickeln, wäre das ein Gamechanger in der Plattformlandschaft. Der Staat könnte dann einen Stapel öffentlicher Infrastrukturen (einen Public Stack[80]) bereitstellen, der sowohl von den eigenen Institutionen, den Institutionen anderer Länder, als auch von der Öffentlichkeit allgemein genutzt werden kann.

3. Die sich dadurch ergebende Netzwerkmacht würde andere Staaten ebenfalls dazu animieren, den Public Stack zu implementieren und zu erweitern, aber auch die weltweite Zivilgesellschaft würde dadurch ermuntert werden, auf diese Alternativen zu setzen und auf ihrer Grundlage eigene Projekte und Plattformen zu entwickeln.

Open Source und Öffentliche Hand sind natürliche Verbündete. Open Source ist ein überlegenes Konzept öffentlicher Software, das allerdings daran krankt, dass es schwer zu monetarisieren ist. Die öffentliche Hand wiederum hat einen Anspruch an Transparenz, und ihr sollte die Förderung von öffentlichen Gütern zur gesellschaftlichen Wohlfahrt naheliegen. Der Staat könnte die nötigen Ressourcen beisteuern, die den Open-Source-Alternativen zum Aufschließen zu den kommerziellen Plattformen fehlt. Die Offenheit von Open Source und die finanziellen Möglichkeiten und potentiellen Netzwerkeffekte der öffentlichen Hand sind ein idealer Match.[81] Yochai Benkler hat für diese Liaison den passenden Namen »Public-Commons-Partnership« vorgeschlagen.[82]

Ein solcher Public Stack wäre für alle überprüfbar, anwendbar, erweiterbar und veränderbar und böte in vielen Bereichen Alternativen zu kommerziellen Plattformen. Für Staaten böte er die Möglichkeit die Infrastrukturhegemonien der privaten Plattformen aufzubrechen und bei technologischen Pfadentscheidungen mitzureden. Genau das hat Gaia-X nicht geschafft. Am Ende musste das Projekt neben anderen privaten Konzernen sogar die großen Plattformbetreiber Google und Amazon mit an Bord holen und war auf ihr Know-how und auf ihre Infrastrukturhegemonie angewiesen.[83]

Das Scheitern von Gaia-X liegt daran, dass hier versucht wurde, im Hauruckverfahren ganz oben im Stack anzusetzen und die Generallösung zu etablieren, bevor unten überhaupt die Grundlagen gelegt sind und eigene Kompetenzen und Netzwerke aufgebaut waren. Es fehlte dadurch schlicht die nötige Netzwerkmacht, um auf eigene Faust Standards in den Markt zu drücken. Man kann das mit dem Versuch vergleichen, ein künstliches Ökosystem zu schaffen, indem man zunächst die Raubtiere in die Biosphäre entlässt und sich dann wundert, warum diese eingehen. Man fängt nicht mit den Tieren an, auch nicht mit den Pflanzen, sondern mit den Bakterienkulturen im Boden. Erst wenn diese angesiedelt sind – wenn zum Beispiel mittels flächendeckendem Linuxeinsatz in den Behörden eine erwartbare Vorselektionen potentieller Verbindungen in Form von Kompetenz, Schnittstellen und verwendeten Standardprogrammen bereitsteht – kann vertikal in die nächste Ebene iteriert werden. Auf dieser Grundlage können als nächstes selbst entwickelte behördenübergreifende Softwarelösungen, staatliche Frameworks, standardisierte APIs und Softwarebibliotheken angegangen werden. Und erst wenn das alles läuft, kann man auch eine europäische Cloudlösung angehen – und zwar ganz ohne auf privates Know-how und seine Basistechnologien angewiesen zu sein. So was passiert aber nicht von heute auf morgen, sondern über einen Zeitraum von mindestens zehn Jahren.

Die Sign-on-Gewerkschaft. Die Politisierung des Zugangsregimes

Auf der Entwicklerkonferenz WWDC im Frühjahr 2019 präsentierte Apple ein neues Feature seiner Betriebssysteme: »Sign in with Apple«.[84] Die Idee ist nicht neu. Facebook bietet schon seit 2008 mit viel Erfolg seine Single-Sign-on-Lösung Facebook Connect an, Google zog bald nach und sogar Twitter hat zeitweise Ähnliches angeboten, wenn auch mit weniger Erfolg.

Doch Apples Vorstoß hat noch eine besondere Note. Schon bei der Vorstellung wurde der Eindruck erweckt, dass es sich hier um eine Art Befreiungsschlag handle. Statt den bösen »Datenkraken« Facebook und Google könne man nun dem »viel vertrauensvolleren« Unternehmen Apple die zentrale Login-Aufgabe übertragen. Viele Apple-Fans verstanden die Botschaft und feierten das neue Feature als Datenschutzbollwerk.

Apple geht noch einen Schritt weiter. Das Unternehmen

bestimmt, dass alle Dienste, die in ihren App-Stores eine App und dafür die Single-Sign-on-Lösung von Google und/oder Facebook anbieten, auch diejenige von Apple implementieren müssen. Eine klare Kampfansage an Google und Facebook und nebenbei eine unverblümte Instrumentalisierung der eigenen Plattformmacht.

Nicht nur in diesem Fall versucht Apple sich als Anwalt und Schutzmacht der Nutzer*innen zu inszenieren. Ob man diesem Versprechen traut, ist natürlich Ansichtssache. Am Ende bleibt es den Einzelnen überlassen, ob sie jetzt dem einen oder dem anderen Anbieter mehr vertrauen. Doch im Hintergrund geht es um etwas anderes: der Kampf der Single-Sign-on-Lösungen ist nicht einfach ein Wettbewerb der Features, sondern ein Grenzkonflikt über die Kontrolle von Verbindungen.

Single-Sign-on markiert damit aber auch exakt den Druckpunkt, um die denkbar kraftvollste zivilgesellschaftliche Intervention zur Kontrolle von Plattformmacht anzusetzen. Würde man eine solidarische Organisation von Nutzer*innen gründen, die so wie Apple eine eigene Single Sign-on-Lösung anbietet, würde eine echte Alternative zu den Plattformen als Identitätsprovider entstehen. Im Gegensatz zu Apple, Google und Facebook könnte eine solche Organisation aber tatsächlich glaubwürdig die Interessen ihrer Mitglieder vertreten. Mit den aggregierten Verbindungen in der Hinterhand könnte sie den Plattformen entsprechend mächtig gegenübertreten und die Interkonnektivität unter konkrete Bedingungen stellen. Es wäre eine Art Zugangs-Gewerkschaft.

Das Zugangsregime ist einer der mächtigsten Hebel der Diensteplattform, weil es die Kontrolle über die potentiellen Verbindungen beinhaltet. Um es zu vergesellschaften muss man Plattformen zwingen, Nutzer*innen-eigene Single-Sign-on-Lösungen zu implementieren. Eine solche Organisation hätte dann tatsächlich Macht gegenüber den Plattformen, vergleichbar mit jener, die eine organisierte Arbeiterschaft gegenüber den alten Industrieunternehmen hatte. Nutzer*innen könnten Bedingungen stellen, Veränderungen durchsetzen und die Plattformpolitik mitbestimmen.[85]

Es stellt sich die Frage, ob eine einzige solche Single-Sign-on-User-Organisation sinnvoll ist, oder ob es mehrere politisch ausdifferenzierte Organisationen geben sollte. Gäbe es mehrere, ergäben sich nicht nur strukturelle Ähnlichkeiten mit Gewerkschaften, sondern auch mit Parteien. Sie könnten dann interne Willensbildungsprozesse organisieren, um mittels Forderungen die weitere Ausrichtung der Plattform zu beeinflussen. Man kann das noch viel weiterspinnen: Plattformen könnten Körperschaften des Interessensausgleichs zwischen diesen Zugangsgewerkschaften schaffen – vergleichbar mit Parlamenten.

Auf der anderen Seite darf eine solche Ausdifferenzierung natürlich nicht zu weit gehen, denn je mehr unterschiedliche Player es gibt, desto weniger sind diese Organisationen noch in der Lage, der Plattformmacht etwas entgegenzusetzen. Ihr Einfluss ist immer proportional zu der Anzahl und Qualität der Verbindungen, die sie repräsentieren. Eventuell liegt der Sweet Spot zwischen Ausdifferenzierung und Bündelung von Macht in Koalitionen vieler kleinerer Organisationen. Es gibt da viel auszuprobieren, aber fest steht, dass sich durch die Politisierung des Zugangsregimes ein riesiger Möglichkeitsraum zur Demokratisierung der Plattformen ergibt.

Vermarktung des Query-Regimes. Disziplinierung der Algorithmen

Nach dem Infrastruktur- und dem Zugangsregime ist es noch wichtig, das Query-Regime gesellschaftlich einzuhegen. Dabei stellt sich folgendes Dilemma: Einerseits ist das Query-Regime gerade bei Diensteplattformen das effizienteste Tool zur Organisation von Koordination, weil seine Vorselektionen nicht erst erwartet werden müssen, sondern automatisiert ablaufen.[86] Aus demselben Grund ist es andererseits auch das undurchsichtigste Regime im System und steht nicht ohne Grund immer wieder im Verdacht, heimlich gegen die Interessen der Nutzer*innen zu agieren.[87] Es gibt folgerichtig bereits allerlei Versuche, Transparenz in die betreffenden Algorithmen zu bringen, die aber allesamt problematisch sind und bestenfalls für Expert*innen hinreichenden Einblick gewährleisten.

Es gibt aber einen viel einfacheren, zugänglicheren und effektiveren Mechanismus, den Nutzer*innen eine gewisse Kontrolle über das Query-Regime zuzugestehen: Auswahl. Könnten Nutzer*innen zwischen unterschiedlichen Anbieter*innen von Query-Regimes wählen, würden sie diese danach bewerten, welcher Algorithmus ihnen die subjektiv besten Ergebnisse liefert.[88] Eine solche Vermarktung würde die Anbieter*innen von Query-Systemen überdies in ein Konkurrenzverhältnis setzen, was einen disziplinierenden Effekt auf sie hat. Unlautere Selektionskaskaden zum Nachteil der Nutzer*innen würden im Vergleich schnell auffallen und wären durch einen Anbieterwechsel ebenso schnell behoben.

Das Query-Regime ist ein Ort, bei dem Marktstrukturen sinnvoll wären. Welche Ergebnisse eine Suche priorisieren sollte, in welcher Reihenfolge ein Newsfeed Nachrichten sortiert, nach welchen Kriterien Videos vorgeschlagen, oder Fahrer*innen benachrichtigt werden sollten – über all das kann man aus guten Gründen höchst unterschiedlicher Meinung sein. Ich habe dafür einmal den Begriff der »Filtersouveränität« vorgeschlagen.[89] Dabei kann es dann durchaus eine individuelle Präferenz sein, den eigenen Newsfeed in rein chronologischer Folge serviert zu bekommen und eine andere, die Posts in einer bestimmten Relevanzhierarchie angezeigt zu bekommen. Über eines jedoch sollte kein Zweifel bestehen: im Vordergrund sollte das Interesse der jeweiligen Nutzerin stehen, nicht die des jeweiligen Query-Anbieters.

Auf eine sehr grundlegende Art ist Googles Dominanz in der Internetsuche deswegen weniger beunruhigend, als Facebooks Macht über unsere Newsfeeds. Während Facebook ein Monopol auf unsere sozialen Interaktionen hat und sie beliebig anordnen kann, arbeitet der Google-Algorithmus grundsätzlich auf derselben Datengrundlage wie seine Konkurrenz Microsoft Bing oder DuckDuckGo. Zwar hat Google weitaus mehr und bessere Nutzer*innen-Daten, die ebenfalls helfen, die Suche zu optimieren, doch Hauptbestandteil ist immer noch die Relevanzbewertung der Websites im WWW, die nach wie vor für alle zugänglich ist. Daher kann ich ohne größere Anstrengung auch die anderen Suchmaschinen ausprobieren und bei besserem Gefallen dahin wechseln. Da auf Facebooks Daten aber nur Facebook Zugriff hat, bin ich als Konsument gezwungen, Facebook zu vertrauen, dass es mir schon die bestmögliche Newsfeed-Sortierung anbietet. Wenn nicht, habe ich Pech gehabt.

Sowohl der Vielfalt an möglichen Präferenzen als auch der Disziplinierung zur Nutzer*innen-Orientierung der Anbieter würde durch einen Query-Markt besser entsprochen.

Neue Grenzen

Mit dem Aufbau eines öffentlichen Infrastrukturregimes, der Politisierung des Zugangsregimes und der Vermarktung des Query-Regimes gibt es für die gesamte Level-I-Kontrolle der Plattformen Vergesellschaftungsstrategien.[90] Im Idealfall löst das viele Probleme und erhöht die individuelle Freiheit aller und die Wohlfahrt der Gesellschaft insgesamt.

Es wäre jedoch ein Fehler, die Frage, was zu tun sei, nur darauf zu beschränken, zivilgesellschaftliche Freiheiten gegenüber den Plattformen zu stärken. Wir sollten die Macht der Plattformen nicht nur als eine Bedrohung wahrnehmen, sondern auch als eine Chance, Dinge zu verändern.

Das eigentliche Thema für dieses Jahrhundert ist längst gesetzt: die Klimakatastrophe bzw. ihre Eingrenzung und das Überleben der Menschheit. Alle anderen Themen – auch das Schicksal der Nationalstaaten, die Zukunft des Eigentums und des Kapitalismus und natürlich alle Fragen der Digitalisierung – werden höchstens als Satelliten darum kreisen. Alle Zukunftsthemen werden sich zur Klimakatastrophe verhalten müssen oder werden marginalisiert. Und gerade hier haben wir uns in eine Sackgasse manövriert.

Eva von Redecker hat in ihrer hellsichtigen Analyse des Kapitalismus *Revolution für das Leben* die Eigentumsform als entscheidende Grundlage für den rücksichtslosen Raubbau an Natur und Menschen ausgemacht. Eigentum, verstanden als absolute Sachherrschaft, gebe den Eigentümer*innen unbeschränkte Verfügungsmacht über eine Sache. Das schließt ausdrücklich das Recht mit ein, die Sache zu zerstören.[91]

Doch die Eigentumsform kommt nicht allein, sondern ist eingebettet in selbstähnliche Strukturen. Das Dreigespann aus nationalstaatlicher Souveränität, Eigentumsordnung und der liberalen Idee des Privaten wiederholt immer dieselbe Geste: Äußerliche Grenzen umzirkeln einen Herrschaftsbereich totaler Kontrolle, der sich eine Einmischung von außen verbittet. Staatliche Souveränität, Eigentum und Privatsphäre sind Drillinge und Teil derselben eigentumszentrierten Logik.[92]

Diese Organisationsform der Gesellschaft hat uns vor Probleme gestellt, die wir mit ihr nicht mehr zu lösen imstande sind. Nationalstaatliche Egoismen und der Rückbezug auf die eigene Souveränität verhindern bis heute effektive Koordination bei der Klimawandelbekämpfung. Die Eigentumsordnung wiederum ist die Grundlage für den Kapitalismus, dessen wesentliche Mechanik vom ökonomischen Wachstum abhängig ist und so jeden noch so rücksichtslosen Raubbau legitimiert.[93] Der Liberalismus des Privaten schiebt wiederum die Verantwortung für die ökologische Katastrophe auf die einzelnen Kosument*innenentscheidungen und damit aus der Handlungssphäre der Politik. Wir haben es hier mit einem Gridlock der Grenzregime zu tun: Souveränitäten, Eigentumstitel und Privatsphären greifen ineinander, um sich eine Einmischung in ihre je weltzerstörerische Praxis auf allen Ebenen zu verbitten.

Der erste Impuls aus dieser Gemengelage ginge in Richtung Abschaffung all dieser Grenzen. Doch das wird nicht reichen. Wir brauchen neue, andere Grenzen. Statt der Grenzen der Territorien, Eigentümer und Personen brauchen wir feste Grenzen der Nutzung und Aneignung von Ressourcen und vom Ausstoß von Treibhausgasen – und zwar global. Einen Anfang davon sehen wir in den berechneten CO_2-Budgets, die den Staaten aus der Selbstverpflichtung aus dem Pariser Abkommen zuteil werden.[94] Diese nationalen CO_2-Budgets lassen sich weiter aufspalten, auf Gemeinschaften, Industrien, Unternehmen oder gar auf Individuen. So lässt sich etwa ausrechnen, dass das oberste Prozent der Weltbevölkerung bis 2030 auf 97 Prozent seiner CO_2-Emissionen verzichten müsste, während die untersten 50 Prozent ihre um 300 Prozent steigern könnten.[95] Würden diese Grenzen so bewacht wie die territorialen, käme ein Überschreiten des jeweiligen Budgets einem Akt der Souveränitätsverletzung aller anderen Budget-Verwalter*innen gleich, die sich das zu Recht nicht gefallen lassen würden. Genau das muss das Ziel einer neuen Grenzordnung sein.

Ein Modell dafür hat Kate Raworth mit ihrer Doughnut-Ökonomie vorgelegt.[96] Man stelle sich einen Doughnut vor, wobei der innere Kreis das Mindestmaß an gesellschaftlicher und sozialer Wohlfahrt definiert unter das Bevölkerungen nicht fallen sollten. Der äußere Kreis repräsentiert die planetaren, ökologischen Grenzen, die ebenfalls nicht überschritten werden dürfen. Den Doughnut kann man nun in beliebig viele Teile aufteilen, von denen jedes Stück immer durch diese zwei Grenzen eingehegt bleibt. Doch wer organisiert das Grenzregime?

Externalitäten zu Vorselektionen

Als Salvador Allende 1970 in Chile als Präsident ins Amt gewählt wird, verspricht er eine völlig neue Form des Sozialismus einzuführen. Anders als die Vorbilder der Sowjetunion, China oder Kuba, will er kein restriktives Planungsregime oder eine Diktatur des Proletariats einführen. Stattdessen setzt er auf Demokratie und Wissenschaft. Dafür wird der Brite Stafford Beer beauftragt, ein System zum kybernetischen Management der Volkswirtschaft zu installieren: Projekt Cybersyn.

Es ist der Versuch, die Kreisläufe der Wirtschaft an denen von biologischen Organismen zu orientieren. Regelwerke sollen dezentrale Informationen aus den Produktionsstätten einsammeln, verarbeiten und größtenteils automatisiert darauf reagieren. Nur Informationen zu wichtigen Grenzfällen und Unvorhergesehenem sollen in einer dem Raumschiff Enterprise nachempfundenen Kommandozentrale landen und von den dort operierenden menschlichen Entscheider*innen bearbeitet werden. Es ist ein ehrgeiziges Projekt, das damals nur mit einem Großcomputer und einer Anzahl von Telexmaschinen – im Grunde Eingabeterminals mit Druckern und Datenverbindung ohne eigene Rechenkapazität – funktionieren soll.

Mit dem gewaltsamen und von der CIA unterstützen Umsturz vom 11. September 1973 durch General Pinochet findet das Projekt nach nur etwas über zwei Jahren ein jähes Ende. Wir wissen bis heute nicht, ob das System langfristig und stabil funktioniert hätte. Es ist aber unwahrscheinlich mit den damaligen Mitteln. Was wir mit Sicherheit wissen ist, dass für ein vergleichbares Projekt heute völlig andere Voraussetzungen gelten. Die Hardware ist mehrere Millionen Mal schneller, kostet dafür nur ein tausendstel und die Software für die nötige Datenverarbeitung ist überhaupt erst jetzt auf dem Stand, das Versprechen von damals zu erfüllen: nämlich aus historischen Daten intelligente Vorhersagen treffen zu können.

Einige Sozialist*innen und sogar der Alibaba-Gründer Jack Ma träumen daher vermehrt von einem neuen Versuch einer kybernetischen Planwirtschaft.[97] Doch haben wir nicht bereits etwas Besseres? Wie in Kapitel 7 besprochen sind Plattformen weder Planwirtschaft noch Märkte, sondern etwas Drittes. Sie sind eingebettete, weitgehend kontrollierte, das heißt planbare Märkte.

Plattformen sind bereits effektive Regulierer ihrer jeweiligen proprietären Graphen. Google setzt mit seiner Macht immer wieder internetweit Webstandards durch. Amazon macht bestimmte Kulanzregelungen und Qualitätskontrollen zur Bedingung für Händler*innen seines Marketplace, Apple hat eine ganze Liste von Ge- und Verboten, die es für seinen App Store durchsetzt. Das Entscheidende dabei ist, dass diese Regulierungen weitgehend aus der Sichtbarkeit der Nutzer*innen verschwinden und in die reibungslosen Abläufe der Transaktionen integriert werden. Die dafür nötigen, teils komplexen

Prüfverfahren werden dafür standardisiert, die Prozesse optimiert und weitestgehend automatisiert und auf die gesamte Plattform skaliert. Am Ende vollführt jeder Klick, den wir tun, eine Kaskade an Prüfselektionen, ohne dass wir das überhaupt mitbekommen.

Damit wäre das Hauptproblem von Märkten adressierbar: die sogenannten Externalitäten – also alle Effekte von Angebot und Nachfrage, die im Preis nicht abgebildet werden. Wir haben sie bereits in Form von Transaktionskosten (negative Externalitäten) und Netzwerkeffekten (positive Externalitäten) kennengelernt, doch auch alle Formen von Umweltzerstörung gehören dazu. Müssten Preise von Gütern die Kosten beinhalten, die durch den von ihnen angeheizten Klimawandel entstehen, wären viele kaum mehr bezahlbar. Die Politik versucht mittlerweile vorsichtig durch CO_2-Bepreisung, diese Externalitäten in die Preise einzuführen, doch längst nicht auf einem relevanten Niveau.

Plattformen können dagegen solche und andere Externalitäten einfach in ihren automatisierten Vorselektionen berücksichtigen. Sie könnten die oben genannten, harten Grenzen in jeder einzelnen Interaktion reflektieren, auf individueller, wie auch auf kollektiver Ebene. Jede Transaktion müsste eine CO_2-Bilanz in den Metadaten mitkommunizieren, nachweisen, soziale Standards erfüllen und jede Handlung, jeder Kauf hätte Auswirkungen auf das jeweilige CO_2-Budget. Heraus käme eine metagesteuerte Wirtschaft, deren Interaktionen zwar für die Nutzer*innen in Form von Markttransaktionen erscheinen, die aber im Hintergrund auf Werte wie größter Wohlstand der Gesellschaft bei kleinstem Impact auf die Umwelt optimiert wird. Dafür bräuchte es aber eine Art Metaplattform, die diese Steuerung plattformübergreifend koordiniert.

Graphnahme des Finanzkapitalismus

In seinem Roman *Ministry for the Future* entwirft der Science-Fiction-Autor Kim Stanley Robinson die Vision eines globalen Ministeriums zur Klimapolitik. Es ist eine Körperschaft internationalen Rechts, die im Jahr 2025 abgeleitet aus den Verpflichtungen des Pariser Klimaabkommens gegründet wird und über dessen Zielerreichungen wachen soll: Das Ministerium für die Zukunft.[98] Es repräsentiert die Interessen noch ungeborener Generationen und aller Lebewesen, die nicht fähig sind, für sich selbst zu sprechen.

Das Ministerium hat das Problem, das die meisten internationalen Institutionen haben: Es ist kaum mit Macht ausgestattet. Robinson illustriert damit ein Dilemma, vor dem wir tatsächlich stehen: Die Klimakrise kann nur durch transnationale Kooperation gelöst werden, doch im derzeitigen System sind ausschließlich Nationalstaaten politisch wirklich handlungsfähig. Es gibt keine Weltregierung.

In seinem Buch *The Terraforming* dreht Benjamin Bratton Carl Schmitts Diktum zur Souveränität um und fragt, welche Art von Souveränität der Ausnahmezustand des Klimawandels schließlich hervorbringen wird.[99] Er beantwortet diese Frage nicht abschließend, weist aber darauf hin, dass allein der Finanzmarkt bisher die nötigen Mechanismen ausgebildet hat, um so was wie eine globale Steuerung von Handlungen zu ermöglichen. »Das Finanzsystem arbeitet nicht nur als Medium der Zirkulation von Wert, sondern als Plattform für die Formulierung von Modellen der Gegenwart, die Modelle der Zukunft informieren, auf die Wetten abgeschlossen werden, die wiederum Märkten ihre Vorstellungen aufdrücken.«[100] Wenn also irgendetwas einer Weltregierung nahekommt, dann ist es am chesten der globale Finanzmarkt.

Geld war traditionell immer eine Schnittstellenplattform mit rechtebasiertem Zugangsregime. Definiert und lizensiert von einer staatlichen Entität – der Zentralbank –, geschöpft von Lizenznehmer*innen – den Banken – und implementiert und genutzt auf allen Ebenen der Gesellschaft. Geld ist eine Plattform zur Messung, Speicherung und Austausch von Wert. Libertäre wollen Geld möglichst entpolitisieren und am liebsten auch aus den Fängen des Nationalstaats befreien. Mit Bitcoin haben sie gezeigt, dass es keine zentrale Entität als Emittent geben muss, Geld also auch als reine Protokollplattform funktionieren könnte. Bitcoin ist der Versuch einer nicht kontrollierbaren Währung und damit das genaue Gegenteil von dem was wir brauchen. Statt Geld, das im Wettbewerb der Energieverschwendung entsteht wie Bitcoin, wollen wir eines, mit dem wir die Märkte – also im Grunde die Handlungen der Menschen – in Richtung nachhaltigen Wirtschaftens lenken können. Was wir brauchen ist eine Metaplattform der Ökonomie, die unerwartete, aber dennoch ökologisch nachhaltige, Anschlussselektionen wahrscheinlich macht.

Ein wesentlicher Beitrag in Robinsons fiktivem Klimarettungsszenario besteht entsprechend aus der Graphnahme des Finanzkapitalismus durch Einführung einer neuen, digitalen Metawährung. Das Ministerium für die Zukunft überredet die Währungsbanken aller großen Volkswirtschaften eine Kryptowährung aufzusetzen, die geschöpft wird, wann immer CO_2 gebunden und verstaut, eingespart oder die fossilen Rohstoffe gar nicht erst an die Erdoberfläche geholt werden: den Carbon Coin. Die Idee stammt aus einem Aufsatz von Delton Chen aus dem Jahr 2018:[101] Vorbild dahinter ist das »Quantitative Easing«, das die Währungsbanken bereits im Zuge der Finanz- und der Corona-Krise im großen Maßstab eingesetzt haben. Im Grunde agiert die jeweilige Währungsbank dabei als Investor für dem privaten Sektor, der im großen Maßstab ganze Branchen mit Umsatz und Liquidität versorgt. Der Unterschied zum »Green Quantitative Easing« (GQE), wie Chen es vorschlägt, wäre lediglich, dass der Carbon Coin dezidiert in CO_2-Reduktionsprojekte investiert wird.

In Robinsons Roman wird ein Carbon Coin pro nachgewiesen eingesparter Tonne CO_2 generiert. Das kann durch energiesparende Maßnahmen passieren, aber auch durch das Binden und Einlagern von Kohlenstoff aus der Atmosphäre. Am billigsten kommt man zu Carbon Coins, indem man eigene fossile Energiequellen schlicht und einfach nicht fördert, sondern in der Erde lässt. Der Carbon Coin fungiert somit auch als eine Art Aussteigerprogramm für CO_2-Großemittenten wie Saudi-Arabien, Iran oder Russland. Es dient aber gleichzeitig auch als Finanzierungsplattform für neue grüne Technologien.

Aus Plattformperspektive ergeben sich aus einer solchen Konstellation enorme Steuerungsmöglichkeiten. Durch die Blockchaintechnologie wäre das Infrastrukturregime des Carbon Coin von vornherein auf Transparenz und Verantwortlichkeit festgelegt. Alle Transaktionen sind für alle nachvollziehbar, was Geldwäsche und Steuerhinterziehung enorm erschwert. Im Gegensatz zu Bitcoin wird bei der Generierung von Carbon Coin statt auf das energiehungrige Proof of Work auf Proof of Authority gesetzt, was in diesem Fall nichts anderes bedeutet, als dass es spezielle Institutionen geben muss, die die behaupteten Einsparungen von klimaschädlichen Gasen beglaubigen und zertifizieren. Ein solches Zugangsregime ist sicher aufwendig, fehleranfällig und teuer, aber daran kommt ein solches Konzept nicht vorbei.

In der Blockchain können jedoch nicht einfach nur die Formen der Einsparung von CO_2 bei der Carbon-Coin-Erschaffung gespeichert werden, sondern für jede einzelne Transaktion, die jemand damit macht, könnte ein CO_2-Fußabdruck berechnet und – neben anderen Externalitäten – in der Chain gespeichert werden. Aus diesen Daten könnten Diensteplattformen dann Produkte, Transaktionen, Unternehmen und Geschäftspartner nach ökologischer Vereinbarkeit sortieren. Das Query-Regime dieser Plattformen könnte solche Daten dann im täglichen Gebrauch beim Matching berücksichtigen, besonders klimaschonende Interaktionspartner weiter vorn anzeigen, oder Mindestmaße festlegen und somit nachhaltige Transaktionen wahrscheinlicher machen. Auch das Interface-Regime ließe sich dazu nutzen, klimaschonendes Verhalten nahezulegen, etwa durch Vorauswahlen von CO_2-Kompensationen. Mit dem Verbindungsregime könnte im Zweifelsfall sogar in besonders schmutzige Transaktionen eingegriffen werden und das Graphregime könnte ein übergreifendes Bild der Fortschritte abbilden, auf problematische Branchen, Gemeinschaften oder Inidividuen hinweisen und so die weitere Klimapolitik informieren.

Entscheidend für die Steuerungswirkung ist dabei natürlich die Netzwerkmacht. Im Roman stehen sowohl die US-amerikanische

FED, die europäische EZB, die Deutsche Bundesbank, die Bank of England, als auch die chinesische Staatsbank CITIC hinter dem Vorhaben. Durch die Garantie der Währungsbanken, Carbon Coins zu einem festgelegten Wechselkurs in ihrer jeweiligen Währung zu einem bestimmten Zeitpunkt auszuzahlen, existiert genügend Anreiz für alle, in Dekarbonisierung zu investieren. Damit existiert ein Finanzinstrument, das auf dem Markt allein schon durch seine Verlässlichkeit attraktiv ist. Carbon Coin wäre somit beides: eine Metawährung, aber auch die neue Leitwährung – ein Begriff, der noch nie etwas anderes bedeutete, als der weltweit dominierende Währungsstandard.[102]

Mit einer solchen Netzwerkmacht im Rücken lässt sich mittels der Politik des Flaschenhalses auch Druck auf Nationalstaaten oder internationale Konzerne ausüben, vergleichbar mit dem Sanktionsdruck, den die USA heute bereits erfolgreich auf ihre Gegner ausüben. Die Graphnahme des Finanzsystems durch eine solche politisch gesteuerte Metawährung würde den Kapitalismus durch einen plattformisierten Hybrid aus Markt- und Planwirtschaft ersetzen und wäre vielleicht der stärkste vorstellbare Hebel zur Bekämpfung der Klimakrise.

Anhang

Anmerkungen

Einleitung

1 Zitiert aus Alex Winter: Downloaded (Dokumentarfilm), 2013.
2 Sarah O'Connor: When your boss is an algorithm, https://www.ft.com/content/88fdc58e-754f-11e6-b60a-de4532d5ea35, 08.09.2016.
3 Wir gehen auf die Modi des Regierens der Plattformen in Kapitel 6 genauer ein.
4 Jessica Bursztynsky: Apple now has $193.82 billion in cash on hand, https://www.cnbc.com/2020/07/30/apple-q3-cash-hoard-heres-how-much-apple-has-on-hand.html, 30.07.2020.
5 Daimler: Daimler Annual Report 2019 https://www.daimler.com/documents/investors/reports/annual-report/daimler/daimler-ir-annual-report-2019-incl-combined-management-report-daimler-ag.pdf, 27.02.2020.
6 Vgl. Shoshana Zuboff: The Age of Surveillance Capitalism: The Fight for a Human Future at the New Frontier of Power, New York 2019.
7 Siehe etwa Angela Merkel 2016 auf der Cebit. FAZ: Merkel: Daten sind die Rohstoffe des 21. Jahrhunderts, https://www.faz.net/aktuell/wirtschaft/cebit/angela-merkel-fordert-mehr-modernisierte-digitale-technologien-14120493.html, 12.03.2016.
8 Mit der Einschränkung, dass es dezidierte Suchmaschinen wie »The Pirate Bay« braucht, um die Torrents zu finden.
9 Vgl. Julian Oliver: Server Infrastructure for Global Rebellion, https://media.ccc.de/v/36c3-11008-server_infrastructure_for_global_rebellion, 27.12.2019.
10 taz: Hannibals Schattennetzwerk, https://taz.de/Schwerpunkt-Hannibals-Schattennetzwerk/!t5549502/, 2020.
11 Markus Böhm: Immer wieder 8chan, https://www.spiegel.de/netzwelt/netzpolitik/el-paso-und-8chan-was-das-forum-mit-dem-terrorakt-zu-tun-hat-a-1280454.html, 05.08.2019.
12 Sein eigener Begriff der »Plattformsouveränität«, der hier in Kapitel 5 genauere Beachtung erfahren soll, ist vielleicht deshalb so unterbestimmt geblieben.
13 Mehr dazu in Kapitel 1.
14 Vgl. Nicole Zillien: Affordanz, in: Kevin Liggieri, Oliver Müller: Mensch-Maschine-Interaktion – Handbuch zu Geschichte – Kultur – Ethik, Stuttgart 2019, auch abzurufen unter: https://link.springer.com/chapter/10.1007/978-3-476-05604-7_31, 25.09.2019.
15 Aus Platzgründen kann auf die vielfältigen kulturellen und sozialen Plattformphänomene (Memes, digital Tribes, etc.) nicht eingegangen werden.

1 Was ist eine Plattform?

1 Chris Dicker: Mark Zuckerberg Biography: What It Took To Invent Facebook and More?, Los Gatos 2017, S. 111.

2 Rebecca Rowell: YouTube. The Company and Its Founders, North Mankato 2011, S. 80.

3 Plattformkrieg mag in manchen Ohren martialisch klingen und doch gibt es Gründe, warum auf diesen Begriff nicht verzichtet werden kann. Zum einen verweist er auf die im Englischen geläufige Formulierung der Format Wars, also den Kriegen um Standards, die seit dem 19. Jahrhundert immer wieder beobachtbar sind. Zum anderen werden wir spätestens in Kapitel 5 sehen, dass Plattformen in der Tat militärischen Logiken der Okkupation und des strategischen Angriffs gehorchen.

4 In Abwandlung der berühmten Formulierung des Mathematikers George E. P. Box: »All models are wrong but some are useful.« Vgl. George E. P. Box: Science and Statistics, in: Journal of the American Statistical Association, 71: 791–799, https://www.tandfonline.com/doi/abs/10.1080/01621459.1976.10480949, 01. 05. 1976.

5 Vgl. Wolfgang Pfeifer, Etymologisches Wörterbuch, https://www.dwds.de/wb/Plattform.

6 Vgl. Timothy F. Bresnahan, Shane Greenstein: Technological Competition and the Structure of the Computer Industry, in: The Journal of Industrial Economics, 47(1), 1–40, www.jstor.org/stable/117505, März 1999.

7 Die früheste Erwähnung finde ich in einem Aufsatz von 1989 zu Datenbank-Schnittstellen für den Apple Macintosh, der auch als Plattform bezeichnet wird. Vgl. W. H. Benson, J. L. McCarthy: Designing a Macintosh interface to a mainframe database, https://ieeexplore.ieee.org/document/48158, 1989. In den 1990er Jahren wiederum setzt sich der Begriff endgültig durch.

8 Alan Huang: Towards a digital optics platform, in: Proc. SPIE 1319, Optics in Complex Systems, https://doi.org/10.1117/12.22252, 01. 07. 1990.

9 Vgl. etwa Dong-Jae Kim, Bruce Kogut: Technological Platforms and Diversification, https://pubsonline.informs.org/doi/abs/10.1287/orsc.7.3.283, 01. 06. 1996, Marc H. Meyer, Alvin P. Lehnerd: The Power of Product Platforms – Building Value and Cost Leadership, New York 1997 und Mohanbir S. Sawhney: Leveraged High-Variety Strategies: From Portfolio Thinking to Platform Thinking, https://journals.sagepub.com/doi/abs/10.1177/0092070398261006?journalCode=jama, 01. 01. 1998. Zu verschiedenen Plattformbegriffen in Technologie und Wirtschaftswissenschaften, siehe z. B.: Ahmad Asadullah, Isam Faik, Atreyi Kankanhalli: Digital Platforms: A Review and Future Directions, https://s3.amazonaws.com/academia.edu.documents/57879591/Digital_Platforms__A_Review_and_Future_Directions.pdf, 26. 06. 2018.

10 Timothy F. Bresnahan, Shane Greenstein: Technological Competition and the Structure of the Computer Industry, in: The Journal of Industrial Economics, 47(1), 1–40, www.jstor.org/stable/117505, März 1999.

11 Jean-Charles Rochet, Jean Tirole: Platform Competition in Two-Sided Markets, https://academic.oup.com/jeea/article/1/4/990/2280902, 01. 06. 2003.

12 In Kapitel 3 werden wir uns eingehender mit Netzwerkeffekten beschäftigen.

13 Geoffrey G. Parker, Marshall W. van Alstyne, Sangeet Paul Choudary: Platform Revolution: How Networked Markets Are Transforming the Economy and How to Make Them Work for You, New York 2016, S. 12.

14 David S. Evans, Richard Schmalensee: Matchmakers – The New Economics of Multisided Platforms, Cambridge 2016, S. 14.

15 Ben Thompson: The Bill Gates Line, https://stratechery.com/2018/the-bill-gates-line/, 23.05.2018.

16 Vgl. vor allem: Lawrence Lessig: Code and Other Laws of Cyberspace, New York 1999.

17 Alexander R. Galloway: Protocol – How Control Exists after Decentralization, Cambridge 2004.

18 Ian Bogost, Nick Montfort: Racing the Beam – The Atari Video Computer System, Cambridge 2009, S. 2.

19 Ebd.

20 Anne Helmond: The Platformization of the Web: Making Web Data Platform Ready, https://journals.sagepub.com/doi/full/10.1177/2056305115603080, 30.09.2015.

21 Tarleton Gillespie: The politics of platforms, https://journals.sagepub.com/doi/abs/10.1177/1461444809342738?journalCode=nmsa, 09.02.2010.

22 José Van Dijck, Thomas Poell, Martijn De Waal: The Platform Society – Public Values in a Connective World, New York 2018, S. 4.

23 Vgl. vor allem Astra Taylor: The People's Platform – Taking Back Power and Culture in the Digital Age, New York 2014 und Geert Lovink: Im Bann der Plattformen, Bielefeld 2017.

24 Nick Srnicek: Platform Capitalism, Cambridge 2017.

25 Benjamin H. Bratton: The Stack – On Software and Sovereignty, Cambridge 2016.

26 Ebd., S. 92.

27 Michael Seemann: Das Neue Spiel – Strategien für die Welt nach dem digitalen Kontrollverlust, Freiburg 2014, S. 115.

28 Srnicek: Platform Capitalism, S. 33.

29 Wie wir bereits festgestellt haben, zielt ein Großteil der sozialwissenschaftlichen Plattformliteratur auf diesen Umstand ab, etwa die Platform Studies, Galloways Protocol oder Platform Society.

30 Erwartet, nicht etwa erwartbar. Erwartbar wäre zwar auch nicht völlig falsch, aber weniger präzise. Ab wann ist etwas erwartbar? Muss es allgemein erwartbar sein, also von allen oder fast allen? Muss es durch eine bestimmte Gruppe erwartbar sein? Welche? Die meisten kennen GitHub gar nicht, eine der wichtigsten Plattformen, die es gibt. Sie haben folglich keinerlei Erwartungen daran. Und doch ist es eben eine Plattform, weil die Vorselektionen potentieller Verbindungen von Millionen Softwareentwickler*innen erwartet werden. Eine Plattform ist eine Plattform, sofern sie erwartet wird.

31 Die ersten erfolgreichen Experimente mit Glühfäden unternahm bereits 1802 der englische Chemiker Humphry Davy. Joseph Wilson Swan entwickelte die erste praktisch funktionierende Glühlampe 1860. Häufig wird jedoch Thomas

Edison mit der Erfindung der Glühbirne in Verbindung gebracht, da er 1879 das Patent anmeldete und die Glühbirne kommerziell erfolgreich machte.

32 Wir kommen im nächsten Kapitel ausführlicher darauf zu sprechen.

33 Phoenix Software Associates, American Megatrends, Award und andere.

34 Zudem machte Microsoft zu dieser Zeit auch das europäische Kartellrechtsverfahren zu schaffen, das im Kampf des Unternehmens um das Web eine Ausnutzung seiner Marktmacht auf dem Betriebssystemmarkt sah.

35 Vor allem, seitdem Microsoft wiederum seinen neuen Browser Edge auf Chrome-Code basiert. Vgl. Stephen Shankland: Google gains power over web as Microsoft rebuilds Edge browser on Chrome tech, https://www.cnet.com/news/microsoft-rebuilds-edge-browser-on-chrome-tech-google-gains-web-power/, 06.12.2018.

36 Anders bei Anne Helmond. Sie sieht das Plattformparadigma der Diensteplattformen nur in der Programmierbarkeit erfüllt, also in der API. Vgl. Anne Helmond: The Platformization of the Web – Making Web Data Platform Ready, https://journals.sagepub.com/doi/full/10.1177/2056305115603080, 11.12.2015. Mit unserem erweiterten Plattformbegriff können wir das jedoch weiter ausdifferenzieren. APIs sind weder hinreichendes noch notwendiges Kriterium für Diensteplattformen. Vielmehr ist es so, dass Diensteplattformen mit API zusätzlich auch zu Schnittstellenplattformen werden.

37 Sie kauften UberTwitter, Echofon und Tweetdeck. Vgl. Mathew Ingram: Is UberMedia on a Collision Course With Twitter?, https://gigaom.com/2011/02/14/is-ubermedia-on-a-collision-course-with-twitter/, 14.02.2011.

38 Vgl. Ben Thompson: Even Twitter and What Might Have Been, https://stratechery.com/2015/twitter-might/, 15.04.2015.

39 Jonathan Zittrain bringt das auf das Stichwort »Generativität« und bezieht deren Fehlen wohl als Erster auf das gerade erst erschienene iPhone. Vgl. Jonathan Zittrain: The Future of the Internet and How to Stop it, New Haven 2008, S. 86.

2 Koordination und Infrastruktur

1 Vgl. Dolores Monet: Baltimore's Great Fire of 1904 and Its Legacy, https://owlcation.com/humanities/Baltimores-Great-Fire-of-1904-and-Its-Legacy, 03.01.2018.

2 Wikipedia: Normalspur, https://de.wikipedia.org/wiki/Normalspur.

3 David Mikkelson: Are U.S. Railroad Gauges Based on Roman Chariots?, https://www.snopes.com/fact-check/railroad-gauge-chariots/, 16.04.2001.

4 Niklas Luhmann: Soziale Systeme, Frankfurt am Main 1984, S. 152.

5 Vgl. ebd., S. 148.

6 Soziologie besteht im Grunde darin, darüber zu staunen, wie aus dieser unüberschaubaren Situation der unwahrscheinliche Fall von »Gesellschaft« hat passieren können.

7 Luhmann: Soziale Systeme, S. 397.

8 Vgl. Hans B. Peek: The Emergence of the Compact Disc, https://www.philips. com/c-dam/corporate/research/technologies/cd/The-Emergence-of-the-Compact-Disc_v2.pdf, Januar 2010.

9 Jürgen K. Lang: Das Compact Disk Digital Audio System – Ein Beispiel für die Entwicklung hochtechnologischer Konsumelektronik, http://publications.rwth-aachen.de/record/95066/files/3940.pdf, Aachen 1996.

10 Vgl. Ronald H. Coase: The Nature of the Firm, https://onlinelibrary.wiley.com/ doi/full/10.1111/j.1468-0335.1937.tb00002.x, November 1937.

11 Joseph Menn: All the Rave: The Rise and Fall of Shawn Fanning's Napster, New York 2003, S. 110.

12 Vgl. Jonathan Zittrain: The Future of the Internet – And How to Stop it, New Haven 2008, S. 33.

13 Franklin D. Roosevelt: Fireside Chat 1: On the Banking Crisis, https://miller center.org/the-presidency/presidential-speeches/march-12-1933-fireside-chat-1-banking-crisis, 12.03.1933.

14 Vgl. Fred Turner: The Democratic Surround: Multimedia and American Libera-lism from World War II to the Psychedelic Sixties, Chicago 2015, S. 27 ff.

15 Luhmann: Die Gesellschaft der Gesellschaft, S. 202.

16 Ebd., S. 311.

17 Dirk Baecker: Studien zur nächsten Gesellschaft, Frankfurt am Main 2007, S. 153.

18 Elisabeth Burr: Der Buchdruck, https://home.uni-leipzig.de/burr/Intro/html/ Buchdruck.htm, 1998.

19 Archana Singh, Shailendra Singh: A Journey of English Language from the Era of Printing Press to the Present Age of Artificial Intelligence, https://www. semanticscholar.org/paper/A-Journey-of-English-Language-from-the-Era-of-Press-Singh-Singh/929c890d481d691564f87f9eecae13297e810c1c, 2018.

20 Peter von Polenz: Deutsche Sprachgeschichte vom Spätmittelalter bis zur Gegenwart, Berlin 2000, S. 114 ff.

21 Dass Sprachen vornehmlich von psychischen, nicht technischen Systemen gebraucht werden, sollte keine Rolle spielen, wenn unsere Definition irgend-einen technologieagnostischen Erkenntnisanspruch hat.

22 In der Evolutionsbiologie nennt man es den »Founder Effekt«, wenn eine Gruppe von Individuen von ihrer heterogene Ausgangspopulation getrennt wird, und sich unter so veränderten Bedingungen in eine neue Richtung entwickelt. Vgl. Alan R. Templeton: The Theory of Speciation via the Founder Principle, https://www.genetics.org/content/94/4/1011.long, 01.04.1980.

23 An einer anderen Stelle wäre der These nachzugehen, inwieweit medial aus-gelöste Generativitäten immer wieder zur Verbreitung neuer Weltreligionen geführt haben. Jan Assmann hat das im Ansatz bereits für die Einführung der Schrift und das Judentum gezeigt, das als erste Buchreligion neue, geographi-sche Freiheitsgrade erhielt und deswegen seine Identität auch im Exil weiterfüh-ren konnte (vgl. Jan Assmann: Das kulturelle Gedächtnis: Schrift, Erinnerung und politische Identität in frühen Hochkulturen, München 1992, S. 196 ff.). Bei Tom Standage kann man lesen, wie das römische Postsystem und die Brief-

kultur die entscheidende Infrastruktur für die Ausbreitung des Christentums wurden (vgl. Tom Standage: Writing on the Wall: Social Media – The First 2,000 Years, London 2013, S. 21 ff.). Und dass die Verbreitung der Reformation und damit die Entwicklung der protestantischen Kirchen eine Wirkung der Druckerpresse waren, ist bereits ein Gemeinplatz, wird jedoch noch mal schön als Wirkungszusammenhang beschrieben von Ben Tompson: The Internet and the Third Estate: https://stratechery.com/2019/the-internet-and-the-third-estate/, 21. 10. 2019. Adrienne LaFrance hat bereits einen möglichen Kandidaten für eine neue Religion des Internetzeitalters ausgemacht: Qanon – die Verschwörungserzählung, dass die globalen Eliten gemeinsam Kinder missbrauchen und Donald Trump als neue Erlöserfigur daran arbeitet, die Kinder zu befreien. Vgl. Adrienne LaFrance: The Prophecies of Q, https://www.theatlantic.com/magazine/archive/2020/06/qanon-nothing-can-stop-what-is-coming/610567/, Juni 2020.

24 Auf dieser neuen Ebene werden nie da gewesene Netzwerkeffekte ins Werk gesetzt. Der Nutzen, dass die gesprochene Sprache des Bauern des einen Dorfs auch drei Dörfer weiter noch verständlich ist, war begrenzt, denn der Aufwand zu reisen war groß. Der Nutzen hingegen, dass ein Schriftstück auch über regionale Grenzen hinweg gelesen werden kann, leuchtet ein, da Reproduktion und Distribution vergleichsweise billig sind. Die Ökonomie des Drucks verlangt möglichst hohe Auflagen und eine möglichst weite Verbreitung. Hier zeigt sich eine Eigenheit der Netzwerkeffekte, die nicht sofort offensichtlich ist. Es sind die Unterschiede in der Kostenstruktur, die die Netzwerkeffekte im wahrsten Sinne des Wortes entfesseln. Senkte man die Kosten für den Bauern zu reisen, würde der Nutzen, eine weit verbreitete Sprache zu sprechen, sofort dramatisch steigen. Netzwerkeffekte sind in Wirklichkeit ein Effekt sinkender Kosten der Koordination – in diesem Fall also Reisen, Kommunizieren, Publizieren etc. Sinkende Koordinationskosten machen den Nutzen des Unerwarteten kalkulierbar und damit wahrscheinlich.

25 Vgl. Gibson Ferguson: The Global Spread of English, Scientific Communication and ESP: Questions of Equity, Access and Domain Loss, https://www.research gate.net/publication/28184900_The_Global_Spread_of_English_Scientific_ Communication_and_ESP_Questions_of_Equity_Access_and_Domain_Loss, 13. 04. 2007.

26 Vgl. Neil Gandal: Native language and Internet usage, https://www.degruyter.com/view/j/ijsl.2006.2006.issue-182/ijsl.2006.067/ijsl.2006.067.xml, 16. 11. 2006.

27 Vgl. Gretchen McCulloch: Because Internet: Understanding the New Rules of Language, New York 2019.

28 In gewisser Weise war das ARPANET noch viel materieller als das Internet. So waren im ARPANET viele notwendige Funktionen der Datenprozessierung und Weiterleitung in eigens dafür hergestellte Computer, sogenannte IMPs, ausgelagert. Aufgaben, die heute von im Betriebssystem integrierter Software erledigt werden.

29 Cade Metz: Say Bonjour to the Internet's Long-Lost French Uncle, https://www.wired.com/2013/01/louis-pouzin-internet-hall/, 01. 03. 2013.

30 Vgl. Cade Metz: Bob Kahn – The Bread Truck, and the Internet's First Communion, https://www.wired.com/2012/08/bob-kahn-internet-hall-of-fame/, 13.08.2012.

31 Vgl. Anthony Giddens: The Constitution of Society: Outline of the Theory of Structuration, Cambridge 1984.

32 Bei der Gelegenheit ist es wichtig, darauf hinzuweisen, dass ein Großteil dieser Infrastruktur von staatlicher Seite finanziert und koordiniert wurde. Das gilt nicht nur für das Internet, sondern auch für so entscheidende Technologien wie die Halbleiter aus Silizium, kapazitive Touch-Displays, wie unsere Smartphones sie verwenden, GPS und Mobilfunkstandards. Vgl. Mariana Mazzucato: The Entrepreneurial State – Debunking Public vs. Private Sector Myths, London 2013.

33 Auf einige solcher Okkupationen kommen wir in Kapitel 5 zu sprechen.

34 Joseph Menn: All the Rave: The Rise and Fall of Shawn Fanning's Napster, New York 2003, S. 36 f.

35 Sebastian Gießmann: Die Verbundenheit der Dinge – Eine Kulturgeschichte der Netze und Netzwerke, Berlin 2014, S. 180.

36 Ebd., S. 183.

37 Niklas Luhmann: Die Gesellschaft der Gesellschaft, Frankfurt am Main 1997, S. 309.

38 Michael Seemann: Das Neue Spiel – Strategien für die Welt nach dem digitalen Kontrollverlust, Freiburg 2014, S. 56 ff.

39 Und hier sticht das Artifizielle der Diensteplattform hervor: Die internen Vorselektionen müssen nicht mehr erwartet werden, denn es stellt sich heraus, dass Automatisierung nichts anderes ist, als die Ersetzung von Erwartung durch Algorithmen.

40 Menn: Napster, S. 172 ff.

41 E. F. Codd: A Relational Model of Data for Large Shared Data Banks, https://dl.acm.org/doi/10.1145/362384.362685, Juni 1970.

42 Ebd.

43 In Wirklichkeit erlaubt SQL, diese drei Abfragen in einer einzigen Suchabfrage zu formulieren: »Gib mir die ›Durchwahl‹ aus der Tabelle ›Zimmer‹, wo die ›Zimmer-ID‹ mit der ID übereinstimmt, die in der ›Buchung‹ die Gäste-ID hat, wo in der Tabelle ›Gäste‹ der Name ›Seemann‹ steht.«

44 Vgl. Felix Stalder, Christine Mayer: The Second Index – Search Engines, Personalization and Surveillance, in: Konrad Becker, Felix Stalder (Hrsg.): Deep Search – The Politics of Search beyond Google, Innsbruck/Wien 2009, S. 98–116.

45 Das war sehr lange Moore's Law, also die Verdopplung der Rechenleistung alle 18 Monate. Es ist umstritten, ob dieses Gesetz noch gilt.

46 Den Schriftsteller Peter Glaser paraphrasierend. Vgl. Peter Glaser: Die Welt ist eine Google, https://www.deutschlandfunkkultur.de/die-welt-ist-eine-google.1005.de.html?dram:article_id=159030 29.04.2010.

3 Netzwerkmacht

1 Joseph Menn: All the Rave: The Rise and Fall of Shawn Fanning's Napster, New York 2003, S. 102.

2 Michael Seemann: Das Neue Spiel – Strategien für die Welt nach dem digitalen Kontrollverlust, Freiburg 2014, S. 108.

3 Theodor Newton Vail: Views on Public Questions – A Collection of Papers and Addresses of Theodore Newton Vail, 1907–1917, S. 8.

4 Vgl. Tim Wu: The Master Switch: The Rise and Fall of Information Empires, New York 2008, S. 64.

5 Ebd.

6 Jeffrey Rohlfs: A Theory of Interdependent Demand for a Communications Service, in: The Bell Journal of Economics and Management Science, Vol. 5, No. 1, S. 16–37, https://www.jstor.org/stable/3003090?seq=1, S. 29, Frühjahr 1974.

7 W. Brian Arthur: On Competing Technologies and Historical Small Events: The Dynamics of Choice under Increasing Returns, IIASA Working Paper, http://tuvalu.santafe.edu/~wbarthur/Papers/Arthur%20IIASA%201983%20 paper.pdf, September 1983.

8 Auf deutschen Tastaturen gilt QWERTZ, da Y und Z vertauscht sind.

9 Vgl: Robert Metcalfe: Metcalfe's Law After 40 Years of Ethernet, https://www. youtube.com/watch?v=f6CJA421aUo, 07.05.2014.

10 »Metcalfe'sches Gesetz« wurde diese Formel allerdings erst 13 Jahre später von George Gilder genannt.

11 Carl Shapiro, Hal R. Varian: Information Rules – A Strategic Guide to the Network Economy, Boston 1999.

12 Brian McCullough: A revealing look at the dot-com bubble of 2000 – and how it shapes our lives today, https://ideas.ted.com/an-eye-opening-look-at-the-dot-com-bubble-of-2000-and-how-it-shapes-our-lives-today/, 04.12.2018.

13 W. Brian Arthur: Increasing Returns and Path Dependence in the Economy, Michigan 1994.

14 Friedrich Sambs: Die Entwicklung und Verbreitung des VHS Systems, http:// www.magnetbandmuseum.info/die-vhs-story.html, Januar 2012.

15 Alex Moazed, Nicholas L. Johnson: Modern Monopolies: What It Takes to Dominate the 21st Century Economy, New York 2017, S. 89.

16 Vgl. Menn: Napster, S. 128.

17 Vgl. Alex Moazed, Nicholas L. Johnson: Modern Monopolies: What It Takes to Dominate the 21st Century Economy, New York 2017, S. 157 ff.

18 Vgl. Kevin J. Boudreau, Andrei Hagiu: Platform Rules: Multi-Sided Platforms as Regulators, https://www.researchgate.net/publication/23530883_Platform_ Rules_Multi-Sided_Platforms_as_Regulators, November 2008.

19 WeChat hat etwa 1,112 Milliarden aktive Nutzer*innen, Facebook Messenger etwa 1,3 Milliarden.Vgl. Wikipedia: Comparison of instant messaging clients, https://en.wikipedia.org/wiki/Comparison_of_instant_messaging_clients.

20 Vgl. David S. Evans, Richard L. Schmalensee: Matchmakers: The New Economics of Multisided Platforms, Boston 2016, S. 11 ff.

21 Menn: Napster, S. 177.

22 Bruno Latour: On Actor Network Theory: A few clarifications 1/2, on nettime, https://www.nettime.org/Lists-Archives/nettime-l-9801/msg00019.html, 11.01.1998.

23 Vgl. Michael Seemann: Game of Things, in: in Florian Sorenger,Christoph Engemann (Hrsg.): Internet der Dinge – Über smarte Objekte, intelligente Umgebungen und die technische Durchdringung der Welt, Bielefeld 2015.

24 Vgl. David Singh Grewal: Network Power – The Social Dynamics of Globalization, New Haven 2008, S. 6 ff.

25 Vgl. ebd., S. 39 ff.

26 Susan Leigh Star und Geoffrey Bowker haben für den Prozess, sich so an einen Standard zu gewöhnen, dass man ihn als normal empfindet, den Term »Naturalisierung« vorgeschlagen. Vgl. Susan Leigh Star, Geoffrey C. Bowker: Sorting Things Out – Classification and Its Consequences, Cambridge 2000, S. 299 f.

27 Ich bin der Letzte, der jemanden für diese Haltung kritisiert. Ich selbst gehöre zu den Leuten, die sich als Erstes einem neuen Standard ergeben.

28 Austin Ramzy, Chris Buckley: Leaked China Files Show Internment Camps Are Ruled by Secrecy and Spying, https://www.nytimes.com/2019/11/24/world/asia/leak-chinas-internment-camps.html, in: New York Times, 24.11.2019.

29 Vgl. Grewal: Network Power, S. 31 ff.

30 An dieser Stelle könnte man sicher noch tiefer gehen als Grewal selbst und mit Jacques Derrida die Möglichkeit von Freiheit und Unfreiheit von Entscheidungen schlechthin problematisieren, Vgl. Jacques Derrida: Eine gewisse unmögliche Möglichkeit, vom Ereignis zu sprechen, Berlin 2003.

31 Vgl. Serena Olsaretti: Liberty, Desert, and the Market: A Philosophical Study, Cambridge 2004, S. 109 ff. Siehe auch: Grewal: Network Power, S. 109 ff.

32 Vgl. ebd., S. 47.

33 Auch hier begegnet uns Anthony Giddens wieder.

34 Susan Leigh Star nennt die Gruppe der Standard-Nutzenden auch »communities of practice«. Vgl. Susan Leigh Star, Geoffrey C. Bowker: Sorting Things Out – Classification and Its Consequences, Cambridge 2000, S. 295.

35 Auf das Verhältnis von strukturell und strukturierend werden wir im nächsten Kapitel genauer eingehen.

36 Das erklärt, warum es mit den »Influencern« tatsächlich ein Berufsbild gibt, dass genau diese Netzwerkmacht des einflussreichen Early Adopters monetarisiert.

37 Vgl. Grewal: Network Power, S. 150 f.

38 Vgl. ebd., S. 154 ff.

39 Vgl. Antonio Gramsci: Gefängnishefte. Kritische Gesamtausgabe in 10 Bänden, Hamburg 1991, S. 782.

40 Vgl. Michel Foucault: Überwachen und Strafen, Frankfurt am Main 1987.

41 Gilles Deleuze: Unterhandlungen 1972–1990, Frankfurt am Main 1993, S. 260.

42 Ebd.

43 Menn: Napster, S. 102.

4 Kontrollregimes

1 Wikipedia: Sony Corp. of America v. Universal City Studios, Inc., https://en.wikipedia.org/wiki/Sony_Corp._of_America_v._Universal_City_Studios,_Inc.

2 Justia: Sony Corp. v. Universal City Studios, 464 U.S. 417, https://supreme.justia.com/cases/federal/us/464/417/, 1984.

3 Justia: A&m Records, Inc., a Corporation; Geffen Records, Inc., a Corporation; Interscope Records; Sony Music Entertainment, Inc.; MCA Records, Inc.; Atlantic Recording Corp.; Island Records, Inc.; Motown Record Co.; Capitol Records, Inc., Plaintiffs-appellees, v. Napster, Inc., Defendant-appellant.jerry Leiber, Individually and Doing Business As, Jerry Leiber Music; Mike Stoller and Frank Music Corp., on Behalf of Themselves and All Others Similarly Situated, Plaintiffs-appellees, v. Napster, Inc., Defendant-appellant, 239 F.3d 1004 (9th Cir. 2001), https://law.justia.com/cases/federal/appellate-courts/F3/239/1004/636120/.

4 Bernd Matthies: Mann, Frau und die 50 anderen, https://www.faz.net/aktuell/gesellschaft/geschlechter-liste-alle-verschiedenen-geschlechter-und-gender-arten-bei-facebook-13135140.html 16.02.2014.

5 Cade Metz: Before Google and GoDaddy, There Was Elizabeth Feinler, https://www.wired.com/2012/06/elizabeth-jake-feinler/, 18.06.2012.

6 Susan Leigh Star, Geoffrey C. Bowker: Sorting Things out – Classification and Its Consequences, Cambridge 2000.

7 Vgl. Daniel Pargman, Jacob Palme: ASCII Imperialism, in: Martha Lampland, Susan Leigh Star: Standards and Their Stories – How Quantifying, Classifying, and Formalizing Shape Every Day Life, Cornell 2009, S. 177–199.

8 Kate M. Miltner: »One part politics, one part technology, one part history«: Racial representation in the Unicode 7.0 emoji set, https://journals.sagepub.com/eprint/EBZICCFWSDHSXFIIXYZJ/full#articleCitationDownloadContainer, Januar 2020.

9 Jesse C. Ribot, Nancy Lee Peluso: A Theory of Access, https://onlinelibrary.wiley.com/doi/abs/10.1111/j.1549-0831.2003.tb00133.x, 2003.

10 Siehe Kapitel 2.

11 Tom Krazit: ARMed for the living room, https://www.cnet.com/news/armed-for-the-living-room/, 03.04.2006.

12 Vgl. Jonathan Zittrain: The Future of the Internet – And How to Stop it, S. 24.

13 Vgl. etwa Volker Briegleb: Zero Rating – Streit um StreamOn geht vor den EuGH, https://www.heise.de/newsticker/meldung/Zero-Rating-Streit-um-StreamOn-geht-vor-den-EuGH-4643074.html, Januar 2020.

14 Vgl. Jordan Pearson: Is Twitter Censoring a Blockbuster Report on US Drone Assassinations?, https://www.vice.com/en_us/article/539nvn/is-twitter-censoring-a-blockbuster-report-on-us-drone-assassinations, 19.10.2015.

15 Sebastian Gießmann: Die Verbundenheit der Dinge – Eine Kulturgeschichte der Netze und Netzwerke, Berlin 2014, S. 187 f.

16 Vgl. Robina Mapstone: Oral History Blair Smith: https://conservancy.umn.edu/bitstream/handle/11299/107637/oh034rbs.pdf?sequence=1&isAllowed=y, 28.05.1980.

17 United States Congress: Computer Reservation Systems – Hearing Before the Subcommittee on Aviation of the Committee on Commerce, Science, and Transportation, US Government Printing Office, Washington, D.C., 1995.

18 Vgl. zuletzt: Torben Klausa: Gutachten – Neue Regeln für Facebook & Co. nötig, https://background.tagesspiegel.de/digitalisierung/gutachten-neue-regeln-fuer-facebook-co-noetig, 29.01.2020.

19 In unserer Query-Terminologie wären alle versuchten Korrelationen Selektionskaskaden, auf die je nach Erfolg wiederum Selektionskaskaden angewendet werden usw. Siehe auch Kapitel 3.

20 Dana Mattioli: Amazon Changed Search Algorithm in Ways That Boost Its Own Products, https://www.wsj.com/articles/amazon-changed-search-algorithm-in-ways-that-boost-its-own-products-11568645345, 16.09.2019.

21 Vgl. Gesellschaft für Informatik: Explainable AI (ex-AI), https://gi.de/informatiklexikon/explainable-ai-ex-ai, 23.04.2018.

22 Vgl. Katarzyna Szymielewicz, Daniel Leufer, Agata Foryciarz: Black-Boxed Politics – Opacity is a Choice in AI Systems, https://medium.com/@szymielewicz/black-boxed-politics-cebc0d5a54ad, 17.01.2020.

23 Interface soll hier nicht als Übersetzung für Schnittstelle, sondern ausschließlich als User-Interface, also Benutzeroberfläche gelesen werden.

24 Richard H. Thaler, Cass R. Sunstein, John P. Balz: Choice Architecture, https://ssrn.com/abstract=1583509, 02.04.2010.

25 Die grundlegende Forschung und die dazugehörende Theorie wurden bereits in den 1970er Jahren gelegt und 2011 mit Daniel Kahnemanns Buch Schnelles Denken, langsames Denken popularisiert. Vgl. Daniel Kahneman: Thinking, Fast and Slow, New York, 2011.

26 Zeit Online: Bundestag stimmt für moderate Organspende-Reform, https://www.zeit.de/politik/deutschland/2020-01/bundestag-stimmt-fuer-neuregelung-der-organspende, 16.01.2020.

27 Jenny Anderson: Google's former ethicist says better design is key to tackling our tech addiction, https://qz.com/1201583/how-tristan-harris-an-ex-google-ethicist-wants-to-design-tech-to-make-our-kids-less-addicted-to-it/, 08.02.2018.

28 Christoph Bogenstahl: Dark Patterns – Mechanismen (be)trügerischen Internetdesigns, http://www.tab-beim-bundestag.de/de/pdf/publikationen/themenprofile/Themenkurzprofil-030.pdf, November 2019.

29 Ginny Marvin: A visual history of Google ad labeling in search results, https://searchengineland.com/search-ad-labeling-history-google-bing-254332, 28.01.2020.

30 Ezra Klein: Mark Zuckerberg on Facebook's hardest year, and what comes next – »We will dig through this hole, but it will take a few years«, https://www.vox.com/2018/4/2/17185052/mark-zuckerberg-facebook-interview-fake-news-bots-cambridge, 02.04.2018.

31 Michael Seemann: Das Neue Spiel – Strategien für die Welt nach dem digitalen Kontrollverlust, S. 198 f.

32 Jacob Levi Moreno: Who Shall Survive: A New Approach to the Problem of Human Interrelations, https://archive.org/details/whoshallsurvive00jlmo/

mode/2up, 1935, die Geschichte wird erzählt bei: Russell Brandom: The Future Of Facebook Was Born In 1932, https://www.buzzfeednews.com/article/tommy wilhelm/the-future-of-facebook-is-from-1932#3ipawon, 21.05.2012.

33 Dabei ist erstaunlich, wie sehr Milgrams Methode der Methode paketbasierter Netzwerk-Kommunikation vorweggreift. Siehe Kapitel 2.

34 Auch spätere Experimente kommen zu einem ähnlichen Ergebnis. Vgl. Peter Sheridan Dodds, Roby Muhamad, Duncan J. Watts: An Experimental Study of Search in Global Social Networks, https://science.sciencemag.org/content/ 301/5634/827.full, 08.08.2003.

35 Mark S. Granovetter: The Strength of Weak Ties, https://www.journals.uchicago. edu/doi/10.1086/225469?mobileUi=0&, Mai 1973.

36 Don Peppers: How to Get the Most Out of LinkedIn, Facebook, Twitter, and Other Networks, https://www.linkedin.com/pulse/how-get-most-out-linkedin-facebook-twitter-other-networks-don-peppers, 30.03.2017.

37 Manche Leser*innen sind vielleicht irritiert, dass der Datensammel- und Überwachungsaspekt in diesem Buch so spät kommt und vergleichsweise nebensächlich abgehandelt wird, wo er doch in einem Großteil der Literatur im Mittelpunkt steht. (Vgl. z. B. Shoshana Zuboff: The Age of Surveillance Capitalism – The Fight for the Future at the New Frontier of Power, aber auch Nick Srnicek: Platform Capitalism und José Van Dijck, et al.: The Platform Society: Public Values in a Connective World.) Meiner Ansicht nach wird die Rolle der Überwachung in der Debatte um Plattformen überbetont. Wie aber bereits ausführlich dargelegt wurde, haben Plattformen eine ganze Reihe genauso effektive, wenn nicht effektivere Machtmittel an der Hand als die Datensammlung. Es ist vor allem kulturell und historisch zu erklären, dass in der Öffentlichkeit ein nervöses Augenmerk auf dem Thema liegt, sind Daten doch in der Vergangenheit vor allem durch staatliche Repression immer wieder verwendet worden, um Menschen zu kontrollieren. Die Fixierung auf Überwachung führt bei der Plattformdiskussion zu drei wesentlichen Missverständnissen:

1. Daten haben für Plattformen nicht den zentralen Stellenwert, den viele Autor*innen ihnen gern zuschreiben. Selbst die Werbegeschäftsmodelle der Diensteplattformen kämen zur Not auch ohne das Targeting des Graphregimes aus, da sie bereits ein Monopol auf viele Verbindungen haben. Daten – und insgesamt die Bedeutung des Graphregimes – werden allgemein überschätzt. Wie bereits in der Einleitung betont, ist die Datenmacht der Plattformen ein Effekt der Plattformmacht, nicht andersrum.

2. Gesammelte Daten haben bei Plattformen anders als bei Staaten keinen disziplinierenden Zweck – sie werden nicht gesammelt, um das Verhalten der Nutzer*innen zu regulieren, sondern sie sollen helfen, die Plattform in ihrer Nutzung zu optimieren, Werbung auszusteuern oder Benutzererfahrungen zu personalisieren. Es geht also, wie in Kapitel 3 gezeigt, nicht um die Steuerung der *Individuen* wie beim Disziplinarregime des Staates, sondern um *dividuelle* Effekte auf statistische Gruppen. Es geht nicht darum, Michael Seemann dazu zu bringen, eine bestimmte Tätigkeit zu tun oder zu lassen, sondern darum, 0,2 Prozent einer Gruppe mit Hunderttausenden Menschen Option A statt

B nehmen zu lassen. Das mag man, unter Überdehnung des Überwachungs-
narrativs, zwar immer noch Manipulation nennen, in seiner Wirkung auf das
Individuum bleibt es dennoch begrenzt und vergleichsweise harmlos.

3. Das fatalste Missverständnis aber, das sich aus der Furcht vor Überwachung
und Datenmacht speist, ist der Fokus auf die Daten selbst. Die Macht des
Graphregimes liegt eben nicht in der Sammlung seiner Daten. Daten selbst
sind nur von geringem und nur höchstens temporären Wert. Kommunikations-
daten sind so lange zu etwas nütze, wie sie erlauben, konkrete Handlungen aus
ihren Erkenntnissen anzuschließen. Ein Like für eine bestimmte Band kann
nächste Woche schon bedeutungslos sein, der Chat mit Person X vielleicht
schon morgen. Wer über Daten verfügt, kann eine Analyse machen oder zwei.
Wer hingegen die Verbindungen kontrolliert, wird ständig mit frischen Daten
versorgt. Es geht also nicht um die Daten im Jetzt, es geht immer nur um die
Daten der Zukunft. Das Graphregime ist der Garant dafür, denn wer weiß,
welche Verbindungen aktuell, konkret selektiert werden, weiß mit großer
Wahrscheinlichkeit, welche Verbindungen morgen relevant sein werden. Wer
weiß, wer wann nach was im Internet sucht, oder welche Präferenzen einzelne
Leute beim Dating haben, kann Ressourcen optimieren, Prozesse straffen,
Produkte personalisieren, gezielter werben, Hindernisse überbrücken, bessere
unternehmerische Entscheidungen treffen, technologische oder soziale Trends
vorhersagen, Chancen erkennen und Risiken vermeiden, kurz: Erwartungen an
Vorselektionen potentieller Verbindungen stellen. Der bange Blick auf die Daten
führt gewissermaßen knapp am eigentlichen Machtzentrum der Plattformen
vorbei, weswegen wir dieses Regime auch nicht Datenregime, sondern Graphregime genannt haben.

5 Strategien der Graphnahme

1 Menn: Napster, S. 230.

2 Sebastian Gießmann sieht vor allem die Zusammenführung aller Netze unter
dem IP-Adressschema als Grund für die Homogenisierung, jedoch scheint
diese mit der Theorie der Netzwerkmacht im Hinterkopf als geradezu zwingend. Es ist fraglich, welchen Nutzen heterogene Adressschemata gehabt hätten,
wenn ein gemeinsamer Standard ebenso gut für alle Zwecke nutzbar ist. Vgl.
Sebastian Gießmann: Why the Internet Is Not an Internet, in: Matthias C. Kettemann, Stephan Dreyer: Busted! The Truth About the 50 Most Common Internet
Myths, Hamburg 2019. Auch abzurufen unter: https://netzeundnetzwerke.de/
why-the-internet-is-not-an-internet/.

3 Carl Schmitt: Der Nomos der Erde im Völkerrecht des Jus Publicum Europaeum, Berlin 1950, S. 37.

4 »Nomos« kommt aus dem Griechischen und bezeichnet gewöhnlich den
Gesetzeskorpus.

5 Benjamin Bratton: The Stack. On Software and Sovereignty, S. 24.

6 Ebd., S. 21.

7 Ebd., S. 24.

8   Vgl. Christoph Engemann: Digitale Identität nach Snowden – Grundordnungen zwischen deklarativer und relationaler Identität, in: Gerrit Hornung, Christoph Engemann (Hrsg.): Der digitale Bürger und seine Identität, Baden-Baden 2016, S. 23–64, und Christoph Engemann: In Gesellschaft der Graphen, https://www. faz.net/aktuell/feuilleton/debatten/datenschutz-im-zeitalter-der-netzwerke-in-gesellschaft-der-graphen-16721325.html, 16.04.2020.

9   Genau genommen ist es immer schon der Graph gewesen, der erobert wurde. Es waren auch im analogen Raum immer schon die Verbindungen, die adressiert, kartographiert und kontrolliert wurden. Man erobert nie einfach nur ein Territorium, sondern man erobert Straßen und Brücken, Kanäle, Seewege und Handelswege sowie Meerengen. Nur über Verbindungen lassen sich Territorien beherrschen. Wie Sebastian Gießmann in seinem umfassenden Netzwerk-Buch schreibt: »Im geopolitischen Diskurs ist Hegemonie eine Frage der Netzwerkbeherrschung.« Vgl. Sebastian Gießmann: Die Verbundenheit der Dinge – Eine Kulturgeschichte der Netze und Netzwerke, Berlin 2014, S. 155.

10 Steven Levy: Facebook – The Inside Story, New York 2020, S. 26.

11 Ebd., S. 156 f.

12 Ebd., S. 110.

13 Thiel spricht immer von Märkten, ich unterstelle ihm einfach, damit eigentlich Graphen zu meinen. Zum Verhältnis von Graph und Markt siehe Kapitel 7.

14 Ray Valdes: The Competitive Dynamics of the Consumer Web: Five Graphs Deliver a Sustainable Advantage. Gartner, https://www.gartner.com/en/documents/2081316, 2012.

15 Es ist nicht verwunderlich, dass Thiel nicht davon wegkommt, vom Markt zu sprechen, bezeichnete er sich doch die längste Zeit als Libertärer. Doch seine reaktionäre Wende hat ihn auch mit den Ideen von Carl Schmitt vertraut gemacht, die er seitdem immer wieder zitiert. Vgl. Brian Doherty: Wait, Wasn't Peter Thiel a Libertarian?, https://reason.com/2020/08/02/wait-wasnt-peter-thiel-a-libertarian/, September 2020.

16 Peter Thiel: Zero to One – Wie Innovation unsere Gesellschaft rettet, Frankfurt am Main 2014, S. 38.

17 Thiel: Zero to One, S. 56.

18 Thiel: Zero to One, S. 58.

19 Dies erzählt Jeff Bezos freimütig in einem erst kürzlich wiederentdeckten Interview von 1997. Michael Grothaus: A rediscovered 1997 video reveals why Jeff Bezos chose books and not CDs to be Amazon's first product, https://www.fastcompany.com/90430303/a-rediscovered-1997-video-reveals-why-jeff-bezos-chose-books-and-not-cds-to-be-amazons-first-product, 13.11.2019.

20 Sourceforge: napster messages http://opennap.sourceforge.net/napster.txt, 07.04.2000.

21 Kyle Wiens: Apple Is Bullying a Security Company with a Dangerous DMCA Lawsuit, https://www.ifixit.com/News/apple-is-bullying-a-security-company-with-a-dangerous-dmca-lawsuit, 02.01.2020.

22 Levy: Facebook, S. 259.

23 Ebd., S. 499.

24 Billy Gallagher: Copycat: How Facebook Tried to Squash Snapchat, https://www.wired.com/story/copycat-how-facebook-tried-to-squash-snapchat/, 16.02.2018.

25 Vgl. Sarah Perez: Snapchat launches its TikTok rival, Sounds on Snapchat, https://techcrunch.com/2020/10/15/snapchat-launches-its-tiktok-rival-sounds-on-snapchat/, 15.10.2020.

26 David Kirkpatrick: The Facebook Effect – The Real Inside Story of Mark Zuckerberg and the World's Fastest Growing Company, New York 2010, S. 39.

27 Uber Technologies, Inc: Form S-1 Registration Statement, https://www.sec.gov/Archives/edgar/data/1543151/000119312519103850/d647752ds1.htm#toc647752_1, 11.04.2019.

28 Hubert Horan: Will the Growth of Uber Increase Economic Welfare?, https://papers.ssrn.com/sol3/papers.cfm?abstract_id=2933177, 10.04.2017.

29 Zitiert in: Porter Erisman, Crocodile in the Yangtze: The Alibaba Story (Talus-Wood Films, 2012).

30 Vgl. Moazed, Johnson: Monopolies, S. 145.

31 Levy: Facebook, S. 223.

32 Michael LaForgia, Matthew Rosenberg, Gabriel J.X. Dance: Facebook's Data Deals Are Under Criminal Investigation, https://www.nytimes.com/2019/03/13/technology/facebook-data-deals-investigation.html, 13.03.2019.

33 Steven Levy: Steven Levy on Facebook, Spotify and the Future of Music, https://www.wired.com/2011/10/ff_music/, 21.10.2011.

34 Mit der Terminologie aus Kapitel 2 ausgedrückt: Der latente Graph – bei Plaxo wie bei WhatsApp die verteilten Adressbucheinträge (also ganz klassische Erwartungserwartungen) – wird zur Plattformunterseite (Level I) einer neuen Plattformoberseite (Level II), indem er in Selektionsselektionen verwandelt wird. Der ganze Graph wird in ein Query-System hineininiteriert.

35 Daniel Herbig: Widerstand zwecklos: Fortnite landet nun doch im Google Play Store, https://www.heise.de/newsticker/meldung/Widerstand-zwecklos-Fortnite-landet-nun-doch-im-Google-Play-Store-4707154.html, 22.04.2020.

36 Kif Leswing: Apple will cut App Store commissions by half to 15% for small app makers, https://www.cnbc.com/2020/11/18/apple-will-cut-app-store-fees-by-half-to-15percent-for-small-developers.html, 18.11.2020.

37 Sascha Lobo: Realitätsschock – Zehn Lehren aus der Gegenwart, Köln 2019, S. 233 ff.

38 Levy: Facebook, S. 280.

39 Vgl. Tim Wu: The Master Switch – The Rise and Fall of Information Empires, S. 257 ff.

40 Tomas Rudl: Gerichtsurteil: StreamOn der Telekom verletzt die Netzneutralität, https://netzpolitik.org/2018/gerichtsurteil-streamon-der-telekom-verstoesst-gegen-netzneutralitaet/, 20.11.2018.

41 Vgl. Andrew McAfee, Erik Brynjolfsson: Machine, Platform, Crowd: Harnessing Our Digital Future, New York 2017, S. 107.

42 Zack Whittaker: Everything you need to know about Facebook, Google's app scandal, https://techcrunch.com/2019/02/01/facebook-google-scandal/, 01.02.2019.

43 Es gibt einige Beispiele, in den Apple durchaus Einfluss auf Plattform-Apps ausgeübt hat. Tumbler wurde beispielsweise von Apple nahegelegt, die pornographischen Inhalte auf seinen Blogs zu ver-folgen, was diese dann auch taten. Vgl. Samantha Cole, Jason Koebler: Apple Sucked Tumblr Into Its Walled Garden, Where Sex Is Bad, https://www.vice.com/en/article/a3mjxg/apple-tumblr-porn-nsfw-adult-content-banned, 03.12.2018. Oder die rechtsoffene Plattform und Twitteralternative Parler wurde im Zuge des Endes der Amtszeit Donald Trumps das Ultimatum gestellt, eine strengere Moderation einzuführen. Vgl. Ryan Mac, John Paczkowsi: Apple Has Threatened To Ban Parler From The App Store, https://www.buzzfeednews.com/article/ryanmac/apple-threatens-ban-parler, 08.01.2021.

44 Vgl. Jongwook Kim: Vertical Integration and the Theory of the Firm, https://oxfordre.com/business/business/view/10.1093/acrefore/9780190224851.001.0001/acrefore-9780190224851-e-27, April 2019.

45 Vgl. Sanford J. Grossman, Oliver D. Hart. The costs and benefits of ownership: A theory of vertical and lateral integration. Journal of Political Economy 94(4): 691–719, https://www.researchgate.net/publication/337111624_Vertical_integration_and_the_theory_of_the_firm, 1986.

46 Vgl. Giovanni Ursino: Supply Chain Control: A Theory of Vertical Integration, https://mpra.ub.uni-muenchen.de/18357/1/MPRA_paper_18357.pdf, 01.09.2009.

47 Wikipedia: Quick UDP Internet Connections, https://de.wikipedia.org/wiki/Quick_UDP_Internet_Connections.

48 Vgl. Bart Van Bos: The History of WeChat, https://chinatechscope.com/2018/10/01/the-history-of-wechat/, 01.10.2018.

49 Zunächst lief das Projekt unter Calibra, der Name wurde jedoch 2020 geändert. Vgl. Jon Porter: Facebook renames Calibra digital wallet to Novi, https://www.theverge.com/2020/5/26/21270437/facebook-calibra-novi-rename-digital-wallet?mc_cid=4138a9f410&mc_eid=37e06f7114, 26.05.2020.

50 Srinivas Mazumdaru: Facebook's Libra cryptocurrency faces EU antitrust scrutiny, https://www.dw.com/en/facebooks-libra-cryptocurrency-faces-eu-antitrust-scrutiny/a-50106313, 21.08.2019.

6 Plattformpolitik

1 Donald Trump, https://www.facebook.com/DonaldTrump/posts/10164765977870725, 29.05.2020.

2 Vgl. Kate Klonick: The New Governors: The People, Rules, and Processes Governing Online Speech, https://papers.ssrn.com/sol3/papers.cfm?abstract_id=2937985, 20.03.2017.

3 Tarleton Gillespie: Custodians of the Internet – Platforms, Content Moderation, and the Hidden Decisions that Shape Social Media, New Haven 2018, S. 5.

4 Überhaupt erscheint die aus der femistischen Theorie entstammende Diskussion um die oft übersehene aber zentrale Rolle von »Care Work« eine sinnvolle Richtung zu sein, mit der Moderationspraktiken weiterzuentwickeln sind. Vgl. Minna Ruckenstein, Linda Lisa Maria Turunen: Re-humanizing the platform:

Content moderators and the logic of care, https://journals.sagepub.com/doi/
10.1177/1461444819875990, 19. 09. 2019.

5   Leighton Andrews: Facebook, the Media and Democracy: Big Tech, Small
State?, London 2019, S. 19.

6   Vgl. Steven Levy: Facebook – The inside Story, New York 2020, S. 194.

7   Richard M. Emerson: Power-Dependence Relations, American Sociological
Review, Vol. 27, No. 1, S. 31– 41, https://www.jstor.org/stable/2089716, Februar
1962.

8   Ebd.

9   Jesse C. Ribot, Nancy Lee Peluso: A Theory of Access, https://onlinelibrary.
wiley.com/doi/abs/10.1111/j.1549-0831.2003.tb00133.x, 22. 10. 2009.

10   Uwe Mantel: Leistungsschutzrecht: Google will weiter nichts zahlen,
https://www.dwdl.de/nachrichten/74194/leistungsschutzrecht_google_will_
weiter_nichts_zahlen/?utm_source=&utm_medium=&utm_campaign=&utm_
term=, 26. 09. 2019.

11   Mathew Ingram: Google plays hardball with European news publishers,
https://www.cjr.org/the_media_today/google-news-france.php, 26. 09. 2019.

12   Vgl. Wes Sonnenreich: A History of Search Engines, https://www.wiley.com/
legacy/compbooks/sonnenreich/history.html, 1997.

13   Siehe etwa die Statistiken für die New York Times mit 35,3 Prozent Suchtraffic,
Alexa: New York Times – Competitive Analysis, Marketing Mix and Traffic,
https://www.alexa.com/siteinfo/nytimes.com, abgerufen am 26. 07. 2020.

14   Kleinere Anbieter zahlen ab 2021 nur noch 15 Prozent.

15   Eine genauere Analyse zum Preis-Macht-Verhältnis gibt es in Kapitel 7.

16   Mike Peterson: Apple pressures email app »Hey« to integrate in-app purchase
option, https://appleinsider.com/articles/20/06/16/apple-pressures-email-app-
hey-to-integrate-in-app-purchase-option, Juni 2020.

17   Vgl. Evans, Schmalensee: Matchmakers, S. 148 ff.

18   Michael Seemann: Warum man gegen Hass im Netz nicht mit Gesetzen ankommt, https://www.deutschlandfunkkultur.de/netzwerkdurchsetzungsgesetz-
warum-man-gegen-hass-im-netz.1005.de.html?dram:article_id=384158,
20. 04. 2017.

19   Menn: Napster, S. 128.

20   Fred Turner: From Counterculture to Cyberculture – Stewart Brand, the
Whole Earth Network, and the Rise of Digital Utopianism, Chicago 2006,
S. 183 f.

21   Ebd., S. 153 f.

22   Katie Hafner: The Epic Saga of The Well, https://www.wired.com/1997/05/ff-
well/, 01. 05. 1997.

23   John Perry Barlow: A Declaration of the Independence of Cyberspace,
https://www.eff.org/de/cyberspace-independence, 08. 02. 1996.

24   Ich selbst habe mal den Term der Plattformneutralität in die Debatte gebracht,
der ungewöhnlich erfolgreich wurde, habe mich bald aber schon wieder davon
distanziert. Vgl. Michael Seemann: Das politische Denken der Piraten,
https://www.ctrl-verlust.net/das-politische-denken-der-piraten/, 06. 10. 2011.

25 Jo Freeman: The Tyranny of Structurelessness, https://www.jofreeman.com/joreen/tyranny.htm, 1974.

26 Moazed, Johnson: Monopolies, S. 199.

27 Ebd., S. 143.

28 Gillespie: Custodians of the Internet, S. 13.

29 David Uberti: The German Synagogue Shooter's Twitch Video Didn't Go Viral. Here's Why, https://www.vice.com/en_us/article/zmjgzw/the-german-synagogue-shooters-twitch-video-didnt-go-viral-heres-why, 11.10.2019.

30 Gillespie: Custodians of the Internet, S. 6.

31 Evelyn Douek: The Rise of Content Cartels, https://knightcolumbia.org/content/the-rise-of-content-cartels, 11.02.2020.

32 Human Rights Watch: Tech Firms' Counterterrorism Forum Threatens Rights, https://www.hrw.org/news/2020/07/30/tech-firms-counterterrorism-forum-threatens-rights, 30.07.2020.

33 Levy: Facebook, S. 458.

34 Vgl. Joel Kaplan, Joseph Osofsky: Input From Community and Partners On Our Community Standards, https://about.fb.com/news/2016/10/input-from-community-and-partners-on-our-community-standards/, 21.10.2016.

35 John Sipher: Russian Active Measures and the 2016 Election Hack, https://www.thecipherbrief.com/column_article/russian-active-measures-2016-election-hack, 20.12.2017.

36 Kevin Roose: The Making of YouTube Radical, https://www.nytimes.com/interactive/2019/06/08/technology/youtube-radical.html, 08.06.2019.

37 Die Geschichten um den Einfluss von Cambridge Analytica sind eine populäre Erzählung, die sich aber mit Fakten kaum erhärten lässt. Für ihre ungebrochene Popularität gibt es jedoch bessere Erklärungen. Vgl. Michael Seemann: Die große Manipulationserzählung, https://www.ctrl-verlust.net/die-grosse-malipulations-erzaehlung/, 01.03.2020.

38 Lauren Etter: What Happens When the Government Uses Facebook as a Weapon?, https://www.bloomberg.com/news/features/2017-12-07/how-rodrigo-duterte-turned-facebook-into-a-weapon-with-a-little-help-from-facebook, 07.12.2017.

39 Daniel Avelar: WhatsApp fake news during Brazil election »favoured Bolsonaro«, https://www.theguardian.com/world/2019/oct/30/whatsapp-fake-news-brazil-election-favoured-jair-bolsonaro-analysis-suggests, 30.10.2019.

40 Ein Problem, dem sich Facebook wohl bereits seit Langem bewusst war. Vgl. Jeff Horwitz, Deepa Seetharaman: Facebook Executives Shut Down Efforts to Make the Site Less Divisive, https://www.wsj.com/articles/facebook-knows-it-encourages-division-top-executives-nixed-solutions-11590507499, 26.05.2020.

41 Soroush Vosoughi, Deb Roy, Sinan Aral: The spread of true and false news online, https://science.sciencemag.org/content/359/6380/1146, 09.03.2018.

42 BBC Trending: The country where Facebook posts whipped up hate, https://www.bbc.com/news/blogs-trending-45449938, 12.09.2018.

43 Business for Social Responsibility, Suggested Citation: BSR, 2018, Human Rights Impact Assessment: Facebook in Myanmar, https://about.fb.com/wp-content/uploads/2018/11/bsr-facebook-myanmar-hria_final.pdf, Oktober 2018.

44 Julia Carrie Wong: The far right is losing its ability to speak freely online. Should the left defend it?, https://www.theguardian.com/technology/2017/aug/28/daily-stormer-alt-right-cloudflare-breitbart, 28.08.2017.

45 Elizabeth Dwoskin, Craig Timberg, Tony Romm: Zuckerberg once wanted to sanction Trump. Then Facebook wrote rules that accommodated him, https://www.washingtonpost.com/technology/2020/06/28/facebook-zuckerberg-trump-hate/, 29.06.2020.

46 Dass Facebook mit den Faktchecking-Gruppen auch neue Machtstrukturen in sein Ökosystem einzieht, die dann im Zweifel wieder ausgenutzt werden, ist noch mal eine andere Sache. Vgl. Leonhard Dobusch: Wer checkt die Fakten-checker? Kontroverse um Facebooks »externe Faktenprüfung«, https://netzpolitik.org/2018/wer-checkt-die-faktenchecker-kontroverse-um-facebooks-externe-faktenpruefung/, 13.09.2018.

47 Grace Panetta: Twitter reportedly won't use an algorithm to crack down on white supremacists because some GOP politicians could end up getting barred too, https://www.businessinsider.com/twitter-algorithm-crackdown-white-supremacy-gop-politicians-report-2019-4?r=DE&IR=T, 25.04.2019.

48 Levy: Facebook, S. 341.

49 James Vincent: Mark Zuckerberg says there's »no deal of any kind« with Donald Trump, https://www.theverge.com/2020/7/20/21331067/facebook-mark-zuckerberg-donald-trump-denies-deal-political-ads-lies, 20.07.2020.

50 Marcel Weiß: Twitter und Trump und die Zukunft von Staatsoberhäuptern auf Netzwerken, https://neunetz.com/2021/01/09/twitter-und-trump-und-die-zukunft-von-staatsoberhauptern-auf-netzwerken/, 09.01.2021.

51 Lindy West: How Reddit's Ellen Pao survived one of ›the largest trolling attacks in history‹, https://www.theguardian.com/lifeandstyle/2015/dec/22/reddit-ellen-pao-trolling-revenge-porn-ceo-internet-misogyny, 22.12.2015.

52 Vgl. Adrian Chen: The Laborers Who Keep Dick Pics and Beheadings Out of Your Facebook Feed, https://www.wired.com/2014/10/content-moderation/, 23.10.2014.

53 Vgl. Nick Glegg: Facebook is preparing for an election like no other, https://www.telegraph.co.uk/news/2020/06/17/facebook-preparing-election-like-no/, 17.06.2020.

54 Vgl. Gillespie: Custodians of the Internet, S. 21 ff.

55 Casey Newton: Facebook will pay $52 million in settlement with moderators who developed PTSD on the job, https://www.theverge.com/2020/5/12/21255870/ facebook-content-moderator-settlement-scola-ptsd-mental-health, 12.05.2020.

56 Vgl. z. B. Zineb Ait Bahajji, Gary Illyes: HTTPS as a ranking signal, https://webmasters.googleblog.com/2014/08/https-as-ranking-signal.html, 06.08.2014.

57 Jodi Dean: Neofeudalism: The End of Capitalism?, https://lareviewofbooks.org/article/neofeudalism-the-end-of-capitalism/, 12.05.2020.

58 Vgl. Gillespie: Custodians of the Internet, S. 45.

59 Vgl. Catalina Botero-Marino, Jamal Greene, Michael W. McConnell, Helle Thorning-Schmidt: We Are a New Board Overseeing Facebook. Here's What

We'll Decide, https://www.nytimes.com/2020/05/06/opinion/facebook-oversight-board.html, 06.05.2020, und David Kaye: The Republic of Facebook (über das Oversight Board), https://www.justsecurity.org/70035/the-republic-of-facebook/, 06.05.2020.

60 Vgl. Google: Read the Advisory Council's final report, https://archive.google.com/advisorycouncil/, 2015.

61 Hafner: The Well, 01.05.1997.

62 Levy: Facebook, S. 142.

63 Mark Zuckerberg, »On Facebook, People Own and Control Their Information«, www.facebook.com/notes/facebook/on-facebook people-own-and-control-their-information/54434097130, 16.02.2009.

64 Vgl. zur ganzen Episode: Gillespie: Custodians of the Internet, S. 149–168.

65 Vgl. Zachary M. Seward: The first-ever hashtag, @-reply and retweet, as Twitter users invented them, https://qz.com/135149/the-first-ever-hashtag-reply-and-retweet-as-twitter-users-invented-them/, 15.10.2013.

66 Ben Detrik: Little Mermaid Goes Punk, https://www.nytimes.com/2012/03/04/fashion/Seapunk-a-Web-Joke-With-Music-Has-Its-Moment.html, 02.03.2012.

67 Nathan Thompson: Tulpamancer – eine neue Internet-Subkultur aus imaginären Freunden, https://www.vice.com/de/article/8gbqb5/tulpamancer-neue-internet-subkultur-imaginaere-freunde-483, 08.09.2014.

68 Amber Roberts: People Who Identify as Non-Human, https://www.vice.com/en_uk/article/mvxgwa/from-dragons-to-foxes-the-otherkin-community-believes-you-can-be-whatever-you-want-to-be, 16.07.2015.

69 Nadja Brenneisen: I Spent a Week Undercover in a Pro-Anorexia WhatsApp Group, https://www.vice.com/en_uk/article/vdx7ex/i-spent-a-week-in-a-pro-ana-whatsapp-group-talking-to-the-goddess-of-emaciation-876, 08.07.2015.

70 Jessica Bennett: The Rise of Preppers – America's New Survivalist, https://www.newsweek.com/rise-preppers-americas-new-survivalists-75537, 27.12.2009. Siehe vor allem auch die Recherchen zu deutschen Preppergruppen aus dem Umfeld der Sicherheitsbehörden, die im Kern rechtsradikale Umsturzpläne haben. Vgl. Martin Kaul, Alexander Nabert, Christina Schmidt, Sebastian Erb: Verfassungsschutz zieht Konsequenz, https://taz.de/taz-Recherche-zu-Hannibal-Verein-Uniter/!5581162/, 19.03.2019.

71 Jennifer Wright: Why Incels Hate Women, https://www.harpersbazaar.com/culture/politics/a20078774/what-are-incels/, 27.04.2018.

72 Natalie Wolchover: Are Flat-Earthers Being Serious?, https://www.livescience.com/24310-flat-earth-belief.html, 30.05.2017.

73 Sammy Khamis: Ausbreitung einer Verschwörungsbewegung, https://www.br.de/nachrichten/amp/netzwelt/qanon-ausbreitung-einer-verschwoerungsbewegung,Rz34pvD, 20.08.2020.

74 Alex Kaplan: Here are the QAnon supporters running for Congress in 2020, https://www.mediamatters.org/qanon-conspiracy-theory/here-are-qanon-supporters-running-congress-2020, 01.07.2020.

75 Jack Brewster: Congress Will Get Its Second QAnon Supporter, As Boebert Wins Colorado House Seat, https://www.forbes.com/sites/jackbrewster/2020/11/04/congress-will-get-its-second-qanon-supporter-as-boebert-wins-colorado-house-seat/?sh=4a489ee8568f, 04.11.2020.

76 Lena Kampf, Sebastian Pittelkow, Katja Riedel, Teresa Roelcke: Der Dolmetscher des Hasses, https://www.tagesschau.de/investigativ/ndr-wdr/qanon-verschwoerungslegenden-101.html, 26.10.2020.

77 Michael Seemann, Michael Kreil: Digitaler Tribalismus und Fake News, https://www.ctrl-verlust.net/digitaler-tribalismus-und-fake-news/, 29.09.2017.

78 Vgl. David Roberts: Donald Trump and the rise of tribal epistemology, https://www.vox.com/policy-and-politics/2017/3/22/14762030/donald-trump-tribal-epistemology, 19.05.2017.

79 Vgl. Peter N. Limberg, Conor Barnes: The Memetic Tribes Of Culture War 2.0., https://medium.com/s/world-wide-wtf/memetic-tribes-and-culture-war-2-0-14705c43f6bb, 18.09.2018.

80 Ralf Nowotny: The Great Elimination – Twitter löscht Accounts der QAnon-Bewegung, https://www.mimikama.at/allgemein/twitter-loescht-qanon/, 22.07.2020.

81 Katie Zawadski: American Alt-Right Leaves Facebook for Russian Site VKontakte, https://www.thedailybeast.com/american-alt-right-leaves-facebook-for-russian-site-vkontakte, 03.11.2017.

82 Vgl. Florian A. Schmidt: Kreative im Hamsterrad, https://www.boeckler.de/data/Impuls_2017_07_4-5_b.pdf, Juli 2017, und detaillierter: Florian A. Schmidt: Digital Labour Markets in the Platform Economy. Mapping the Political Challenges of Crowd Work and Gig Work, FES, http://library.fes.de/pdf-files/wiso/13164.pdf, 2017.

83 Bernd Kramer: Der Arbeitskampf begann bei WhatsApp, https://www.zeit.de/arbeit/2017-10/kurierfahrer-foodora-arbeitsbedingungen-gewerkschaft-protest, 27.10.2017.

84 Bratton: The Stack, S. 102.

85 Vgl. etwa Evans, Schmalensee: Matchmakers, S. 34 f. oder Parker, Marshall, van Alstyne, Choudary: Platform Revoution, S. 291 f. und Moazed, Johnson: Monopolies, S. 128.

86 Philipp Staab geht so weit zu sagen, dass es in der Plattformökonomie zu einer Art Koalitionsbildung zwischen Konsument*innen und Plattformkapitalisten zum Nachteil der Anbieter*innen und Gigarbeiter*innen gibt. Vgl. Philipp Staab: Digitaler Kapitalismus – Markt und Herrschaft in der Ökonomie der Unknappheit, Berlin 2019, S. 277 f.

87 Christoph Drösser: »Wir sind nicht nur Angestellte, wir sind Besitzer«, https://www.zeit.de/digital/internet/2018-11/google-walkout-mitarbeiter-proteste-sexismus, 07.11.2018.

88 Kate Conger: Hundreds of Google Employees Unionize, Culminating Years of Activism, https://www.nytimes.com/2021/01/04/technology/google-employees-union.html, 04.01.2021.

89 Zachary Fryer-Biggs: Inside the Pentagon's Plan to Win Over Silicon Valley's AI Experts, https://www.wired.com/story/inside-the-pentagons-plan-to-win-over-silicon-valleys-ai-experts/, 21.12.2018.

90 Kate Conger, Mike Isaac: Inside Twitter's Decision to Cut Off Trump, https://www.nytimes.com/2021/01/16/technology/twitter-donald-trump-jack-dorsey.html, 16.01.2021.

91 Steven Levy: Facebook's Oversight Board to Decide on Trump Ban, https://www.wired.com/story/facebook-oversight-board-decide-trump-ban/, 21.01.2021.

92 Gillespie: Custodians of the Internet, S. 107.

93 Das ist auch der Grund, warum Tech-Unternehmen versuchen, den Begriff der »Algorithmenethik« starkzumachen und auf der ganzen Welt Lehrstühle finanzieren. Eine Ethik, so hoffen sie in ihrer technooptimistischen Naivität, kommt dann zu einem eindeutigen Ergebnis, wie Algorithmen am besten entscheiden sollten. Dieses Ergebnis lässt sich dann automatisiert operationalisieren. Eine Politik hingegen, in der es ständig widersprüchliche Meinungen und Auffassungen gibt, Interessen, Identitäten, Sensibilitäten aufeinandertreffen und die im Grunde in einem nie abschließbaren, ungeordneten Prozess mündet, ist dagegen ihre Horrorvorstellung. Trotzdem werden die Unternehmen nicht umhinkommen, ihre Algorithmenethik früher oder später durch eine Algorithmenpolitik zu ersetzen, denn schon heute wollen alle mitreden.

94 Ryan Gallagher: Google Employees Uncover Ongoing Work on Censored China Search, https://theintercept.com/2019/03/04/google-ongoing-project-dragonfly/, 04.03.2019.

95 Jin Ge: The Father of China's Great Firewall Re-defines Internet Sovereignty, http://www.88-bar.com/tag/sovereign-internet/, 24.11.2011.

96 Project Dragonfly war z. B. der Versuch, eine Version von Google zu bauen, die den Anforderungen der chinesischen Regierung nach Kontrollmacht im Digitalen gerecht wird.

97 Ein Meme ist ein vom Wort »Gen« abgeleiteter Begriff, der netzkulturelle Artefakte beschreibt, die sich über Selektion, Variation und Kopie viral über das Internet verbreiten.

98 Etwa Axel Voss im Interview mit Zeit Online: Lisa Hegemann: »Was YouTube macht, ist eine Art Enteignung«, https://www.zeit.de/digital/internet/2019-03/axel-voss-artikel-13-uploadfilter-urheberrechtsreform/komplettansicht, 25.03.2019.

99 Die Ironie der Geschichte will, dass ausgerechnet Google das Konzept des Uploadfilters und somit das Vorbild für die Gesetzesvorlage in die Welt setzte. Content-ID ist ein System zur automatischen Erkennung urheberrechtlichen Materials, das bereits seit 2007 auf YouTube aktiv ist. Vgl. Leonhard Dobusch: Mario Barth vs. »Die Anstalt« – ein anschauliches Beispiel für Probleme mit Uploadfiltern, https://netzpolitik.org/2019/mario-barth-vs-die-anstalt-ein-anschauliches-beispiel-fuer-probleme-mit-uploadfiltern/, 17.03.2019.

100 Internetaktivist*innen haben auf diesen Umstand immer wieder hingewiesen, vgl. z. B. Joe McNamee: Ist Artikel 13 wirklich das Ende des freien Internets, https://netzpolitik.org/2019/ist-artikel-13-wirklich-das-ende-des-freien-internets/, 19. 03. 2019.

101 Michael Seemann: Das Neue Spiel, S. 146.

102 Nick Kostov, Sam Schechner: GDPR Has Been a Boon for Google and Facebook, https://www.wsj.com/articles/gdpr-has-been-a-boon-for-google-and-facebook-11560789219?mod=rsswn, 17. 06. 2019.

103 Vgl. Christian Peukert, Stefan Bechtold, Michail Batikas, Tobias Kretschmer: Regulatory export and spillovers: How GDPR affects global markets for data, https://voxeu.org/article/how-gdpr-affects-global-markets-data, 30. 09. 2020.

104 Nach Inkrafttreten der DSGVO schlossen Hunderte Blogs, Foren und andere Projekte. Vgl. Enno Park: Statt Links der Woche: Tote Links der Woche, http://www.ennopark.de/2018/05/27/statt-links-der-woche-tote-links-der-woche/, 27. 05. 2018.

105 Vicotoria Green: A Very Brief And Incredibly Animated History of GIPHY – And What It All Means For Brands, https://marketwake.com/a-very-brief-and-incredibly-animated-history-of-giphy-and-what-it-all-means-for-brands/, 14. 06. 2019.

106 Henry Farrell: Facebook is finally learning to love privacy laws, https://www.ft.com/content/67b25894-5621-11e9-8b71-f5b0066105fe, 04. 04. 2019.

107 Tatsächlich gibt es bereits einen Namen für den Effekt, dass vergleichsweise strenge Regulierungen sich als Pfadentscheidung über die eigene Jurisdiktion auswirken: California-Effect. Vgl. Sebastiaan Princen: The California Effect in the EC's External Relations, http://aei.pitt.edu/2367/1/003780.1.pdf, 05. 06. 1999.

108 Silke Hahn: TraceTogether: Singapur plant Öffnung der staatlichen Coronavirus-Tracking-App, https://www.heise.de/developer/meldung/TraceTogether-Singapur-plant-Oeffnung-der-staatlichen-Coronavirus-Tracking-App-4691125.html, 26. 03. 2020.

109 Chris Köver: Welche Technologie bietet den besseren Datenschutz?, https://netzpolitik.org/2020/welche-technologie-bietet-den-besseren-datenschutz/, 08. 04. 2020.

110 Alex Hern: France urges Apple and Google to ease privacy rules on contact tracing, https://www.theguardian.com/world/2020/apr/21/france-apple-google-privacy-contact-tracing-coronavirus, 21. 04. 2020.

111 Man kann viel darüber spekulieren, warum sich Apple und Google für diese Variante entschieden und sie gegen den Willen einiger Staaten so rigoros durchgesetzt haben. Schließlich lässt sich fragen, was denn so schlimm daran gewesen wäre, wenn Frankreich und Deutschland auf den Kontaktgraphen ihrer Bevölkerungen Zugriff gehabt hätten, zudem noch anonymisiert und dezidiert für medizinische Zwecke. Doch globale Plattformen wie Google und Apple müssen bei Entscheidungen dieser Reichweite mehr als nur westliche Demokratien im Blick haben. Eine zentrale Variante des Contact Tracing in China, Iran, Saudi-Arabien oder Venezuela würde womöglich ganz andere

Missbrauchspotentiale öffnen. Den Graphen – und damit ihre Nutzer*innen weltweit – zu schützen hatte verständlicherweise Priorität.

112 Arjun Kharpal: Apple vs FBI: All you need to know, https://www.cnbc.com/2016/03/29/apple-vs-fbi-all-you-need-to-know.html, 29.03.2016.

113 Vgl. Susan Landau: The Second Crypto War – What's Different Now, https://www.usenix.org/conference/usenixsecurity18/presentation/landau, 2018.

114 Zuletzt tat sich im November 2020 die EU-Kommission mit einem entsprechenden Vorschlag hervor. Vgl. Daniel AJ Sokolov: EU-Regierungen planen Verbot sicherer Verschlüsselung, https://www.heise.de/hintergrund/EU-Regierungen-planen-Verbot-sicherer-Verschluesselung-4951415.html, 09.11.2020. Auch der US-Generalstaatsanwalt William Barr forderte noch 2019 die Einführung von Hintertüren bei den großen Plattformherstellern. Tim Maurer, Garrett Hinck: The Trump administration wants to be able to break into your encrypted data. Here's what you need to know, https://www.washingtonpost.com/politics/2019/07/29/trump-administration-wants-be-able-break-into-your-encrypted-data-heres-what-you-need-know/, 29.07.2019.

115 Menn: Napster, S. 135 ff.

116 Ebd., S. 141.

117 Julia Alexander: YouTube now runs pop-ups on videos that warn users of EU copyright proposal: https://www.theverge.com/2018/11/20/18104535/yotuube-pop-up-article-13-copyright-european-union-eu-warning, 20.11.2018.

118 Youtube: Save Your Internet, https://www.youtube.com/saveyourinternet/

119 Jillian D'Onfro: YouTube CEO urges YouTube creators to protest European copyright law, https://www.cnbc.com/2018/10/22/youtube-susan-wojcicki-creators-protest-eu-article-13-copyright-law.html, 22.10.2018.

120 Vgl. Steven Levy: Inside Google's China Misfortune, https://fortune.com/2011/04/15/inside-googles-china-misfortune/, 15.04.2011 (abgerufen über: https://web.archive.org/web/20201029002329/https://fortune.com/2011/04/15/inside-googles-china-misfortune/).

121 Vgl. John Battelle: Google, China, Wikileaks: The Actual Cable, https://www.businessinsider.com/google-china-wikileaks-the-actual-cable-2011-1, 08.12.2010. Hier dreht sich die Instrumentalisierung Plattform/Staat sogar um. Die Plattform nutzt den Staat, um ihr Graphmonopol gegen Konkurrenten zu verteidigen. Und in der Tat kann sich die Zusammenarbeit zwischen Plattform und Staat auch für die Plattform lohnen.

122 Joseph S. Nye, Jr., Robert O. Keohane: Power and Interdependence – World Politics in Transition, New York 2001.

123 Es ist dabei nicht ohne Ironie, dass die chinesische Firewall nicht ohne die Mitarbeit amerikanischer Tech-Konzerne hat gebaut werden können, allen voran Cisco, das sich deswegen vor Gericht verantworten muss. Vgl. Ryan Gallagher: How U.S. Tech Giants are Helping to Build China's Surveillance State, https://theintercept.com/2019/07/11/china-surveillance-google-ibm-semptian/, 11.07.2019. und Karl Bode: EFF Wants Cisco Held Responsible For Helping China Track, Torture Falun Gong Members, https://www.techdirt.

com/articles/ 20160113/06091133328/eff-wants-cisco-held-responsible-helping-china-track-torture-falun-gong-members.shtml, 14. 01. 2016.

124 Mit Emerson könnte man sagen, dass China mit der großen Firewall zunächst einen Balanceakt 1 eingeleitet hat, also seine Motivation zur Nutzung westlicher Internetdienste reduziert hat, was dann in den Balanceakt 2 überging, also der Schaffung alternativer Services im eigenen Land.

125 Dazu gehören unter anderem die vielen auf vagen Gerüchten, Annahmen und Vorurteilen basierenden Erzählungen, die im Westen über das »Social Credit System« kursieren. Für einen nüchternen Blick auf die Tatsachen siehe Xin Dai: Toward a Reputation State – The Social Credit System Project of China, http://dx.doi.org/10.2139/ssrn.3193577, 10. 06. 2018.

126 Vgl. z. B. Bernhard Hämmerli: Cyber-Souveränität definiert die strategische Zukunft jeder Nation, https://www.security-finder.ch/experten-berichte/bisherige-monatsgaeste/detail00/article/cyber-souveraenitaet-definiert-die-strategische-zukunft-jeder-nation.html, 01. 01. 2017.

127 Carolina Vendil Pallin: Internet control through ownership: the case of Russia, https://doi.org/10.1080/1060586X.2015.1121712, 04. 01. 2016.

128 Ingrid Lunden: Google confirms some of its own services are now getting blocked in Russia over the Telegram ban, https://techcrunch.com/2018/04/22/google-confirms-some-of-its-own-services-are-now-getting-blocked-in-russia-over-the-telegram-ban/, 23. 04. 2018.

129 Loise Matsakis: Apple's Good Intentions Often Stop at China's Borders, https://www.wired.com/story/apple-china-censorship-apps-flag/, 18. 07. 2019.

130 Tim Bradshaw: Apple drops hundreds of VPN apps at Beijing's request, https://www.ft.com/content/ad42e536-cf36-11e7-b781-794ce08b24dc, 22. 11. 2017.

131 Rita Liao: Apple removes two RSS feed readers from China App Store, https://techcrunch.com/2020/09/30/apple-removes-two-rss-feed-readers-from-china-app-store/, 30. 09. 2020.

132 Vgl. Article 19 of The Universal Declaration of Human Rights, https://www.humanrights.com/course/lesson/articles-19-25/read-article-19.html.

133 Michael Seemann: Informationelle Selbstzertrümmerung, https://www.ctrl-verlust.net/informationelle-selbstzertruemmerung/, 13. 04. 2016.

134 Paul Mozur, Mark Scott, Mike Isaac: Facebook Faces a New World as Officials Rein In a Wild Web, https://www.nytimes.com/2017/09/17/technology/facebook-government-regulations.html, 17. 09. 2017.

135 Michael Kwet: Digital Colonialism: US Empire and the New Imperialism in the Global South, https://papers.ssrn.com/sol3/papers.cfm?abstract_id=3232297, 05. 09. 2018.

136 Hillary Rodham Clinton: Remarks on Internet Freedom, https://2009-2017.state.gov/secretary/20092013clinton/rm/2010/01/135519.htm, 21. 01. 2010.

137 Ewen MacAskill: US confirms it asked Twitter to stay open to help Iran protesters, https://www.theguardian.com/world/2009/jun/17/obama-iran-twitter, 17. 06. 2009.

138 Joseph S. Nye, Jr.: Soft Power – The Means To Success In World Politics, New York 2004.

139 Anne-Marie Slaughter: The Chessboard and the Web – Strategies of Connection in a Networked World, New Haven 2017.

140 Vgl. Joshua Cooper Ramo: The Age of the Unthinkable: Why the New World Disorder Constantly Surprises Us and What We Can Do About It, Boston 2009.

141 Slaughter: The Chessboard and the Web, S. 204.

142 Wikileaks: Collateral Murder, https://collateralmurder.wikileaks.org, 05.04.2010.

143 Sie lässt unter anderem Wikileaks' Konten bei PayPal und Mastercard einfrieren und drängt deren Domaindienstleister dazu, ihnen die Webadresse zu entziehen. Dazu unten mehr.

144 Charles Arthur: Google and Twitter launch service enabling Egyptians to tweet by phone, https://www.theguardian.com/technology/2011/feb/01/google-twitter-egypt, 01.02.2011.

145 Beide Projekte werden übrigens lobend von der Ex-Kollegin Anne-Marie Slaughter erwähnt. Vgl. Slaughter: The Chessboard and the Web, S. 147 f. und S. 152.

146 Jared Cohen, Eric Schmidt: Die Vernetzung der Welt – ein Blick in unsere Zukunft, Hamburg 2013.

147 Benjamin Bratton: The Stack, S. 134.

148 William J. Burns, Jared Cohen: The Rules of the Brave New Cyberworld, https://foreignpolicy.com/2017/02/16/the-rules-of-the-brave-new-cyberworld/, 16.02.2017.

149 Dipayan Ghosh, Ben Scott: Why Silicon Valley tech giants can't shake accusations of anticonservative political bias, https://www.cnbc.com/2018/10/17/why-silicon-valley-cant-shake-accusations-of-anticonservative-bias.html, 17.10.2018.

150 Peter Thiel: Good for Google, Bad for America, https://www.nytimes.com/2019/08/01/opinion/peter-thiel-google.html, 01.08.2019.

151 Rachel Sandler: Peter Thiel Says CIA Should Investigate Google For Being »Treasonous«, https://www.forbes.com/sites/rachelsandler/2019/07/15/peter-thiel-says-cia-should-investigate-google-for-being-treasonous/#55412f4a521d, 15.07.2019.

152 Edward Ongweso, Jr.: Palantir's CEO Finally Admits to Helping ICE Deport Undocumented Immigrants, https://www.vice.com/en_us/article/pkeg99/palantirs-ceo-finally-admits-to-helping-ice-deport-undocumented-immigrants, 24.01.2020.

153 CNBC Television: Watch CNBC's full Interview with Palantir CEO Alex Karp at Davos, https://www.youtube.com/watch?v=MeL4BWVk5-k&fbclid=IwAR27i5Dkw1wSPgIFOkf3C5Zf5yuhhB-hDzYzvTjJ0cpH1bLWViHfmdRVodU, 23.01.2020.

154 Vgl. z.B. die Commencement Address von Zuckerberg in Harvard von 2017: Facebook Founder Mark Zuckerberg Commencement Address, https://www.youtube.com/watch?v=BmYv8XGl-YU, 25.05.2017.

155 Marie C. Baca: Facebook makes small tweaks after anti-conservative-bias report. They're unlikely to make the issue go away, https://www.washingtonpost.com/technology/2019/08/20/facebook-makes-small-tweaks-following-anti-conservative-bias-report-theyre-unlikely-make-issue-go-away/, 20.08.2019.

156 JS Tan: Big Tech Embraces New Cold War Nationalism, https://foreign
policy.com/2020/08/27/china-tech-facebook-google/, 27.08.2020.

157 Cyberreason: The Morris Worm Pt. 1, https://malicious.life/episode/episode-
23/, 2019.

158 Francis Fukuyama: The End of History and the Last Man, New York 2006.

159 Vgl. Qiao Liang, Wang Xiangsui: Unrestricted Warfare, https://www.c4i.org/
unrestricted.pdf, Peking 1999, S. 12.

160 Bill Marczak, Nicholas Weaver, Jakub Dalek, Roya Ensafi, David Fifield, Sarah
McKune, Arn Rey, John Scott-Railton, Ron Deibert, Vern Paxson: China's
Great Cannon, https://citizenlab.ca/2015/04/chinas-great-cannon/, 10.04.2015.

161 Chris Buckley: Corruption in China: Crocodile Meat, Jade, Piles of Cash,
https://www.nytimes.com/2016/10/22/world/asia/china-corrupt-officials-tv-
series.html, 21.10.2016.

162 Vgl. U.S. Department of Justice: Report On The Investigation Into Russian
Interference In The 2016 Presidential Election, März 2019, via CNN: Read and
search the full Mueller report, https://edition.cnn.com/2019/04/18/politics/full-
mueller-report-pdf/index.html, 21.07.2019.

163 Joseph Cox: Email Provider ProtonMail Says It Hacked Back, Then Walks
Claim Back, https://www.vice.com/en_us/article/qvvke7/email-provider-
protonmail-says-it-hacked-back-then-walks-claim-back, 16.08.2017.

164 Anita Campbell: Inside Microsoft's Digital Crimes Unit, https://smallbiztrends.
com/2015/04/microsoft-digital-crimes-unit.html, 19.04.2015.

165 BBC: PayPal says it stopped Wikileaks payments on US letter, https://www.bbc.
com/news/business-11945875, 08.12.2010.

166 Bastian Brinkmann: Warum deutsche Firmen unter dem US-Embargo gegen
Kuba leiden, https://www.sueddeutsche.de/wirtschaft/us-embargo-gegen-kuba-
ho-ho-wo-ist-die-buddel-rum-1.1125589, 27.08.2012.

167 BBC: Adobe shuts down Photoshop in Venezuela, https://www.bbc.com/news/
technology-49973337, 08.10.2019.

168 Vgl. Henry Farrell, Abraham L. Newman: Weaponized Interdependence:
How Global Economic Networks Shape State Coercion, https://www.mit
pressjournals.org/doi/full/10.1162/isec_a_00351, 01.07.2019.

169 European Commission: Following an Undertaking by S.W.I.F.T. to Change Its
Membership Rules, the European Commission Suspends Its Action for Breach
of Competition Rules, Pressemitteilung IP/97/870, 13.10.1997, S. 2.

170 United Against Nuclear Iran (UANI): SWIFT Campaign, https://www.united
againstnucleariran.com/index.php/swift, Washington, D.C. 2012.

171 Heiko Maas: Wir lassen nicht zu, dass die USA über unsere Köpfe hinweg handeln, https://www.handelsblatt.com/meinung/gastbeitraege/gastkommentar-
wir-lassen-nicht-zu-dass-die-usa-ueber-unsere-koepfe-hinweg-handeln/
22933006.html?ticket=ST-7411926-oq4wHkumxAC3d7a6ElCc-ap1,
21.08.2018.

172 Christopher R. O'Dea: How China Weaponized the Global Supply Chain,
https://www.nationalreview.com/magazine/2019/07/08/how-china-weaponized-
the-global-supply-chain/, 20.06.2019.

173 Ross Andersen: Chinese AI Is Creating an Axis of Autocracy, https://www.
     theatlantic.com/magazine/archive/2020/09/china-ai-surveillance/614197/,
     September 2020.

174 Jonathan E. Hillman, Maesea McCalpin: Watching Huawei's »Safe Cities«,
     https://www.csis.org/analysis/watching-huaweis-safe-cities, 04.11.2019.

175 Jarrett Potts: Gelsenkirchen: A Small, Smart City with Big Plans, https://
     e.huawei.com/en/case-studies/global/2017/201709071445.

176 David Medine, Rachel Brand, Elisebeth Collins Cook, James Dempsey
     (Privacy and Civil Liberties Oversight Board): Report on the Surveillance
     Program Operated Pursuant to Section 702 of the Foreign Intelligence
     Surveillance Act, 02.07.2014, abgerufen über https://web.archive.org/
     web/20150218223115/http://www.pclob.gov/library/702-Report.pdf.

177 Philip Bump: The NSA Hacked Google and Yahoo's Private Networks,
     https://www.theatlantic.com/politics/archive/2013/10/nsa-hacked-google-
     and-yahoos-private-networks/354570/, 30.10.2013.

178 Vgl. Morgan Marquis-Boire, Glenn Greenwald, Micah Lee: XKEYSCORE –
     NSA's Google for the World's Private Communications, https://
     theintercept.com/2015/07/01/nsas-google-worlds-private-communications/,
     01.07.2015.

179 J. Gruber: Bundestag Committee of Inquiry into the National Security Agency
     [Untersuchungsausschuss (»NSA«)] – William Binneys Aussagen, http://
     acamedia.info/politics/surveillance/a_good_american/wikileaks_transcript_
     excerpts.htm.

180 Das erklärt auch, warum der BND so versessen darauf ist, im Grunde
     Spionagearbeit für die NSA zu erledigen. Vgl. Maik Baumgärtner, Hubert
     Gude, Marcel Rosenbach, Jörg Schindler: Neue Spionageaffäre erschüttert
     BND, https://www.spiegel.de/politik/deutschland/ueberwachung-neue-
     spionageaffaere-erschuettert-bnd-a-1030191.html, 23.04.2015.

181 Stefan Beiersmann: Bericht: NSA stattet in den USA hergestellte Hardware
     mit Hintertüren aus, https://www.zdnet.de/88192976/bericht-nsa-stattet-den-
     usa-hergestellte-hardware-mit-hintertueren-aus/, 13.05.2014.

182 Joe Parkinson, Nicholas Bariyo, Josh Chin: Huawei Technicians Helped
     African Governments Spy on Political Opponents, https://www.wsj.com/
     articles/huawei-technicians-helped-african-governments-spy-on-political-
     opponents-11565793017, 15.08.2019.

183 Jordan Schneider: Huawei Banned, So Let's Invade Taiwan to Take TSMC?,
     https://chinatalk.substack.com/p/huawei-banned-so-lets-invade-taiwan,
     26.05.2020.

184 Jeffrey Knockel, Christopher Parsons, Lotus Ruan, Ruohan Xiong,
     Jedidiah Crandall, Ron Deibert: We Chat, They Watch – How International
     Users Unwittingly Build up WeChat's Chinese Censorship Apparatus,
     https://citizenlab.ca/2020/05/we-chat-they-watch/, 07.05.2020.

185 Rishi Iyengar: India bans TikTok as tensions with China escalate, https://
     edition.cnn.com/2020/06/29/tech/tiktok-india-chinese-apps-ban/index.html,
     30.06.2020.

186 Jay Peters: The US government will let TikTok run out the clock and »overlook« its own deadline, https://www.theverge.com/2020/12/4/22154801/us-govern ment-tiktok-ban-deadline-bytedance-trump-administration-cfius, 04.12.2020.

187 Der konservative Autor Niall Ferguson vermutet, dass TikTok als ein algorithmischer Brückenkopf in die Köpfe westlicher Jugendlicher dienen könnte, um antifreiheitliches Gedankengut zu exportieren. Im Grunde sieht er hier also die Politik der Pfadentscheidung am Werk. Vgl. Niall Ferguson: TikTok Is Inane. China's Imperial Ambition Is Not, https://www.bloomberg.com/ opinion/articles/2020-08-09/tiktok-is-the-superweapon-in-china-s-cultural-warfare?sref=ojq9DljU, 09.08.2020.

188 Taylor Lorenz, Kellen Brownin, Sheera Frenkel: TikTok Teens and K-Pop Stans Say They Sank Trump Rally, https://www.nytimes.com/2020/06/21/ styletiktok-trump-rally-tulsa.html, 21.06.2020.

189 Alex Hern: Revealed: How TikTok censors videos that do not please Beijing, https://www.theguardian.com/technology/2019/sep/25/revealed-how-tiktok-censors-videos-that-do-not-please-beijing, 25.09.2019.

190 Larry Seltzer: Google engineers rage at NSA, https://www.zdnet.com/article/ google-engineers-rage-at-nsa/, 06.11.2013.

191 Gennie Gebhart: We're Halfway to Encrypting the Entire Web, https://www.eff. org/deeplinks/2017/02/were-halfway-encrypting-entire-web, 21.02.2017.

192 John Maddison: Encrypted Traffic Reaches A New Threshold, https://www. networkcomputing.com/network-security/encrypted-traffic-reaches-new-threshold, 28.11.2018.

193 Bratton: The Stack, S. 112.

194 Department of Defense: Department of Defense Strategy for Operating in Cyberspace, https://csrc.nist.gov/CSRC/media/Projects/ISPAB/documents/ DOD-Strategy-for-Operating-in-Cyberspace.pdf, Juli 2011.

195 Dan Goodin: Windows bug used to spread Stuxnet remains world's most exploited, https://arstechnica.com/information-technology/2017/04/windows-bug-used-to-spread-stuxnet-remains-worlds-most-exploited/, 20.04.2017.

196 Dan Goodin: How Google fought back against a crippling IoT-powered botnet and won, https://arstechnica.com/information-technology/2017/02/ how-google-fought-back-against-a-crippling-iot-powered-botnet-and-won/, 02.02.2017.

197 Alfred Ng: Google rolls out free cyberattack shield for elections and campaigns, https://www.cnet.com/news/google-rolls-out-free-project-shield-cyberattack-protection-for-elections-and-campaigns/, 16.05.2018.

198 Cloud.gov: Infrastructure under cloud.gov, https://cloud.gov/docs/technology/ iaas/.

199 Bricata: Breaking Down 6 Cybersecurity Salary Surveys: What's a Security Pro Worth in 2019?, https://bricata.com/blog/cybersecurity-salary-surveys/, 19.03.2019.

200 Julia Schuetze: Warum dem Staat IT-Sicherheitsexpert:innen fehlen, https:// www.stiftung-nv.de/de/publikation/warum-dem-staat-it-sicherheitsexpertinnen-fehlen, 27.02.2018.

201 Heartbleed: https://heartbleed.com.

202 Kevin Lee: Google Project Zero aims to keep the Heartbleed Bug from happening again, https://www.techradar.com/news/internet/web/google-project-zero-aims-to-stop-the-heartbleed-bug-from-happening-again-1257434, 15.07.2014.

203 Vgl. Patrick Beuth: »Es geht uns nicht darum, andere Hersteller bloßzustellen«, https://www.spiegel.de/netzwelt/web/project-zero-elite-hacker-von-google-im-interview-a-1281146.html, 10.08.2019. Das Blog des Projekts findet sich unter Google Project Zero, https://googleprojectzero.blogspot.com.

204 Vgl. Nick Glegg: Facebook is preparing for an election like no other, https://www.telegraph.co.uk/news/2020/06/17/facebook-preparing-election-like-no/, 17.06.2020.

205 Vgl. z. B. Carole Cadwalladr: If you're not terrified about Facebook, you haven't been paying attention, https://www.theguardian.com/commentisfree/2020/jul/26/with-facebook-we-are-already-through-the-looking-glass, 26.07.2020.

206 Craig Silverman, Ryan Mac, Pranav Dixit: »I Have Blood on My Hands«: A Whistleblower Says Facebook Ignored Global Political Manipulation, https://www.buzzfeednews.com/article/craigsilverman/facebook-ignore-political-manipulation-whistleblower-memo, 14.09.2020.

207 Mark Zuckerberg: https://www.facebook.com/zuck/posts/10112270823363411, 03.09.2020.

7 Die politische Ökonomie der Plattform

1 Menn: Napster, S. 161.

2 Benny Evangelista: Napster runs out of lives – judge rules against sale, https://www.sfgate.com/business/article/Napster-runs-out-of-lives-judge-rules-against-2774278.php, 04.09.2002.

3 Zeit Online: Musikstreaming boomt – CD-Verkauf geht zurück, https://www.zeit.de/news/2019-07/11/musikstreaming-boomt-cd-verkauf-geht-zurueck, 11.07.2019.

4 Amy Watson: Music streaming revenue worldwide from 2005 to 2019, https://www.statista.com/statistics/587216/music-streaming-revenue/, 13.05.2020.

5 macrotrends: Netflix Revenue 2006-2020, https://www.macrotrends.net/stocks/charts/NFLX/netflix/revenue.

6 Zu einer detaillierten Auseinandersetzung mit dem Begriff und seiner Geschichte siehe: Alfred Bürgin, Thomas Maissen: Zum Begriff der politischen Ökonomie heute. Geschichte und Gesellschaft, 25(2), 177-200, http://www.jstor.org/stable/40185874, 1999.

7 Garrett Hardin: The Tragedy of the Commons, https://science.sciencemag.org/content/162/3859/1243, 13.12.1968.

8 Elinor Ostrom: Governing the Commons: The Evolution of Institutions for Collective Action, Cambridge 1990.

9 Yochai Benkler: The Wealth of Networks – How Social Production transforms Markets and Freedom, New Haven 2006.

10 Ebd., S. 53 f.

11 Richard M. Stallman: Free Software: »Freedom and Cooperation«, https://
www.gnu.org/philosophy/rms-nyu-2001-transcript.txt, 29.05.2001.

12 Open Source baut mit eigenen Lizenzmodellen auf derselben Idee auf, räumt
aber meist Möglichkeiten ein, Ableitungen des Codes unter veränderten Lizenz-
bedingungen zu veröffentlichen.

13 Die meisten davon allerdings trotzdem nicht unbezahlt, nur eben nicht von
den Projekten selbst, sondern von Unternehmen, die die Software am Ende einsetzen. Vgl. Adrian Bridgwater: Linux Foundation: 75% of kernel development
done by paid developers, https://www.computerweekly.com/blog/Open-Source-
Insider/Linux-Foundation-75-of-kernel-development-done-by-paid-developers,
08.04.2012.

14 Kevin Kelly: What Have You Changed Your Mind About? Why?, https://www.
edge.org/response-detail/1122, 2008.

15 Clay Shirky: Über Institutionen versus Zusammenarbeit, https://www.ted.com/
talks/clay_shirky_institutions_vs_collaboration?language=de, Juli 2005.

16 IBM wird auch explizit von Benkler genannt.Vgl. Benkler: The Wealth of Networks, S. 46.

17 Matt Asay: Is Facebook The World's Largest Open Source Company?, https://
readwrite.com/2013/10/17/is-facebook-the-worlds-largest-open-source-company/,
17.10.2013.

18 Facebook: Open Compute Project, https://www.opencompute.org.

19 Nate Swanner: Big Tech Controls Many Major Open Source Projects. Is That a
Problem?, https://insights.dice.com/2019/08/05/open-source-google-microsoft-
apple-github/, 05.08.2019.

20 Adrian Bridgwater: The Impact Of The Tech Giants On Open Source, https://
www.forbes.com/sites/adrianbridgwater/2019/09/07/the-impact-of-the-tech-
giants-on-open-source/#4af2d156d277, 07.09.2019.

21 Martin Wolf: Die wilde Jugend von Unix, https://www.golem.de/news/unix-
wird-50-die-wilde-jugend-von-unix-2006-149027-3.html, 22.06.2020.

22 Benkler: The Wealth of Networks, S. 116.

23 Ebd., S. 104.

24 Paul Mason: PostCapitalism – A Guide to Our Future, London 2015, S. 119.

25 Jeremy Rifkin: Zero Marginal Cost Society, New York 2014.

26 Mason: PostCapitalism, S. 110.

27 Rifkin: Zero Marginal Cost Society, S. 89 ff.

28 Geert Lovink: Im Bann der Plattformen, Bielefeld 2017, S. 93.

29 Rina Raphael: Netflix CEO Reed Hastings: Sleep Is Our Competition, https://
www.fastcompany.com/40491939/netflix-ceo-reed-hastings-sleep-is-our-
competition, 06.11.2017, und Kevin Webb: Netflix says it's more worried about
competition from video games like ›Fortnite‹ than other streaming services,
https://www.businessinsider.com/netflix-fortnite-competition-q4-earnings-
2019-1?r=DE&IR=T, 18.01.2019.

30 An dieser Stelle sei angemerkt, dass Netflix nicht hinreichend unserer Plattformdefinition genügt. Zwar versammelt es erwartbare Vorselektionen
potentieller Verbindungen, da diese aber strikt kuratiert sind, bewegen sich die

Anschlussselektionen konkreter Verbindungen ebenfalls im Bereich des Erwartbaren. Sprich: Netflix fehlt es an Generativität, um als Plattform zu gelten. Es ist aber nahe genug dran, sodass sich einige Beobachtungen bei Netflix für unsere Überlegungen werwenden lassen.

31 Sowohl zeitlich als auch inhaltlich lässt sich die Wende am besten in Astra Taylors Buch The Peoples Platform festmachen. Taylor, selbst von der Idee des digitalen Poskapitalismus beeinflusst, rechnet mit dieser Ideologie ab und zeichnet ein düsteres Bild einer hyperkapitalistischen Digitallandschaft, das diese erst ermöglicht habe. Vgl. Astra Taylor: The People's Platform – Taking Back Power and Culture in the Digital Age, New York 2014.

32 Der ganze Technologiebereich ist in den letzten Jahren stark finanzialisiert worden. Vgl. Rodrigo Fernandez, Ilke Adriaans: The financialisation of Big Tech, https://www.somo.nl/the-financialisation-of-big-tech/, 17. 12. 2020.

33 Daren Fonda: 4 Big Tech Companies Are Larger Than Japan's Stock Market. Why Investors Should Be Cautious, https://www.barrons.com/articles/alphabet-apple-amazon-microsoft-stock-market-51598627152, 28. 08. 2020.

34 Kyle Daly: Big Tech's power, in 4 numbers, https://www.axios.com/big-techs-power-in-4-numbers-de8a5bc3-65b6-4064-a7cb-3466c68b2ea0.html, 27. 07. 2020.

35 Peter Eavis, Steve Lohr: Big Tech's Domination of Business Reaches New Heights, https://www.nytimes.com/2020/08/19/technology/big-tech-business-domination.html, 19. 08. 2020.

36 Zitiert in: Andrew McAfee, Erik Brynjolfsson: Machine, Platform, Crowd – Harnessing Our Digital Future, S. 8.

37 Visual Capitalist: Valuing Intangibles, https://www.visualcapitalist.com/wp-content/uploads/2020/02/intangible-assets-full-1.html, Februar 2020.

38 Jonathan Haskel, Stian Westlake: Capitalism without Capital: The Rise of the Intangible Economy, Princeton 2018.

39 69,91 Milliarden US-Dollar laut Statista: https://www.statista.com/statistics/1841 40/estimated-revenue-of-us-motion-picture-and-video-industry-since-2005/, abgerufen 08. 08. 2020.

40 Patrick Frater: Asian Content to Benefit From Netflix as First Global TV Network, Says Reed Hastings, https://variety.com/2018/digital/asia/reed-hastings-netflix-in-asia-1203022867/, 07. 11. 2018.

41 Simon Hill: Google and Apple spend more on patents than on R&D, https://www.androidauthority.com/google-apple-spend-patents-120824/, 08. 10. 2012.

42 Google: Facts about Google's acquisition of Motorola, https://www.google.com/press/motorola/, 15. 08. 2012.

43 Zeit Online: Google gibt Motorola wieder ab, https://www.zeit.de/digital/mobil/2014-01/google-motorola-verkauf-lenovo, 29. 01. 2014.

44 Sarah Whitten: Disney expects to take a $150 million hit as it cuts ties with Netflix — and that's OK, https://www.cnbc.com/2019/02/05/disney-expects-to-take-a-150-million-hit-as-it-cuts-ties-with-netflix.html, 05. 02. 2019.

45 macrotrends: Netflix: Number of Employees 2006–2020 | NFLX, https://www.macrotrends.net/stocks/charts/NFLX/netflix/number-of-employees.

46 Nicht mit eingerechnet sind allerdings die Tausenden Filmschaffenden, die als Zulieferer für Netflix den Content produzieren. Trotzdem ist die Zahl beachtlich.

47 macrotrends: Netflix Revenue 2006–2020 | NFLX, https://www.macrotrends. net/stocks/charts/NFLX/netflix/revenue

48 Simon Dudley, The Internet Just Isn't That Big a Deal Yet. A Hard Look at Solow's Paradox, https://www.wired.com/insights/2014/11/solows-paradox/, 12.11.2014.

49 Thomas Piketty: Das Kapital im 21. Jahrhundert, München 2014.

50 International Labour Organization Organisation for Economic Co-operation and Development: The Labour Share in G20 Economies, https://www.oecd.org/ g20/topics/employment-and-social-policy/The-Labour-Share-in-G20-Econo-mies.pdf, 27.02.2015.

51 David Autor, David Dorn, Lawrence F. Katz, Christina Patterson, John Van Reenen: The Fall of the Labor Share and the Rise of Superstar Firms, https:// economics.mit.edu/files/12979, 01.05.2017.

52 Felix Stalder: Kultur der Digitalität, Frankfurt am Main 2016, S. 118.

53 Timo Daum: Das Kapital sind wir – Zur Kritik der digitalen Ökonomie, Hamburg 2017, S. 228.

54 Zuboff: Surveillance Capitalism, S. 94 ff.

55 Srnicek: Platform Capitalism, S. 39 f.

56 Bratton: The Stack, S. 138.

57 Ben Thompson: The Bill Gates, Linehttps://stratechery.com/2018/the-bill-gates-line/, 23.03.2018.

58 Parker, van Alstyne, Choudary: Platform Revolution, S. 122.

59 Evans, Schmalensee: Matchmakers, S. 62.

60 Zumindest als vorläufige Erkenntnis kann man das so stehen lassen. Im Abschnitt »Das Interregnum« müssen wir diese Erkenntnis aber nochmals erschüttern.

61 Cory Doctorow: Facebook vs Robert Bork, https://pluralistic.net/2020/12/10/ borked/#zucked, 10.12.2020.

62 David Streitfeld: To Take Down Big Tech, They First Need to Reinvent the Law, https://www.nytimes.com/2019/06/20/technology/tech-giants-antitrust-law.html, 20.06.2020.

63 Jeff Bezos: Statement by Jeffrey P. Bezos, https://docs.house.gov/meetings/ JU/JU05/20200729/110883/HHRG-116-JU05-Wstate-BezosJ-20200729.pdf, 29.07.2020.

64 Wayne Duggan: Latest E-Commerce Market Share Numbers Highlight Amazon's Dominance, https://finance.yahoo.com/news/latest-e-commerce-market-share-185120510.html, 04.02.2020.

65 Progressive Policy Institute: 10 Myths About Big Tech & Antitrust, https:// medium.com/@progressivepolicyinstitute/10-things-you-need-to-know-about-tech-and-antitrust-6c077bf71dc5, 28.07.2020.

66 Jon Porter: How the CEOs of Apple, Google, Amazon, and Facebook plan to defend Big Tech today, https://www.theverge.com/2020/7/29/21346321/amazon-google-apple-facebook-ceos-congress-opening-remarks-statements-bezos-cook-zuckerberg-pichai, 29.07.2020.

67 Adi Robertson: Everything you need to know from the tech antitrust hearing, https://www.theverge.com/2020/7/29/21335706/antitrust-hearing-highlights-facebook-google-amazon-apple-congress-testimony, 29.07.2020.

68 Friedrich A. Hayek: The Use of Knowledge in Society, https://www.econlib.org/library/Essays/hykKnw.html, 04.09.1945.

69 Moazed, Johnson: Monopolies, S. 78.

70 Staab: Digitaler Kapitalismus, S. 39.

71 Ebd., S. 53.

72 Staab fasst diesen nichtmarktförmigen Rest, der in Wirklichkeit den Mammut-teil der Interaktionen ausmacht, in dem Begriff Ökosystem. Vgl. ebd., S. 53.

73 Markt kann hier als lediglich eine Untermenge von Graphen verstanden wer-den, nämliche jene, die monetäre Transaktionen abbilden.

74 Steve Jobs: https://www.youtube.com/watch?v=NF9o46zK5Jo, 2003.

75 Walter Isaacson: Steve Jobs, New York 2011, S. 365 f.

76 Ein weiterer Grund, warum eine Theorie der politischen Ökonomie der Platt-form bislang nicht hat stattfinden können, ist sicher die Struktur der Theorie-landschaft selbst. Die Überwindung des Kapitalismus wurde immer nur aus seiner Kritik heraus imaginiert. Seine Verteidiger*innen haben sich dagegen nie getraut, sich sein Ende vorzustellen. Zwischen diesen zwei Pfadabhängig-keiten klafft eine konzeptionelle Lücke: Was, wenn wir den Kapitalismus überwinden und dies nicht unbedingt eine offensichtliche Verbesserung bedeutet, sondern eine ambivalente Situation oder gar eine Verschlechterung der allgemeinen Lage?

77 Antonio Gramsci: The Prison Notebooks, http://courses.justice.eku.edu/pls330_louis/docs/gramsci-prison-notebooks-vol1.pdf, London 1999, S. 556.

78 Vgl. Walter Isaacson: Steve Jobs, S. 364 f.

79 Gunnar Heinsohn, Otto Steiger: Eigentum, Zins und Geld – Ungelöste Rätsel der Wirtschaftswissenschaft, Marburg 2002.

80 Vgl. ebd., S. 100.

81 Vgl. ebd., S. 118.

82 Paratii: A Brief History of P2P Content Distribution, in 10 Major Steps, https://medium.com/paratii/a-brief-history-of-p2p-content-distribution-in-10-major-steps-6d6733d25122, 25.10.2017.

83 Sandvine: The Global Internet Phenomena Report, https://www.sandvine.com/hubfs/downloads/phenomena/2018-phenomena-report.pdf, Oktober 2018.

84 Steve Jobs ließ sich zwar von den Musikverlagen überreden, zunächst einen eige-nen DRM-Standard namens FairPlay auf die verkauften Songs zu legen. Ab 2007 setzte Apple dann aber DRM-freie Verkäufe durch und seit 2009 ist die Musik weitestgehend DRM-frei. Vgl. Apple: Apple bietet Musik ohne Kopierschutz und in höherer Audioqualität im iTunes Store an, https://www.apple.com/de/newsroom/2007/04/02Apple-Unveils-Higher-Quality-DRM-Free-Music-on-the-iTunes-Store/, 02.07.2007. Die DRM-Frage ist ein eigenes Kapitel wert. Aktivist*innen kämpfen seit fast 20 Jahren gegen DRM und auch zu Recht. Es ist vor allem ein nerviger Einschnitt in Kosument*innen-Rechte. Im Kampf gegen Inhalte-Piraterie jedoch war es schon immer ein stumpfes Schwert, da einzelne

Hacker*innen in der Lage waren, den Kopierschutz zu überwinden, und eine einzige Überwindung ausreicht, um den Inhalt wieder zugänglich zu machen.

85 Vgl. Ribot, Peluso: Access, https://onlinelibrary.wiley.com/doi/abs/10.1111/j.1549-0831.2003.tb00133.x, 2003.

86 Allgemein: die Einnahme des Graphs der Beziehungen zwischen Dingen und Menschen. Aber zunächst vor allem der zwischen Land und Menschen.

87 Karl Marx, Das Kapital, Band I, S. 744 ff.

88 Karl Polanyi: The Great Transformation, Wien 2019, S. 61 f.

89 Heinsohn und Steiger setzen hier als Kriterium, dass Eigentum mit Hypotheken belastbar, verpfändbar und verkaufbar sein muss. Vgl. Heinsohn, Steiger: Eigentum, Zins und Geld, S. 122 ff.

90 Polanyi diskutiert das erschöpfend entlang der Abschaffung des Speenhamland-Gesetzes in England, das zuvor allen Bedürftigen eine Art Grundeinkommen sicherte. Karl Polanyi: The Great Transformation, S. 144 ff.

91 Vgl. Karl Marx, Das Kapital, Band I, S. 181 ff.

92 Zu jener Zeit noch nicht der Frau.

93 Weil es hier nicht Thema ist, soll diese kurze Skizze reichen. Es würde sich aber lohnen, hier noch tiefer einzusteigen und z. B. die infrastrukturellen Voraussetzungen der Kapitalismus-Plattform in die Analyse mit einzubeziehen. Da wäre zum einen natürlich der Graph Ökosysteme und die Grenzen deren Erschöpfbarkeit. Zum anderen die Tatsache, auf die feministische Ökonominnen immer wieder hingewiesen haben: Der Eigentum-Arbeits-Graph nutzt das riesige Beziehungsgeflecht der Reproduktionsarbeit als kritische Infrastruktur. All die »Care-Arbeit«, die vor allem von Frauen und zum überwiegenden Teil unentgeltlich gemacht wird und so überhaupt die Illusion des »freien Bürgers« ermöglicht hat, teilt das Schicksal aller Infrastruktur – sie wird im Zuge ihrer Erwartbarkeit unsichtbar. Vgl. Gabriele Winker: Care Revolution. Schritte in eine solidarische Gesellschaft, Bielefeld 2015.

94 Walter Isaacson: Steve Jobs, New York 2011, S. 367.

95 Ebd., S. 372.

96 Jeffrey Pfeffer, Gerald R. Salancik: The External Control of Organizations – A Resource Dependence Perspective, Stanford 2003, S. 2.

97 Pfeffer, Salancik: The External Control, S. 24. Man könnte versucht sein, die Unsicherheit unter die Transaktionskosten zu verbuchen, und so die RDT in das Narrativ der Transaktionskosten einbetten. Damit ginge allerdings die existentielle Dringlichkeit des Ressourcenzugangs in der RDT verloren.

98 Moazed, Johnson: Monopolies, S. 111.

99 Es gibt dabei natürlich auch Mischformen, wie das Freemium-Modell, wo zunächst kostenfreier Zugang gewährt wird und für erweiterte Funktionalität extra Transaktionen erforderlich sind.

100 Ben Williams: Adblock Plus and (a little) more, https://adblockplus.org/blog/100-million-users-100-million-thank-yous, 09. 05. 2016.

101 Allerdings erst ab einem Schwellenwert von über 10 Millionen durch das Whitelisting zusätzlich generierten Ansichten pro Monat. Adblockplus: https://adblockplus.org/en/about#monetization.

102 Daniel Cooper: German court says ad-blocking is legal, https://www.engadget.com/2018/04/20/german-supreme-court-ad-blocking/, 20.04.2018.

103 Die von Google ins Leben gerufene Organisation von Mobilfunkherstellern, die Android verwenden. Vgl. Open Handset Alliance: Industry Leaders Announce Open Platform for Mobile Devices, http://www.openhandsetalliance.com/press_110507.html, 05.11.2007.

104 Vgl. Alexander Demling, Roman Tyborski: Wie Amazon zum neuen Angstgegner der deutschen Autoindustrie werden könnte https://www.handelsblatt.com/technik/thespark/autonomes-fahren-wie-amazon-zum-neuen-angstgegner-der-deutschen-autoindustrie-werden-koennte/26013998.html, 20.07.2020.

105 In der in Kapitel 2 entwickelten Terminologie handelt es sich hier jeweils um eine *Medienrevolution*. Ein neues Medium (Suezkanal, iTunes) ermöglicht eine *vertikalen Iteration,* die eine neue Ebene der Interaktion aufmacht, auf der es weniger *Koordinationskosten* zu bewältigen gibt und wodurch sie *generativer* ist. Neben der neuen Ebene existiert aber zunächst parallel die alte Ebene (Afrikaumrundung, Filesharing) weiter.

106 Evans, Schmalensee: Matchmakers, S. 57 ff.

107 Ebd., S. 61.

108 Ragaei El Mallakh, Carl McGuire: The Economics of the Suez Canal under UAR Management, http://www.jstor.org/stable/4323227, Frühling 1960.

109 In dieser Hinsicht unterscheidet sich die Preissetzung – vom Zoll über Steuern bis zum Preis eines Schokoriegels im Supermarkt – nicht von ihrem Ursprung: dem Tribut.

110 Joan E. Solsman: Apple fires back: Spotify pays fees on less than 1 % of its members, https://www.cnet.com/news/apple-fires-back-spotify-pays-fees-on-less-than-1-percent-of-members/, 24.06.2019.

111 Kim Lyons: Documents show Apple gave Amazon special treatment to get Prime Video into App Store, https://www.theverge.com/2020/7/30/21348108/apple-amazon-prime-video-app-store-special-treatment-fee-subscriptions, 30.07.2020.

112 Joe Rossignol: Epic Games vs. Apple: Timeline of Events Surrounding Fortnite's Removal From App Store, https://www.macrumors.com/guide/epic-games-vs-apple/, 10.09.2020.

113 European Commission: Antitrust: Commission opens investigations into Apple's App Store rules, https://ec.europa.eu/commission/presscorner/detail/en/ip_20_1073, 16.06.2020.

114 Apple will kleineren Anbietern nur noch 15 Prozent abnehmen. Nick Statt: Apple will reduce App Store cut to 15 percent for most developers starting January 1st, https://www.theverge.com/2020/11/18/21572302/apple-app-store-small-business-program-commission-cut-15-percent-reduction, 18.11.2020.

115 Uta Meier-Hahn: Die Konnektivitätsökonomie des Internets – Architektur – Konventionen – Community, Berlin 2019.

116 Ebd., S. 84.

117 Uta Meier-Hahn: The Secrets of De-Peering, https://labs.ripe.net/Members/uta_meier_hahn/the-secrets-of-de-peering, 06.08.2017.

118 Staab: Digitaler Kapitalismus, S. 220.
119 Siehe z. B. Kean Birch: Technoscience Rent. Toward a Theory of Rentiership for
     Technoscientific Capitalism, https://journals.sagepub.com/doi/full/10.1177/
     0162243919829567, 06.02.2019.

Epilog

1   Vgl. Anders Rydell, Sam Sundberg: Piraterna – Historien om The Pirate Bay,
    Piratpartiet och Piratbyrån, Stockholm 2009, S. 147 f.
2   Samuel Axon: Why Wikileaks is The Pirate Bay of Political Intelligence,
    https://mashable.com/2010/07/27/wikileaks-the-pirate-bay/?europe=true,
    28.07.2010.
3   Adi Robertson: Leaked NSA documents show debate over tracking WikiLeaks,
    The Pirate Bay, and others, https://www.theverge.com/2014/2/18/5421958/
    leaked-nsa-documents-show-debate-over-tracking-wikileaks-pirate-bay,
    18.02.2014.
4   Nate Silver: The Comey Letter Probably Cost Clinton The Election, https://
    fivethirtyeight.com/features/the-comey-letter-probably-cost-clinton-the-
    election/, 03.05.2017.
5   Maria Eriksson, Rasmus Fleischer, Anna Johansson, Pelle Snickars, Patrick
    Vonderau: Spotify Teardown: Inside the Black Box of Streaming Music, Cam-
    bridge 2019, S. 73.
6   Mit diesen Mythen habe ich mich an anderer Stelle auseinandergesetzt. Michael
    Seemann: Die große Manipulationserzählung, in: Hohe Luft Kompakt (Sonder-
    heft 1/20), https://www.ctrl-verlust.net/die-grosse-malipulations-erzaehlung/,
    01.03.2020.
7   Eriksson, Fleischer, Johansson, Snickars, Vonderau: Spotify Teardown, S. 61.
8   Das chinesische Tencent Music ist mittlerweile deutlich größer, konkurriert aber
    um andere Graphen – sowohl was die Musik als auch die Nutzer*innen angeht.
    Vgl. Stuart Dredge: How many users do Spotify, Apple Music and other big
    music streaming services have?, https://musically.com/2020/02/19/spotify-apple-
    how-many-users-big-music-streaming-services/, 19.02.2020.
9   Eriksson, Fleischer, Johansson, Snickars, Vonderau: Spotify Teardown, S. 163.
10 Ebd., S. 193.
11 Ebd., S. 198.
12 Ebd., S. 161.
13 Jem Aswad: Spotify Responds to Apple's Response Over App Store Flap, Calls
    Company a »Monopolist«, https://variety.com/2019/music/news/spotify-
    responds-to-apples-response-over-app-store-flap-calls-company-a-monopolist-
    1203164353/, 15.03.2019.
14 Eriksson, Fleischer, Johansson, Snickars, Vonderau: Spotify Teardown, S. 139 ff.
15 Ebd., S. 203 ff.
16 Ebd., S. 94 ff.
17 IFPI: Global Music Report 2016, https://www.musikindustrie.de/fileadmin/
    bvmi/upload/06_Publikationen/GMR/Global-Music-Report-2016.pdf, 2016.

18 Andrew Flanagan, Jasmine Garsd: iTunes' Death Is All About How We Listen To Music Today, https://www.npr.org/2019/06/03/729290123/itunes-death-is-all-about-how-we-listen-to-music-today, 03.06.2019.

19 Steven Loeb: When Spotify was young: the early years, https://vator.tv/news/2017-11-06-when-spotify-was-young-the-early-years, 06.11.2017.

20 Eriksson, Fleischer, Johansson, Snickars, Vonderau: Spotify Teardown, S. 79.

21 Es war demnach Emersons Balanceakt 4, der ihnen die Graphsouveränität sicherte.

22 Stand Oktober 2020. Vgl. Mansoor Iqbal: Spotify Usage and Revenue Statistics (2020), https://www.businessofapps.com/data/spotify-statistics/, 02.10.2020.

23 Jillian D'Onfro: This Man Makes $23,000 Posting Music Spam On Spotify And iTunes, https://www.businessinsider.com/matt-farley-makes-23k-posting-music-spam-on-spotify-2014-1?r=DE&IR=T, 23.01.2014.

24 Evan Minsker, Noah Yoo: Spotify Walks Back Controversial »Hateful Conduct« Policy, Adds XXXTentacion to Major Playlist, https://pitchfork.com/news/spotify-walks-back-controversial-hateful-conduct-policy/, 01.06.2018.

25 Ron Amadeo: Epic, Spotify, and others take on Apple with »Coalition for App Fairness«, https://arstechnica.com/gadgets/2020/09/epic-spotify-and-others-take-on-apple-with-coalition-for-app-fairness/, 24.09.2020. Die Koalition hat auch eine Kampagnen-Website: Coalition for App Fairness: https://appfairness.org.

26 Eriksson, Fleischer, Johansson, Snickars, Vonderau: Spotify Teardown, S. 45.

27 Ebd., S. 105.

28 Ebd., S. 93.

29 So hat Spotify z.B. erst kürzlich die APIs für Dienste geschlossen, die Playlists zwischen unterschiedlichen Musikservices austauschbar machte. Songshift: A Note about Spotify Transfers, https://songshift.com/blog/spotify_transfers, 10.10.2020.

30 Eriksson, Fleischer, Johansson, Snickars, Vonderau: Spotify Teardown, S. 159.

31 Mansoor Iqbal: Spotify Usage and Revenue Statistics (2020), https://www.businessofapps.com/data/spotify-statistics/, 02.10.2020.

32 Statista: Umsatz und Gewinn bzw. Verlust von Spotify in den Jahren 2008 bis 2019, https://de.statista.com/statistik/daten/studie/297081/umfrage/umsatz-und-gewinn-von-spotify/, 11.02.2020.

33 Vgl. Tim Ingham: Global Recorded Music Industry Revenues Topped 20 Bn Last Year – But Streaming Growth Slowed, https://www.musicbusinessworldwide.com/the-global-recorded-music-industry-generated-over-20bn-last-year-but-streaming-growth-slowed/, 04.05.2020. Streaming macht mittlerweile rund 50 Prozent der Einnahmen aus, während physische Verkäufe und Downloads weiter zurückgehen. Vgl. IFPI: Global Music Report 2019, https://www.musikin dustrie.de/fileadmin/bvmi/upload/06_Publikationen/GMR/GMR2019.pdf, 2020.

34 Jamie Robertson: How podcasts went from unlistenable to unmissable, https://www.bbc.com/news/business-49279177, 26.09.2019.

35 Ashley Carman: Podcast Wars: $100 Million Start-up Luminary Launches Tuesday Without Reply all or Daily, https://www.theverge.com/2019/4/22/18510897/luminary-podcast-app-launch-the-daily-gimlet-media-spotify, 22.04.2019.

36 Sarah Perez: Spotify to test paid podcast subscriptions this spring via new Anchor feature, https://techcrunch.com/2021/02/22/spotify-to-test-paid-podcast-subscriptions-this-spring-via-new-anchor-feature/, 22. 02. 2021.

37 Joshua Benton: Spotify is gaining a podcast audience quickly. But is it an audience that isn't as interested in news?, https://www.niemanlab.org/2020/02/spotify-is-gaining-a-podcast-audience-quickly-but-it-is-an-audience-that-isnt-as-interested-in-news/, 19. 02. 2020.

38 DJ Mag: Spotify Reaches 450 Billion Market Valuation, https://djmag.com/news/spotify-reaches-50-billion-market-valuation, 29. 06. 2020.

39 Ein interessantes Gedankenspiel wäre, was passieren würde, wenn eines der drei großen vertikalen Imperien mit Unterhaltungsambitionen schlechterdings die Musiklabels alle aufkaufen und so den Musikgraphen exklusiv integrieren würde. Der Versuch würde vermutlich von Kartellbehörden abgeschmettert werden. Aber jetzt vergleiche man die Situation mit dem Szenario, wenn sich jede Plattform einen Teilgraphen kauft: Apple kauft Universal, Amazon Warner und Google Sony. Es ergäbe sich eine ähnliche Situation, wie sie sich beim Videostreaming bereits entwickelt hat – wer alles hören will, braucht mehrere Abonnements. Aus der Differenz der zwei Szenarien mit der heutigen Situation lässt sich die Absurdität des Kartellrechtsdenkens bei Plattformen begreifen.

40 Tambiama Madiega (European Parliamentary Research Service): Regulating digital gatekeepers: Background on the future digital markets act, https://www.europarl.europa.eu/thinktank/en/document.html?reference=EPRS_BRI(2020)659397, 08. 12. 2020.

41 Brent Kendall, Rob Copeland: Justice Department Hits Google With Antitrust Lawsuit, https://www.wsj.com/articles/justice-department-to-file-long-awaited-antitrust-suit-against-google-11603195203?redirect=amp#click=https://t.co/MacQPsIrsc, 20. 10. 2020.

42 Nick Statt, Russell Brandom: The FTC is suing Facebook to unwind its acquisitions of Instagram and WhatsApp, https://www.theverge.com/2020/12/9/22158483/facebook-antitrust-lawsuit-anti-competition-behavior-attorneys-general, 09. 12. 2020.

43 Vgl. den überparteilichen Bericht, den der Kongress im Oktober 2020 herausgegeben hat. SUBCOMMITTEE ON ANTITRUST, COMMERCIAL AND ADMINISTRATIVE LAW: Investigation of Competition in Digital Markets, https://judiciary.house.gov/uploadedfiles/competition_in_digital_markets.pdf, 07. 10. 2020.

44 Eugene Wei: TikTok and the Sorting Hat, https://www.eugenewei.com/blog/2020/8/3/tiktok-and-the-sorting-hat, 04. 08. 2020.

45 In unserer Terminologie kann man sagen, dass das Query-Regime von Ebene I immer weiter in Ebene II hineinragt. Es ist zunehmend allein die Query, die die unerwarteten Anschlussselektionen konkreter Verbindungen generiert.

46 Arielle Pardes: Parler Games: Inside the Right's Favorite Free Speech App, https://www.wired.com/story/parler-app-free-speech-influencers/, 12. 11. 2020.

47 Monika Bickert: Removing Holocaust Denial Content, https://about.fb.com/news/2020/10/removing-holocaust-denial-content/, 12. 10. 2020.

48 Jack Nicas, Davey Alba: Amazon, Apple and Google Cut Off Parler, an App That Drew Trump Supporters, https://www.nytimes.com/2021/01/09/technology/apple-google-parler.html, 09.01.2021.

49 Ryan Browne: Zuckerberg urges the West to counter China's dangerous approach to internet regulation, https://www.cnbc.com/2020/05/18/mark-zuckerberg-warns-about-chinas-dangerous-approach-to-internet.html, 20.05.2020.

50 Spiegel Online: EuGH erklärt Datenabkommen mit USA für ungültig, https://www.spiegel.de/netzwelt/netzpolitik/europaeischer-gerichtshof-erklaert-safe-harbor-abkommen-fuer-ungueltig-a-1056366.html, 06.10.2015.

51 BBC News: EU-US Privacy Shield for data struck down by court, https://www.bbc.com/news/technology-53418898, 16.07.2020.

52 Christoph Bergmann: Venezuela benutzt angeblich Bitcoins, um Geld in die Türkei und den Iran zu senden, https://bitcoinblog.de/2020/12/15/venezuela-benutzt-angeblich-bitcoins-um-geld-in-die-turkei-und-den-iran-zu-senden/, 15.12.2020.

53 Cristina Criddle: Bitcoin consumes ›more electricity than Argentina‹, https://www.bbc.com/news/technology-56012952, 10.02.2021. Vgl. auch: Alex de Vries: Bitcoin's energy consumption is underestimated: A market dynamics approach, https://www.sciencedirect.com/science/article/abs/pii/S2214629620302966?via%3Dihub, Dezember 2020.

54 Mark Mantel: Bitcoin-Mining: Einzelne Farmen im Iran nehmen bis zu 175 Megawatt auf, https://www.heise.de/news/Bitcoin-Mining-Einzelne-Farmen-im-Iran-nehmen-bis-zu-175-Megawatt-auf-5048872.html, 08.02.2021.

55 Ethan Brooks: Uber was swindled out of $100m in ad spend and no one is talking about it, https://thehustle.co/01072021-uber-ad-spend/, 07.01.2021.

56 Ray Fisman: Did eBay Just Prove That Paid Search Ads Don't Work?, https://hbr.org/2013/03/did-ebay-just-prove-that-paid, 11.03.2013.

57 Michael Seemann: Die große Manipulations-Erzählung, https://www.ctrl-verlust.net/die-grosse-malipulations-erzaehlung/, 01.03.2020.

58 Tim Hwang: Subprime Attention Crisis: Advertising and the Time Bomb at the Heart of the Internet, New York 2020.

59 Alexander Fanta: Warum Google Cookie-Tracking abschafft, https://netzpolitik.org/2021/neue-spielregeln-warum-google-cookie-tracking-abschafft/, 03.03.2021.

60 Vgl. Michael Seemann: Eine beunruhigende Frage an den digitalen Kapitalismus, in: Aus Politik und Zeitgeschehen – Datenökonomie, http://www.bpb.de/apuz/292339/eine-beun7uhigende-frage-an-den-digitalen-kapitalismus?p=all, 07.06.2019.

61 Sandvine: The Global Internet Phänomen Report, https://www.sandvine.com/hubfs/downloads/phenomena/2018-phenomena-report.pdf, Oktober 2018.

62 Vgl. Niklas Luhmann: Die Realität der Massenmedien, Wiesbaden 1996, S. 49, und Benedict Anderson: Imagined Communities, New York 2006, S. 37 ff.

63 Auch die Renationalisierung des Internets wird hier keine nachhaltige Kehrtwende einleiten, ist sie doch der Schwanengesang dieser Ordnung. Zudem

wäre das auch in keiner Weise wünschenswert angesichts der vielen nur global
adressierbaren Probleme.

64 Vgl. Bernhard Pörksen: Die große Gereiztheit – Wege aus der kollektiven Erre-
    gung, München 2018, S. 87 ff.
65 Vgl. Jeff Jarvis: No Mas Mass Media, https://medium.com/geeks-bearing-gifts/
    no-mas-mass-media-b8a2c240d718, 05. 12. 2014.
66 Vgl. Armin Nassehi: Muster – Theorie der digitalen Gesellschaft, München
    2019, S. 30 f.
67 Vgl. Seemann: Das Neue Spiel, S. 187 ff.
68 Vgl. Christoph Kucklick: Die granulare Gesellschaft – Wie das Digitale unsere
    Wirklichkeit auflöst, Berlin 2014.
69 Elizabeth Dwoskin, Craig Timberg: With Election Day looming, Twitter
    imposes new limits on U.S. politicians – and ordinary users, too, https://www.
    washingtonpost.com/technology/2020/10/09/with-election-day-looming-
    twitter-imposes-new-limits-us-politicians-ordinary-users-too/, 09. 10. 2020.
70 Gilles Deleuze: Postskriptum zu den Kontrollgesellschaften, S. 256.
71 Zeit-Stiftung: Wir fordern digitale Grundrechte, https://digitalcharta.eu/
    paragraph/fassung-2016/, 2016.
72 Beispielhaft dafür: Mike Masnick: Protocols, Not Platforms: A Technological
    Approach to Free Speech, https://knightcolumbia.org/content/protocols-not-
    platforms-a-technological-approach-to-free-speech, 21. 08. 2019.
73 Vgl. Michael Seemann: The Central Fate of the Blockchain (In Case There is a
    Future at All), https://www.ctrl-verlust.net/the-central-fate-of-the-blockchain-
    in-case-there-is-a-future-at-all/, 04. 10. 2018.
74 Vgl. Clive Tompson: When Workers Control the Code: https://www.wired.com/
    story/when-workers-control-gig-economy/, 22. 04. 2019, oder Cat Johnson:
    11 Platform Cooperatives Creating a Real Sharing Economy, https://www.sharea-
    ble.net/11-platform-cooperatives-creating-a-real-sharing-economy/, 18. 05. 2016.
75 Vgl. Nick Srnicek: Platform Capitalism, S. 127.
76 Bundesmisterium der Justiz und des Verbraucherschutzes: Gesetz über Urhe-
    berrecht und verwandte Schutzrechte (Urheberrechtsgesetz): § 95a Schutz tech-
    nischer Maßnahmen, https://www.gesetze-im-internet.de/urhg/__95a.html. In
    den USA hat der § 1201 des Digital Millenium Copyright Act dieselbe Stoßrich-
    tung. Vgl. Legal Information Institute: 17 U.S. Code § 1201 – Circumvention of
    copyright protection systems, https://www.law.cornell.edu/uscode/text/17/1201.
77 Cory Doctorow: Adversarial Interoperability: Reviving an Elegant Weapon
    From a More Civilized Age to Slay Today's Monopolies, https://www.eff.org/
    deeplinks/2019/06/adversarial-interoperability-reviving-elegant-weapon-more-
    civilized-age-slay, 07. 06. 2019. Siehe auch: Cory Doctorow: How to Destroy
    Surveillance Capitalism: https://onezero.medium.com/how-to-destroy-
    surveillance-capitalism-8135e6744d59, 26. 08. 2020.
78 Die Idee staatlicher Souveränität über Daten birgt eine Menge Probleme, sodass
    man sich fragen muss, ob sie überhaupt erstrebenswert ist. Vgl. Thorsten Thiel:
    Das Problem mit der digitalen Souveränität, https://www.faz.net/aktuell/
    wirtschaft/digitec/europa-will-in-der-informationstechnologie-unabhaengiger-

werden-17162968.html, 26. 01. 2021, oder etwas detaillierter: Theodore Christakis: European Digital Sovereignty: Successfully Navigating Between the
›Brussels Effect‹ and Europe's Quest for Strategic Autonomy, https://papers.ssrn.
com/sol3/papers.cfm?abstract_id=3748098, 18. 12. 2020.

79 Vgl. Marianna Mazzucato: The Entrepreneurial State, S. 127 ff.

80 Public Stack: https://publicstack.net.

81 Vgl. Michael Seemann: Vorschlag: Open Source als Plattformpolitik, https://
www.ctrl-verlust.net/vorschlag-open-source-als-plattformpolitik/, 07. 03. 2018
und Michael Seemann: Fragenkatalog für das Fachgespräch zum Thema
»Interoperabilität und Neutralität von Plattformen« des Ausschusses Digitale
Agenda am 14. 12. 2016, https://www.bundestag.de/resource/blob/484608/b1dc
578c0fdd28b4e53815cda384335b/stellungnahme-seemann-data.pdf, 12. 12. 2016.

82 Vgl. Yochai Benkler: From the imagined community to the practice community, https://www.barcelona.cat/metropolis/en/contents/imagined-community-
practice-community, 19. 01. 2019.

83 Christian Sachsinger: Gaia-X: Was bringt EU-Cloud, wenn Google und Amazon
mitmischen?, https://www.br.de/nachrichten/netzwelt/gaia-x-was-bringt-eu-
cloud-wenn-google-und-amazon-mitmischen,SIUlLZW, 07. 12. 2020.

84 Jason Cross: Sign in with Apple FAQ: What you need to know about Apple's
single sign-on platform, https://www.macworld.com/article/3536610/sign-in-
with-apple-faq-what-you-need-to-know-about-apples-single-sign-on.html,
08. 04. 2020.

85 Wir erkennen hier unschwer Emersons Balanceakt 4 wieder, der immer wieder
als Erfolgsrezept im Machtspiel der Plattformen auftaucht.

86 Siehe Kapitel 2.

87 Siehe Kapitel 4.

88 Vgl. auch Daphne Kellers Konzept von den Magic APIs, Daphne Kellers: If
Lawmakers Don't Like Platforms' Speech Rules, Here's What They Can Do
About It. Spoiler: The Options Aren't Great, https://www.techdirt.com/articles/
20200901/13524045226/if-lawmakers-dont-like-platforms-speech-rules-heres-
what-they-can-do-about-it-spoiler-options-arent-great.shtml, 09. 09. 2020.
und den ähnlichen Ansatz von Stephen Wolfram: Testifying at the Senate
about A.I.-Selected Content on the Internet, https://writings.stephenwolfram.
com/2019/06/testifying-at-the-senate-about-a-i-selected-content-on-the-
internet/, 25. 06. 2019.

89 Seemann: Das neue Spiel, S. 184 f.

90 Ich halte dies für die wichtigsten Maßnahmen, die – richtig angewendet – eine
enorm disziplinierende Wirkung auf die Plattformmacht ausüben würden.
Doch auch auf Level II sind Maßnahmen denkbar: Das Interfaceregime kann
ähnlich vermarktet werden, wie für das Query-Regime vorgeschlagen, das Verbindungsregime wird heute schon oft durch Ende-zu-Ende-Verschlüsselung aus
dem Machtbereich der Plattform entfernt und das Graphregime könnte durch
Transpranzvorgaben eingehegt werden.

91 Eva von Redecker: Revolution fürs Leben – Philosophie der neuen Protestformen, Frankfurt am Main 2020.

92 Vgl. von Redecker: Revolution fürs Leben, S. 24 ff., 134 ff. und 170 ff. Für das Konzept der nationalstaatlichen Souveränität lässt sich das schon bei dem Erfinder des Konzepts, Jean Bodin, finden. Vgl. Daniel Loick: Kritik der Souveränität, Frankfurt am Main 2012, S. 35 ff. Es gilt aber auch für den Liberalismus und die Gewährung der bürgerlichen Rechte, insbesondere des Rechts auf Privatsphäre im Sinne der ursprünglichen Definition nach Brandeis und Warren als Recht in Ruhe gelassen zu werden. Vgl. Samuel D. Warren, Louis D. Brandeis: The Right to Privacy, https://www.jstor.org/stable/1321160?seq=1#metadata_info_tab_contents, 15.12.1890.

93 Wie nationale Souveränität und Eigentumslogik dabei Hand in Hand gehen, kann man derzeit vielleicht am eindrücklichsten im Amazonas-Regenwald beobachten, wo ein skrupelloser Präsident Jair Bolsonaro in Zusammenarbeit mit privaten Investor*innen die grüne Lunge der Welt brandrodet. Vgl. Martin Specht: Amazonas: Gefahr für die grüne Lunge der Welt, Berlin 2020.

94 Vgl. Sachverständigenrat für Umweltfragen (SRU): Using the CO_2 budget to meet the Paris climate targets, https://www.umweltrat.de/SharedDocs/Downloads/EN/01_Environmental_Reports/2020_08_environmental_report_chapter_02.pdf, 06.08.2020.

95 Jag Bhalla: What's your »fair share« of carbon emissions? You're probably blowing way past it, https://www.vox.com/platform/amp/22291568/climate-change-carbon-footprint-greta-thunberg-un-emissions-gap-report?__twitter_impression=true, 24.02.2021.

96 Vgl. Kate Raworth: Doughnut Economics – Seven Ways to Think Like a 21st-Century Economist, New York 2017.

97 Vgl. z.B. Ulrich Petschow: Kybernetische Governance als Planwirtschaft 2.0?, https://www.oekologisches-wirtschaften.de/index.php/oew/article/view/1610, 30.05.2018, btw. Adrian Lobe: Macht uns der Computer zu Kommunisten? – Big Data lässt den linken Traum der Planwirtschaft wiederaufleben, https://www.nzz.ch/feuilleton/lassen-sich-maerkte-steuern-big-data-bringt-planwirtschaft-zurueck-ld.1500040, 14.08.2019.

98 Kim Stanley Robinson: The Ministry for the Future, London 2020, S. 25.

99 Benjamin Bratton: The Terraforming, Moskau 2019, S. 20.

100 Bratton: Terraforming, S. 43.

101 Delton B. Chen: Utility of the Blockchain for Climate Mitigation, https://jbba.scholasticahq.com/article/3577-utility-of-the-blockchain-for-climate-mitigation, 26.04.2018.

102 Es gibt einige Parallelen des Carbon Coin zu der supranationalen Metawährung Bancor, die John Maynard Keynes 1944 auf der Bretton-Woods-Konferenz vorstellte. Auch sie sollte als globale Leit- und Reservewährung dienen, allerdings war ihre Aufgabe darüber hinaus vielmehr, die Außenhandelsdefizite und die globalen Finanzströme zu regulieren. Vgl. Ryan Cooper: How John Maynard Keynes' most radical idea could save the world, https://theweek.com/articles/626620/how-john-maynard-keynes-most-radical-idea-could-save-world, 27.05.2016.

Literatur

Videos und Dokumentarfilme

Jobs, Steve: Steve Jobs introduces iTunes Music Store – Apple Special Event 2003, https://www.youtube.com/watch?v=NF9o46zK5Jo, 2003.

Metcalfe, Robert: Metcalfe's Law After 40 Years of Ethernet, https://www.youtube.com/watch?v=f6CJA421aUo, 07.05.2014.

Oliver, Julian: Server Infrastructure for Global Rebellion, https://media.ccc.de/v/36c3-11008-server_infrastructure_for_global_rebellion, 27.12.2019.

Porter, Erisman: Crocodile in the Yangtze: The Alibaba Story (TalusWood Films, 2012).

Shirky, Clay: Über Institutionen versus Zusammenarbeit, https://www.ted.com/talks/clay_shirky_institutions_vs_collaboration?language=de, Juli 2005.

Winter, Alex: Downloaded (Dokumentarfilm), 2013.

Zuckerberg, Mark: Facebook Founder Mark Zuckerberg Commencement Address, https://www.youtube.com/watch?v=BmYv8XGl-YU, 25.05.2017.

Unternehmensmitteilungen, amtliche Dokumente und sonstige Ressourcen

Alexa: New York Times Competitive Analysis, Marketing Mix and Traffic, https://www.alexa.com/siteinfo/nytimes.com, 26.07.2020.

Apple: Apple bietet Musik ohne Kopierschutz und in höherer Audioqualität im iTunes Store an, https://www.apple.com/de/newsroom/2007/04/02Apple-Unveils-Higher-Quality-DRM-Free-Music-on-the-iTunes-Store/, 02.07.2007.

Article 19 of The Universal Declaration of Human Rights, https://www.humanrights.com/course/lesson/articles-19-25/read-article-19.html.

Bahajji, Zineb Ait; Illyes, Gary: HTTPS as a ranking signal, https://webmasters.googleblog.com/2014/08/https-as-ranking-signal.html, 06.08.2014.

Bezos, Jeff: Statement by Jeffrey P. Bezos, https://docs.house.gov/meetings/JU/JU05/20200729/110883/HHRG-116-JU05-Wstate-BezosJ-20200729.pdf, 29.07.2020.

Bickert, Monika: Removing Holocaust Denial Content, https://about.fb.com/news/2020/10/removing-holocaust-denial-content/, 12.10.2020.

Bundesmisterium der Justitz und des Verbraucherschutzes: Gesetz über Urheberrecht und verwandte Schutzrechte (Urheberrechtsgesetz): § 95a Schutz technischer Maßnahmen, https://www.gesetze-im-internet.de/urhg/__95a.html).

Bundestag Committee of Inquiry into the National Security Agency [Untersuchungsausschuss (»NSA«)], http://acamedia.info/politics/surveillance/a_good_american/wikileaks_transcript_excerpts.htm

Business for Social Responsibility: Human Rights Impact Assessment: Facebook in Myanmar, https://about.fb.com/wp-content/uploads/2018/11/bsr-facebook-myanmar-hria_final.pdf, Oktober 2018.

Cloud.gov: Infrastructure under cloud.gov, https://cloud.gov/docs/technology/iaas/.

Coalition for App Fairness: https://appfairness.org.

Department of Defense: Department of Defense Strategy for Operating in Cyber-space, https://csrc.nist.gov/CSRC/media/Projects/ISPAB/documents/DOD-Strategy-for-Operating-in-Cyberspace.pdf, Juli 2011.

European Commission: Antitrust: Commission opens investigations into Apple's App Store rules, https://ec.europa.eu/commission/presscorner/detail/en/ip_20_1073, 16.06.2020.

European Commission: Following an Undertaking by S.W.I.F.T. to Change Its Membership Rules, the European Commission Suspends Its Action for Breach of Competition Rules, Pressemitteilung IP/97/870, 13.10.1997.

Facebook: Open Compute Project, https://www.opencompute.org.

Google Analytics Usage Statistics, https://trends.builtwith.com/analytics/Google-Analytics (abgerufen am 07.02.2020).

Google Project Zero, https://googleprojectzero.blogspot.com

Google: Facts about Google's acquisition of Motorola, https://www.google.com/press/motorola/, 15.08.2012.

Google: Read the Advisory Council's final report, https://archive.google.com/advisorycouncil/, 2015.

Google: Webmaster Guidelines, https://www.google.com/webmasters/

Heartbleed: https://heartbleed.com.

Human Rights Watch: Tech Firms' Counterterrorism Forum Threatens Rights, https://www.hrw.org/news/2020/07/30/tech-firms-counterterrorism-forum-threatens-rights, 30.07.2020.

IFPI: Global Music Report 2016, https://www.musikindustrie.de/fileadmin/bvmi/upload/06_Publikationen/GMR/Global-Music-Report-2016.pdf, 2016.

IFPI: Global Music Report 2019, https://www.musikindustrie.de/fileadmin/bvmi/upload/06_Publikationen/GMR/GMR2019.pdf, 2020.

Iqbal, Mansoor: Spotify Usage and Revenue Statistics (2020), https://www.businessofapps.com/data/spotify-statistics/, 02.10.2020.

Justia: A&M Records, Inc., a Corporation; Geffen Records, Inc., a Corporation; Interscope Records; Sony Music Entertainment, Inc.; MCA Records, Inc.; Atlantic Recording Corp.; Island Records, Inc.; Motown Record Co.; Capitol Records, Inc., Plaintiffs-appellees, v. Napster, Inc., Defendant-appellant.jerry Leiber, Individually and Doing Business As, Jerry Leiber Music; Mike Stoller and Frank Music Corp., on Behalf of Themselves and All Others Similarly Situated, Plaintiffs-appellees, v. Napster, Inc., Defendant-appellant, 239 F.3d 1004 (9th Cir. 2001), https://law.justia.com/cases/federal/appellate-courts/F3/239/1004/636120/.

Justia: Sony Corp. v. Universal City Studios, 464 U.S. 417, https://supreme.justia.com/cases/federal/us/464/417/, 1984.

Kaplan, Joel: Input From Community and Partners On Our Community Standards, https://about.fb.com/news/2016/10/input-from-community-and-partners-on-our-community-standards/, 21.10.2016.

Legal Information Institute: 17 U.S. Code § 1201 – Circumvention of copyright protection systems, https://www.law.cornell.edu/uscode/text/17/1201.

macrotrends: Netflix Revenue 2006–2020 | NFLX, https://www.macrotrends.net/stocks/charts/NFLX/netflix/revenue.

macrotrends: Netflix: Number of Employees 2006–2020 | NFLX, https://www.
macrotrends.net/stocks/charts/NFLX/netflix/number-of-employees.

Madiega, Tambiama (European Parliamentary Research Service): Regulating digital
gatekeepers: Background on the future digital markets act, https://www.europarl.
europa.eu/thinktank/en/search.html, 08. 12. 2020.

Mapstone, Robina: Oral History Blair Smith, https://conservancy.umn.edu/bitstream/
handle/11299/107637/oh034rbs.pdf?sequence=1&isAllowed=y, 28. 05. 1980.

Medine, David; Brand, Rachel; Collins Cook, Elisebeth; Dempsey, James (Privacy
and Civil Liberties Oversight Board): Report on the Surveillance Program
Operated Pursuant to Section 702 of the Foreign Intelligence Surveillance Act,
02. 07. 2014, abgerufen über https://web.archive.org/web/20150218223115/http://
www.pclob.gov/library/702-Report.pdf

Pfeifer, Wolfgang: Etymologisches Wörterbuch, https://www.dwds.de/wb/Plattform.

Potts, Jarrett: Gelsenkirchen: A Small, Smart City with Big Plans, https://e.huawei.
com/topic/leading-new-ict-en/gelsenkirchen-smart-city-case.html

Public Stack: https://publicstack.net

Rodham Clinton, Hillary: Remarks on Internet Freedom, https://2009-2017.state.
gov/secretary/20092013clinton/rm/2010/01/135519.htm, 21. 01. 2010.

Roosevelt, Franklin D.: March 12, 1933: Fireside Chat 1: On the Banking Crisis,
https://millercenter.org/the-presidency/presidential-speeches/march-12-1933-
fireside-chat-1-banking-crisis, 04. 03. 1933.

Sandvine: The Global Internet Phenomena Report, https://www.sandvine.com/
hubfs/downloads/phenomena/2018-phenomena-report.pdf, Oktober 2018.

Seemann, Michael: Fragenkatalog für das Fachgespräch zum Thema »Interoperabilität und Neutralität von Plattformen« des Ausschusses Digitale Agenda am
14. 12. 2016, https://www.bundestag.de/resource/blob/484608/b1dc578c0fdd28
b4e53815cda384335b/stellungnahme-seemann-data.pdf, 12. 12. 2016.

Songshift: A Note about Spotify Transfers, https://songshift.com/blog/spotify_
transfers, 10. 10. 2020.

Sourceforge: napster messages http://opennap.sourceforge.net/napster.txt, 07. 04. 2000.

Stallman, Richard: Free Software: Freedom and Cooperation«, https://www.gnu.org/
philosophy/rms-nyu-2001-transcript.txt, 29. 05. 2001.

Statista: Statista, Estimated revenue of the U.S. motion picture/video production and
distribution industry from 2005 to 2019, https://www.statista.com/statistics/
184140/estimated-revenue-of-us-motion-picture-and-video-industry-since-
2005/, 08. 08. 2020.

Statista: Umsatz und Gewinn bzw. Verlust von Spotify in den Jahren 2008 bis 2019,
https://de.statista.com/statistik/daten/studie/297081/umfrage/umsatz-und-
gewinn-von-spotify/, 11. 02. 2020.

Subcommittee on Antitrust: Investigation of Competition in Digital Markets, https://
judiciary.house.gov/uploadedfiles/competition_in_digital_markets.pdf, 07. 10. 2020.

Trump, Donald J., https://www.facebook.com/DonaldTrump/
posts/10164765977870725, 29. 05. 2020.

U.S. Department of Justice: Report On The Investigation Into Russian Interference
In The 2016 Presidential Election, März 2019, via CNN: Read and search the full

Mueller report, https://edition.cnn.com/2019/04/18/politics/full-mueller-report-pdf/index.html, 21.07.2019.

Uber Technologies, Inc: Form S-1 Registration Statement, https://www.sec.gov/Archives/edgar/data/1543151/000119312519103850/d647752ds1.htm#toc647752_1, 11.04.2019.

United Against Nuclear Iran (UANI): SWIFT Campaign, https://www.unitedagainst nucleariran.com/index.php/swift, Washington, D.C., 2012.

United States Congress: Computer Reservation Systems Hearing Before the Sub-committee on Aviation of the Committee on Commerce, Science, and Transpor-tation, US Government Printing Office, Washington, D.C., 1995.

Wikileaks: Collateral Murder, https://www.youtube.com/watch?v=5rXPrfnU3G0, 05.04.2010.

Williams, Ben: Adblock Plus and (a little) more, https://adblockplus.org/blog/100-million-users-100-million-thank-yous, 09.05.2016.

YouTube: Save Your Internet, https://www.youtube.com/saveyourinternet/

Zeit-Stiftung: Wir fordern digitale Grundrechte, https://digitalcharta.eu/paragraph/fassung-2016/, 2016.

Zuckerberg, Mark: On Facebook, People Own and Control Their Information, www.facebook.com/notes/facebook/on-facebook people-own-and-control-their-information/54434097130, 16.02.2009.

Zuckerberg, Mark: https://www.facebook.com/zuck/posts/10112270823363411, 03.09.2020.

Aufsätze und Bücher

Anderson, Benedict: Imagined Communities, New York 2006.

McAfee, Andrew; Brynjolfsson, Erik: Machine, Platform, Crowd: Harnessing Our Digital Future, New York 2017.

Andrews, Leighton: Facebook, the Media and Democracy: Big Tech, Small State?, London 2019.

Arthur, W. Brian: Increasing Returns and Path Dependence in the Economy, Michigan 1994.

Arthur, W. Brian: Competing Technologies, Increasing Returns, and Lock-In by Historical Events, IIASA Working Paper, https://www.jstor.org/stable/2234208?seq=1, März 1989.

Artle, Roland; Averous, Christian: The Telephone System as a Public Good: Static and Dynamic Aspects, https://www.jstor.org/stable/3003140, 1973.

Asadullah, Ahmad; Faik, Isam; Kankanhalli, Atreyi: Digital Platforms: A Review and Future Directions, https://www.academia.edu/37873177/Digital_Platforms_A_Review_and_Future_Directions, 26.06.2018.

Assmann, Jan: Das kulturelle Gedächtnis: Schrift, Erinnerung und politische Identi-tät in frühen Hochkulturen, München 1992.

Autor, David; Dorn, David; Katz, Lawrence F.; Patterson, Christina; Reenen, John Van: The Fall of the Labor Share and the Rise of Superstar Firms, https://economics.mit.edu/files/12979, 01.05.2017.

Baecker, Dirk: Studien zur nächsten Gesellschaft, Frankfurt am Main 2007.

Benkler, Yochai: From the imagined community to the practice community, https://www.barcelona.cat/metropolis/en/contents/imagined-community-practice-community, Januar 2019.

Benkler, Yochai: The Wealth of Networks – How Social Production transforms Markets and Freedom, New Haven 2006.

Berkeley, Lawrence; McCarthy, J. L.: Designing a Macintosh interface to a mainframe database, https://ieeexplore.ieee.org/document/48158, 07.01.1989.

Birch, Kean: Technoscience Rent. Toward a Theory of Rentiership for Technoscientific Capitalism, https://journals.sagepub.com/doi/full/10.1177/01622439 19829567, 06.02.2019.

Böckler Impuls: Kreative im Hamsterrad, https://www.boeckler.de/data/Impuls_2017_07_4-5_b.pdf, Juli 2017.

Bogenstahl, Christoph: Dark Patterns – Mechanismen (be)trügerischen Internetdesigns, http://www.tab-beim-bundestag.de/de/pdf/publikationen/themenprofile/Themenkurzprofil-030.pdf, November 2019.

Bogost, Ian; Montfort, Nick: Racing the Beam – The Atari Video Computer System, Cambridge 2009.

Boudreau, Kevin J.; Hagiu, Andrei: Platform Rules: Multi-Sided Platforms as Regulators, https://www.researchgate.net/publication/23530883_Platform_Rules_Multi-Sided_Platforms_as_Regulators, November 2008.

Box, George E. P.: Science and statistics, in: Journal of the American Statistical Association, 71: 791–799, https://www.tandfonline.com/doi/abs/10.1080/01621459.1976.10480949, 01.05.1976.

Bratton, Benjamin H.: The Stack – On Software and Sovereignty, Cambridge 2016.

Bratton, Benjamin: The Terraforming, Moskau 2019.

Bresnahan, Timothy F.; Greenstein, Shane: Technological Competition and the Structure of the Computer Industry, in: The Journal of Industrial Economics, 47(1), 1–40, www.jstor.org/stable/117505, März 1999.

Bürgin, Alfred; Maissen, Thomas: Zum Begriff der politischen Ökonomie heute. Geschichte und Gesellschaft, 25(2), 177–200, http://www.jstor.org/stable/40185874, 1999.

Chen, Delton B.: Utility of the Blockchain for Climate Mitigation, https://mahb.stanford.edu/wp-content/uploads/2018/06/3577-utility-of-the-blockchain-for-climate-mitigation.pdf, 26.04.2018.

Christakis, Theodore: European Digital Sovereignty: Successfully Navigating Between the Brussels Effect and Europe's Quest for Strategic Autonomy, https://papers.ssrn.com/sol3/papers.cfm?abstract_id=3748098, 07.12.2020.

Coase, Ronald H.: The Nature of the Firm, https://onlinelibrary.wiley.com/doi/full/10.1111/j.1468-0335.1937.tb00002.x, November 1937.

Codd, E. F.: A Relational Model of Data for Large Shared Data Banks, https://dl.acm.org/doi/10.1145/362384.362685, Juni 1970.

Cohen, Jared; Schmidt, Eric: Die Vernetzung der Welt – Ein Blick in unsere Zukunft, Reinbek 2013.

Dai, Xin: Toward a Reputation State The Social Credit System Project of China, http://dx.doi.org/10.2139/ssrn.3193577, 10.06.2018.

Daum, Timo: Das Kapital sind wir – Zur Kritik der digitalen Ökonomie, Hamburg 2017.

De Vries, Alex: Bitcoin's energy consumption is underestimated: A market dynamics approach, https://www.sciencedirect.com/science/article/abs/pii/S22146296203 02966?via%3Dihub, Dezember 2020.

Deleuze, Gilles: Unterhandlungen 1972–1990, Frankfurt am Main 1993.

Derrida, Jacques: Eine gewisse unmögliche Möglichkeit, vom Ereignis zu sprechen, Berlin 2003.

Dicker, Chris: Mark Zuckerberg Biography: What It Took To Invent Facebook and More?, Los Gatos 2017.

Dijck, José van; Poell, Thomas; De Waal, Martijn: The Platform Society – Public Values in a Connective World, New York 2018.

Doctorow, Cory: How to Destroy Surveillance Capitalism: https://onezero.medium. com/how-to-destroy-surveillance-capitalism-8135e6744d59, 28.08.2020.

Dodds, Peter Sheridan; Muhamad, Roby; Watts, Duncan J.: An Experimental Study of Search in Global Social Networks, https://science.sciencemag.org/content/ 301/5634/827.full, 08.08.2003.

Douek, Evelyn: The Rise of Content Cartels, https://knightcolumbia.org/content/ the-rise-of-content-cartels, 11.02.2020.

El Mallakh, Ragaei; McGuire, Carl: The Economics of the Suez Canal under UAR Management, http://www.jstor.org/stable/4323227, Frühling 1960.

Emerson, Richard M.: Power-Dependence Relations, in: American Sociological Review, Vol. 27, No. 1, S. 31– 41, https://www.jstor.org/stable/2089716, Februar 1962.

Engemann, Christoph: Digitale Identität nach Snowden. Grundordnungen zwischen deklarativer und relationaler Identität, in: Hornung, Gerrit; Engemann, Christoph (Hrsg.): Der digitale Bürger und seine Identität, Baden-Baden 2016, S. 23–64.

Eriksson, Maria; Fleischer, Rasmus; Johansson, Anna; Snickars, Pelle; Vonderau, Patrick: Spotify Teardown: Inside the Black Box of Streaming Music, Cambridge 2019.

Evans, David S.; Schmalensee, Richard L.: Matchmakers: The New Economics of Multisided Platforms, Boston 2016.

Evans, David S.; Schmalensee, Richard L.: Matchmakers – The New Economics of Multisided Platforms, Cambridge 2016.

Farrell, Joseph; Solaner, Garth: Competition, Compatibility and Standards: The Economics of Horses, Penguins and Lemmings, https://www.researchgate.net/ publication/24139497_Competition_Compatibility_and_Standards_The_ Economics_of_Horses_Penguins_and_Lemmings, Oktober 1986.

Ferguson, Gibson: The Global Spread of English, Scientific Communication and ESP: Questions of Equity, Access and Domain Loss, https://www.researchgate. net/publication/28184900_The_Global_Spread_of_English_Scientific_Com- munication_and_ESP_Questions_of_Equity_Access_and_Domain_Loss, 13.04.2007.

Fernandez, Rodrigo; Adriaans, Ilke: The financialisation of Big Tech, https://www.somo.nl/the-financialisation-of-big-tech/, 17.12.2020.

Foucault, Michel: Überwachen und Strafen, Frankfurt am Main 1987.

Freeman, Jo: The Tyranny of Structurelessness, https://www.jofreeman.com/joreen/tyranny.htm, 1974.

Fukuyama, Francis: The End of History and the Last Man, New York 2006.

Galloway, Alexander R.: Protocol How Control Exists after Decentralization, Cambridge 2004.

Gandal, Neil: Native language and Internet usage, https://www.degruyter.com/view/j/ijsl.2006.2006.issue-182/ijsl.2006.067/ijsl.2006.067.xml, 16.11.2006.

Gesellschaft für Informatik: Explainable AI (ex-AI), https://gi.de/informatiklexikon/explainable-ai-ex-ai, 23.04.2018.

Giddens, Anthony: The Constitution of Society, Cambridge 1984.

Gießmann, Sebastian: Die Verbundenheit der Dinge – Eine Kulturgeschichte der Netze und Netzwerke, Berlin 2014.

Gießmann, Sebastian: Why the Internet Is Not an Internet, in: Kettemann, Matthias C.; Dreyer, Stephan: Busted! The Truth About the 50 Most Common Internet Myths, Hamburg 2019. Auch abzurufen unter: https://netzeundnetzwerke.de/why-the-internet-is-not-an-internet/.

Gillespie, Tarleton: Custodians of the Internet platforms, content moderation, and the hidden decisions that shape social media, New Haven, 2018.

Gillespie, Tarleton: The politics of platforms, https://journals.sagepub.com/doi/abs/10.1177/1461444809342738?journalCode=nmsa, 09.02.2010.

Göpel, Maja: Unsere Welt neu denken, Berlin 2020.

Gramsci, Antonio: Gefängnishefte. Kritische Gesamtausgabe in 10 Bänden, Hamburg 1991.

Gramsci, Antonio: The Prison Notebooks, http://courses.justice.eku.edu/pls330_louis/docs/gramsci-prison-notebooks-vol1.pdf, London 1999.

Granovetter, Mark S.: The Strength of Weak Ties, https://www.journals.uchicago.edu/doi/10.1086/225469?mobileUi=0&, Mai 1973.

Grewal, David Singh: Network Power – The Social Dynamics of Globalization, New Haven 2008.

Grossman, Sanford J.; Hart, Oliver D.: The costs and benefits of ownership: A theory of vertical and lateral integration, in: Journal of Political Economy 94(4): S. 691–719, https://dash.harvard.edu/bitstream/handle/1/3450060/Hart_CostsBenefits.pdf, 1986.

Hardin, Garrett: The Tragedy of the Commons, https://science.sciencemag.org/content/162/3859/1243, 13.12.1968.

Haskel, Jonathan; Westlake, Stian: Capitalism without Capital: The Rise of the Intangible Economy, Princeton 2018.

Hayek, Friedrich A.: The Use of Knowledge in Society, https://www.econlib.org/library/Essays/hykKnw.html, 04.09.1945.

Heinsohn, Gunnar; Steiger, Otto: Eigentum, Zins und Geld – Ungelöste Rätsel der Wirtschaftswissenschaft, Marburg 2002.

Helmond, Anne: The Platformization of the Web: Making Web Data Platform Ready, https://journals.sagepub.com/doi/full/10.1177/2056305115603080, 30.09.2015.

Horan, Hubert: Will the Growth of Uber Increase Economic Welfare?, https://papers.ssrn.com/sol3/papers.cfm?abstract_id=2933177, 10.04.2017.

Huang, Alan: Towards a digital optics platform, in: Proc. SPIE 1319, Optics in Complex Systems, https://doi.org/10.1117/12.22252, https://www.spiedigitallibrary.org/conference-proceedings-of-spie/1319/0000/Towards-a-digital-optics-platform/10.1117/12.22252.short?SSO=1, 01.07.1990.

Hwang, Tim: Subprime Attention Crisis: Advertising and the Time Bomb at the Heart of the Internet, New York 2020.

International Labour Organization for Economic Co-operation and Development: The Labour Share in G20 Economies, https://www.oecd.org/g20/topics/employ ment-and-social-policy/The-Labour-Share-in-G20-Economies.pdf, 27.02.2015.

Isaacson, Walter: Steve Jobs, New York 2011.

Kahneman, Daniel: Thinking, Fast and Slow, New York 2011.

Keller, Daphne: If Lawmakers Don't Like Platforms' Speech Rules, Here's What They Can Do About It. Spoiler: The Options Aren't Great, https://www.techdirt.com/articles/20200901/13524045226/if-lawmakers-dont-like-platforms-speech-rules-heres-what-they-can-do-about-it-spoiler-options-arent-great.shtml, 09.09.2020.

Kim, Dong-Jae; Kogut, Bruce: Technological Platforms and Diversification, https://pubsonline.informs.org/doi/abs/10.1287/orsc.7.3.283, 01.06.1996.

Kirkpatrick, David: The Facebook Effect: The Real Inside Story of Mark Zuckerberg and the World's Fastest Growing Company, New York 2010.

Klonick, Kate: The New Governors: The People, Rules, and Processes Governing Online Speech, https://papers.ssrn.com/sol3/papers.cfm?abstract_id=2937985, 20.03.2017.

Knockel, Jeffrey; Parsons, Christopher; Ruan, Lotus; Xiong, Ruohan; Crandall, Jedidiah; Deibert, Ron: We Chat, They Watch – How International Users Unwittingly Build up WeChat's Chinese Censorship Apparatus, https://citizenlab. ca/2020/05/we-chat-they-watch/, 07.05.2020.

Kucklick, Christoph: Die granulare Gesellschaft – Wie das Digitale unsere Wirklich keit auflöst, Berlin 2016.

Kwet, Michael: Digital Colonialism: US Empire and the New Imperialism in the Global South, https://papers.ssrn.com/sol3/papers.cfm?abstract_id=3232297, 05.09.2018.

Lang, Jürgen K.: Das Compact Disk Digital Audio System – Ein Beispiel für die Entwicklung hochtechnologischer Konsumelektronik, http://publications.rwth-aachen.de/record/95066/files/3940.pdf, Aachen 1996.

Lessig, Lawrence: Code and Other Laws of Cyberspace, New York 1999.

Levy, Steven: Facebook. The Inside Story, New York 2020.

Liang, Qiao; Xiangsui, Wang: Unrestricted War, https://www.c4i.org/unrestricted. pdf, Beijing 1999.

Lobo, Sascha: Realitätsschock – Zehn Lehren aus der Gegenwart, Köln 2019.

Loick, Daniel: Kritik der Souveränität, Frankfurt am Main 2012.

Lovink, Geert: Im Bann der Plattformen, Bielefeld 2017.

Luhmann, Niklas: Die Gesellschaft der Gesellschaft, Frankfurt am Main 1997.

Luhmann, Niklas: Die Realität der Massenmedien, Wiesbaden 1996.

Luhmann, Niklas: Soziale Systeme, Frankfurt am Main 1984.

Marczak, Bill; Weaver, Nicholas; Dalek, Jakub; Ensafi, Roya; Fifield, David; McKune, Sarah; Rey, Arn; Scott-Railton, John; Deibert, Ron; Paxson, Vern: China's Great Cannon, https://citizenlab.ca/2015/04/chinas-great-cannon/, 10.04.2015.

Marx, Karl: Das Kapital – Band I, Berlin 2013.

Masnick, Mike: Protocols, Not Platforms: A Technological Approach to Free Speech, https://knightcolumbia.org/content/protocols-not-platforms-a-technological-approach-to-free-speech, 21.08.2019.

Mason, Paul: PostCapitalism – A Guide to Our Future, London 2015.

Mazzucato, Mariana: The Entrepreneurial State – Debunking Public vs. Private Sector Myths, London 2013.

McCulloch, Gretchen: Because Internet: Understanding the New Rules of Language, New York 2019.

Meier-Hahn, Uta: The Secrets of De-Peering, https://labs.ripe.net/Members/uta_meier_hahn/the-secrets-of-de-peering, 06.08.2017.

Meier-Hahn, Uta: Die Konnektivitätsökonomie des Internets – Architektur – Konventionen – Community, Berlin 2019.

Menn, Joseph: All the Rave: The Rise and Fall of Shawn Fanning's Napster, New York 2003.

Meyer, Marc H.; Lehnerd, Alvin P.: The Power of Product Platforms, New York 1997.

Miltner, K.M.: One part politics, one part technology, one part history: Racial representation in the Unicode 7.0 emoji set, https://journals.sagepub.com/eprint/EBZICCFWSDHSXFIIXYZJ/full#articleCitationDownloadContainer, Januar 2020.

Moazed, Alex; Johnson, Nicholas L.: Modern Monopolies – What It Takes to Dominate the 21st Century Economy, New York 2017.

Moreno, Jacob Levi: Who Shall Survive: A New Approach to the Problem of Human Interrelations, https://archive.org/details/whoshallsurviven00jlmo/mode/2up, 1935.

Nassehi, Armin: Muster – Theorie der digitalen Gesellschaft, München 2019.

Nye, Joseph: Soft Power – The Means To Success In World Politics, New York 2004.

Nye, Joseph; Keohane, Robert: Power and Interdependence World Politics in Transition, New York 2001.

Olsaretti, Serena: Liberty, Desert, and the Market: A Philosophical Study, Cambridge 2004.

Ostrom, Elenor: Governing the Commons: The Evolution of Institutions for Collective Action, Cambridge 1990.

Pallin, Carolina Vendil: Internet control through ownership – The case of Russia, https://doi.org/10.1080/1060586X.2015.1121712, 04.01.2016.

Pargman, Daniel; Palme, Jacob: ASCII Imperialism, in: Lampland, Martha; Star, Susan Leigh: Standards and Their Stories How Quantifying, Classifying, and Formalizing Shape Every Day Life, Cornell 2009, S. 177–199.

Parker, Geoffrey G.; van Alstyne, Marshall W.; Choudary, Sangeet Paul: Platform Revolution: How Networked Markets Are Transforming the Economy and How to Make Them Work for You, New York 2016.

Petschow, Ulrich: Kybernetische Governance als Planwirtschaft 2.0?, https://www. oekologisches-wirtschaften.de/index.php/oew/article/view/1610, 30.05.2018.

Peukert, Christian; Bechtold, Stefan; Batikas, Michail; Kretschmer, Tobias: Regulatory export and spillovers: How GDPR affects global markets for data, https://voxeu.org/article/how-gdpr-affects-global-markets-data, 30.09.2020.

Pfeffer, Jeffrey; Salancik, Gerald R.: The External Control of Organizations – A Resource Dependence Perspective, Stanford 2003.

Piketty, Thomas: Das Kapital im 21. Jahrhundert, München 2014.

Polanyi, Karl: The Great Transformation, Wien 2019.

Polenz, Peter von: Deutsche Sprachgeschichte vom Spätmittelalter bis zur Gegenwart, Berlin 2000.

Pörksen, Bernhard: Die große Gereiztheit – Wege aus der kollektiven Erregung, München 2018.

Princen, Sebastiaan: The California Effect in the EC's External Relations, http://aei. pitt.edu/2367/1/003780.1.pdf, 05.06.1999.

Ramo, Joshua Cooper: The Age of the Unthinkable: Why the New World Disorder Constantly Surprise Us and What Can We do about It, Boston 2009.

Ramzy, Austin; Buckley, Chris: Leaked China Files Show Internment Camps Are Ruled by Secrecy and Spying, https://www.nytimes.com/2019/11/24/world/asia/ leak-chinas-internment-camps.html, 24.11.2019.

Raworth, Kate: Doughnut Economics – Seven Ways to Think Like a 21st-Century Economist, New York 2017.

Redecker, Eva von: Revolution fürs Leben – Philosophie der neuen Protestformen, Frankfurt am Main 2020.

Ribot, Jesse C., Peluso, Nancy Lee: A Theory of Access, https://onlinelibrary.wiley. com/doi/abs/10.1111/j.1549-0831.2003.tb00133.x, 2003.

Rifkin, Jeremy: Zero Marginal Cost Society, New York 2014.

Robinson, Kim Stanley: Ministry for the Future, London 2020.

Rochet, Jean-Charles; Tirole, Jean: Platform Competition in Two-Sided Markets, https://academic.oup.com/jeea/article/1/4/990/2280902, 01.06.2003.

Rohlfs, Jeffrey: A Theory of Interdependent Demand for a Communications Service, in: The Bell Journal of Economics and Management Science, Vol. 5, No. 1, S. 16–37, https://www.jstor.org/stable/3003090?seq=1, S. 29, Frühjahr 1974.

Rowell, Rebecca: YouTube. The Company and Its Founders, North Mankato 2011.

Ruckenstein, Minna; Turunen, Linda Lisa Maria: Re-humanizing the platform: Content moderators and the logic of care, https://journals.sagepub.com/ doi/10.1177/1461444819875990, 19.09.2019.

Rydell, Anders; Sundberg, Sam: Piraterna. Historien om The Pirate Bay, Piratpartiet och Piratbyrån, Stockholm 2009.

Sawhney, Mohanbir S.: Leveraged High-Variety Strategies: From Portfolio Thinking to Platform Thinking, https://journals.sagepub.com/doi/abs/10.1177/0092070398 261006?journalCode=jama, 01.01.1998.

Schmidt, Florian A.: Digital Labour Markets in the Platform Economy. Mapping the Political Challenges of Crowd Work and Gig Work, FES, http://library.fes.de/ pdf-files/wiso/13164.pdf, 2017.

445

Schmitt, Carl: Der Nomos der Erde im Völkerrecht des Jus Publicum Europaeum, Berlin 1950.

Schuetze, Julia: Warum dem Staat IT-Sicherheitsexpert:innen fehlen, https://www. stiftung-nv.de/de/publikation/warum-dem-staat-it-sicherheitsexpertinnen-fehlen, 27.02.2018.

Seemann, Michael: Das Neue Spiel – Strategien für die Welt nach dem digitalen Kontrollverlust, Freiburg 2014.

Seemann, Michael: Eine beunruhigende Frage an den digitalen Kapitalismus, in: Aus Politik und Zeitgeschehen – Datenökonomie, http://www.bpb.de/apuz/292 339/eine-beunruhigende-frage-an-den-digitalen-kapitalismus?p=all, 07.06.2019.

Seemann, Michael: Game of Things, in: Sprenger, Florian; Engemann, Christoph (Hrsg.): Internet der Dinge – Über smarte Objekte, intelligente Umgebungen und die technische Durchdringung der Welt, Bielefeld 2015.

Seemann, Michael; Kreil, Michael: Digitaler Tribalismus und Fake News, https:// www.ctrl-verlust.net/digitaler-tribalismus-und-fake-news/, 29.09.2017.

Shapiro, Carl; Varian, Hal R.: Information Rules – A Strategic Guide to the Network Economy, Boston 1999.

Singh, Archana; Singh, Shailendra: A Journey of English Language from the Era of Printing Press to the Present Age of Artificial Intelligence, 2018.

Slaughter, Anne Marie: The Chessboard and the Web Strategies of Connection in a Networked World, New Haven 2017.

Spagnoletti, P.; Resca, A.; Lee, G.: A Design Theory for Digital Platforms Supporting Online Communities: A Multiple Case Study, https://journals.sagepub.com/ doi/10.1057/jit.2014.37, 01.12.2015.

Specht, Martin: Amazonas: Gefahr für die grüne Lunge der Welt, Berlin 2020.

Srnicek, Nick: Platform Capitalism, Cambridge 2017.

SRU: Using the CO2 budget to meet the Paris climate targets, https://www. umweltrat.de/SharedDocs/Downloads/EN/01_Environmental_Reports/2020_08_ environmental_report_chapter_02.pdf, 2020.

Staab, Philipp: Digitaler Kapitalismus – Markt und Herrschaft in der Ökonomie der Unknappheit, Berlin 2019.

Stalder, Felix: Kultur der Digitalität, Frankfurt am Main 2016.

Stalder, Felix; Mayer, Christine: The Second Index Search – Engines, Personalization and Surveillance, in: Becker, Konrad; Stalder, Felix (Hrsg.): Deep Search – The Politics of Search beyond Google, Innsbruck 2009, S. 98–116.

Standage, Tom: Writing on the Wall: Social Media – The First 2,000 Years, London 2013.

Star, Susan Leigh; Bowker, Geoffrey C.: Sorting Things Out – Classification and Its Consequences, Cambridge 2000.

Taylor, Astra: The People's Platform – Taking Back Power and Culture in the Digital Age, New York 2014.

Thaler, Richard H.; Sunstein, Cass R.; Balz, John P.: Choice Architecture, https://ssrn.com/abstract=1583509, 02.04.2010.

Thiel, Peter: Zero to One – Wie Innovation unsere Gesellschaft rettet, Frankfurt am Main 2014.

Turner, Fred: From Counterculture to Cyberculture – Stewart Brand, the Whole Earth Network, and the Rise of Digital Utopianism, Chicago 2006.

Turner, Fred: The Democratic Surround: Multimedia and American Liberalism from World War II to the Psychedelic Sixties, Chicago 2015.

Ursino, Giovanni: Supply Chain Control: A Theory of Vertical Integration, https://mpra.ub.uni-muenchen.de/18357/1/MPRA_paper_18357.pdf, 01.09.2009.

Vail, Theodor Newton: Views on Public Questions: A Collection of Papers and Addresses of Theodore Newton Vail, 1907–1917.

Valdes, Ray: The Competitive Dynamics of the Consumer Web: Five Graphs Deliver a Sustainable Advantage, https://www.gartner.com/doc/2081316/competitive-dynamics-consumer-web-graphs, 2012.

Vosoughi, Soroush; Roy, Deb; Aral, Sinan: The spread of true and false news online, https://science.sciencemag.org/content/359/6380/1146, 09.03.2018.

Warren, Samuel D.; Brandeis, Louis D.: The Right to Privacy, https://www.jstor.org/stable/1321160?seq=1#metadata_info_tab_contents, 15.12.1890.

Wu, Tim: The Master Switch: The Rise and Fall of Information Empires, New York 2008.

Xu, Xin; Venkatesh, Viswanath; Tam, Kar Yan; Hong, Se-Joon: Model of Migration and Use of Platforms: Role of Hierarchy, Current Generation, and Complementarities in Consumer Settings, https://pubsonline.informs.org/doi/10.1287/mnsc.1090.1033, 28.05.2010.

Zillien, Nicole: Affordanz, in: Liggieri, Kevin; Müller, Oliver: Mensch-Maschine-Interaktion – Handbuch zu Geschichte – Kultur – Ethik, Stuttgart 2019, auch abzurufen unter: https://link.springer.com/chapter/10.1007/978-3-476-05604-7_31, 25.09.2019.

Zittrain, Jonathan: The Future of the Internet and How to Stop it, New Haven 2008.

Zuboff, Shoshana: The Age of Surveillance Capitalism: The Fight for the Future at the New Frontier of Power, New York 2019.

Abbildungsnachweis

Abb. 1: Bell Laboratories, Whippany (New Jersey), abgedruckt in: Robert J. Chapuis: 100 Years of Telephone Switching I, Amsterdam 1982, S. 62.

Abb. 4: Wikimedia Commons: File:Metcalfe-Network-Effect.svg, https://commons.wikimedia.org/wiki/File:Metcalfe-Network-Effect.svg, 31.03.2011.

Alle anderen Abbildungen: Michael Seemann.

Der Autor

Michael Seemann, Jahrgang 1977, ist Kulturwissenschaftler und Medientheoretiker. 2016 war er Sachverständiger zum Thema Plattformregulierung im Bundestag. Er unterrichtet an der Universität zu Köln und der Universität der Künste in Berlin. Bekannt wurde er durch das Blog CTRL-Verlust bei der *FAZ*, außerdem bloggt er unter mspr0.de, podcastet unter »Planet B – Ideen für den Neuanfang« und »Wir. Müssen Reden« und schreibt für Medien wie *RollingStone, ZEIT Online, SPEX, SPIEGEL Online, c't* und *DU Magazin*. Buchveröffentlichung: »Das Neue Spiel. Strategien für die Welt nach dem digitalen Kontrollverlust« (2014).